普通高等教育交通类专业系列教材

江苏省高等学校重点教材（2021-1-087）

运输系统规划与设计

景　鹏　潘公宇　高林杰　芮一康　杨丽丽

王　翔　刘亚奇　吴文静　朱震军　　编著

机 械 工 业 出 版 社

根据《交通运输（道路运输）专业教学质量国家标准》，"运输系统规划与设计"是交通运输专业的专业必修课。本书内容主要包括运输系统主要交通方式及相关基础设施的规划与设计的相关理论和方法，具体有运输系统规划概述、运输系统调查方法及数据分析、运输系统规划理论与方法、道路网络系统规划与设计、智慧高速系统规划与设计、客运枢纽系统规划与设计、公交系统规划与设计、慢行交通系统规划与设计、静态交通系统规划与设计、轨道交通系统规划与设计。

本书可作为交通运输、交通工程和城市规划专业的本科生教材，还可作为广大运输系统规划与设计工程人员的参考用书。

图书在版编目（CIP）数据

运输系统规划与设计/景鹏等编著 . —北京：机械工业出版社，2023.10
普通高等教育交通类专业系列教材　江苏省高等学校重点教材
ISBN 978-7-111-73794-0

Ⅰ.①运…　Ⅱ.①景…　Ⅲ.①交通运输规划 – 高等学校 – 教材
Ⅳ.①U491.1

中国国家版本馆 CIP 数据核字（2023）第 167883 号

机械工业出版社（北京市百万庄大街22 号　邮政编码100037）
策划编辑：李 军　　　　　责任编辑：李 军 丁 锋
责任校对：郑 婕 徐 霆　封面设计：马精明
责任印制：单爱军
北京虎彩文化传播有限公司印刷
2024 年1 月第1 版第1 次印刷
184mm × 260mm · 20. 5 印张 · 1 插页 · 507 千字
标准书号：ISBN 978-7-111-73794-0
定价：69. 90 元

电话服务　　　　　　　　网络服务
客服电话：010-88361066　机 工 官 网：www.cmpbook. com
　　　　　010-88379833　机 工 官 博：weibo. com/cmp1952
　　　　　010-68326294　金 书 网：www. golden-book. com
封底无防伪标均为盗版　机工教育服务网：www. cmpedu. com

前　言

我国正在经历着发达国家过去 30 年机动化水平逐渐提高的过程，产生的问题也非常类似，如拥堵、污染等。但国情不同，产生同样交通问题的原因也有较大差异。相对而言，我国人均收入较低、对公共交通有很大的需求；城镇化速度较快，新城区存在交通需求与供给不平衡的问题；缺乏实现交通规划所需的资金、数据和人员。这些问题的解决，一方面需要采用先进的模型和方法，更重要的是要根据我国实际情况，找出具有本土特色的解决或缓解交通问题的模型和方法。为此，本书针对常见的道路、高速公路、客运枢纽、公交、慢行、停车和轨道等运输系统，介绍规划的理论方法和设计思路。

随着新技术、新理论的出现，运输系统规划与设计的专业知识在不断发展；同时，编者在教学过程中发现，学生对于关键概念的掌握还需要加强。为了综合提高课程教材的质量，结合近年来对"运输系统规划与设计"课程教学的改革探索，编者在保持教学内容稳定性的基础上进行了编写。本教材不仅根据新的学科和行业发展补充、更替了每一章的相关内容，还将重要的概念和知识点用微课的形式，通过扫描二维码播放的方式，呈现在读者的面前。

本教材共分 10 章，江苏大学的潘公宇编写第 1 章、上海交通大学的高林杰编写第 2 章和第 4 章、江苏大学的景鹏编写第 3 章、东南大学的芮一康编写第 5 章、吉林大学的杨丽丽编写第 6 章、苏州大学的王翔编写第 7 章、江苏大学的刘亚奇编写第 8 章、吉林大学的吴文静编写第 9 章、南京林业大学的朱震军编写第 10 章，全书由江苏大学景鹏教授统稿。研究生孙慧倩、杜琬茹和叶洁参与校对工作。

限于编者的学识，本书难免存在疏漏或不妥之处，敬请读者批评指正。

景　鹏

于江苏大学

目　　录

第 1 章
Chapter 1

运输系统规划概述

1.1 背景概述

问题产生需求，需求产生动力，层出不穷的交通问题促使人们从更多和更深的角度去考虑解决问题的理论、方法及政策。简单来说，交通问题主要是拥堵、污染、事故和资金这几个方面。从目前来看，交通问题还无法根治，只能是从某种程度上加以缓解。到底能缓解到什么程度，取决于为解决交通问题所提出的各种交通模型、方法以及政策。交通问题的出现并不是静态的，随着人们对出行质量和可靠性要求的不断提升，越来越多的车辆给有限的城市道路资源带来了极大的压力，但同时也使得与问题相伴的交通模型和方法不断推陈出新。

运输系统规划概述

目前，迅速发展的信息技术（Information Technology，IT）给人们的出行方式和交通环境带来了极大的变化，同时也给人们带来了处理交通问题新的思路和方法。比如，新的道路信息系统，不仅被动地给道路上的车辆提供信息，甚至能实现车 – 路或车 – 车的协同通信；基于各种通信和信息技术开发的谷歌无人驾驶汽车能够防止交通意外并给人们更多空闲时间；电子不停车收费系统（Electronic Toll Collection，ETC）采用电子化的付款方式，减少了车辆在收费站的延误，提高了车辆的运行速度。另外，带有全球定位系统（GPS）设备智能手机的大规模使用，使得交通信息的传递和收集产生了革命性的变化；高性能计算机的普及使得交通模型的估计或计算速度越来越快。所有这些技术给人们近年来的生活带来了巨大的冲击和变化，作为和人们生活密切相关的交通活动，也由此正处于较大的变化之中。这不仅使交通模型和方法在日趋复杂与现实，而且还使得规划模型理论和方法的计算机实现本身也成为越来越热的研究对象。

就我国的交通问题而言，似乎正在经历着发达国家过去 30 年机动化水平逐渐提高的过程，产生的问题也非常类似：拥堵、污染等。但国情不同，产生同样交通问题的原因也有较大差异。比如相对来说，目前我国的人均收入较低，对公共交通还有很大的需求；城镇化很快，新城区存在交通需求与供给不平衡的问题；缺乏实现交通规划所需的资金、数据和人员。这些问题的解决，一方面需要吸取国外先进的模型和方法的优点，更重要的是贴合我国实际情况，找出具有本土特色的解决或缓解交通问题的模型和方法。

交通模型其实只是交通规划过程中的一个重要组成部分，实际上作为城市规划一部分的交通规划包含很多内容和流程，除了用于可行性基础数据分析的模型外，还有行政管理、机构组织、规划专家、决策者的行为，甚至媒体和公众等部分。可以看出，交通规划是一个非

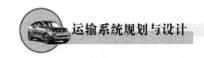

常庞杂的流程和系统工程，其较为顺利地实施并能取得较好的效果取决于很多因素。从交通的规划者和研究者而言，基础性因素在于交通模型的建立合理与否，计算结果是否能适应当地交通的发展。本书主要从交通规划的模型和方法的角度，介绍交通规划的基本原理。

模型，就本义而言是指从特定视角对现实世界某一部分的再现，具体可分为物理模型和抽象模型。物理模型是对现实部分世界进行抽象后的物理再现，如各种船模、车模。抽象模型指人们将现实世界中的某些运行规则抽象化所形成的思维模式，这种思维模式可以通过经验进行固化，但较难进行交流和讨论。实际上，思维模式有一种更加清晰的表达方式：数学模型。数学模型能够通过数学方程的形式再现人们感兴趣的部分世界及其运行机理。数学模型往往需要大量的实验和数据进行验证，其优势在于可以通过数据的变动来验证模型在不同情况下的适应性，进而可以丰富模型，扩大模型的应用面。

在交通规划领域，重要的模型和方法是在20世纪70年代中叶逐渐出现并开始完善的。实际上，在学术期刊中出现的理论模型要远多于目前规划工程实践中四阶段方法的模型，不少交通领域杰出的学者所研究出来的复杂模型在实际规划中较少用到，这是因为很多理论模型在实践中的应用受到了很大的限制。当然，随着应用数学理论、计量经济学、计算机和信息技术的不断发展，这些限制会不断被削弱。本书主要介绍在交通规划工程实践中可能用到或即将用到的模型，以及这些模型的使用条件、估计方法和计算结果的解读。对于其中较为简单的规划模型，将会采用案例的形式加以剖析和解释，对于较为复杂的模型，会在介绍原理的基础上应用规划软件加以实现。

1.2 交通运输问题的根源分析

无论在发达国家还是发展中国家，交通运输问题正在变得越来越普遍和严重。道路上交通流量和交通需求的持续增长导致了交通的拥堵、事故、延误和环境等一系列问题。虽然拥堵直观表现出来的是车与路的矛盾，但并不能单单从车辆和道路的关系上去探讨这些交通问题产生的根源。一般认为，经济的增长使得交通需求超过了交通设施可以承担的能力，并且在某些出行方式或地区上交通投入的长期不足，导致了交通供给系统极其敏感和脆弱。显然这些交通问题没有可能在近期得到有效的解决，只有经过长时间科学合理的交通规划，动态地调整城市土地利用结构和交通设施建设的关系，才能逐渐缓解目前广泛存在的交通问题。城市土地利用反映的是交通需求的分布，交通设施规模体现的是交通供给的大小，这两者之间的不平衡发展是交通问题得以产生的根源。

1.2.1 交通需求

交通是一种派生性需求，这意味着交通本身不是目的。除了观光以外，人们出行通常是为了能在目的地实现某种社会活动，如工作、学习、购物和娱乐等。货物的运输也是为了通过流通实现其商品价值，流通本身并不是目的，而是实现价值的手段。通常为了剖析交通需求的本源，就需要知道能产生出行社会活动的时空分布。从交通需求的本源入手，也就是通过了解人们社会活动的规律来设计相应的交通系统，能较好地适应各种交通需求的出行要求；反之，一个糟糕不畅的交通系统，会抑制交通需求的实现，进而影响社会和经济的发展。

社会活动的复杂性和多样性也使得交通需求具有多元化的特征，意味着交通需求随着时间、地点、目的、方式等不断地在发生变化。首先，交通需求伴随着社会活动在空间上的分布具有多样性，由交通需求在空间上不均衡产生的交通问题比比皆是，如一个城市中某个局部区域经常性的拥堵。处理这类由于需求空间分布不均衡产生的交通问题，往往采用这样一种思路：将空间划分成若干块小的区域（zone），并给每个区域编码，然后和交通网络结合在一起，确定每一个交通需求的产生区域和目的区域，从而可以将交通需求在计算机中具体体现出来。其次，交通需求对时间相当敏感，具有较为强烈的动态性。显然，在一个城市中交通最为拥堵的时段是早高峰时段，以上班和上学为目的的出行需求蜂拥至工作日早上很短的时间间隔内，往往超过了交通设施的最大通行能力。目前往往采用错时上下班的方法从需求的角度来尽可能削除高峰，使其往平峰均摊，但实施起来效果并不是非常理想。在交通规划中，高峰时段交通需求的分析、建模和预测一直是令人关注的热点。

1.2.2 交通供给

交通供给最显著的特征就是作为一种服务，其固化在一定的地点并持续不断地提供服务，如道路设施。交通供给一般不具有移动性，也无法在不同的时间段提供有弹性的服务。所以，为了能够适应需求而提供恰到好处的服务（不使服务低于需求的平均水平，否则会造成交通供不应求，也没有必要使服务等于甚至高于高峰需求，这会在供给上的投入过大，造成不必要的浪费），就有必要较为精确地估计交通需求的大小，然后按照需求及发展，有预见性地规划交通供给的规模。交通供给主要体现在交通基础设施的提供。在规划交通基础设施的建设时，并不是一锤定音，可以根据交通需求的变化在规划后期进行调整，如可以将道路从无铺装升级为沥青路面，从双向两车道扩宽为双向四车道。通过这种动态的调整，才能使交通供给更好地适应交通需求的改变。

从经济的角度来看，交通供给服务的提供并不是无偿的。无论是出行者还是货物承运人，都要为所占用的道路资源支付费用，最直观的体现就是收费公路，需要按照行驶里程缴费。即使对于免费道路，车辆的使用者依然要通过车辆或燃油上的税费形式来支付费用。为什么交通基础设施不能像城市中的公园、图书馆、博物馆等公共设施一样提供免费的服务呢？根据经济学理论，在完美的市场中，只有当商品的边际成本和边际效用相等，才能获得使所有人满足的资源分配方案。显然，实际的市场并不完美，支付能力和需求并不能绝对的相等，这就导致了在交通供给上资源分配并不均衡。

1.2.3 需求和供给的平衡

广义上来说，交通规划就是在给定具有一定通行能力的交通系统条件下，运用不同的出行方式来满足不同目的的人或物在不同时段进行移动的需求。一个完善的交通系统通常包括以下部分：交通基础设施，如道路网；交通管理系统，如交通规则、信号系统等，通过管理系统能够依据一定的规则在不同交通方式之间分配优先通行权；载运工具及其驾驶人。通过公式可以更加清晰地表达需求和供给的关系。

设交通网络中各条道路上交通流量的集合为 V，相应的速度集合为 S，网络总的通行能力为 C，整个网络的交通管理系统为 M，则交通网络中的速度可以表示为这些因素的函数：

$$S = f(C, V, M) \tag{1.1}$$

速度是反映一个交通系统服务水平（Level of Service，LOS）的重要指标。交通网络总的通行能力 C 依赖于软硬两个条件，即用交通管理系统 M 表示软件条件，用一段时间内在该网络上的投资水平 I 表示网络的硬件条件，则

$$C = f(I, M) \tag{1.2}$$

要满足交通需求 D，就要确保交通系统处于一定的服务水平之上，并且已知社会活动 A 在空间上的分布。这里用速度 S 代表服务水平，则

$$D = f(S, A) \tag{1.3}$$

若社会活动 A 固定，结合式（1.1）和式（1.3）就可以在交通需求和供给之间发现一系列的平衡点。当服务水平发生变化，即不同路段上的速度或行程时间在不同的时间段内规律性变动时，社会活动也会随之发生变化，比如一个聚会，很可能因为交通过于拥堵而推迟甚至取消。这样一来，在不同的社会活动情况下，平衡点也会随之漂移。交通规划的任务就是在一定的管理策略和资金投入下寻找并预测这些动态的交通供需平衡点，以实现社会福利最大化。

下面用一个简单的例子来说明交通供需在不同出行方式之间的转移，如图 1.1 所示。建议先扩展阅读新闻[⊖]，再思考下面的例子。

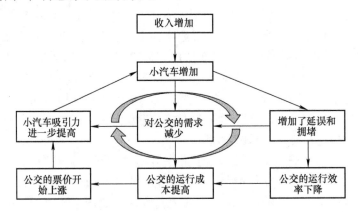

图 1.1　公交和小汽车供需变化

如图 1.1 所示，经济的增长提高了小汽车的保有量。更多的家庭拥有小汽车意味着更多的出行者愿意从公交方式转为小汽车出行，反过来也意味着坐公交车的乘客会越来越少，公交企业的营运收入就会减少，降低了企业运营的积极性，基于成本的考虑就会倾向于不再增加新的线路和车辆，这会导致公交方式的服务水平停滞不前，减弱了公交的吸引力，提高了小汽车的吸引力，进一步加速了交通供需在小汽车和公交之间的转化。经过若干轮这样的转化循环之后，小汽车面临着越来越拥堵的交通，公交车的等车时间也越来越长，公交企业的运营成本越来越高。最后人们会发现，交通系统中所有的参与者，包括小汽车驾驶人、公交乘客、公交企业面临的状况越来越糟糕，系统陷入了恶性循环。从长远来看，这种恶性循环的交通系统还会进一步扩展，当拥有小汽车的家庭重新选择工作地点或居住地点，就不会考虑备选地点上公交的可达性，这会使城市更多的区域在出行方式上更加偏好小汽车，让拥堵更加扩散。

⊖　"从小县城到中型城市，公交车都去哪了"．腾讯新闻，https://new.qq.com/rain/a/20220914A0995S00．

为了打破上述循环，可以在循环的几个关键之处实施人为干扰，如图1.2所示。可以通过设置公交专用道和公交信号等公交优先措施，使公交的运行更有效率。通过政府补贴来弥补公交企业的亏损部分，这样做在短期内能提高企业积极性，但从长远来看，会增加财政压力，并且如果补贴政策制定不当，会使公交企业出现国有企业的通病，如越来越臃肿和效率降低。通过经济杠杆的作用，提高小汽车的购买和使用成本，不仅能限制小汽车的出行，还能将从小汽车上收取的税费中提取一部分转移到交通系统其他需要资金的地方上。

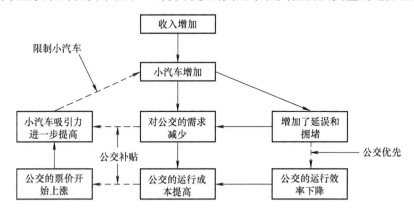

图1.2 引导措施在小汽车和公交之间的作用

实际上，增加的公交补贴和公交优先这两个措施，是公交引领城市发展（Transit‐Oriented Development，TOD）规划思路和模式的具体体现。

1.3 交通运输模型概述

解决交通问题的关键在于科学、合理和有操作性的交通规划，而交通规划中方案的设计和评价依赖于一系列的交通模型。根据理论、数据、定义和标定方法的不同，有多种模型可供选择。如何根据现有的资料、信息和数据，去选择恰当的模型，以实现计算过程的快捷和结果的可靠，为规划中某一个步骤或结论提供支撑，是交通规划工程师重要的任务。交通规划中的模型根据数据类型和输出结果可分为以下几种：集计（aggregate）模型、非集计（disaggregate）模型、截面（cross‐section）数据、时间序列（time series）数据、面板（panel data）数据、显示性偏好（Revealed Preference，RP）数据、意向性偏好（Stated Preference，SP）数据。

1.3.1 模型概述

在很多人的认识中，理论模型就是大量的公式及推导。为了能够描述交通系统中的繁多因素，刻画系统中各出行主体之间的复杂关系，交通规划中的模型确实表现得较为复杂。模型的复杂性和描述交通系统的精确性往往呈正向相关。一些理论模型为了追求较高的精度，对模型所需数据和计算环境提出了很高的要求，而这在规划工程实践中非常难以操作，造成了理论模型与规划实践的脱节，甚至使一些交通规划师认为交通规划中的理论与实践之间的差距越来越大。尽管这一认识的正确性还有待商榷，但理论模型的实用性确实应该得到重视。

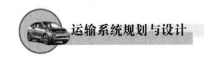

理论模型在应用时不仅需要便于采集数据和计算，对模型估计结果的解释也非常重要。从离散选择中的模型来看，越复杂的模型越难以解释，这也是为什么最简单的 Logit 模型至今应用非常广泛的原因。模型的解释取决于创建模型时的理论思想，有时不同的理论殊途同归，导致一致的模型形式，但模型估计结果的解释依然因理论思想的差异而有所差异。比如重力模型的形式，既可以通过物理学理论推导得出，也可以通过最大熵理论或效用最大化理论推导得出。所以对于重力的估计结果的解释，就要根据其理论基础分别来阐述。

在建立一个新的理论或模型时，传统上有两种经典的方法：演绎（deductive）和归纳（inductive）。演绎通常是先建立或推导出模型，再和实际观察到的现象进行比较和拟合，往往在理论科学中应用较多。归纳通常是基于已有的观察数据，从中总结出内在的规律，进而建立相应的理论或模型，往往在应用科学或社会科学中使用较多。通俗地说，演绎是从内到外，归纳是从外往内，但二者并不完全对立。如我国著名数学家王元曾说："理论数学和应用数学应该没有严格的界线，它们都是由问题带动而发展的，最早的数学来源于外部，最早的几何学也是来源于外部，但随着数学科学的发展，数学内部产生的问题，也成为数学发展的一种内在动力。比如哥德巴赫猜想 1 + 1 的证明本身没有什么意思，证明它的意义在于通过它来发展数学，把数学发展好。"

通常一个模型可以简单用变量 X 和参数 θ 的函数形式来表达：

$$Y = f(X, \theta) \tag{1.4}$$

在利用实际数据求解上述模型中的未知参数 θ 时，一般称之为对模型的标定（calibration）或估计（estimation）。在交通规划的模型中，标定和估计有着不同的含义。标定模型指在一个或多个拟合参数最优的条件下寻找未知参数 θ 的值，这里的拟合参数一般为实地观测数据的函数。标定主要用在对集计模型的参数计算中。估计模型则是在寻找参数 θ 值的同时，判断参数对模型的显著性影响，可以将不显著的参数剔除出模型。估计更多用在非集计模型上。

在建立交通规划的模型之前，首先需要明确的是哪些是输入变量，哪些是我们所需要的输出结果。真实环境中所有和模型相关的因素不可能都在模型的输入变量中体现出来，有些因素可能无法被观测，有些因素可能被模型背后的理论所忽略，有些因素则被模型简化掉。这些无法具体纳入模型的因素在模型中成为误差项或随机项的一部分，另一部分可能源于样本误差或其他因素。所以使用任何模型得出的结果都是一种条件性的预测，即在一定输入自变量条件下产生因变量的预测结果。建立模型的目的不仅在于基于现状预测未来，有时还利用模型去观察输入条件发生各种变化时输出结果各种变化的可能性，即对于各种输入变量的敏感性分析。这就意味着需要多次计算模型以预测各种结果，如果模型较为复杂，计算时间就会很长，使敏感性分析成为一件很冗长的工作。为了能够快速利用模型对各种情况进行敏感性分析，需要从算法或硬件上提高计算效率。对模型计算所消耗计算资源方面的研究，也日趋引起了重视。

总的来说，模型是一种数学工具，用来反映各种影响因素发生变化时因变量的敏感性。这里的因变量往往是建模者所关注系统中的某种选择结果或行为。一个成功的模型，即使在有限数据和规定时间内，也能够为决策提供及时和有效的建议，使其结果达到最优。简单来说，在复杂的交通系统中，无论是交通管理者、承运人还是出行者自身，都会面临无数的选择或决策，在决策过程中受到各种因素的影响，建模就是将过程和影响因素数学化，建立因素和选择结果之间的映射关系，这样就可以通过对某些因素的变动观察选择结果的变化，为个体选择提供建议，这些建议对于管理者而言就会形成相关政策建立的理论基础，对于承运人和出行者而言就是达到其期望约束条件下选择方案的确定，如出行时间选择、路径选择和方式选择等。

在一定模型基础上可以进行预测。预测是对未来情况定量化的预期。在交通规划中通常包括对未来出行需求、各种出行方式交通流、出行时间和费用等的预测。对一些交通基础设施建设项目的工程可行性研究中，更重要的是对项目的财务和国民经济分析，通过从经济和社会两个角度来预测项目建成后的收益，从而判断项目实施的可行性。鉴于未来的不确定性，在进行预测时往往采用多种方法来验证最后预测的结果，或者采用经过无数次验证的行业内公认的标准模型，以确保预测结果的可比性。

1.3.2　集计和非集计模型

从上文对模型的概述性介绍可知，无论是演绎模型还是归纳模型，核心都是观测数据。在交通规划中，根据对所使用数据的集计程度，将模型分为集计和非集计模型。集计是从英文 aggregate 翻译过来的，本意为聚合、集合、总和、合计。交通规划中的集计数据指反映描述出行者群体属性的调查数据，如一个区域（zone）内所有出行者的平均年龄、男女比例、平均收入、总的出行次数等。非集计是在英文 aggregate 加了一个前缀 dis，即 disag-gregate，意为分解的、无组织的、解体的。非集计数据在交通规划中指描述个体的属性数据，这里的个体可以是出行者、交通管理者，也可以是承运人，如区域中每一个出行者的性别、年龄、职业、收入，甚至心理状态等。显然，集计数据是非集计数据在某种程度或方法上的集合，从包含的信息量上来说，集计数据较为粗糙，非集计数据较为精细。按照计算机领域中的说法，非集计数据粒度较小，集计数据粒度较大。通常对同一研究对象，非集计数据可以转化为集计数据，但反向是不可逆的。

交通规划是一种宏观规划，主要目的是根据对交通需求现状的分析和未来的预测为研究区域范围内各种交通设施的建设规模、水平和时序提供详细的计划。从城市范围来看，城市内各种交通设施的服务对象是面向广大出行者，所以无论是对现状的分析还是对未来交通需求的预测，其模型计算结果必须在集计层面才能适应各种交通设施建设的可行性分析。因而，虽然非集计模型更加细致入微，但在交通规划中通常需要采用一定的方法将非集计模型的结果转化为集计数据，便于规划中采用。

直到 20 世纪 70 年代，集计模型在交通规划中都处于主要地位。从基础数据的收集、模型的建立、模型的计算和结果的解释，交通规划中集计模型的建立都已经有了一套成熟而可靠的方法，并且一些经典的集计模型已经集成在很多交通规划的软件包中，只要有调查的数据，可以很快计算出结果。诚然，集计模型存在不够灵活、不够精确和所需数据采集成本巨大等缺点，但非集计模型也存在形式结构较为复杂、估计算法较为烦琐和所需数据很多时候难以直接用于预测等不足之处。所以在目前的交通规划工程实践中，还是以集计模型为主，非集计模型为辅。

非集计模型于 20 世纪 80 年代开始流行，在很多应用领域都体现出比传统集计模型更大的优势。在使用非集计模型时，特别在解释模型的估计结果时，与集计模型相比需要建模者有一定统计和计量经济学方面的知识。集计模型和非集计模型最大的区别在于描述行为方法

上的差异，描述个体行为的非集计模型显然在精细程度上要优于描述群体行为的集计模型。在何种情况下采用集计模型、何种情况下选择非集计模型，并没有广泛而公认的标准或规范，需要交通规划师根据规划研究区域的特点、易于调查数据的类型和规模，以及规划项目的需求来综合决定。

1.3.3 截面、时间序列和面板数据

无论是集计模型还是非集计模型，计算或估计的基础都是数据。在交通规划中，经常会用到经济、人口、出行和意愿等方面的数据。根据数据的结构类型，可将数据集划分为截面数据、时间序列数据和面板数据等。对应不同的数据集，往往应用不同的模型进行计算。

1）截面数据（cross - sectional data）是在同一个时间点上所收集的个人、家庭、公司、城市，甚至国家的相关属性数据。可以通过截面数据的英文本意来理解，cross section 是横断面、剖面、截面的意思，在时间轴上的某一个断面所获取的数据，那就是截面数据。当然，在实际调查时，并不能精确保证同时获取所有调查对象的数据，比如在居民出行调查中，每个家庭在填写出行问卷的时间上肯定会有所差异。但在截面数据中，会忽略收集数据时的时间差异，认为时间对数据并没有影响。截面数据还有一个重要的特性，就是假设其数据都是通过对总体的随机抽样获取的。截面数据在经济和社会领域应用非常广泛，目前，越来越多的经济和社会学模型都开始在交通领域一展身手，所以截面数据在交通规划中也起到了非常重要的作用。将居民出行调查中出行者的自身社会经济特征数据整理到计算机上后，就是一种截面数据，见表1.1。

表 1.1 居民出行调查的截面数据

id	male	age	edu	salary	married
1	1	20	4	3000	0
2	0	36	5	5000	1
3	0	16	3	0	0
…	…	…	…	…	…

表1.1中，变量id为样本中每一个被调查对象（出行者）的编号。和其他变量不一样的是，变量id并不是出行者的属性，只是在各种软件包中，对数据集中的每一行观测记录都要有一个唯一的标识。由于截面数据是通过随机抽样产生的，因此数据中各行记录的次序，对数据或依据数据建立的模型并没有影响。表中的 male 和 married 都是二项变量：male中的1代表男性，0代表女性，married 为 1 表示已婚，0 表示未婚。

2）时间序列数据（time series data），顾名思义，即随时间变化的数据，如股票的价格、货币供应量、消费者物价指数、国内生产总值（Gross Domestic Product，GDP）、人口、小汽车保有量、总出行次数等。相对于截面数据而言，时间序列数据之间的相关性更强，这是因为经济社会中很多变量随时间变化的趋势比较稳定。时间序列数据另一个重要的特性是数据采集的频率。不同类型的时间序列数据在采集频率上往往不同，即使同一种变量在不同采集频率下也表现出不同的含义。如交通流量，单位可以是辆/h、辆/天、辆/周、辆/月等。在交通规划中，经常要预测规划特征年每个交通小区的人口、经济、收入、小汽车拥有量等数据，用来计算特征年各交通小区的产生或吸引量。显然，这里的经济、人口和收入等数据是

随时间变化的，正是通过拟合这些变量随时间变化的趋势，才能实现预测。具体的数据示例见表1.2。

表1.2 交通小区社会经济数据

id	year	pop	avgincome	carnum	motonum
1	2001	2351	2350	0.11	0.21
2	2002	2594	2380	0.16	0.26
3	2003	2685	2450	0.23	0.28
...	...	...	...	...	...

表1.2中，变量year为年份，pop为人口，avgincome为收入，carnum为人均小汽车拥有量，motonum为人均摩托车拥有量。

3）面板数据（panel data）或纵向数据（longitudinal data）由截面数据和时间序列数据混合而成。在统计和计量经济学中，更多用"面板"来描述这类数据，而在生物统计学中，更多用"纵向"。还是以居民出行调查数据为例，见表1.3。

表1.3 居民出行调查的面板数据

id	personid	tripno	dtime	ozone	dzone	mode
1	1	1	7：50	15	16	1
2	1	2	17：00	16	15	1
3	2	1	8：00	3	12	3
4	2	2	11：30	12	7	5
5	2	3	16：00	7	3	3
...	...	...	...	...	...	...

personid为出行者编号，tripno为某个出行者出行次数编号，dtime为出行时间，ozone为出行的出发小区编号，dzone为出行的终点小区编号，mode为出行方式编号。每一行代表一次出行，如编号为1的出行者，有两次出行，编号分别为1和2，出发时间分别为早上的7：50和傍晚的5：00，出行方式编号为1。编号为2的出行者则有三次出行，tripno及以后的变量反映的是出行的属性。面板数据最大的特点是需要获取同一调查对象不同时间节点上的数据，显然这种数据类型和截面数据及时间序列数据相比较更为细致。另外，面板数据较为适合用于研究某一项决策或政策发布后产生的影响。

1.3.4 显示性偏好和意向性偏好

在一个现实复杂的系统中想要通过设计试验的方法来观察系统的某种变化是十分困难的，因为很多系统的发展变化是不可逆的，也是不可控制的。比如对天文学家来说，他们所能做的仅仅是被动观察，而无法像化学家一样，通过实验室中的各种实验来证实自己的想法或假设。一直到20世纪80年代中期，交通规划中需求模型所需的数据主要都来源于对居民出行的直接观测或调查，通过这种方式获取的数据称之为显示性偏好（Revealed Preference，RP）数据。RP数据调查的成本巨大，只适用于可直接观测的属性或行为，无法描述诸如舒

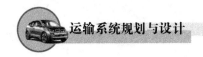

适性、便利性等心理状态。

意向性偏好（Stated Preference，SP）调查方法来源于市场研究领域，其具体方法为假设一系列的问题或选项，请被调查者填写。SP 数据反映的是被调查者基于问卷的不同情景下所做出的反应。在许多实际的交通需求分析中，要对以前并不存在的交通服务或政策措施进行效果分析时，一般无法或者很少得到 RP 数据，为此需要通过 SP 调查获得一些"假想"的偏好数据。SP 数据与 RP 数据相比有可操作性高、数据误差可调、选择方案集合明确等优点，但也存在可靠性较低的不足。SP 调查的最大特点在于调查的内容是尚未发生的，因此其选择项的条件可根据未来的状况进行假定，克服了以往预测方法中的外插性问题。在 SP 调查过程中，常利用数学原理设计 SP 调查表来减少甚至消除各变量之间的相互依赖性，以得出合理的调查问卷。在保证一定精度的前提下，最大限度地精简调查表中被调查者的判断次数，提高交通 SP 调查的工作效率和结果准确程度，进而保证模型的精度，成为交通 SP 调查表设计时最为关心的问题。

1.4 交通运输规划流程

交通规划本质上是为了解决现状以及未来潜在的交通问题。基于传统交通模型解决问题的标准流程是分析问题、调查数据、构建模型、标定模型、计算模型、提出方案、评估方案、实施解决方案。具体如图 1.3 所示。

首先是分析存在的交通问题。一般的方法是通过走访、网络、座谈等方式对规划研究区域的交通问题有一个初步的了解和认识，然后根据该区域的人口、经济、土地、自然和历史发展等背景情况深入剖析问题存在的根源。在分析中需要明确解决问题的目标。目标可以分阶段，从易到难，一步步缓解交通问题造成的不良后果。描述交通问题时，尽可能要和已有其他城市或地区的问题之间具有可比性，这样不

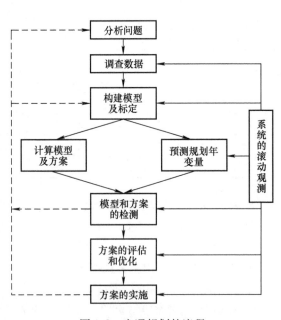

图 1.3 交通规划的流程

仅能够借鉴解决问题的思路，还能评估解决问题目标的可行性。最后需要清醒认识问题产生或解决问题所面临的各种约束条件，如经济、时间、地理、技术等各方面的原因。

数据调查介于问题分析和建立模型之间，和两者都有密切的联系。调查数据的种类基于要解决的交通问题和模型本身的需求。另外，要根据交通规划项目的预算、时限和具体要求，来确定调查的方法和规模。通常建立模型时总是选择最为简单易算的模型。模型的构建主要包括模型的定义、模型的标定或估计，以及模型的验证。一般将建立模型的数据分为两部分，一部分用于模型的估计，另一部分用于模型的验证。

模型计算的结果相当于对交通问题的定量化描述，根据这一描述，结合交通规划师的经

验，可制定出解决问题的方案。方案的生成并不完全是模型计算结果的体现，其中更多是经验的选择或优化计算。为了能够验证方案在规划特征年的可行性，往往预测出规划特征年的一些重要变量，如人口、经济等。这一预测结果还可代入到模型中，使模型具有预测的功能。解决方案的评估往往从社会和经济等角度，来检验方案的可行性，是方案实施前的最后一个步骤。

由于交通系统处于不断的动态变化过程中，或者说交通系统中的交通需求与供给之间是动态的关系，随之产生的交通问题也是在不断变化的。不可能凭借一次交通调查所建立的模型，就能将所对应的交通问题永远消除。现实中总会发现某个交通问题一时被解决或消失了，但不久在其他地方又会重复出现，并且变得更为复杂棘手。所以交通规划不是一次性的，一般来说，交通规划的方案要配合城市总体规划，五年一小改，十年一大修。只有使规划处于不断滚动的状态，才能不断地调整规划方案以适应实际交通状况的改变。

思 考 题

1. 交通运输系统需求和供给之间是什么关系？
2. 城市中各种交通方式的演进变化和交通供给与需求之间的平衡如何理解？
3. 交通运输系统规划的一般流程是什么？四阶段模型主要起到什么作用？

第2章 Chapter 2
运输系统调查方法及数据分析

2.1 概述

运输系统调查与数据分析是进行运输系统问题诊断、规划、设计、建设、运营、管理的基础性工作，可以为建立交通需求预测模型、分析交通的供需平衡以及交通供需关系的发展趋势等提供基础数据。

2.1.1 运输系统调查的目的和作用

运输系统调查是利用客观手段，对运输系统交通流及有关的交通现象进行调查，并且对调查资料进行分析和判断，从而了解掌握交通状态及有关交通现象规律的工作过程。通过运输系统调查，可以准确分析评价规划区域交通现状，为交通规划提供全面、系统、真实、可靠的实际参考资料和基础数据，对交通规划涉及的经济、运输、交通量等做出准确可靠的预测，制定出合乎社会发展规律且与交通需求相适应的交通规划目标与方案，进而指导交通建设与发展。

运输系统调查方法及
数据分析

2.1.2 运输系统调查流程

1. 总体流程

运输系统调查一般分为调查目的、调查设计、调查实施、数据处理、数据分析五个阶段。在调查目的阶段根据交通模型开发与修正要求、交通政策、交通规划方案制定与评价需求等确定一个调查项目后，应收集整理所有调查相关背景信息、基于数据需求和可获取数据资源来设计调查整体架构、协调组织调查人力和调查资源，之后进入调查设计阶段。

2. 调查设计

调查设计阶段的主要工作内容包括：

1）整理调查相关背景信息。

2）考虑调查时间、费用等约束条件，选择适当的调查方法。

3）编排调查人员、资金、资料等需求计划。

4）确定调查抽样原则和调查对象。

5）确定调查内容并形成调查表格。

3. 调查实施

调查实施阶段的主要工作内容包括：

1）调查相关人员培训。

2）实施预调查/试调查来检验调查设计能否满足数据需求，并进行必要的修正。

3）现场实施。

4）数据收集与审核。

4. 数据处理

数据处理阶段的主要工作内容包括：

1）数据编码与录入：对调查项进行数字赋值并录入计算机。

2）数据清洗：以保证所有数据都是有用的。

3）编程与编译：将调查数据整理组织为易于分析的格式。

5. 数据分析

数据分析阶段的主要工作内容包括统计分析、形成调查成果并进行应用。

2.1.3 运输系统调查内容

运输系统调查内容主要根据规划的对象及目标来确定。调查内容包括的主要调查项目见表2.1。

表2.1 运输系统调查类型、调查对象与交通模型应用

序号	调查类型	调查对象	交通模型应用
1	居民出行调查	居民住户	出行生成、出行分布、方式划分、出行时段分布、出行行为
2	城市道路交通调查	城市路段上的车辆、人	出行分布、模型校验
3	出入境交通调查	城市出入境道路上的车辆、人	出行分布、模型校验
4	公交调查	城市公共交通系统使用者	方式划分
5	出租车调查	出租车驾驶人及乘客	出租车出行（生成、分布、时段分布）
6	交通生成源调查	选定交通枢纽、大型公共建筑等的就业者、访客	出行吸引模型、停车费用
7	停车调查	到离停车场的车辆	停车费用（用于方式划分）、出行分布
8	流动人口出行调查	住在旅馆中的客人、其他流动人口集中地	流动人口模型（生成、分布、时段分布）

除了以上运输系统调查项目外，还需要进行社会经济基础资料调查，为交通需求预测阶段和运输系统规划设计阶段提供参考。社会经济基础资料调查主要包括以下内容：

1）城市概况。包括城市地理位置、气候、地形、地貌、地质、自然资源、旅游资源等。

2）经济社会基础资料历年数据。包括分区、分类人口资料和国民经济发展相关指标等。

3）土地利用基础资料。包括土地利用现状与规划的土地利用类型、规模、开发强度等。

4）城市交通发展资料。包括城市交通基础设施、车辆保有量、城市交通管理和发展政策等。

5）城市道路网现状资料。包括各级道路基本信息、路网图等。

6）城市相关规划资料。包括城市总体规划、城市综合交通运输规划，以及城市轨道交通、城市道路网等交通专项规划资料。

7）其他资料。包括区域发展背景、城市历史演化、产业发展等资料。

规划资料应收集最新批复的相关规划成果和在编的规划草案。反映现状的数据资料宜采用规划起始年前一年的资料，反映发展历程的数据资料不宜少于5年。现状与发展趋势分析宜采用5年之内的交通调查资料，5年以上的调查资料可作为参考。

随着城市交通信息化水平的提高，交通信息采集和数据挖掘在运输系统调查中的作用日益凸显。具备条件的城市可在充分利用信息化数据的基础上，对运输系统调查的调查项目及内容进行适当调整。常见的信息化数据利用技术包括：

1）利用公交车GPS数据及公交IC卡刷卡数据对公交客流特征和个体日活动链的分析技术。

2）利用车辆GPS数据对行程车速和行程时间可靠性的分析技术。

3）利用视频数据对道路机动车流量和交通起止点（OD）的分析技术。

4）利用移动信息数据对居民出行特征和主要客流聚集地的分析技术。

5）利用公共自行车数据对慢行交通和换乘接驳行为的分析技术。

2.1.4 运输系统调查精度与准确性

1. 抽样目标

运输系统调查的最基本目的是采集数据用以估计交通出行相关参数。抽样调查时抽样数据的测定误差可分为抽样误差和非抽样误差。抽样误差是以样本代表总体时的随机误差，其导致参数估计或其他测定不精确。非抽样误差是调查设计和数据采集阶段所发生的各种误差，其导致参数估计不准确。抽样的基本目标应为同时减少抽样误差和非抽样误差，从而提高参数估计的精确性和准确性。

2. 抽样方法和样本设计

样本设计过程中应考虑调查的整体目标、时间及费用的约束，以及关键变量可获取的信息。重点考虑以下因素进行样本设计：

（1）调查的基本目标及约束

调查的目标通常为分析交通现状、开发交通模型、评价交通政策等。交通调查数据一般用于支持多种交通建模分析（如出行生成、出行分布、方式划分等）和交通政策分析。样本量一方面应满足相应分析系统的需求，另一方面调查的资源（费用预算）往往有一定限制。应计算和分析调查样本量与建模关键变量的期望精度之间的关系。

（2）关键变量及期望精度

在明确调查目标后，对未来数据分析的关键变量进行识别和确定。可对每一个关键变量，根据分析需求设定不同的期望精度水平进行样本量估算。

（3）研究区域人口、抽样框架及抽样单元

应确定研究区域人口，明确调查目标人群。抽样框架提供接触调查目标人群的方式。当抽样框架基于对调查目标单元的非完整列表时，需要对数据库进行扩展以涵盖所有调查目标人群。需要将两个数据资源信息融合时，应尽量减少重复的信息。抽样单元与需要采集的信息类型和数据详细程度相关。

（4）关于关键变量能够获取的信息

基于一个给定的关键变量计算满足精度要求的样本量时，需要估计该变量在调查目标对象中的均值和方差。应在样本设计阶段确定能够提供关键变量的均值与方差信息的数据源，如人口普查数据、经济普查数据、研究区域历史交通调查数据和其他调查数据等。

（5）满足精度要求的抽样方法

抽样方法的选择与调查的目标、研究区域人口及相应的抽样框架与抽样单元、期望的精度相互关联，主要取决于关键变量在调查目标人群中的分布情况。如果关键变量（如小汽车拥有水平、家庭人口规模等）在调查目标人群中呈现均匀分布，达到一定样本量的简单随机抽样方法即可满足要求。当一些变量分布不均时，采用简单随机抽样方法所需要的样本量过大。这种情形下，宜采用分层或分类的抽样方法。

（6）满足精度要求的样本量

在抽样方法、抽样框架和抽样单元确定后，应从以下两个方面来评价样本量：

1）对应于每一个关键变量在一定置信度水平下的期望精度水平，计算满足要求的样本量。

2）在给定样本量的情况下，计算每一个关键变量的期望精度或置信度。

（7）抽样是否满足时间、费用的约束

对应于每一个关键变量在一定置信度水平下的期望精度水平，可以计算得到一组样本量需求。当调查时间、费用预算不能支持理想的样本量时，应在权衡不同样本量与相应的精度水平、置信度水平的基础上确定合理的样本量。同时，也应探索通过改进抽样方法（如采用分层或分组的抽样方法等）来减少样本量需求，以满足调查资源的约束。

（8）样本量所对应的精度与置信度水平

在调查资源约束下，最后确定的样本量往往低于理想的样本量。应重新计算采用的样本量所对应的精度和置信度水平，并分析抽样设计方案的优劣。

3. 抽样原则

抽样应遵循的原则是综合权衡数据采集费用、样本量和数据质量。在数据采集费用的约束下，样本量范围的确定还应满足所选关键变量估计的精度与置信度要求；在一定的样本量范围下，应核算每一个变量的期望精度及期望置信度水平。

4. 精度估计

对应一个样本量 n、置信度 $1-\alpha$，变量 $\bar{x}$ 的标准差 $SE(\bar{x})$、绝对精度 D、相对精度 d 可按下式计算：

$$SE(\bar{x}) = \sqrt{\frac{\sigma^2}{n}\frac{(N-n)}{N}} \tag{2.1}$$

$$D = SE(\bar{x})z \tag{2.2}$$

$$d = \frac{SE(\bar{x})z}{\mu} \tag{2.3}$$

式中，σ^2 为变量在总人口中的方差；z 统计量对应于置信度 $1-\alpha$；N 为总量；μ 为变量在人口中的均值。

5. 置信度估计

对应一个样本量 n、期望的精度（绝对精度 D、相对精度 d），置信度可在按下式计算 z 统计量后查表获得：

$$z = \frac{D}{SE(\bar{x})} \qquad (2.4)$$

或

$$z = \frac{d\mu}{SE(\bar{x})} \qquad (2.5)$$

2.1.5 运输系统调查时间

运输系统调查中各项调查可选择春秋季节无重大事件及恶劣天气的工作日（如周二至周四中一天）同时开展，或结合具体情况分别开展。

2.2 常用术语

1. 出行

为完成一次（活动）目的，采用一种或多种交通方式从一个地方到另一个地方的过程。

2. 交通方式

从一个地方到另一个地方所采用的方式，包括步行和采用各种交通工具的公共交通或私人交通方式。

3. 主要交通方式

当一次出行使用多种交通工具时，使用距离最长的交通工具为本次出行的主要方式。当两种交通工具使用的距离相当时，最后使用的交通工具为主要交通方式。

4. 出行段

一次出行由一个或几个出行段构成，一个出行段（除步行方式外）使用同一种交通方式，当在出行过程中变换交通工具时，就形成新的出行段。

5. 出行目的

发生出行的原因，如上班、上学、回家等。出行目的是统计出行次数的主要依据，各地在出行调查中根据规划和研究需求的不同定义了不同的出行目的，如要进行对比，需统一出行目的。

6. 人次

一人或多人采用任何交通方式所发生的一次出行，每一个人计算为一个人次。

7. 载客人数

车内的人数，包括驾驶人和搭乘者。

8. 出行率

在一定时间内（通常为一天）研究区域的总出行人次与总人数（6 周岁以上）之比。

9. 出行方式结构

各（主要）交通方式出行在总出行量中所占的比例。

10. 出行目的结构

各目的出行在总出行量中所占的比例。

11. OD

指交通出行的起止点。

12. 交通小区

交通小区是结合交通分析和交通需求预测模型的需要将研究区域划分成的若干地理单元，是分析居民、车辆出行及分布的最小空间单元，是统计出行 OD 的基础。

13. 核查线

为了校核 OD 调查成果的精度而在研究区域内设置的分隔线，一般依据天然或人工的障碍（城市快速路，铁路，河流等）设置。

14. 期望线

连接各交通小区形心间的直线。线条粗细反映各交通小区间 OD 出行量的大小。

15. 行程车速

指车辆在道路上某一区间行驶的距离与行程时间的比值，行程时间应包括车辆行驶时间及中途受阻时的停车时间。

16. 出入境交通（量）

进出研究区域的机动车交通（量）。

17. 公共交通换乘

在一次采用公共交通方式的出行中，乘客在公共交通运载工具之间转换的交通行为。

18. 公共交通接驳

在一次采用公共交通方式的出行中，从出发地至公共交通车站或者从公共交通车站至目的地的交通行为。

19. 空驶率

空驶里程与营运里程之比，一般以全部营运车辆为统计对象。

20. 出租车载客率

载客人次与载客车次之比，一般以全部营运出租车为统计对象。

21. 实载率

一定时间内车辆实际完成的旅客（货物）周转量与总行程额定周转量的百分比，用以综合反映车辆行程利用和装载能力的利用情况。

22. 交通生成源

是指对城市交通系统产生较大影响的交通生成或吸引的集中地点，包括飞机场、火车站、长途客运站等对外枢纽、货运枢纽和场站，以及著名景点和大型商业、办公、医院、学校、娱乐设施、宾馆等公共建筑设施。

23. 停车能力

在停车区域内可以合法停放的最大车辆数，又称停车场容量。

24. 车位周转率

某一时段内某一停车位被重复使用的次数，反映停车设施的利用程度。

17

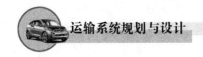

25. 停车场利用率

一定时间内全部车辆停放时间之和与全部车位时间之和的比率，反映停车期间停车场使用的情况。

26. 高峰小时停车集中指数

为停车数量/停车能力，表示停车场在高峰小时内的拥挤程度。

27. 流动人口

指非本市户籍、居住 6 个月以下，主要居住在宾馆、酒店或其他流动人口集中地（如建筑工地、出租屋等）的特定人群。

2.3 居民出行调查

2.3.1 调查对象、内容和方法

1. 调查对象和范围

研究区域内按一定抽样原则确定的居民住户，包括家庭户和集体户。以家庭成员关系为主、居住一处共同生活的人口作为一个家庭户。单身居住独自生活的，也作为一个家庭户。相互之间没有家庭成员关系，集体居住共同生活的人口，作为集体户。

研究区域通常为城区（即中心城区），可根据需要扩展（如市域、城市连绵地带等）。

2. 调查内容

调查内容应包括住户特征、个人特征、车辆特征和出行特征四大类。

1）住户特征应包括住户住址、总人口、住房建筑面积、住房性质、住户拥有交通工具等信息。

2）个人特征应包括性别、年龄、户籍、与户主关系、职业、文化程度、有无驾照等信息。

3）车辆特征应包括车辆类型、车辆性质、车龄、车辆行驶总里程、工作日一天平均行驶里程等信息。

4）出行特征包括出行地点、出发时间、各出行段交通方式、主要交通方式、到达地点、到达时间、同行人数、出行支付、停车费等信息。

3. 调查方法

居民出行调查采用抽样调查方法，可以通过以下三种方式开展调查。

1）通过调查员入户访问、信函、电话等一种或多种方式结合的手段，以户为单位进行。可借助手持终端等电子媒介，以提高调查的精度。

2）通过学生和居（村）委会调查。通过各交通小区的高中、初中和小学的学生带调查表回家让家长填写所有家庭成员一天的出行信息；通过各居（村）委会发放调查表给没有中小学生的家庭，填写家庭成员一天的出行信息。

3）通过移动手机信令数据挖掘个体出行者出行特征信息。通过手机信令数据与道路网的匹配，识别个体出行者每天的出行活动链。

2.3.2 调查方案设计

1. 调查背景资料收集和分析

居民出行调查设计与实施前，应收集和分析研究区域以下资料。

1）人口资料，包括最新人口普查资料、人口统计资料等。

2）历次居民出行调查及其他交通调查资料等。

3）交通出行信息数据，如交通出行需求分析模型等。

4）能够用于住户抽样的基础数据。

5）用于出行地址地理编码的基础数据。

2. 调查样本设计

居民出行调查样本应在研究区域住户基本信息库（如居民花名册）的基础上按均匀抽样或分类均匀抽样的原则来选取，以保证每一类住户都有被抽中的概率，并且同一类住户（如同类区域或具有相同户属性的住户等）有相同的概率被抽中。

当居民出行调查数据应用于研究区域交通模型开发和修正，以及城市综合交通体系规划时，1000万人以上城市的最小抽样率不低于0.5%，500万~1000万人口城市不低于0.8%，100万~500万人口城市不低于1%，50万~100万人口城市不低于2%，20万~50万人口城市不低于3%，20万人口以下城市不低于4%。

3. 调查表格设计

住户特征各调查项说明与分类可参考表2.2，个人特征各调查项说明与分类可参考表2.3，车辆特征各调查项说明与分类可参考表2.4，出行特征各调查项说明与分类可参考表2.5，居民出行调查表可参考表2.6。

表2.2 住户特征调查项说明与分类

序号	调查项	说明	选项分类
1	住户住址	住户详细地址	
2	家庭总人口	调查日居住在家庭中的人口数，包括在家中临时居住的亲友、老人和保姆等	
3	住房建筑面积	受访住户实际居住房屋建筑面积	
4	住房性质	受访住户实际居住房屋权属性质	1. 自有住房；2. 租（借）房屋；3. 雇主提供；4. 其他
5	家庭拥有交通工具	受访住户拥有各类交通工具数量	1. 小汽车；2. 摩托车；3. 电动自行车；4. 自行车；5. 其他

表2.3 个人特征调查项说明与分类

序号	调查项	说明	选项分类
1	性别	受访人性别	1. 男；2. 女
2	年龄	受访人年龄	
3	户籍	户口所在地及居留时间	1. 本市户籍；2. 非本市户籍，居留6个月以上；3. 非本市户籍，居留6个月以内
4	与户主关系	一个登记为户主，其他人围绕该人来填写	1. 户主；2. 配偶；3. 子女；4. 父母；5. 岳父母或公婆；6. 祖父母；7. 媳婿；8. 孙子女；9. 兄弟姐妹；10. 其他

（续）

序号	调查项	说明	选项分类
5	职业	受访人职业	1. 单位负责人；2. 专业技术人员；3. 办事人员和有关人员；4. 商业、服务业人员；5. 农、林、牧、渔、水利业生产人员；6. 生产、运输设备操作人员及有关人员；7. 军人；8. 中小学生；9. 大专院校学生；10. 离退休人员；11. 其他
6	文化程度	按照国家教育体制，受访人接受教育的最高学历	1. 小学及以下；2. 初中；3. 高中或中专；4. 大专；5. 本科；6. 研究生
7	有无驾照	受访人机动车驾驶执照持有情况	1. 有；2. 无

表 2.4　车辆特征调查项说明与分类

序号	调查项	说明	选项分类
1	车辆类型	受访人主要使用机动车的车辆类型	1. 小轿车；2. 越野车（SUV）；3. 商务车、客货两用车（MPV）；4. 小型货车；5. 摩托车；6. 其他
2	车辆性质	受访人主要使用机动车的权属性质	1. 自有；2. 租赁；3. 雇主提供；4. 其他
3	车龄	受访人主要使用机动车的使用年数	
4	车辆行驶总里程	受访人主要使用机动车的当前总行驶里程	
5	工作日一天平均行驶里程	受访人主要使用机动车近期工作日平均行驶里程	

表 2.5　出行特征调查项说明与分类

序号	调查项	说明	选项分类
1	出发地点	本次出行出发地详细地址	
2	出发时间	本次出行离开出发点的时间	
3	出行目的	本次出行的目的	1. 上班；2. 上学；3. 公务；4. 购物、餐饮；5. 文体娱乐、旅游休闲；6. 探亲访友；7. 看病、探病；8. 陪护；9. 回家；10. 其他
4	交通方式次序	本次出行各出行段所采用的交通方式，按使用次序依次填写	1. 步行；2. 自行车；3. 电动自行车；4. 公交车；5. 轨道交通；6. 小汽车（自驾）；7. 小汽车（搭乘）；8. 班车；9. 出租车；10. 摩托车；11. 其他
5	主要交通方式	本次出行中使用距离最长的一种交通方式	
6	到达地点	本次出行目的地详细地址	
7	到达时间	本次出行到达目的地的时间	
8	出行支付	本次出行支付的车票费用，包括公交、地铁票费用，出租车费用等	
9	机动车停车费用	本次出行支付的停车费	
10	同行人数	本次出行的同行人数，含本人	

注：当采用基于活动的调查时，应保证以上信息能从调查中直接或间接得到。

表：
号：
制表机关：

表2.6 居民出行调查

《中华人民共和国统计法》第七条 国家机关、企业事业组织和其他组织以及个体工商户和个人等统计调查对象，必须依照本法和国家有关规定，真实、准确、完整、及时地提供统计调查所需的资料，不得提供不真实或者不完整的统计资料，不得迟报、拒报统计资料。

《中华人民共和国统计法》第九条 统计机构和统计人员对在统计过程中知悉的国家秘密、商业秘密和个人信息，应当予以保密。

■ 调查对象：按一定抽样原则确定的居民住户，包括家庭户和集体户。以家庭户相互之间没有家庭成员关系，集体居住共同生活的人口为集体户。居住一处共同生活的人口作为一个家庭户。单身居住独自生活的，也作为一个家庭户。

■ 一次出行的定义：为完成一次（活动）目的，采用一种或多种交通方式从一个地方到另一个地方的过程。

调查出行日期：___年___月___日凌晨00时至___月___日凌晨00时 星期___

住户住址：___区 ___街道（镇、乡）___居（村）委 ___小区，___路（街）___号（弄）___交通小区：

住户基本特征情况

1. 户编号	2. 家庭总人口	3. 非本市户籍人口		4. 住房建筑面积	5. 住房性质	6. 家庭拥有交通工具
		居住满6个月	居住不满6个月		1）自有住房	1）小汽车 ___辆
	___人 其中不满6周岁：___人	___人 其中不满6周岁___人	其中不满6周岁___人	___平方米	2）租（借）房屋 3）雇主提供 4）其他	2）摩托车 ___辆 3）电动自行车 ___辆 4）自行车 ___辆 5）其他 ___辆

调查员（签名） 调查指导员（签名） 复查人员（签名）

登记日期：___年___月___日

（续）

本户第 　页　人本户第 　页

一、个人基本情况调查　　二、个人常用车辆特征（常用人填写）

1. 户籍	2. 与户主关系	3. 性别	4. 年龄	5. 职业	6. 文化程度	7. 有无驾照	8. 车辆类型	9. 车辆性质	10. 车龄	11. 排量	12. 车辆行驶总里程	13. 工作日一天平均行驶里程
1) 本市户籍 2) 非本市户籍，居留6个月以上 3) 非本市户籍，居留6个月以内	1) 户主 2) 配偶 3) 子女 4) 父母 5) 岳父母或公婆 6) 祖父母 7) 媳婿 8) 孙子女 9) 兄弟姐妹 10) 其他	1) 男 2) 女	岁	1) 单位负责人 2) 专业技术人员 3) 办事人员和有关人员 4) 商业、服务业人员 5) 农、林、牧、渔、水利业生产人员 6) 生产、运输设备操作人员及有关人员 7) 军人 8) 中小学生 9) 大专院校学生 10) 离退休人员 11) 其他	1) 小学及以下 2) 初中 3) 高中或中专 4) 大专 5) 本科 6) 研究生	1) 有 2) 无	1) 小轿车 2) 越野车（SUV） 3) 商务车、客货两用车（MPV） 4) 小型货车 5) 摩托车 6) 其他	1) 自有 2) 租赁 3) 雇主提供 4) 其他	年	L	行驶总里程： km	km

三、个人出行情况调查：当日出行次数　　　　次

出行次序	出发 时间 时	出发 时间 分	出发 地点 小区码	到达 时间 时	到达 时间 分	到达 地点 小区码	出行目的	同行人数（含自己）	交通方式次序 第一种	交通方式次序 第二种和第三种通方式	主要交通方式	出行费用支付	机动车停车费用
第 1 次	时	分		时	分								
第 2 次	时	分		时	分								
第 3 次	时	分		时	分								
第 4 次	时	分		时	分								
第 5 次	时	分		时	分								

个人出行情况指标说明：

出行目的（10类）：

1) 上班；2) 上学；3) 公务；4) 购物；5) 文体娱乐、旅游休闲；6) 餐饮；7) 看病、探病；8) 陪护；9) 探亲访友；10) 回家；其他

出行交通方式（11类）：

1) 步行；2) 自行车；3) 电动自行车；4) 公交车；5) 轨道交通；6) 小汽车（自驾）；7) 小汽车（搭乘）；8) 班车；9) 出租车；10) 摩托车；11) 其他

部分指标说明

1. 职业说明

1) 单位负责人。指在中国共产党中央委员会和地方各级党组织，各级人民代表大会常务委员会，人民政协，人民法院，人民检察院，国家行政机关，企业、事业单位中担任领导职务并具有决策、管理权的人员。共青团、妇联等人民团体，群众自治组织和其他社团组织及其工作机构，企业、事业单位中担任领导职务并具有决策、管理权的人员。

2) 专业技术人员。指专门从事各种科学研究和专业技术工作的人员，以及未聘任专业技术职务，但在专业技术岗位上工作的人员。一般都要求接受过系统的专业教育，具备相应的专业理论知识，并且按规定的标准作评聘专业技术职务，以及未聘任专业技术职务，但在专业技术岗位上工作的人员。

3) 办事人员和有关人员。指在国家机关、党群组织、企业、事业单位中从事行政业务、行政事务工作的人员和从事安全保卫、消防、邮电等服务工作的人员。

4) 商业、服务业人员。指在商业、餐饮、娱乐、旅游、文体娱乐、医疗辅助服务及社会和居民生活等服务性工作的人员。

5) 农、林、牧、渔、水利业生产人员。指从事农业、林业、畜牧业、渔业、水利业生产及有关工作的人员。

6) 生产、运输设备操作人员及有关人员。指从事矿产勘查、开采，产品的生产制造、工程施工和运输设备操作的人员及有关人员。

7) 军人。

8) 中小学生。

9) 大专院校学生。

10) 离退休人员。

11) 其他。非上述10类职业人员，如失业人员、下岗人员、被托（赡）养、未就业人员。

2. 一次出行的定义

为了一个（活动）目的，采用一种或多种交通方式从一个地方到另一个地方的过程。

3. 出行目的（10类）补充说明

1) 上班：外出后回单位、公司也算上班。

2) 上学：包括大中小学上学及业余时间课外辅导。

3) 公务。

4) 购物、餐饮。

5) 文体娱乐、旅游休闲。

6) 探亲访友。

7) 看病、探病。

8) 陪护：指接送小孩、家人、同事等。

9) 回家。

10) 其他。

4. 交通方式

从一个地方到另一个地方所采用的方式，包括步行和采用各种交通工具的公共交通或私人交通方式。包括以下11种分类：①步行；②自行车；③电动自行车；④公交车；⑤轨道交通；⑥小汽车（自驾）；⑦小汽车（搭乘）；⑧班车（搭乘）；⑨出租车；⑩摩托车；⑪其他。

5. 主要交通方式

当一次出行使用多种交通工具时，使用距离最长的交通工具为本次出行的主要方式。当两种交通工具使用的距离相当时，最后使用的交通工具为主要交通方式。

6. 出行支付

出行支付的车票费用，包括公交、地铁、出租车等的车票费用。

4. 调查步骤设计

居民出行调查包括以下步骤：

1）成立调查工作领导小组，落实调查技术负责单位。

2）确定初步调查方案。

3）落实调查具体执行机构。

4）召开调查工作动员会，开展媒体宣传。

5）调查资料印刷及礼品采购。

6）确定调查人员配置。

7）开展调查培训。

8）分发调查资料及礼品。

9）样本确定及访问预约。

10）组织试调查或预调查。

11）完善调查方案。

12）接洽调查户，发放调查资料并进行解释。

13）居民记录出行情况。

14）接洽调查户，回收数据。

15）表格汇总与检验。

16）地理编码及其他编码。

17）录入程序编制、录入人员培训与调查表格录入。

18）数据加权与放样、进行质量评估。

2.3.3 调查组织实施

1. 调查组织与培训

由综合交通调查办公室统一组织，联系各区、街道办（镇）、（村民）社区居民委员会负责调查具体实施工作。

每个社区应至少有两名人员作为调查员，负责调查户的确定与联系、协助其他调查员入户调查等工作。每个街道办应当至少有两名调查指导员，负责安排、指导、督促和检查社区调查员的工作。

其他调查员可从大专院校的学生中招聘，也可以从社区居民委员会或者社会招聘。招聘调查员的工作应由调查具体执行单位负责。

应对调查指导员和调查员进行居民出行调查内容及调查注意事项集中培训，培训合格后才能上岗。调查指导员和调查员执行调查任务时，应佩戴调查员证。

2. 试调查与预调查

试调查和预调查都是针对较小样本的调查，试调查是对调查全过程的完整检验，预调查是仅对调查关键环节的检验。在调查样本规模大、长期未作居民出行调查以及调查具体执行单位、调查技术负责单位缺乏相关经验的情况下，应先进行试调查或预调查。试调查或预调查的规模建议在 30~100 户。

3. 调查实施与监控

居民出行调查应包括一个完整的工作日，调查日记录出行的时间段应为 24h，例如

00：00—23：59 或 03：00—02：59。

调查日之前，调查指导员、调查员应向被调查户发放调查资料及礼品，并向调查对象说明调查内容及调查问卷填写方法。

调查日调查对象对出行情况进行记录，并填写调查表。

调查日之后，调查员应校核调查表填写内容，确认无误后回收。

调查员应该遵守调查礼仪，实事求是，不得虚构数据，不得以任何方式要求调查对象提供虚假的信息。调查技术负责单位应对居民出行调查实施中的每个环节实行质量控制和检查，对居民出行调查数据进行审核、复查和验收。

2.3.4 调查数据处理

1. 数据编码与录入

录入前应将一次出行的出发地和到达地转换为数字信息，如经纬度坐标、交通小区号、统计分区号等。应优先考虑经纬度坐标编码，以利于对出行数据进行不同需求的分析和应用。

应建立专门的地址信息库或借助于商业电子地图来进行地理编码，回收问卷时确保出发地和到达地填写出现交叉口、地标建筑等，这有助于提高编码的效率。难以编码的地址应再次联系调查对象以确定其编码。

应对地址编码进行总体检查，确保同一地址（本次出行的到达地与下次出行的出发地）有同一编码，并检查出行的方式、时耗及由地理编码计算的空间距离的合理性。

对出行目的等复杂变量宜采用多位数编码，以利于未来细分及保持较好的一致性。

应开发专门的数据录入程序，以提高数据录入的效率和准确性。在录入过程中实现对各项变量值域和一般逻辑性的检查，并保证家庭信息、个人信息、车辆信息和出行信息的对应关系。也可以在商业网站（如问卷星）或自有网站上开发数据录入程序界面，数据录入人员可以在不同地方通过网络录入问卷，录入数据集中于后台服务器上，从而减少集中录入的组织费用。

2. 数据校核

样本偏差检验：应从调查样本是否符合均匀抽样的要求、总体样本属性参数的均值和比例结构三个方面来检验和测量样本偏差。

应检查样本在地理空间上分布的均匀性。用于评价样本偏差的属性参数应包括家庭规模、车辆拥有情况、人口年龄结构、性别比例等。样本总体偏差可采用均方根误差的百分率（%RMSE）来表示：

$$\% \mathrm{RMSE} = \sqrt{\frac{1}{n_i} \sum_i^{n_i} \frac{1}{n_{ji}} \sum_j^{n_{ji}} \left(\frac{r_{ij} - s_{ij}}{r_{ij}}\right)^2} \times 100 \qquad (2.6)$$

式中，n_i 为变量 i 数目；n_{ji} 为变量 i 分类 j 数目；r_{ij} 为变量 i 分类 j 的参考值；s_{ij} 为变量 i 的分类 j 的样本值。

数据清洗：对数据的完整性、异常值和一致性进行检查，对缺失数据项和错误数据项进行替代。

1）核实每条记录的完整性。

2）检查和确认每一数据项的编码有效性。

3）评价数据的内部一致性。

4）对错误数据项进行替代前检查能否从已知信息推断出正确值。

5）对替代数据进行标记。

3. 数据加权与扩样

加权是对一个样本中的观测值赋予权重的过程，以使样本加权后能代表总体。权重一般通过对比样本的变量值与可靠的外部数据源（如人口普查数据）的变量值来确定。扩样是对一个样本中的观测值乘以扩样系数以使样本在扩样后为总体的估计值。扩样系数为抽样率的倒数。

居民出行调查数据在分析应用前应进行加权和放样的过程，并将最终确定的权重及加权过程说明文件与调查数据库一并存档。加权和放样的过程可单独进行，最后应将扩样系数包含在权重中形成一个因子（即权重），以使加权后结果与全体人口的估计值相当。应依次计算家庭和个人的权重，出行的权重一般继承相应个人的权重。

4. 调查质量评价

调查质量可参考以下几个方面进行评价：

1）调查样本覆盖率：即样本在研究区域内分布的均匀性。

2）调查表内容填写的有效性和完整性。

3）调查质量的交通方面度量：历次调查、同类城市调查个人出行率的可比性、公交出行比例与公交客运总量的关系、小汽车出行比例与百户拥有率之间的关系等。

4）抽查情况：应按一定的比例再次联系被调查户，确认调查执行的情况。

5）数据清洗统计（DCS）情况：

$$DCS = \frac{\sum_{n=1}^{N}\sum_{i=1}^{I} count(x_{i,n})}{NI} \qquad (2.7)$$

式中，$x_{i,n}$为调查对象 n 的第 i 条数据项；$count(x_{i,n})$ 为 0、1 变量，当对象 n 的第 i 条数据项被校正时，$count(x_{i,n})$ 取 1，否则取 0；N 为调查对象总数；I 为总（关键）数据项。

2.3.5 调查成果

调查成果包括调查数据库和调查统计分析报告。

1. 调查数据库

城市综合交通调查（或居民出行调查）办公室应负责建立以居民出行调查数据库为核心的城市综合交通调查数据库，并持续维护和更新，服务于城市交通模型的开发和修正。

居民出行调查数据库应包括：

1）原始调查数据库，可分为住户信息、个人信息（车辆信息关联至个人信息）、出行信息三部分内容。

2）调查交通小区划分图、地址信息库、交通网络图等。

3）关于数据的说明文件，包括抽样步骤、加权过程、数据清洗过程等。

4）修正数据库及相应的修正说明文件。

2. 调查统计分析报告

居民出行调查统计分析报告通过分析居民出行起止点、出行目的、出行方式、出行时辰、出行距离和出行次数及其空间分布等信息，认识居民出行的基本交通特征和流动规律，进而掌握城市交通需求与供给的相互关系，为建立交通模型以及交通规划设计和政府决策等提供基础性支撑。

居民出行调查统计分析报告主要包括调查过程情况介绍和调查统计成果。调查过程情况包括调查目的、调查方法、调查内容、调查组织实施、调查规模与样本质量、调查居民基本情况等。调查统计成果主要包括：

1）出行次数：人均出行次数、有出行者人均出行次数、按家庭人口规模及小汽车拥有量交叉分类的家庭平均出行次数等。

2）出行量：出行总量水平、分方式出行总量等。

3）出行方式：总体、分目的、分职业、分年龄段、分出行时耗段的出行方式构成。

4）出行目的：总体、分方式、分职业、分年龄段的出行目的构成。

5）出行时耗：总体、分方式、分目的、分年龄段的平均出行时耗。

6）出行距离：总体、分方式、分目的、分年龄段的平均出行距离。

7）出行时辰分布：总体、分方式、分目的出行时辰分布、高峰小时系数等。

8）出行空间分布：总体、分方式、分目的、高峰小时出行空间分布等。

2.4 城市道路交通调查

2.4.1 交通量调查

交通量是指单位时间内通过道路某一断面的交通实体数，按交通类型可分为机动车交通量、非机动车交通量和行人交通量，按调查种类可分为特定地点的交通量调查、区域交通量调查、区域境界线交通量调查、分割核查线交通量调查。交通量是三大基本交通参数之一，也是描述交通流特性最重要的参数之一。

1. 调查方案设计

（1）调查内容

下面重点介绍道路机动车交通量调查和非机动车交通量调查，数据收集内容应包括所有被调查道路横断面形式和车道数量。

现场调查内容为一定时间间隔内（10min 或 15min）通过被调查道路断面的机动车、非机动车交通量，应包括调查时间、调查方向、车型和交通量，调查车型分类参见表2.7。

表 2.7　调查车型分类

序号	车辆类型	说　　明
1	小客车	指蓝色车牌，低于9座（含9座）的客车
2	出租车	出租营运车辆
3	公交车	公交营运车辆
4	大客车（非公交）	指黄色车牌的客车，9座以上的客车

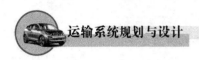

序号	车辆类型	说　明
5	大货车	指黄色车牌的货车
6	小货车	指蓝色车牌的货车
7	其他车	指特种车（工程车、油罐车、消防车等）、拖拉机等
8	摩托车	指2轮或3轮摩托车
9	电动自行车	助力车
10	自行车	
11	三轮车	

注：根据城市具体营运公交车型，可对公交车型进行细分。

道路交通观测表可参考表2.8进行设计。

表2.8　道路交通量观测表

观测点编号：_____　观测点路段名：_____　调查日期：_____　调查员姓名：_____

观测方向（①南→北②北→南③东→西④西→东）　本页观测小时（24h制）

时段	车型1	车型2	车型3	车型4	车型5	车型n
0~10min						
10~20min						
20~30min						
30~40min						
40~50min						
50~60min						

注：建议用画"正"字的方法分类统计车辆数。

（2）调查时间、地点选择

调查地点选择应避开交叉路口，选取路段中间便于调查统计的地点。

不同调查点的调查时段根据交通需求预测模型标定要求进行确定，应包含全日高峰时段，宜开展12h或24h连续观测。

（3）调查方法

调查方法可采用人工计数法、浮动车法、机械计数法和录像法等方法，有条件的城市优先考虑结合道路监控视频流量检测、地磁检测、红外检测、微波检测等先进技术方法。

2. 调查组织实施

1）调查实施前应对所有被调查道路进行踏勘，确定道路横断面形式、车道数量，合理安排调查人员数量。

2）调查时段为白天连续 12h，根据城市具体交通量变化确定调查时间段。

3. 调查成果

将调查数据纳入综合交通调查数据库进行存储与管理。

撰写调查统计分析报告，对以下特征信息进行分类统计分析：

1）道路交通流量分布特征。

2）道路交通流车型构成特征。

3）道路交通流时间分布特征。

4）道路交通负荷水平分析。

5）（结合历史调查数据）交通量增长趋势分析。

2.4.2 车速调查

车速是单位时间内车辆所行驶的距离。按车速用途可分为地点车速、行程车速、运行车速、临界车速、设计车速、时间平均车速、空间平均车速等。车速是三大基本交通参数之一，也是描述交通流特性最重要的参数之一。

1. 调查方案设计

（1）调查内容

下面重点介绍道路行程车速调查，数据收集内容应包括所有被调查道路横断面形式、车道数量、路况情况。

现场调查内容应为调查时段内通过城市道路上某一区间的车流平均行程车速。

调查表可参考表2.9进行设计。

表2.9　行程车速调查表

道路名称：_____　调查日期：_____　调查员姓名：_____

起点：_____　终点：_____

区段名称或编号	观测时间		减速次数及原因						
	出发时间	到达时间	行人	自行车	会车	转向	公交停靠	红绿灯	其他

（2）调查时间、调查路段选择

调查时间及路段应根据交通需求预测模型标定要求进行选择，调查时段应包含全日高峰时段，宜开展12h连续观测；调查路段应覆盖城市主要交通通道。

调查路段应进行区段划分，可根据1km距离或者交叉口划分。

（3）调查方法

调查方法可采用人工测速法、跟车法、五轮仪测速法等方法，有条件的城市可采用浮动车法、道路监控卡口采集的车辆牌照匹配法等。

2. 调查组织实施

1）在正式调查前宜选取两三条道路进行预调查。

2）跟车调查时调查车辆宜按照调查路线紧跟车流往返多次行驶，调查员应同步记录车辆经过区段各标记点的时间。

3. 调查成果

将调查数据纳入综合交通调查数据库进行存储与管理。

调查统计分析报告通过分析机动车和非机动车流量，认识城市机动车和非机动车流量分布，掌握关键截面和重要路段的交通量状况，为建立和标定交通模型以及各种交通改善措施等提供基础性支撑。

撰写调查统计分析报告，主要对以下特征信息进行统计分析。

1）道路高峰时段和全日主要道路平均行程车速。

2）车辆延误（总延误、红灯延误、其他延误）等。

2.4.3 密度调查

交通密度是指单位长度车道上，某一瞬时所存在的车辆数。密度是空间观测量，随时间的变化而变动，用于描述道路空间上的车辆密集程度。在实际应用中，可用空间占用率和时间占用率来表征。密度是三大基本交通参数之一，也是描述交通流特性最重要的参数之一。

1. 调查方案设计

（1）调查内容

根据定义，密度是指某一瞬时的密度值，在交通研究中，一般用某一时段内的平均密度值来度量。数据收集内容应包括所有被调查道路横断面形式、车道数量、路况情况。

现场调查内容应为调查时段内（一般大于5min）被调查道路某一区段（一般大于800m）连续调查的瞬时密度。

（2）调查时间、调查路段选择

调查时间及路段应根据调查目的进行选择，调查时段一般包含全日高峰时段和平峰时段；调查路段应覆盖城市主要交通通道。

调查路段应进行区段划分，一般取800m以上。

（3）调查方法

调查方法可采用出入量法、地面高处摄影观测法等方法，有条件的城市可采用无人机航空摄影观测法等。

2. 调查组织实施

1）在正式调查前宜选取两三条道路进行预调查。

2）在正常交通量条件下，车辆在不同区段道路上分布不均匀，因此，实测路段一般取800m以上，交通密度变化才趋于平稳。

3．调查成果

将调查数据纳入综合交通调查数据库进行存储与管理。

调查统计分析报告通过分析车流的空间占有率和时间占有率分布，掌握重要路段的交通拥堵状况，为研究道路服务水平、分析交通瓶颈状况、制定交通管理政策与控制措施提供基础性支撑。

撰写调查统计分析报告，主要对以下特征信息进行统计分析。

1）路段平均车头间距与平均车头时距。

2）道路上运行车流量达到最大时的临界交通密度。

3）道路上车辆几乎无法行驶时的阻塞密度。

4）道路空间占有率与时间占有率分布特征。

2.4.4　通行能力调查

道路通行能力是指在一定的道路、交通、环境条件下，道路上某一断面在单位时间内能通过的最大车辆数。根据道路设施和交通体的不同，可分为机动车道通行能力、非机动车道通行能力和人行道通行能力；根据车辆运行位置不同，可分为路段通行能力、交叉口通行能力、匝道与匝道连接点通行能力、交织路段通行能力等；根据通行能力性质和使用要求不同，可分为理想通行能力、实际通行能力和设计通行能力。

1．调查方案设计

（1）调查内容

下面重点介绍路段通行能力调查。通行能力调查是要观测被调查路段上最大的交通实体通过数，即最大交通量，而这种"最大"交通量往往很难被直接观测到，所以需要调查多种参数推算这个最大值。通常调查的参数包括交通量、车速、车流密度、车头时距、车头间距、车道利用率、超车次数。

（2）调查时间、调查地点选择

调查时间应选在可能发生拥挤阻塞的日期和时刻。

调查地点一般应选在交通量大、易于发生拥堵阻塞的地方。

（3）调查方法

调查方法采用前述交通量、车速、车流密度等参数的调查方法，车头时距、车头间距、超车次数采用人工观测法和摄影法获取，车道利用率通过计算一个车道的交通量与全部车道交通量的比率得出。

2．调查组织实施

调查组织实施可采用前述参数的调查组织方法。

3．调查成果

将调查数据纳入综合交通调查数据库进行存储与管理。

撰写调查统计分析报告，主要对以下特征信息进行统计分析。

1）路段平均车头间距与平均车头时距。

2）绘制时距图（时间－距离曲线图）。

3）绘制车头时距与前后车速度差关系图、车头时距与交通量关系图。

4）绘制空间平均车速与交通量、交通密度关系图。

5）绘制交通量与超车次数关系图。

2.4.5 行车延误调查

行车延误是指由于道路与环境条件、交通干扰以及交通管理与控制设施等驾驶人无法控制的因素所引起的行程时间损失，包括固定延误、运行延误、停车延误、行程时间延误、排队延误、引道延误等。进行延误调查可以确定产生延误的地点、类型和大小，评价道路上交通流的运行效率和道路交通设施的服务质量。

1. 调查方案设计

（1）调查内容

行车延误调查包括路段行车延误调查和交叉口行车延误调查两部分，这里重点介绍路段行车延误调查。数据收集内容应包括驾驶人特征、车型、道路条件、交通条件、交通负荷、服务水平、交通控制与管理等因素。

（2）调查时间、调查地点选择

调查时间根据调查目的选择良好天气条件下的高峰小时或非高峰小时。

调查地点一般应选在交通量大、易于发生拥堵阻塞的地方。

（3）调查方法

调查方法采用跟车法和驶入驶出法，有条件的城市可采用装备 GPS 的浮动车和公交车进行调查。

2. 调查组织实施

1）跟车法调查中，为了使记录方便迅速，对车辆停止或缓行原因可事先规定一些缩写符号。

2）调查路段总长一般不应小于 1.5km。

3. 调查成果

将调查数据纳入综合交通调查数据库进行存储与管理。

撰写调查统计分析报告，主要对以下特征信息进行统计分析。

1）绘制时空图（时间－空间图）。

2）绘制车流延误率或延误比率图。

2.5 出入境交通调查

2.5.1 调查方案设计

1. 调查内容

进行出入境交通调查前应收集以下基础资料。

1）城市道路（公路）网电子地图。

2）出入境收费站设施资料，比如收费站分布、收费广场布局等。

3）出入境交通量统计资料和信息采集数据。

出入境交通调查内容应包括出入境交通量调查和出入境交通出行调查。

出入境交通量调查是指调查出入境机动车基本特征，主要包括车型、时间和车辆数等。车型可划分为小客车、大客车、小货车、大货车、集装箱货车、摩托车和其他车等，可根据交通需求预测模型要求调整车型。出入境机动车交通量调查表可参考表2.10进行设计。

表2.10 出入境机动车交通量调查表

调查出入口编号：＿＿＿＿＿＿ 名称：＿＿＿＿ 调查日期：＿＿＿＿ 调查员姓名：＿＿＿

方向：＿＿＿＿（1）进（2）出 观测位置：＿＿＿＿

观测时间	车型分类						
	小客车	大客车	小货车	大货车	集装箱卡车	摩托车	其他车
： 至 ：							
小计							
： 至 ：							
小计							

注：1. 大货车指车牌底色为黄色的载货汽车。

2. 小货车指车牌底色为蓝色的载货汽车（含客货两用车）。

3. 大客车指车牌底色为黄色的载客汽车。

4. 小客车指车牌底色为蓝色的载客汽车。

5. 摩托车包括三轮摩托车。

6. 其他车为特种车（工程车、油罐车、消防车等）、拖拉机等。

7. 计数采用画"正"字法，或直接记数字，用逗号隔开（适合流量大的情况），每15min做一次计数小计。

出入境交通出行调查是指在出入境交通量调查基础上，进一步调查出入境机动车出行特征，主要包括出发地、目的地、出行目的、额定座位数（客车）、载客人数（客车）、额定载货吨数（货车）、载货种类（货车）、外地车停留天数和行驶主要道路（公路）等。

调查表可参考表2.11～表2.14进行设计。

表2.11 【出】境客车交通出行问卷调查表

调查出入口编号：＿＿＿＿ 名称：＿＿＿＿ 调查日期：＿＿＿＿ 调查员姓名：＿＿＿

调查时段：

序号	车籍	车型	出发地	到达地	额定座位数	实载人数	出行目的	外地车辆停留天数
1			1. 枢纽或标志建筑： 2. 交叉路口： 路/路 3. 具体地址： 区（县） 乡 （镇） 路 号/弄	省 市 区（县）				

（续）

序号	车籍	车型	出发地	到达地	额定座位数	实载人数	出行目的	外地车辆停留天数
2			1. 枢纽或标志建筑： 2. 交叉路口： 路/路 3. 具体地址： 区（县） 乡 （镇） 路 号/弄	省 市 区（县）				
3			1. 枢纽或标志建筑： 2. 交叉路口：路/路 3. 具体地址： 区（县） 乡 （镇） 路 号/弄	省 市 区（县）				
4			1. 枢纽或标志建筑： 2. 交叉路口： 路/路 3. 具体地址： 区（县） 乡 （镇） 路 号/弄	省 市 区（县）				
5			1. 枢纽或标志建筑： 2. 交叉路口： 路/路 3. 具体地址： 区（县） 乡 （镇） 路 号/弄	省 市 区（县）				

注：1. 车籍：（1）本地车；（2）外地车。

2. 车型：（1）小客车（蓝色牌照）；（2）大客车（黄色牌照）。

3. 实载人数包括驾驶人。

4. 出行目的：（1）业务；（2）营运；（3）旅游；（4）回程；（5）通勤；（6）接送人；（7）探亲访友。

表 2.12 【入】境客车交通出行问卷调查表

调查出入口编号：_____ 名称：_____ 调查日期：_____ 调查员姓名：_____

调查时段：

序号	车籍	车型	出发地	到达地	额定座位数	实载人数	出行目的	外地车辆停留天数
1			省 市 区（县）	1. 枢纽或标志建筑： 2. 交叉路口： 路/路 3. 具体地址： 区（县） 乡（镇） 路 号/弄				
2			省 市 区（县）	1. 枢纽或标志建筑： 2. 交叉路口： 路/路 3. 具体地址： 区（县） 乡（镇） 路 号/弄				

（续）

序号	车籍	车型	出发地	到达地	额定座位数	实载人数	出行目的	外地车辆停留天数
3			省 市 区（县）	1. 枢纽或标志建筑： 2. 交叉路口：　路/路 3. 具体地址：　区（县）　乡（镇） 　路　号/弄				
4			省 市 区（县）	1. 枢纽或标志建筑： 2. 交叉路口：　路/路 3. 具体地址：　区（县）　乡（镇） 　路　号/弄				
5			省 市 区（县）	1. 枢纽或标志建筑： 2. 交叉路口：　路/路 3. 具体地址：　区（县）　乡（镇） 　路　号/弄				

注：1. 车籍：（1）本地车；（2）外地车。

2. 车型：（1）小客车（蓝色牌照）；（2）大客车（黄色牌照）。

3. 实载人数包括驾驶人。

4. 出行目的：（1）业务；（2）营运；（3）旅游；（4）回程；（5）通勤；（6）接送人；（7）探亲访友。

表 2.13 【出】境货车交通出行问卷调查表

调查出入口编号：＿＿＿＿　名称：＿＿＿＿　调查日期：＿＿＿＿　调查员姓名：＿＿＿＿

调查时段：

序号	车籍	车型	出发地	到达地	额定吨数	载重吨数	货物种类	境内途径主要道路（公路）或桥隧
1			1. 枢纽或标志建筑： 2. 交叉路口：　路/路 3. 具体地址：　区（县）　乡（镇）　路　号/弄	省 市 区（县）				
2			1. 枢纽或标志建筑： 2. 交叉路口：　路/路 3. 具体地址：　区（县）　乡（镇）　路　号/弄	省 市 区（县）				
3			1. 枢纽或标志建筑： 2. 交叉路口：　路/路 3. 具体地址：　区（县）　乡（镇）　路　号/弄	省 市 区（县）				

（续）

序号	车籍	车型	出发地	到达地	额定吨数	载重吨数	货物种类	境内途径主要道路（公路）或桥隧
4			1. 枢纽或标志建筑： 2. 交叉路口：　路/路 3. 具体地址：　区（县）　乡 （镇）　路　号/弄	省 市 区（县）				
5			1. 枢纽或标志建筑： 2. 交叉路口：　路/路 3. 具体地址：　区（县）　乡 （镇）　路　号/弄	省 市 区（县）				

注：1. 车籍：（1）本地车；（2）外地车。
　　2. 车型：（1）小货车（蓝色牌照）；（2）大货车（黄色牌照）；（3）集装箱货车。
　　3. 货物种类：（1）能源产品；（2）建筑材料；（3）机械及设备；（4）农副产品；（5）化学原料及制品；
　　　（6）生活用品；（7）混装及其他。

表2.14 【入】境货车交通出行问卷调查表

调查出入口编号：＿＿＿＿＿　名称：＿＿＿＿＿　调查日期：＿＿＿＿＿　调查员姓名：＿＿＿＿＿

调查时段：

序号	车籍	车型	出发地	到达地	额定吨数	载重吨数	货物种类	境内途径主要道路或桥隧
1			省 市 区（县）	1. 枢纽或标志建筑： 2. 交叉路口：　路/路 3. 具体地址：　区（县）　乡 （镇）　路　号/弄				
2			省 市 区（县）	1. 枢纽或标志建筑： 2. 交叉路口：　路/路 3. 具体地址：　区（县）　乡 （镇）　路　号/弄				
3			省 市 区（县）	1. 枢纽或标志建筑： 2. 交叉路口：　路/路 3. 具体地址：　区（县）　乡 （镇）　路　号/弄				
4			省 市 区（县）	1. 枢纽或标志建筑： 2. 交叉路口：　路/路 3. 具体地址：　区（县）　乡 （镇）　路　号/弄				
5			省 市 区（县）	1. 枢纽或标志建筑： 2. 交叉路口：　路/路 3. 具体地址：　区（县）　乡 （镇）　路　号/弄				

注：1. 车籍：（1）本地车；（2）外地车。
　　2. 车型：（1）小货车（蓝色牌照）；（2）大货车（黄色牌照）；（3）集装箱货车。
　　3. 货物种类：（1）能源产品；（2）建筑材料；（3）机械及设备；（4）农副产品；（5）化学原料及制品；
　　　（6）生活用品；（7）混装及其他。

2. 调查时段、地点选择

调查时段应包括全日高峰时段，宜采用12h或24h连续观测，或根据交通需求预测模型要求综合确定。

出入境交通量调查地点应包括穿越研究区域边界的所有道路（公路）路段，或根据道路（公路）等级、对外方向、交通量规模等选取主要道路（公路）路段，且符合交通需求预测模型要求。

出入境交通出行调查的拦车问询地点应选择空间较为开阔的地点，便于停放拦截的车辆，保障调查员人身安全，并尽量降低对道路交通的影响，比如公路收费站的收费广场或展宽段。

3. 调查方法

出入境交通量调查可采用观测法或信息化技术采集。现阶段常用信息化技术有收费站收费卡或ETC技术、感应线圈技术、牌照识别技术等。

出入境交通出行调查可采用问询法，由交警或道路（公路）管理人员协助调查员在调查点拦截样本车辆问询。抽样方法宜采用均匀抽样法，样本量取决于调查点交通量规模、调查时段和问卷问题数量等，平峰时段的抽样率宜大于高峰时段的抽样率，一般抽样率不低于调查点机动车交通量的10%，且样本量不低于300辆。如果样本量低于300辆，应提高抽样率乃至进行全样调查。

2.5.2 调查组织实施

调查实施前应对所有出入境道路（公路）进行踏勘，合理确定调查地点和样本规模。可选取少量调查地点进行试调查，检查调查实施方案的可行性，并根据试调查情况进一步完善调查实施方案。

调查组织实施可由道路（公路）管理部门负责或协助，并注重宣传，提高机动车驾驶人配合调查程度。

2.5.3 调查数据处理

出入境交通量调查的观测数据应尽可能与相关统计资料、信息采集资料等进行比对校核，以提高调查成果的可靠性。

出入境交通出行调查的样本数据扩样，应以出入境交通量调查成果数据为母体，并注意剔除无效样本。

2.5.4 调查成果

调查成果应包括调查数据库和调查统计分析报告。

调查数据库主要包括出入境交通调查的原始数据、成果数据和交通设施电子地图等，应纳入综合交通调查数据库进行存储与管理。

调查统计分析报告主要包括调查过程情况介绍和调查成果研究。调查过程情况包括调查方案设计、调查组织实施、调查数据处理等。应对以下特征信息进行统计分析。

1）出入境交通流量、流向、车型构成、时辰分布、高峰小时系数、通道分担比例、通道高峰饱和程度等。

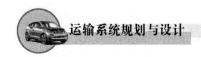

2）出入境交通出行特征包括出入境交通出行目的、研究区域外部出行空间分布和研究区域内部出行空间分布、研究区域外部主要通道和研究区域内部主要通道、平均载客人数和满载率（客车）、平均载货吨数和满载率（货车）、载货种类、外牌车辆在研究区域内停留天数等。

2.6 公交调查

2.6.1 调查方案设计

1. 调查内容

城市公共交通调查是指城市公共汽（电）车交通调查和城市轨道交通调查，其他公共交通调查可参考开展。

进行城市公共交通调查前应收集以下基础资料。

1）公共交通行业基础设施资料，比如公交车辆、场站等。

2）公共交通运营线路地理信息系统（GIS）地图，比如公交线路走向、站点分布等。

3）公共交通运营线路运营计划，比如轨道交通运营列车的运行状况，包括发车间隔、列车编组、车辆类型、运营速度、停站时间等。

4）公共交通站点配套交通设施，比如小汽车、自行车停放点等。

5）公共交通行业客流统计资料和信息化采集资料。

城市公共汽（电）车交通调查可包括公交客流调查、公交车辆运行调查和公交乘客出行调查等。

1）公交客流调查是指调查公交核查线、客运走廊、线路、枢纽的客流量。其中，公交核查线客流调查是指调查穿越河流、铁路、高速公路（快速路）等城市天然分割线的公交客流量，公交客运走廊客流调查是指调查城市公交走廊主要断面的客流量，公交线路客流调查是指调查公交线路的上（下）客量、断面客流量和站间客流 OD 等，公交枢纽客流调查是指调查公交枢纽的上（下）客流量和换乘量等。

2）公交车辆运行调查是指调查公交线路运营车辆的运行状况，包括发车班次、车辆类型、额定载客人数、行程车速、停站时间、延误情况等。

3）公交乘客出行调查是指调查公交乘客的基本特征和出行特征。基本特征包括性别、年龄、职业、收入等。出行特征包括出发地（到达地）、出发时刻（到达时刻）、出行目的、上（下）客站、换乘站、出行时间（等车、步行、换乘、车内等时间）、换乘次数、接驳方式等。

城市轨道交通调查可包括轨道交通客流调查和轨道交通车站乘客出行调查。

1）轨道交通客流调查是指调查轨道交通的客流规模，包括进（出）站量、上（下）客量、换乘量、断面客流量、站间客流 OD、换乘次数、平均乘距等。

2）轨道交通车站乘客出行调查是指调查轨道交通乘客的基本特征和出行特征。基本特征包括性别、年龄、职业、收入等。出行特征包括出发地（到达地）、出发时刻（到达时刻）、出行目的、进（出）车站、换乘站、出行时间（等车、步行、换乘、车内等时间）、换乘次数、接驳方式等。

调查表可参考表 2.15~表 2.17 进行设计。

表 2.15　公交核查线（客运走廊）客流调查表

观测点编号：_____　观测点路段名：_____　调查日期：_____　调查员姓名：_____

观测方向（①南→北②北→南③东→西④西→东）

时段	公交车辆数						合计
	空车	座位半满	座位全满	站位10人以下	站位半满	站位拥挤	
……							
7：00—7：15							
7：15—7：30							
7：30—7：45							
7：45－8：00							
8：00—8：15							
8：15－8：30							
8：30—8：45							
8：45—9：00							
9：00—9：15							
9：15—9：30							
9：30—9：45							
9：45—10：00							
10：00—10：15							
10：15—10：30							
10：30—10：45							
10：45—11：00							
11：00—11：15							
11：15—11：30							
……							

注：空车是指空车或车内乘客很少，一般在5人以下；座位半满是指车内约有一半的空位，除下车区外无站立的人，车内人数为5~20人；座位全满是指所有座位均有人，除下车区外无站立的人，车内人数为20~30人；站位10人以下是指车内座位基本全满，车内有少量人（不多于10人）站立，站位半满是指车内座位全满，有一些人（10~20人）站立；站位拥挤是指车内座位全满，车内站位区人数在20~40人，站位区很拥挤。

表 2.16　公交线路客流跟车调查表

车辆编号：_____　调查线路名：_____　调查日期：_____　调查员姓名：_____

方向_____到_____

站点名	到站时间		上车人数	下车人数
	时	分		
	时	分		
	时	分		
	时	分		

（续）

站点名	到站时间		上车人数	下车人数
	时	分		
	时	分		
	时	分		
	时	分		
	时	分		
	时	分		
	时	分		
	时	分		
	时	分		

注：1. 到站时间以车辆开门的时间为准，时间精确到分。

　　2. 车辆编号是指企业对车辆的编号。

表2.17　轨道交通车站乘客出行调查问卷

调查站点：_____　名称：_____　线站：_____　调查时间：_____　调查员姓名：_____

一、轨道交通出行

1. 您本次出行首先使用的轨道交通_____线路_____车站

2. 最终离开的轨道_____线路_____车站

3. 您的换乘站点：第一次换乘_____车站、第二次换乘_____车站、第三次换乘_____车站

二、接驳情况及出行目的

4. 出发地点？

　　区　　乡（镇）　　路（村）　　号

5. 从出发地到轨道车站的主要交通方式？

（1）步行（2）自行车/电动自行车（3）公交车（4）摩托车（5）出租车（6）小客车（7）班车（8）其他

6. 从出发地至轨道车站耗时_____min

7. 目的地点？

　　区　　乡（镇）　　路（村）　　号

8. 最终离开轨道车站到目的地的交通方式？

（1）步行（2）自行车/电动自行车（3）公交车（4）摩托车（5）出租车（6）小客车（7）班车（8）其他

9. 从离开轨道车站到目的地大约需要_____min

10. 本次出行目的？

（1）上班（2）上学（3）公务（4）购物、餐饮（5）文体娱乐、旅游休闲（6）探亲访友（7）看病、探病（8）陪护（9）回家（10）其他

三、个人基本情况

11. 在本市工作或居住时间？（1）半年以内（2）半年以上

12. 个人月均收入（元）？

（1）低于1000　（2）1000～2000　（3）2001～3000　（4）3001～5000　（5）5001～7000　（6）7000～10000　（7）高于10000

13. 年龄？

（1）6～14岁（2）15～19岁（3）20～39岁（4）40～59岁（5）60～69岁（6）70岁及以上

14. 性别？（1）男（2）女

2. 调查时段、地点选择

调查时段应包括全日高峰时段，宜采用12h或24h连续观测，或根据交通需求预测模型要求综合确定。

城市公共汽（电）车交通调查的调查地点选择宜遵循以下原则。

1）公交核查线客流调查的调查地点宜包括穿越核查线的所有道路路段，或根据道路（公路）等级、公交客流量等选取主要道路路段，且符合模型要求。

2）公交客运走廊客流调查的调查地点宜选择客运走廊中公交车辆数通过较多的主要路段。

3）公交线路客流调查宜乘坐公交车辆跟车调查。

4）公交枢纽客流调查的调查地点宜选择在公交枢纽的上（下）客区域。

5）公交车辆运行调查宜选择乘坐公交车辆跟车调查。

6）公交乘客出行调查的调查地点宜选择车站等候区域或乘坐公交车辆跟车调查。

轨道交通乘客出行调查的调查地点宜选择车站等候区域。

3. 调查方法

城市公共汽（电）车交通调查的调查方法如下：

1）公交核查线、客运走廊、枢纽等客流调查可采用观测法，记录通过调查点的公交车辆数和车厢客流满载情况，统计公交客流量。

2）公交线路客流调查可采用跟车法。跟车法是指安排调查员跟随公交车辆记录站点上（下）客人数，且可对上车乘客发放特制小票，并在下车时进行回收，记录客流站间OD。抽样方法宜采用两阶段均匀抽样法，第一阶段根据线路功能、走向、长度、客流规模等对线路进行抽样，抽样率符合模型要求；第二阶段根据调查线路的发车频率对公交车辆进行抽样，发车频率在10min以内的线路，抽样率不宜低于20%；发车频率在10~20min的线路，抽样率不宜低于30%；发车频率超过20min的线路，抽样率应进一步提高；发车频率超过1h的线路，宜进行全样调查。

3）公交客流调查也可采用信息化技术采集。现阶段常用信息化技术是指通过建立公交IC卡与公交车辆GPS设备对应关系，统计分析站点上（下）客量、路段客流量、换乘客流量和客流站间OD等。

4）公交乘客出行调查可采用问询法，由调查员乘坐公交车辆对车内乘客进行问询。抽样方法宜采用均匀抽样法，样本量取决于调查线路客流规模、调查时段和问卷问题数量等，平峰时段的抽样率宜大于高峰时段的抽样率，一般抽样率不低于10%，且样本量不低于500人。如果样本量低于500人，应提高抽样率乃至进行全样调查。

城市轨道交通调查的调查方法如下：

1）轨道交通客流调查可采用信息化技术采集。现阶段常用信息化技术包括进出站闸机客流信息技术、公交IC卡客流信息技术、手机用户使用轨道车站基站信息技术等。

2）轨道交通车站乘客出行调查可采用问询法。抽样方法宜采用两阶段均匀抽样法，第一阶段根据线路走向、车站功能、车站客流规模等对轨道交通车站进行抽样，抽样率符合建模要求；第二阶段对调查车站的候车乘客进行抽样，样本量取决于调查时段和问卷问题数量等，平峰时段的抽样率宜大于高峰时段的抽样率，一般抽样率不低于10%，且样本量不低于500人。如果样本量低于500人，应提高抽样率乃至进行全样调查。

2.6.2　调查组织实施

调查实施前宜进行试调查，检查调查实施方案的可行性，并根据试调查情况进一步完善调查实施方案。

2.6.3　调查数据处理

公交客流调查的观测数据应尽可能与相关统计资料、信息采集资料等进行比对校核，以提高调查成果的可靠性。

调查样本数据扩样应以公交客流调查、轨道交通客流调查成果数据为母体，并注意剔除无效样本。

2.6.4　调查成果

调查成果包括调查数据库和调查统计分析报告。

调查数据库包括调查原始数据、成果数据和公共交通运营线路 GIS 地图等，应纳入综合交通调查数据库进行存储与管理。

调查统计分析报告通过分析主要公交线路的客运量及客流分布、主要干道上的公交客流通过量、主要公交客流集散点的集散量、公交乘客现状出行行为特征等客流资料，为交通模型建立及各种公共交通专项规划、公共交通政策制定等提供基础性支撑。主要内容包括调查过程情况介绍和调查成果研究。调查过程情况包括调查方案设计、调查组织实施、调查数据处理等。调查成果研究包括公共交通设施情况、公共交通车辆运行状况、公共交通客流特征和乘客出行特征等。具体如下：

1）公共交通设施情况，包括线路和站点规模、线网密度、线路走向、人口（岗位）覆盖率、线路重复系数、公交枢纽布局等。

2）公共交通车辆运行状况，包括列车编组（轨道交通）、车辆类型、发车班次、客位千米、行程车速、满载率等，公共交通客流特征包括公共交通客运量和客运周转量、平均乘距、公交核查线和客运走廊客流量、公交枢纽客流量、轨道换乘车站换乘量、站间客流 OD、客流时辰分布等。

3）公共交通客流特征和乘客出行特征，包括性别比例、年龄结构、职业结构、收入结构等基本特征和出行目的、空间分布、时辰分布、平均出行时耗（等车、步行、换乘、车内等时间）、换乘次数、接驳方式结构等出行特征。

2.7　出租车调查

2.7.1　调查方案设计

1. 调查内容

调查前应通过交通行业主管部门、出租车公司等收集调查基础资料，包括既有人员出行调查数据、出租车保有量数据、出租车道路流量数据等。

出租车调查内容应包括注册公司（或车主）名称和地址、夜间停放地点和形式（路内/

路外)、车型/运价/单双班类型、全天营运里程/载客里程/载客次数，以及每次载客的具体信息（包括上客地点和上客时间、下客地点和下客时间、载客人数）等。

调查表可参考表 2.18 进行设计。

表 2.18 城市出租车营运情况调查表

填写注意事项：

1. 本表调查时间段选取为调查当天 0：00—24：00，期间经营的相关数据请依照表格按时间顺序如实填写。如果在调查时间内换班的话，请交于接班的驾驶人继续填写，直到一天营运时间结束。

2. 表中行驶里程、营运收入、运行时间等部分均按计价器显示数据填写。

调查日期

出租车公司（或车主）名称和地址					
车型/运价/单双班类型		开始营运时间		当日营运行驶里程/km	
夜间停放地点及类型（路内/路外）		结束营运时间		当日营运收入/元	

<table>
<tr><td colspan="9" align="center">全日营运状况详情</td></tr>
<tr><td rowspan="2">序号</td><td rowspan="2">起点</td><td rowspan="2">终点</td><td rowspan="2">行驶里程（按计价器显示填写）/km</td><td rowspan="2">载客人数/人</td><td colspan="2">下面请打"√"</td><td colspan="2">运行时间（按计价器显示填写）</td></tr>
<tr><td>本地乘客</td><td>外地乘客</td><td>上客时间</td><td>下客时间</td></tr>
<tr><td>1</td><td></td><td></td><td></td><td></td><td></td><td></td><td></td><td></td></tr>
<tr><td>2</td><td></td><td></td><td></td><td></td><td></td><td></td><td></td><td></td></tr>
<tr><td>3</td><td></td><td></td><td></td><td></td><td></td><td></td><td></td><td></td></tr>
<tr><td>4</td><td></td><td></td><td></td><td></td><td></td><td></td><td></td><td></td></tr>
<tr><td>5</td><td></td><td></td><td></td><td></td><td></td><td></td><td></td><td></td></tr>
<tr><td>6</td><td></td><td></td><td></td><td></td><td></td><td></td><td></td><td></td></tr>
<tr><td>7</td><td></td><td></td><td></td><td></td><td></td><td></td><td></td><td></td></tr>
<tr><td>8</td><td></td><td></td><td></td><td></td><td></td><td></td><td></td><td></td></tr>
<tr><td>9</td><td></td><td></td><td></td><td></td><td></td><td></td><td></td><td></td></tr>
<tr><td>10</td><td></td><td></td><td></td><td></td><td></td><td></td><td></td><td></td></tr>
<tr><td>11</td><td></td><td></td><td></td><td></td><td></td><td></td><td></td><td></td></tr>
<tr><td>12</td><td></td><td></td><td></td><td></td><td></td><td></td><td></td><td></td></tr>
<tr><td>13</td><td></td><td></td><td></td><td></td><td></td><td></td><td></td><td></td></tr>
<tr><td>14</td><td></td><td></td><td></td><td></td><td></td><td></td><td></td><td></td></tr>
<tr><td>15</td><td></td><td></td><td></td><td></td><td></td><td></td><td></td><td></td></tr>
<tr><td>......</td><td></td><td></td><td></td><td></td><td></td><td></td><td></td><td></td></tr>
</table>

2. 调查时段、地点选择

出租车调查时间段为全天 24h 连续调查，可分工作日/节假日。

3. 调查方法

1）出租车调查应根据研究范围内的营运出租车规模确定合理的抽样率，一般抽样率不低于 10%，且调查样本量不低于 300 辆，样本量低于 300 辆的应提高抽样率，乃至进行全样调查。

2）出租车调查一般由出租车公司组织选中的当日营运驾驶人填写调查表格，并负责调查表格的发放、检查和回收；在有条件的城市，车载 GPS 数据和计价器数据可作为出租车

交通调查的重要补充。

2.7.2 调查组织实施

1. 调查组织

出租车调查组织工作由出租车管理部门及出租车公司负责。

2. 调查实施

电话调查可以委托专业调查公司进行；为确保调查效果，调查员应提前与被调查对象（一般为驾驶人）取得直接联系。

应根据不同的调查方法确定具体的调查内容，相对于调查员填写的表格，被调查对象自己填写的表格的问题设计应更加直观和简单易懂。

2.7.3 调查数据处理

出租车调查的统计数据应尽可能与相关统计资料、信息采集资料等进行比对校核，应充分利用相关调查对出租车信息进行复核，以提高调查成果的可靠性。

调查结果应尽量建立一个编码系统，对各项指标进行统计分析。

2.7.4 调查成果

调查成果应包括调查数据库和调查统计分析报告。调查数据库纳入综合交通调查数据库进行存储与管理。

出租车调查统计分析主要是掌握城市现状出租车运营的基本特征，为制定合理有效的出租车政策提供数据支持，同时也为建立和标定交通模型提供基础数据。出租车调查统计指标包含空驶率、平均日载客里程、平均日营运里程、平均日载客量、平均日载客车次等。

在获得出租车车载 GPS 数据的情形下，出租车调查统计指标还包括分时段载客 OD 出行矩阵，分时段、分路段车速分布等。

2.8 交通生成源调查

2.8.1 调查方案设计

1. 调查内容

调查前收集的资料应包括交通生成源名称、地址、联系方式、用地规模、建筑规模、工作岗位、最大设计容纳能力、高峰出行时段等。

实地踏勘内容应包括内外部道路系统现状、机动车和非机动车出入口位置和数量、机动车和非机动车停车设施位置和数量、候车设施位置和数量等。

计数调查内容应包括生成源进出的车辆、人数和货运量。

问卷调查内容应包括生成源进出车辆和人员的出行特征，车辆出行特征应包括来源、货物类型、出发时间、出发地点、到达时间、出行目的、费用（过路费、停车费）等；人员出行特征应包括来源、交通方式、出发时间、出发地点、到达时间、出行目的、停车信息（停车地点、时间、费用，步行距离）等。

调查表可参考 2.19 ~ 表 2.22 进行设计。

表 2.19 生成源基本情况调查表

生成源名称：_____ 调查日期：_____ 调查员姓名：_____

建筑情况	名称：_____ 地址：_____区_____路
	类型：飞机场、火车站、长途客运站、货运枢纽、办公、商业、医院、学校、宾馆、景点
	总占地面积：_____ m^2 总建筑面积：_____ m^2 主要功能建筑面积：_____ m^2 员工总人数：_____人
	停车位总数：_____个，自有停车位数：_____个，其中对外使用：_____个，租用停车位数：_____个
相关指标	1. 飞机场、火车站、长途客运站、货运枢纽：设计容纳能力_____，日常全天吞吐量_____，高峰小时吞吐量_____
	2. 办公、商业：员工_____人，建筑面积_____ m^2
	3. 酒店：星级_____，客房数_____，客房面积_____ m^2，床位数_____个，当日入住率_____
	4. 学校：注册学生_____人，宿舍床位总数_____个
	5. 医院：门诊面积_____ m^2，住院部面积_____ m^2，固定病床数_____个，临时病床数_____个，当日病床使用率_____
	6. 景点： 正常日接待客流量人次_____，高峰小时观众_____人数_____人次/h，人车流量时段基本范围：_____时_____分到_____时_____分； 活动日接待客流量人次_____，高峰小时观众_____人数_____人次/h
其他	距离周边公交（或地铁）站点：①＜200m ②200~500m ③500~1000m ④≥1000m

表 2.20 进出车辆流量调查表

生成源名称：_____ 调查日期：_____ 调查员姓名：_____

时间段/min	到达车辆及同行人数		离开车辆及同行人数	
	车辆数	车内人数	车辆数	车内人数
00—10				
10—20				
20—30				
30—40				
40—50				
50—60				

表 2.21 进出人流量调查表

生成源名称：_____ 调查日期：_____ 调查员姓名：_____

时间段/min	到达人数	离开人数
00—10		
10—20		
20—30		
30—40		
40—50		
50—60		

表2.22 到达人员出行特征调查表

生成源名称：_____　　调查日期：_____　　调查员姓名：_____

记录号	记录时间（24h制）	您从哪儿来	出发时间（24h制）	交通方式（依次选择此次出行所用到的交通方式）	来访目的	如果您是乘坐或驾驶小汽车		
						停车地点	停车地点到此处的步行时间	停车收费
1	___时___分	1. 本市：___区（县）___街 2. 外地：___省（市）___市	___时___分	[ ]和[ ]和[ ] [ ]和[ ]和[ ]	编号___ 或注明___	编号___ 或注明___	___min 或___m	___元/h
2	___时___分	1. 本市：___区（县）___街 2. 外地：___省（市）___市	___时___分	[ ]和[ ]和[ ] [ ]和[ ]和[ ]	编号___ 或注明___	编号___ 或注明___	___min 或___m	___元/h
3	___时___分	1. 本市：___区（县）___街 2. 外地：___省（市）___市	___时___分	[ ]和[ ]和[ ] [ ]和[ ]和[ ]	编号___ 或注明___	编号___ 或注明___	___min 或___m	___元/h
4	___时___分	1. 本市：___区（县）___街 2. 外地：___省（市）___市	___时___分	[ ]和[ ]和[ ] [ ]和[ ]和[ ]	编号___ 或注明___	编号___ 或注明___	___min 或___m	___元/h

注：1. 交通方式：1)步行；2)自行车；3)电动自行车；4)公交车；5)轨道交通；6)小汽车（自驾）；7)小汽车（搭乘）；8)班车；9)出租车；10)摩托车；11)其他。
　　2. 来访目的：1)上班；2)上学；3)公务；4)购物、餐饮；5)文体娱乐、旅游休闲；6)探亲访友；7)看病、探病；8)陪护；9)回家；10)其他（请注明）。
　　3. 停车地点：1)占道停车；2)路外停车场；3)公建配建停车场；4)居住小区停车场；5)其他。

2. 调查时段、地点选择

1）调查时段应包含出行高峰时段，宜为12h连续调查。

2）生成源应选择对城市交通交通影响较大的区域和建筑。

3）生成源选择应涉及城市主要功能区域。

4）为保证调查数据的准确性，应尽可能选择出入口较少的生成源。

3. 调查方法

1）应采用计数法和问卷法相结合的手段进行调查。对于生成源进出总量特征可采用人工计数、录像等调查手段，对于生成源交通出行特征可采用调查问卷、邮寄等调查手段。

2）应在利用已有信息化数据的基础上，通过全样和抽样相结合的方式进行抽样设计。

3）生成源的基本信息、平面布局方案和交通进出总量特征宜采用全样调查。

4）生成源人员和货物的交通出行特征宜采用抽样调查。

5）抽样率应能满足交通预测模型参数标定和模型校验的最低要求。

2.8.2 调查组织实施

结合平面布局出入口设置，应先进行预调查，确定各出入口的交通流量特征，正式调查时合理安排各出入口的调查人员数量和工作任务。

2.8.3 调查数据处理

应充分利用生成源提供资料或相关收集资料对生成源进出总量进行复核。

2.8.4 调查成果

调查成果应包括调查数据库和调查统计分析报告。调查数据库纳入综合交通调查数据库进行存储与管理。

调查统计分析应包括生成源的车辆、人员和货物进出总量，时间分布，以及生成源的客流、货流产生率和吸引率；生成源进出人员的出行特征，含出行分布、出行方式、出行目的等；生成源进出货物的运行特征，含货物类型、货物时空分布等。

2.9 流动人口出行调查

2.9.1 调查方案设计

1. 调查内容

调查前收集的基础资料包括流动人口在不同类型建筑（如宾馆、酒店、建筑工地、出租屋或借住居住家庭等）的分布比例；宾馆、酒店或其他流动人口集中地（如建筑工地、出租屋）的基础信息，如酒店地址、酒店联系人及联系方式和客房数、建筑工地容纳能力等。

问卷调查内容应包括流动人口性别、职业、年龄、省份来源、经济状况、文化程度、到达城市交通方式、在城市驻留时间等流动人口基本信息，以及出发地、出行时间、交通方

式、出行目的、到达地等流动人口被问询当天的全部出行信息。

调查表可参考表 2.23 和表 2.24 进行设计。

表 2.23　个人基本信息

1. 住所位置：[　　] 区（县）[　　] 路			2. 住所类型：宾馆、酒店 [　　] 出租屋 [　　] 工地 [　　] 其他 [　　]		
3. 性别：男 [　　] 女 [　　]			4. 婚姻状况：已婚 [　　] 未婚 [　　]		
5. 籍贯：[　　] 省 [　　] 市			6. 年龄 [　　] 周岁		
7. 学历	8. 来本市目的	9. 来本市时乘坐交通工具	10. 在本市时间	11. 职业	12. 个人每月的总收入
• 小学及以下 • 初中 • 高中或中专 • 大专 • 本科 • 研究生	• 务工 • 经商 • 探亲访友 • 因工出差 • 学习培训 • 旅游购物 • 治病疗养 • 旅途中转 • 其他	• 飞机 • 火车 • 长途客车 • 单位小汽车 • 私人小汽车 • 出租车 • 摩托车 • 货运汽车 • 其他	• 一周以内 • 一月以内 • 三月以内 • 半年以内 • 一年以内	• 单位负责人 • 专业技术人员 • 办事人员和有关人员 • 商业、服务业人员 • 农、林、牧、渔、水利业生产人员 • 生产、运输设备操作人员及有关人员 • 军人 • 中小学生 • 大专院校学生 • 离退休人员 • 其他	• 无收入 • 1 ~ 1500 元 • 1501 ~ 2500 元 • 2501 ~ 3500 元 • 3501 ~ 5500 元 • 5501 ~ 10000 元 • 10001 ~ 20000 元 • 20001 ~ 30000 元 • 30001 元以上

调查日期：　　　　　　　　调查员姓名：

2. 调查时段、地点选择

流动人口出行调查时段为全天 24h。宜选择在城市流动人口较多的区域，如宾馆、酒店中进行调查；可结合城市流动人口特征，选择在流动人口集中地，如建筑工地、出租屋等进行调查。

3. 调查方法

1）应采用调查问卷、邮寄的手段进行问询法调查。

2）宜结合城市特征、流动人口总量及出行特征进行抽样调查，总体抽样率宜不小于流动人口总量的 1%。

3）应采用分层抽样方法，先根据城市发展区域及酒店和宾馆星级抽取一些酒店、宾馆或其他集中地，再在抽取的地点中抽取一些流动人口进行调查。

2.9.2　调查组织实施

可在晚上对流动人口进行调查，方便记录全天的出行信息。

2.9.3　调查数据处理

应充分利用相关收集资料对酒店、宾馆等进出总量进行复核。

表2.24 个人交通出行信息

	第[ ]次出行	第[ ]次出行	第[ ]次出行
出行目的调查	在左侧箭头所示栏中选取相应的出行目的代码: [ ]	在左侧箭头所示栏中选取相应的出行目的代码: [ ]	在左侧箭头所示栏中选取相应的出行目的代码: [ ]
出发时间	时___区 分(24h制)	时___区 分(24h制)	时___区 分(24h制)
出发地点	_____大街	_____大街	_____大街
采用的交通方式	在左侧箭头所示栏中选取相应的交通方式代码: 1[ ] 和2[ ] 和3[ ] 和4[ ]	在左侧箭头所示栏中选取相应的交通方式代码: 1[ ] 和2[ ] 和3[ ] 和4[ ]	在左侧箭头所示栏中选取相应的交通方式代码: 1[ ] 和2[ ] 和3[ ] 和4[ ]
末端距离(如全程步行则末端距离都为0)	出发时[ ]m, 到达时[ ]m	出发时[ ]m, 到达时[ ]m	出发时[ ]m, 到达时[ ]m
到达时间	时___区 分(24h制)	时___区 分(24h制)	时___区 分(24h制)
到达地点	_____大街	_____大街	_____大街
到达地点建筑性质	在左下方所示栏代码: [ ]	在左下方所示栏代码: [ ]	在左下方所示栏代码: [ ]
出行费用/元	金额 月票	金额 月票	金额 月票

出行目的:
1.上班; 2.上学; 3.公务; 4.购物; 5.餐饮; 6.文体娱乐; 7.看病、探病; 8.陪护; 9.回家; 10.其他

交通方式:
1.步行; 2.自动车; 3.电动自行车; 4.公交车; 5.轨道交通; 6.小汽车(自驾); 7.小汽车(搭乘); 8.班车; 9.出租车; 10.摩托车; 11.其他

建筑性质:
1.宾馆/旅馆; 2.各类办公楼; 3.商业、服务业建筑; 4.市场; 5.医院; 6.博物馆、图书馆; 7.影剧院; 8.体育馆; 9.展览馆; 10.住宅/公寓; 11.展览馆; 12.浏览场所; 13.餐饮娱乐; 14.机场/车站/码头; 15.工业厂房; 16.其他

调查员姓名:

日期:

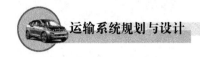

2.9.4 调查成果

调查成果应包括调查数据库和调查统计分析报告。调查数据库纳入综合交通调查数据库进行存储与管理。

调查统计分析报告应包括流动人口的交通出行特征，包括出行率、出行方式、出行目的、出行时空分布、驻留时间、来源地等。

思 考 题

1. 交通调查的目的和作用是什么？
2. 运输系统调查流程包括哪些？
3. 简述居民出行调查的主要内容和调查方法。
4. 简述道路交通调查中交通量、车速、密度、通行能力、延误的定义和用途。
5. 简述出入境交通调查的内容和用途。
6. 简述公交客流调查信息化采集数据处理的原理。
7. 简述出租车 GPS 轨迹数据特征分析。
8. 简述交通生成源调查内容和用途。

第3章 Chapter 3
运输系统规划理论与方法

运输系统规划的科学性在于其理论的系统性和缜密性。本章主要介绍经典的运输系统规划理论——四阶段模型方法。首先较为全面地介绍了四阶段模型系统的整体思路和逻辑次序，分析了模型的根本特点；然后简单列出了掌握四阶段模型所需要掌握的基础数学知识，方便读者更好地理解四阶段各种模型的基本原理和算法；之后，按照出行产生、交通分布、方式划分和交通分配的次序阐述各个阶段的常用模型和算法，并结合交通规划或数学的专业软件工

运输系统规划理论与方法

具，给出各种算法的计算机实现方法。最后通过一个完整案例展现四阶段模型计算的全部流程。

3.1 运输系统规划理论概述

虽然近年来各种新的交通运输规划模型和方法层出不穷，但经典的规划模型自 20 世纪 60 年代以来，基本没有发生很大的变化，在目前的运输规划工程实践中，交通运输需求的分析方法依然以经典的四阶段模型为主，如图 3.1 所示。

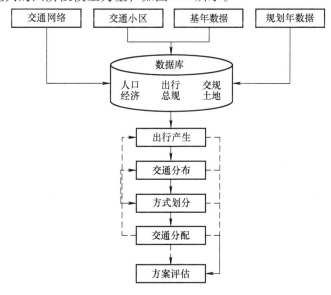

图 3.1　经典四阶段模型计算流程

　　首先需要绘制出研究区域的交通网络和交通小区，收集社会、经济、人口等与交通相关的历史和基年（base‐year）数据。这里的基年指交通运输规划开始编制的年份。从城市总体规划或上一轮交通规划中，可以得到规划年对于人口、社会和经济等方面的预测数据，根据这些数据形成基础数据库，为下一步交通模型的估计提供数据支持。经典四阶段模型中的第一个阶段为出行产生（Trip Generation），即利用已有数据去预测研究范围内每一个交通小区在规划年的出行产生量和吸引量。给产生量的出行分配出行终点（Destination）小区，给吸引量分配起点（Origin）小区，则能得到规划年具有起终（OD）点的出行分布矩阵，简称 OD 矩阵，这是四阶段模型的第二个阶段——交通分布（Trip Distribution）。交通分布所得的 OD 矩阵中，每一次出行仅有起终点信息，为了能够了解其出行采用的方式，还需要预测 OD 矩阵中每一个单元内的各种出行方式所占比例，这就构成了第三个阶段——方式划分（Mode Split）。最后一个阶段交通分配（Traffic Assignment）则是将 OD 矩阵中具有起终点和出行方式的出行分配到交通网络（道路网、公交线网、物流网络等）上，使出行量变为网络上的各种方式交通量，通过分配所得的交通量，可以设计和评估规划年交通基础设施建设方案，最终找出最优方案完成规划。

　　由上述可以看出，经典的四阶段模型按照这样一个次序排列：出行产生、交通分布、方式划分和交通分配。实际上，四阶段模型被认为只关注了出行者的部分出行特征或行为，对于当前社会更为复杂的交通系统需要对出行者的出行特征进行更为全面的描述。比如一个出行者在出行前预知其出行路径上会有拥堵，那么他可能考虑改变路线，或者改变出发时刻以错开拥堵时间，如果出行目的不是很重要，则有可能考虑改日出行等。再比如出行者更换了工作，或者更换了居住地，改变了购物习惯，都可能影响相关区域的交通系统可达性。出行者的这些改变、考虑与应对，在传统的四阶段模型中都较难被反映出来。尽管如此，四阶段模型简洁明了、逻辑清晰的结构在交通运输规划中获得了广泛的应用，即使有很多模型加入各种约束条件后对其进行改进，也依然以四阶段模型作为基准模型来进行研究。

　　四阶段模型的次序并不是一成不变的。有研究曾经提出将方式划分阶段提前到出行产生之后、交通分布之前，这种方法会对出行产生的调查对象提出要求。方式划分还可以和交通分布同时估计。相对其他三个阶段，方式划分阶段较为灵活，基本可以和其他各个阶段组合，具体使用需要根据基础数据和研究区域本身的特点来确定。

　　在经典四阶段模型中需要注意的是这个模型体系不是静态的，而是动态的。比如经过最后一个阶段交通分配后，以道路网为例，能得到每条道路上新的交通流量和行程时间。显然这个行程时间和交通分布及方式划分阶段模型估计时所用的行程时间并不一致，所以就需要以经过交通分配计算之后得到的行程时间作为阻抗重新进行交通分布和方式划分阶段的计算，计算的结果输入交通分配阶段又会得到新的行程时间。这一反馈过程会被反复迭代，直到交通分配出的行程时间和交通分布及方式划分阶段所用的行程时间保持一致。如果迭代不能稳健地收敛，可能需要调整规划方案之后重新计算。

3.2 交通分区的划分

3.2.1 概念和定义

交通分区是指在起讫点调查中，为进行地区之间出行次数的统计而将调查区域划分成若干地区单位。

3.2.2 划分原则

交通分区的具体划分一般可参考如下原则。

1）分区内土地使用、经济、社会等特性尽量保持一致。

2）尽量以铁路、河川等天然屏障作为分区界限。

3）尽量不打破行政区的划分，以便能利用行政区现成的统计资料。

4）考虑路网的构成，区内质心（形心）可取为路网中的节点。

5）分区数量适当，中等城市不超过50个，大城市最多不超过100~150个。数量太多将加重规划的工作量，数量太少又会降低调查和分析的精度。

6）分区中人口适当，1万~2万人，靠市中心分区面积小些，靠市郊的面积大些。

7）考虑到干道是汇集交通的渠道，因此一般不以干道作为分区界线，道路两侧同在一个交通区也便于资料整理。

8）对于已作过OD调查的城市，最好维持原已划分的小区。

9）小区内的出行次数不超过全区域内出行总数的10%~15%。

10）均匀性和由中心向外逐渐增大的原则：对于对象区域内部的交通小区，一般应该在面积、人口和发生与吸引交通量等方面保持适当的均匀性；对于对象区域外部的交通小区，因为要求精度降低，应该随着距对象区域的距离增大，逐渐增大交通小区的规模。

11）包含高速公路匝道、车站和枢纽：对于含有高速公路和轨道交通等的对象区域，高速公路匝道、车站和枢纽应该完全包含于交通小区内部，以利于对这些交通设施的流动进行进一步分析，避免匝道被交通小区一分为二。

3.3 出行产生阶段

3.3.1 基本概念、定义和特征

通常在理解一些现实现象和数学原理时，定义起到了非常重要的作用。出行也不例外。在经典的四阶段模型中，下面给出出行活动最基本要素的概念和定义。

1）出行（Trip or Journey）：指从一个起点往另一个终点的单方向运动。在经典的四阶段模型中，一般对机动车出行更为关注，所以对于步行距离在300m以内和年龄小于6周岁儿童的出行通常被忽略。当然，对于交通规划中专门针对慢行系统的规划，这一限制条件可以被适当放宽，具体还是根据规划的目的和要求。

2）由家出行（Home–based Trip or HB Trip）：无论是出行的起点还是终点，只要有一

个为家庭所在地，本次出行即为由家出行。对于一个城市的外来旅行者而言，其暂时居住的宾馆或旅店，在很多研究中也被看成是一种家庭端点。

3）非由家出行（Non – home – based Trip or NHB Trip）：指出行的起点和终点都不是家庭所在地的出行。

4）出行产生量（Trip Production）：由家出行的家庭端点或非由家出行的起点。

5）出行吸引量（Trip Attraction）：由家出行的非家庭端点或非由家出行的终点。

6）停驻（Sojourn）：在一个特定地点的短时间停留，通常带有一定的目的性，如工作、学习、购物或者娱乐。

7）活动（Activity）：不固定地点实现某种目的的行为。

8）出行链（Trip Chain）：停驻点和出行的序列组合。

在交通发生模型中，为了能够更好地拟合实际数据，往往将出行按照目的进行分类，然后再分别建模。以由家出行为例，出行目的可以有以下几种类型：上班、上学、购物、休闲、商务、其他等。由于上班和上学是社会人每天必须要产生的出行，所以以这两种为目的的出行也称为必要性出行。除上班和上学以外的出行称为选择性出行。不同的社会习惯和风俗影响下，各种出行目的所占的比重会有所差异。非由家出行的目的一般是商务或其他，相比由家出行，非由家出行在总出行量中所占的比重较少，一般在 15% ~ 20%。

在分析城市道路交通状况时，会非常关注早晚高峰时期，与之相对应，出行也分为高峰出行和平峰出行。一天内不同时段的出行和出行目的往往有一定的相关关系。

在很多交通研究中提出了以下影响交通发生的因素：收入、小汽车拥有量、家庭人口数、家庭结构、房价、人口密度和可达性。前四个因素是居民出行调查时常规问题项，房价和人口密度明显与交通小区相关，可达性能够使出行发生与交通系统的变动关联起来。

3.3.2　增长系数法

从 20 世纪 50 年代开始，很多数学模型和方法应用在了交通发生阶段。无论哪一种方法，其基本思路都是利用已有数据去预测交通小区或家庭的出行产生量和吸引量。下面给出最为简单的增长系数法（Growth – factor Modelling）的公式：

$$T_i = F_i t_i \tag{3.1}$$

式中，T_i 为规划年的出行量；t_i 为现状（基年）的出行量；F_i 为增长系数。

增长系数法中最为重要的就是如何计算出增长系数 F_i 的值。一般认为 F_i 和人口、收入以及小汽车拥有量相关，则

$$F_i = \frac{f(P_i^d, I_i^d, C_i^d)}{f(P_i^c, I_i^c, C_i^c)} \tag{3.2}$$

式中，P、I 和 C 分别为人口、收入和小汽车拥有量；函数 f 可以看成不带参数的多元乘法函数；右上标 d 和 c 分别为规划特征年和现状基年。

例 3.1　设一个交通小区有 600 户家庭，其中 300 户拥有小汽车，而另外 300 户没有，拥有小汽车家庭的平均出行率为 6.0 次/天，而无小汽车家庭的平均出行率为 2.5 次/天，则该交通小区每天总的出行次数为

$$t_i = 300 \times 6.0 + 300 \times 2.5 = 2550$$

假设在规划年，所有家庭都拥有了小汽车，同时设人口和收入保持不变，根据

式（3.2），可计算得到增长系数为

$$F_i = \frac{C_i^d}{C_i^c} = \frac{600}{300} = 2$$

再根据式（3.1）可预测出规划年总的出行量为

$$T_i = F_i t_i = 2 \times 2550 = 5100$$

但如果假设拥有小汽车家庭的平均出行率不变的话，则规划年出行总量为

$$T_i = 600 \times 6 = 3600$$

很明显，通过平均出行率计算出来的总出行量要比通过增长系数法计算出来的小很多，相差了近42%。这说明增长系数法是一种非常粗糙的算法，在规划实践中，一般仅用在研究区域外交通小区的出行产生量和吸引量预测上。

3.3.3 线性回归分析

1. 简单线性回归（Linear Regression）模型

（1）总体的模型表述

设 y 和 x 分别代表特定样本的两个变量，研究者所感兴趣的是如何根据 x 来解释 y，以及 x 的变化会给 y 带来什么样的影响。比如 y 可以表示某一个交通小区的产生量，x 可以表示为影响产生量的因素（收入、人口、小汽车拥有量等）。可以通过公式将 y 和 x 之间的关系表达出来：

$$y = \beta_0 + \beta_1 x + u \tag{3.3}$$

式（3.3）被称为简单的线性回归模型，或者叫二项回归模型。根据解释的需要，y 和 x 有很多名称，见表3.1。

表3.1 简单回归变量的名称

y	x
因变量（dependent variable）	自变量（independent variable）
被解释变量（explained variable）	解释变量（explanatory variable）
反应变量（response variable）	控制变量（control variable）
被预测变量（predicted variable）	预测变量（predictor variable）
回归变数（regressand）	回归量（regressor）
—	协变量（covariate variable）

一般因变量和自变量应用较为广泛。被解释变量和解释变量，更多用于对变量的解释和描述。反应变量和控制变量往往用于试验中，变量 x 在试验中是可控因素。

变量 u 称为误差项（error item）或扰动项（disturbance），表明除 x 以外能够影响 y 的因素。在简单回归模型中，认为除 x 以外所有其他影响 y 的因素都是无法观测的，所以可以将 u 看成无法观测变量。如果将简单线性回归模型中的误差项固定，也就是 $\Delta u = 0$，则 x 与 y 之间的线性关系为

$$\Delta y = \beta_1 \Delta x \quad 若 \Delta u = 0 \tag{3.4}$$

即 y 的变化就是 x 变化的 β_1 倍，也就意味着当误差项固定时，β_1 是 y 和 x 之间的斜率参

数。式（3.4）中的 β_1 被称为截距参数，也经常被称为常数项。为了能够进一步解析线性回归模型，通过一系列假设对模型中的各个变量进行了界定，以便能够从数学的角度推导出参数的估计公式。

假设 1 为"总体中误差项 u 的均值为零"，即 $E(u) = 0$。该假设说明误差项 u 和自变量 x 之间并无相关关系，仅是在总体中对 u 的分布有所定义。实际上，可以通过调节截距 β_1，来确保该假设总是成立。

假设 2 为"误差项 u 的均值与 x 无关"，即 $E(u \mid x) = E(u)$。该假设说明总体误差项 u 的均值等于给定 x 条件下样本 u 的均值，也就意味着 u 均值独立于 x。

将假设 1 和假设 2 合并，可得到零条件均值假设，即 $E(u \mid x) = 0$。下面通过一个例子来说明该假设的含义。

例 3.2 交通小区的出行产生量往往受到小区内人均收入的影响，而收入又和人的受教育程度有关联，设 income 为出行者的月收入，edu 为出行者受教育的年份，则可建立简单线性回归模型：

$$\text{income} = \beta_0 + \beta_1 \times \text{edu} + u \tag{3.5}$$

其中 β_1 表明受教育时间每增加或减少一年，给收入带来的变化。误差项或扰动项 u，可以包括其他影响收入的因素，如工作经验、出行者的天赋、职位、工作热情等。可设 u 为出行者的天赋能力，则 $E(u \mid \text{edu})$ 为一定受教育年份下出行者天赋能力的均值。具体地说，$E(u \mid 8)$ 表明总体中有过 8 年受教育经历的出行者的平均天赋能力，$E(u \mid 12)$ 表明总体中有过 12 年受教育经历的出行者的平均天赋能力，根据零条件均值假设，$E(u \mid 8)$ 和 $E(u \mid 12)$ 都相等，可同为 0。

对式（3.3）取对于 x 的条件期望，再由零条件均值假设，可得

$$E(y \mid x) = \beta_0 + \beta_1 x \tag{3.6}$$

式（3.6）又称为总体回归函数（Population Regression Function，PRF）。$E(y \mid x)$ 称为 x 的线性函数，即 x 每增加一个单位，对应 y 的期望值就增加 β_1 倍。

例 3.3 假设 car 为二值变量，0 代表家中无小汽车，1 代表家中有小汽车。trip 为家庭出行率。通过标定，获得了这样的公式：$E(\text{trip} \mid \text{car}) = 2.5 + 3.5 \times \text{car}$。如果 car = 1，则有车家庭平均出行率为 $2.5 + 3.5 \times 1 = 6$。这表明拥有小汽车的家庭平均出行率为 6 次/天，而不是拥有小汽车每一户家庭的出行率都为 6 次/天。至于哪些有小汽车家庭的出行率大于 6，或者哪些小于 6，具体要看误差项 u 的分布。

所以，通过零条件均值假设，可以将式（3.3）中的 y 分解为两部分：$\beta_0 + \beta_1 x$，即 $E(y \mid x)$，称为 y 的系统部分，是可通过 x 来解释的部分；u 被称为非系统部分，也是 y 中无法被 x 解释的那部分。

（2）样本的模型表述

为了能够估计参数 β_0 和 β_1，需要从总体中抽取一个样本。设 $\{(x_i, y_i) : i = 1, \cdots, n\}$ 为从总体中抽取的一个样本，样本量为 n。对于每一个样本 i，可将式（3.3）改写为

$$y_i = \beta_0 + \beta_1 x_i + u_i \tag{3.7}$$

式中，u_i 为第 i 个观测值的误差项，即除了 x_i 以外其他所有对 y_i 有影响的因素。

例 3.4 在一个城市的交通规划报告中，给出了每个交通小区的人口和出行量，可设 pop_i 为第 i 个交通小区的人口，trip_i 为第 i 个交通小区的出行量，该规划中将研究范围划分为

34 个小区，即 $n = 34$，出行量对于人口的散点分布如图 3.2 所示。

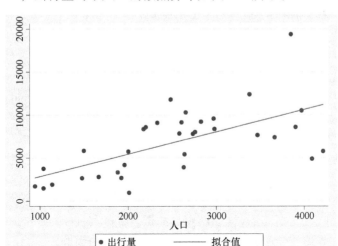

图 3.2　交通小区人口与出行量散点分布

将数据导入 Stata，线性回归命令及输出结果如图 3.3 所示。

```
. regress trip pop
```

Source	SS	df	MS			
Model	190858410	1	190858410	Number of obs =		34
Residual	297484078	32	9296377.45	F(1, 32) =		20.53
				Prob > F =		0.0001
				R-squared =		0.3908
Total	488342488	33	14798257.2	Adj R-squared =		0.3718
				Root MSE =		3049

trip	Coef.	Std. Err.	t	P>|t|	[95% Conf. Interval]	
pop	2.599397	0.5736854	4.53	0.000	1.430838	3.767955
_cons	240.8969	1537.22	0.16	0.876	-2890.317	3372.111

图 3.3　简单线性回归 Stata 命令及输出结果

我们所要做的就是利用这 34 个样本数据去估计出行量对人口回归模型中的截距和斜率，并且能够理解回归结果中各种参数或系数的含义。

（3）回归系统的解释

利用普通最小二乘法（Ordinary Least Squares，OLS）计算 β_0 和 β_1 的估计量 $\hat{\beta}_0$ 和 $\hat{\beta}_1$，并且给定 $x = x_i$，则可以计算出对应于第 i 个样本 y_i 的拟合值（fitted value）或预测值 $\hat{y}_i = \hat{\beta}_0 + \hat{\beta}_1 x_i$。第 i 个样本残差（residual）为因变量的真实值 y_i 和拟合值 $\hat{y}_i$ 之间的差值 $\hat{u}_i = y_i - \hat{y}_i$。一旦通过 OLS 方法估计出了截距和斜率，那么就能得到 OLS 回归模型：

$$\hat{y} = \hat{\beta}_0 + \hat{\beta}_1 x \tag{3.8}$$

式（3.8）又被称为样本回归函数（Sample Regression Function，SRF），与其对应的是式（3.6）提到的总体回归函数（PRF）。样本回归函数是对总体回归函数的估计，总体回归函数是固定不变的，但无法为研究者所知，而样本回归函数根据从总体中抽取的样本不同，

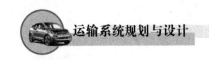

也会有不同的形式。如图 3.3 所示，简单线性回归模型的参数估计量 $\hat{\beta}_0$ 和 $\hat{\beta}_1$ 分别为 240.8969 和 2.599397，表明交通小区内每增加或减少一个人，小区总的出行量会增加或减少 2.599397 次。

（4）各种平方和及判定系数的解释

在图 3.3 中左上角部分，SS 下有三个数字，分别对应 Model、Residual 和 Total，它们分别是解释平方和（Explained Sum of Squares，SSE）、残差平方和（Residual Sum of Squares，SSR）和总体平方和（Total Sum of Squares，SST）。SST 用来测量样本真实值 y_i 在样本中总的离散情况，将 SST 除以 $n-1$，就能得到关于 y 的样本方差。与 SST 类似，SSE 是测量拟合值 $\hat{y}_i$ 的离散变化情况。SSR 测量残差 $\hat{u}_i$ 的样本离散变化情况。SST 表示为 SSE 与 SSR 之和：SST = SSE + SSR。

为了能够测量自变量或解释变量 x 能够解释因变量 y 的程度，通常将 OLS 回归直线与样本数据的拟合程度汇总，来测量线性回归模型的拟合优度（goodness-of-fit）。只要样本中所有的 y_i 不相等，则 SST 不为 0。定义 SSE/SST 为回归模型的判定系数（coefficient of determination），或者称为 R^2（R-squared）。

$$R^2 = \frac{\text{SSE}}{\text{SST}} = 1 - \frac{\text{SSR}}{\text{SST}} \qquad (3.9)$$

R^2 通常被解释为 y 在样本中变动程度能被 x 解释的那一部分。根据式（3.9）可以看出，R^2 在 0~1 之间的范围内变动，越接近于 1，说明 OLS 回归直线和样本数据拟合得越好，否则说明拟合程度很差。实际上，R^2 为真实值 y_i 和拟合值 $\hat{y}_i$ 样本相关系数的平方。需要注意的是，并不是较低的 R^2 就意味着 OLS 回归方程是无效的。对于样本回归函数中的截距和斜率估计得好坏，和 R^2 的关系并不大。所以一般不能把 R^2 值作为线性回归分析的决定性指标。

从图 3.3 中可以看出，SST、SSE 和 SSR 分别为 488342488、190858410 和 488342488，判定系数 R^2 为 0.3908，表明例 3.4 所建立的简单线性回归模型中，交通小区出行量 trip 的变动中有 39.08% 的部分能够被小区人口所解释。

（5）回归系数和误差项的标准误差

为了能够较为严格地推导出 $\hat{\beta}_0$ 和 $\hat{\beta}_1$ 的期望和方差，在简单线性回归中给出了一个同方差性（Homoskedasticity）假设：在任意给定自变量 x 条件下误差项 u 具有相同的方差，即 $\text{Var}(u \mid x) = \sigma^2$。可以估计出 σ^2 的无偏估计量 $\hat{\sigma}^2$，$\hat{\sigma}^2$ 的平方根 $\hat{\sigma}$ 被称为回归的标准误差（Standard Error of Regression，SER），也被称为估计的标准误差（Standard Error of the Estimate），或均方根误差（Root Mean Squared Error，Root MSE）。$\hat{\sigma}$ 的意义在于能够估计除了 x 以外所有其他影响 y 因素的标准差（Standard Deviation）。

根据 σ 可以计算 $\hat{\beta}_0$ 和 $\hat{\beta}_1$ 的标准差，用 $\hat{\sigma}$ 替换 σ 后，可以得到对于 $\hat{\beta}_0$ 和 $\hat{\beta}_1$ 标准差的估计量——标准误（Standard Error）。当从总体中抽取不同的样本时，标准误是一个随机变量。但在给定一个样本下，均方根误差和标准误都为一个定值。总体参数估计量的标准误表明了估计量的精确程度，并且在下文的统计检验和置信区间中起到了重要的作用。

如图 3.3 所示，简单线性回归模型的均方根误差（Root MSE）为 3049，$\hat{\beta}_1$ 的标准误（Std. Err.）为 0.5736854。

2. 多元线性回归分析

多元回归分析（Multiple Regression Analysis）将更多的解释变量（或自变量）纳入回归

模型，并且这些解释变量之间可以相关。显然，更多的解释变量有助于更好地解释因变量 y 的变动情况，所以多元回归分析能够获得精度更好的关于 y 的预测模型。多元线性回归模型的一般形式为

$$y = \beta_0 + \beta_1 x_1 + \beta_2 x_2 + \cdots + \beta_k x_k + u \tag{3.10}$$

式中，β_0 为截距，$\beta_i (i = 1, \cdots, k.)$ 为 x_i 的系数。

多元线性回归模型绝大部分变量和参数的名称与简单线性回归模型一致。同样也可以通过 OLS 方法，得到多元线性回归模型参数的估计值。自变量系数的解释和简单线性回归模型稍有不同，如 β_i 为 x_i 的系数，它测量了所有其他自变量固定情况下，x_i 的单位变化所引起因变量 y 的变化。

例 3.5　在例 3.4 的基础上，增加一个自变量 $area_i$，即第 i 个交通小区的居住地面积。为了同时考察人口 pop_i 和居住地面积 $area_i$ 对出行量 $trip_i$ 的影响，建立多元线性回归模型。在 Stata 中，多元线性回归与简单线性回归的命令一致，都为 "regress"，回归输出结果如图 3.4 所示。

```
. regress trip pop area

      Source |       SS       df       MS              Number of obs =      34
-------------+------------------------------           F(  2,     31) =    9.99
       Model | 191448002        2  95724001.1          Prob > F      = 0.0004
    Residual | 296894486       31  9577241.48          R-squared     = 0.3920
-------------+------------------------------           Adj R-squared = 0.3528
       Total | 488342488       33  14798257.2          Root MSE      = 3094.7

-------------+----------------------------------------------------------------
        trip |      Coef.   Std. Err.      t    P>|t|     [95% Conf. Interval]
-------------+----------------------------------------------------------------
         pop |   2.585736   0.5848841     4.42   0.000     1.392857    3.778615
        area |   15.72967   63.39628      0.25   0.806    -113.5679    145.0272
       _cons |   100.4876   1659.723      0.06   0.952     -3284.54    3485.515
```

图 3.4　多元线性回归计算命令及输出结果

（1）多重共线性及测量

多元线性回归模型中自变量之间的高度相关性被称为多重共线性（multicolinearity）。一般用方差膨胀因子（Variance Inflation Factor，VIF）来测量多重共线性，其公式为

$$VIF_j = \frac{1}{(1 - R_j^2)} \tag{3.11}$$

通常认为当 VIF_j 大于 10 时，多重共线性可能会影响估计参数 β_j 估计的精度，但并不绝对，因为参数 β_j 估计量的方差还受到 σ^2 和 SST_j 的影响。

可在例 3.5 的回归输出结果之后，紧接着在 Stata 12 的命令框中输入 "estatvif"，即可计算出多元线性回归模型中各个参数对应的方差膨胀因子，如图 3.5 所示。可以看出，area 和 pop 的 VIF 值都为 1.01，远小于 10，所以基本可以认为在例 3.5 的多元线性回归模型中不存在多重共线性的问题。

```
. estat vif

    Variable |       VIF       1/VIF
-------------+----------------------
        area |      1.01    0.991139
         pop |      1.01    0.991139
-------------+----------------------
    Mean VIF |      1.01
```

图 3.5　Stata 12 中 VIF 的计算

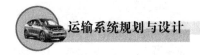

（2）参数的假设检验

根据多元线性回归的系列假设和推导，可以得到模型参数估计量的期望和方差，进而判断参数估计的精确程度。为了能对线性回归模型进行进一步的统计推断，通常假设参数估计量的样本服从正态分布。需要注意的是，β_j是总体中的未知参数，我们永远不可能知道它的确切值是多少，但是可以给β_j假定一个值，然后通过统计推断去证明这个假设。

在大多数统计推断中检验的是零假设（null hypothesis）：$H_0：\beta_j=0$。零假设意味着如果固定其他自变量，那么白变量x_j对因变量y的期望没有影响。用来检验零假设的是t统计量：

$$t_{\hat{\beta}_j} \equiv \frac{\hat{\beta}_j}{se(\hat{\beta}_j)} \tag{3.12}$$

实际上大部分软件包都能给出对应于每一个参数的t统计量。只要β_j的t统计量偏离0足够远，就能拒绝H_0。但想要严格地从数据角度拒绝，还需要备择假设，并选择检验的显著水平。显著水平就是H_0为真时拒绝H_0的概率，需要通过H_0为真时β_j的t统计量的样本分布来计算。就双侧检验而言，其备择假设为：$H_1：\beta_j \neq 0$。在双侧检验中，要使β_j的t统计量偏离0足够远，也就是拒绝H_0，可以通过下式来表示：

$$|t_{\hat{\beta}_j}| > c \tag{3.13}$$

c就是一定显著水平下t分布的值，如双侧检验的5%显著水平，就是选择一个c值使t分布一侧的面积占总面积的2.5%。换句话说，就是$n-k-1$自由度下t分布的97.5%分位值。

简单来说，就是先确定显著水平，然后根据已知自由度的t分布求出临界值c，再比较β_j的t统计量和临界值c的大小，来确定到底是拒绝还是接受H_0。除此以外，还有另一种思路：在求出了参数估计量的t统计量后，找出拒绝H_0的最小显著水平，即p值。p值其实是H_0假设为真时观测到极限t统计量的概率。p值越小越可以拒绝H_0，p值越大越难以拒绝H_0。

从图3.4中可以看出，交通小区人口pop和居住区面积area对应参数估计量的t检验值分别为4.42和0.25，p值分别为0.000和0.806，这意味着人口pop系数为0的H_0假设为真时可找到的极限t统计量概率为0.000，换句话说当居住面积固定时，人口在0.000水平下对出行量有显著性影响，而小区人口对出行量的最小显著水平为0.806，是相当大的值，很难认为不去拒绝H_0，即在5%显著水平下可以认为交通小区的居住面积对出行量没有显著性影响。

（3）置信区间

在经典线性回归模型假设下，还可以构建总体未知参数β_i的置信区间（Confidence Interval，CI）。置信区间也被称为区间估计，表示总体参数的可能范围。一般将置信区间的上边界定义为$\overline{\beta}_j$，下边界定义为$\underline{\beta}_j$。可以这样理解95%置信区间：从总体中反复抽样，对每次抽出的样本都计算$\overline{\beta}_j$和$\underline{\beta}_j$，那么在95%的抽出样本中总体的未知参数落在区间（$\overline{\beta}_j$，$\underline{\beta}_j$）内。

从图3.4中可以看出，交通小区人口pop和居住区面积area对应参数的95%置信区间分别为［1.392857，3.778615］和［-113.5679，145.0272］，显然标准误小、p值小的参数对应的置信区间范围也较小，可以保证pop估计量的精确程度。

（4）F 检验

前面我们通过 t 统计量来检验多元线性回归模型中某一个自变量在一定水平下是否会对因变量有显著性影响，下面来考虑一组自变量是否对因变量有显著影响的假设检验。

将式（3.10）称为带有 k 个自变量的无约束模型（unrestricted model），其中参数个数为 $k+1$。假设需要检验 q 个排斥性约束，即零假设为式（3.10）中有 q 个自变量的系数都为 0，并设系数为 0 的自变量为后 q 个：x_{k-q+1}，$\cdots$，x_k。零假设可表示为：$H_0: \beta_{k-q+1}=0$，$\cdots$，$\beta_k=0$。备择假设为 q 个参数至少有一个不为零。无约束模型在 H_0 假设下可转化为约束模型（restricted model）：$y=\beta_0+\beta_1 x_1+\cdots+\beta_{k-q}x_{k-q}+u$。

显然，从无约束模型到约束模型，自变量个数减少，SSR 也会发生变化，定义 F 统计量为

$$F \equiv \frac{(\mathrm{SSR}_r - \mathrm{SSR}_{ur})/q}{\mathrm{SSR}_{ur}/(n-k-1)} \tag{3.14}$$

式中，SSR_r 为约束模型的残差平方和；SSR_{ur} 为无约束模型的残差平方和。

自变量个数减少，会使影响因变量的因素中有一部分从自变量转到误差中，所以残差平方和会增大，即 SSR_r 会不小于 SSR_{ur}，也就是 F 统计量总是严格为正的，如果计算出负的 F 统计量，那可能是计算中出现了错误。实际上，式（3.14）中 F 统计量的分母即为无约束模型误差方差 $\sigma^2=\mathrm{Var}(u)$ 的无偏估计。

为了能够使用 F 统计量进行检验，我们需要知道零假设下的样本分布。在 H_0 条件下，F 统计量服从自由度为（q，$n-k-1$）的 F 分布：$F \sim F_{q,n-k-1}$。当根据无约束模型和约束模型计算出的 F 统计量足够大时，就能够拒绝 H_0，接受 H_1。若设 F 分布在 5% 检验水平时的临界值（critical value）为 c，则在显著水平下拒绝 H_0 接受 H_1 的条件是：$F>c$。如 H_0 被拒绝，则称 x_{k-q+1}，$\cdots$，x_k 在一定显著水平下联合统计显著（jointly statistically significant）。如 H_0 无法被拒绝，这些变量是联合不显著，通常可以作为剔除出回归模型的依据。

和 t 检验一样，也可以通过 p 值来进行 F 检验的评判，其定义如下：$p=P(Z>F)$。定义 Z 为服从自由度为（q，$n-k-1$）F 分布的随机变量，F 为模型的 F 统计量。p 值意味着 H_0 成立条件下所能观测到最大 F 统计量的概率。

从图 3.4 中可以看出，$F(2,31)=9.99$，即 F 统计量的自由度为（2，31），因为模型仅有两个自变量，所以第一个自由度为 2 表示 H_0 假设为该回归模型所有自变量系数为 0，第二个自由度为 $31=34-2-1$。5% 水平下自由度为（2，31）F 分布的临界值为 3.3048，显然在 5% 水平下可以拒绝 H_0 假设。从 p 值来看，$\mathrm{Prob}>F=0.0004$，意味着在模型自变量系数都为 0 的条件下，我们能够观察到最大 F 统计量的概率是 0.04%，显然在这种情况下可以拒绝 H_0。

（5）调整 R^2

判断系数 R^2 为因变量 y 在样本中的变动程度能被自变量 x 解释的百分比。设 σ_y^2 为因变量 y 的总体方差，σ_u^2 为误差项 u 的总体方差。则总体的 R^2 可定义为 $\rho^2=1-\sigma_u^2/\sigma_y^2$，为总体中因变量 y 被自变量 x 解释的百分比。样本 R^2 实际上是对总体 ρ^2 的估计。R^2 可以写成 $R^2=1-(\mathrm{SSR}/n)/(\mathrm{SST}/n)$，对总体 ρ^2 的估计就是通过 SSR/n 来估计 σ_u^2，这显然是有偏的，为了保证无偏性，用 $\mathrm{SSR}/(n-k-1)$ 替代 SSR/n，用（$\mathrm{SST}/n-1$）替代（SST/n），可得到调整 R^2（adjusted R – squared）：

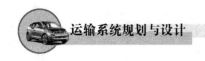
$$\overline{R}^2 = 1 - \frac{\mathrm{SSR}/(n-k-1)}{\mathrm{SST}/(n-1)} \tag{3.15}$$

$\overline{R}^2$ 通常被读为 R – bar squared，它实际上是在估计总体 ρ^2 时对样本 R^2 的有偏纠正，需要注意的是两个无偏估计量之比未必一定是无偏估计量。$\overline{R}^2$ 的优势在于当回归模型增加新的自变量时，适当调整了模型和实际数据的拟合程度评判。从式（3.15）可以看出，当回归模型增加新的自变量时，残差平方和总会减少，R^2 只会增大。从式（3.15）可以看出，增加自变量虽然依旧会减少 SSR，使 $\overline{R}^2$ 趋于增大，但同样会增加自变量个数 k，使 $\overline{R}^2$ 趋于增大。所以当我们给回归模型增加一个新的自变量时，一般只有当新增自变量的 t 统计量远大于绝对值 1 时，$\overline{R}^2$ 才会增加；或是增加一组自变量时，这组自变量的 F 统计量也远大于单位值时，$\overline{R}^2$ 才会增加。由于 t 或 F 统计量在传统的 5% 或 10% 水平下的单位值在统计意义上可能并不显著，所以可以通过 $\overline{R}^2$ 来判断是否应该将一个或一组新的自变量放入回归模型。

对于很小的样本量 n 和较大的自变量个数 k，$\overline{R}^2$ 可能会远小于 R^2。另外，当 R^2 和 $n - k - 1$ 都很小时，$\overline{R}^2$ 甚至有可能为负。负的 $\overline{R}^2$ 表明在当前自由度下模型和实际数据的拟合程度非常差。

从图 3.4 中可以看出：$R^2 = 0.3920$，而从图 3.3 中看出 $R^2 = 0.3908$，显然在回归模型中增加了自变量 area 后，判定系数增加了。但从 $\overline{R}^2$ 来看，增加 area 之前为 0.3718，增加之后为 0.3528，反而有所减少，另外再看 area 的 t 统计量和 p 值，都可以发现在 5% 水平下不显著，所以就例 3.4 和例 3.5 的回归模型而言，增加自变量 area 反而会减少回归模型和实际数据的拟合程度。

3. 多元线性回归模型的应用

通过对线性回归基本原理和公式的介绍，我们已了解了线性回归的方法和各种参数、统计量的含义，下面结合交通发生阶段的需求，介绍线性回归在出行产生和吸引量预测中的具体应用。

（1）基于交通小区的多元线性回归

基于交通小区的多元线性回归建模就是建立交通小区出行产生量或吸引量与平均每个小区每户家庭的社会经济统计特征之间的线性关系。在建模过程中，需要注意的是：

1）对自变量的要求。模型能解释的是不同交通小区产生量或吸引量的变动情况，所以应使小区内家庭或居民的社会经济统计特征最好具有同质性，而交通小区间的特征应尽可能有较大的变动。

2）对截距的要求。一般来说希望建立的线性回归模型最好能通过原点，如果截距过大，或者并不是在一定水平下显著不为零，最好强制性让回归模型通过原点，因为在没有自变量或自变量都为零的情况下，不应该有产生量或吸引量。

3）非零小区要求。在建立或标定线性模型时，特定自变量为零的交通小区最好不要作为样本，以免发生自由度和自变量取值不匹配的情况这，这对模型估计结果可能会产生影响。

4）总和和均值的选择。在建立基于交通小区的多元线性回归模型时，有两个选择：一是使用总和或集计数据，即模型的因变量和自变量都为总和数据，如某个交通小区总的出行量、总的小汽车拥有量等；二是使用均值数据，即模型的因变量和自变量都为均值数据，如某个交通小区平均每户家庭的出行量、平均每户家庭的小汽车拥有量。

无论是总和数据还是均值数据，所建立模型中的参数含义都类似，但误差项不同。对于总和数据建立的模型（集计模型）来说，其集计变量和交通小区的规模相关，并且误差项也依赖于小区规模，由于各小区规模显然不同，所以在实际中该模型的误差具有异方差性。对于均值数据建立的模型（均值模型）来说，所有的变量和误差项都除以了小区家庭数，这在一定程度上减轻了异方差性。另外，集计模型比均值模型有更大的可能性会产生多重共线性，但通常也会比均值模型有更大的判定系数 R^2。需要注意的是，在一个模型中不能既出现总和变量，又出现均值变量。

另外一个需要注意的地方是即使采用均值变量，回归模型依然和小区规模相关，但随着小区规模的减小，异方差性会有所减弱。

（2）基于家庭的多元线性回归

虽然可以通过减少交通小区规模来减少小区间方差的差别，但规模过小的小区划分会产生数量过多的小区，这会导致数据调查成本的提高和样本误差的增大。所以似乎看起来最好的方式是使回归模型与小区规模无关。因此，在 20 世纪 70 年代就有学者认为在交通发生阶段最优的分析单位是家庭，而不是交通小区。

在以家庭为单位的回归模型分析中，往往将家庭的特征和出行特征作为变量，如家庭人口数、家庭拥有小汽车数、家庭拥有自行车数、家庭是否有小孩、家庭的总收入等。在标定时，可以采用逐步回归的方法，逐一检测每一个自变量直到最后获得最优模型。有很多软件包有自动逐步回归的方法，能自动剔除认为不适合的自变量。实际上，最好还是手动去检测每一个自变量，根据规划项目的实际情况去判断每一个变量的去留，这可能会更加符合实际情况。

（3）线性回归中的离散变量

在交通出行调查问卷中，经常会出现诸如职业、小汽车拥有量、年龄段、收入段、是否有小孩等问题，对应这些问题的选项就是离散变量的取值。这些变量反映的是出行者自身某种属性的离散变动。以小汽车拥有量为例，问卷中一般给出的选项是：1—没有小汽车；2—有1辆小汽车；3—有两辆及以上。如果直接用选项的序号作为自变量，可能会产生两个问题：一是序号本身的递增无意义（如职业）；二是该变量和因变量之间并不是线性关系。由于这两个问题的存在，会使建立的线性模型拟合性不是非常好，并且即使模型建立起来，对于这样的离散变量也难以解释。

在多元线性回归中，对离散变量的处理有以下两种方法。

1）转变离散变量在线性回归模型中的形式，使该变量和因变量之间呈现非线性关系，如对离散变量取对数或者将其转变为一个幂函数。采用哪一种转变方法最为适合，需要反复尝试，往往要花费大量的时间和精力。

2）将离散变量转化为虚拟（dummy）变量。若离散变量的取值有 n 个，则将该离散变量分解为 $n-1$ 个虚拟变量，作为自变量代入回归模型。以小汽车拥有量为例，其离散变量为 cars_num，有三个取值。可将其转化为两个虚拟变量：car_0 和 car_1，其中 car_0 为 1 表示不拥有小汽车，为 0 表示拥有小汽车；car_1 为 1 表示拥有 1 辆小汽车，为 0 表示不拥有小汽车或拥有两辆及以上小汽车。当 car_0 和 car_1 同时为 0 时，表示第三种情况：拥有两辆及以上小汽车。

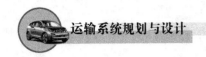

3.3.4 交叉分类法

尽管在交通发生阶段线性回归模型的应用十分广泛，但从 20 世纪 60 年代开始，兴起了另外一种更为细致的计算产生量和吸引量的模型方法。在英国，这种方法被称为类别分析法（category analysis），而在美国，称之为交叉分类法（cross classification）。值得一提的是，在交通规划的工程实践中，由于缺乏较为细致的居民出行调查数据，在交通发生阶段采用线性回归方法较多，在英国和美国，由于交通规划方面基础数据积累非常雄厚，所以更多采用交叉分类法。和线性回归方法发展的历程类似，交叉分类法首先是基于集计的交通小区层面，然后方法进一步精细化，扩展到了非集计的家庭层面。

1. 基于家庭的交叉分类法

交叉分类法将给定出行目的下平均每户家庭出行产生量作为家庭特征属性的函数。该方法假设在一段时间内某个特定类型家庭的出行产生率保持稳定不变。然后用出行产生率去乘以该类型的家庭数，即可得到该类型家庭总的出行量。实际上，一个交通小区内不同类型的家庭数通过一般方法较难获取，往往需要人口普查的数据作为支撑。虽然通过大规模的调查能够获取较为精确的现状小区内分类型的家庭数，但是对于规划年不同类型家庭数的预测还存在很多不确定因素。

设 $t^p(h)$ 为一定时间段内给定出行目的 p 前提下，类型为 h 家庭的平均出行量。家庭类型指的是不同家庭属性的交叉组合，如将家庭人数或规模分为 m 个类别，家庭的小汽车拥有量分为 n 个类别，则 h 即为 $m \times n$ 中的某一种类别。交叉分类法成功的关键在于要保证不同类别的平均家庭出行率最好是一个正态分布。总的来说，交叉分类法有如下优势。

1）交叉类别与规划范围内的交通小区无关。

2）应用交叉分类法之前，不需要对数据进行任何假设。

3）不同类别对于出行率的影响完全不一样。

相应地，交叉分类法也存在一些不便之处。

1）交叉类别之间无法进行插值，较为离散，不连续。

2）没有恰当的拟合优度参数来评判交叉分类法模型与实际数据的拟合程度。

3）需要大量的样本，至少要保证每个家庭类别都有 50 个样本，而且每增加一个家庭属性类别，需要增加数量惊人的样本量。

4）很难去挑选恰当的分类，使不同分类的出行率呈现正态分布。

设 q 为总的家庭分类数，$a_i(h)$ 为第 i 个交通小区第 h 类家庭的数量，$H_q(h)$ 为 q 种家庭类型的集合，则可以写出第 i 个交通小区第 p 种出行目的的产生量：

$$O_i^p = \sum_{h \in H^q(h)} a_i(h) t^p(h) \tag{3.16}$$

给家庭进行分类的方法有很多。首次应用在英国的交叉分类法将家庭分为了 108 类，收入水平分为 6 类，小汽车拥有量分为 3 类，家庭结构按照是否有工作分为 6 类。

为了能够预测规划年的出行产生量与吸引量，在应用交叉分类法时，需要预测规划年每一个类别的家庭数。通常使用的方法是：首先拟合样本数据，确定每一种家庭属性类别的概率分布；然后建立关于类别的联合概率分布函数，设其为 $\phi(h)$，则第 i 个交通小区第 h 类家庭数量可由下式确定：

$$a_i(h) = H_i\phi(h) \tag{3.17}$$

式中，H_i 为第 i 个交通小区总的家庭数。可以通过在基年数据上估计分类家庭数来验证上述公式。

2. 基于个体的交叉分类法

Supernak 于 1983 年提出了另外一种基于个体的交叉分类法，他认为该方法具有以下优点。

1）基于个体的出行生成模型能够和其他基于个体的经典交通需求模型相兼容。

2）相对于家庭特征分类，个体出行者属性更为灵活，比如个人年龄，只能应用于个人分类模型中，在家庭交叉分类模型中则无法表现。

3）个人分类模型所需的样本量要远远小于家庭特征分类。

4）个人分类特征比家庭分类特征更易于预测，如出行量主要是由大于 18 岁的出行者产生，只要知道该区域的迁入率和出生率，就能够预测出该出行群体在未来 15 年和 20 年的数量。

设 t_j 为出行率，即一段时间内第 j 类个体的平均出行次数；t_{jp} 为出行目的 p 的出行率；T_i 为第 i 个交通小区内居民产生的总的出行量；N_i 为第 i 个交通小区内居民总数；α_{ij} 为第 i 个交通小区内第 j 个类别个体占总体居民的比例。则基于个体交叉分类法公式为

$$T_i = N_i \sum_j \alpha_{ij} t_j \tag{3.18}$$

当然，可以将上述公式等号两边都加上出行目的 p 的上标，表明是某种出行目的下出行总量关于交叉分类法的计算。

3. 交叉分类法应用举例

例 3.6 设我国某城市的交通规划将家庭按照人口、收入和小汽车拥有量分为 27 类，某个小区出行率和各类家庭比例见表 3.2。若预测得出该分区规划年有 8000 户居民，求出行产生量的预测值。

表 3.2 出行率和家庭比例

拥有车辆数	人口	人均收入水平					
		低		中		高	
		出行率	家庭比例	出行率	家庭比例	出行率	家庭比例
≤1	≤2	2.5	0.020	2.9	0.040	3.1	0.030
	3	3.4	0.030	3.7	0.024	3.9	0.006
	≥4	4.9	0.028	5.0	0.012	5.1	0.000
2	≤2	4.1	0.000	4.8	0.045	5.4	0.056
	3	5.5	0.090	6.1	0.170	6.5	0.110
	≥4	6.9	0.040	7.3	0.040	8.0	0.010
≥3	≤2	5.8	0.000	6.8	0.025	7.5	0.024
	3	6.9	0.040	7.7	0.020	8.1	0.020
	≥4	7.8	0.060	8.4	0.030	9.0	0.030

可将表 3.2 中的出行率和各类家庭比例分别提取出，然后交叉相乘求和，得到平均每户

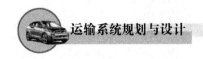

家庭出行率为 6.0131 次，再去乘以 8000，得到规划年总的出行产生量为 48105 次。

3.3.5　产生量和吸引量的平衡

由于产生量和吸引量建立的模型并不一致，所以模型计算出的结果也不能保证各个交通小区的产生量之和等于吸引量之和。在进入下一个阶段交通分布之前，需要使产生量和吸引量能够平衡。现在有很多软件包能够实现这一功能。以 TransCAD9.0 为例，有 79 个交通分区，已经分别计算出每个交通分区在基年 2022 年，以及规划特征年 2025 年、2030 年和2035 年的产生量和吸引量，将数据导入 TransCAD 中，保存为 . bin 文件，如图 3.6 所示。

交通分区编号	2022年人口	2022年产生量	2022年吸引量	2025年产生量	2025年吸引量	2030年产生量	2030年吸引量	2035年产生量	2035年吸引量
1	8462	19716	19645	21240	21163	23694	23608	26232	26138
2	8740	20364	20291	21937	21858	24472	24384	27094	26996
3	5959	13884	13834	14957	14903	16685	16625	18473	18406
4	8676	20215	20142	21777	21698	24293	24205	26896	26799
5	5686	13248	13201	14272	14220	15921	15863	17627	17563
6	6848	15956	15898	17188	17126	19174	19105	21229	21152
7	5237	12202	12158	13145	13097	14664	14611	16235	16176
8	5814	13547	13498	14593	14540	16279	16220	18023	17958
9	30356	70729	70475	76194	75919	84997	84690	94104	93764
10	32645	76063	75789	81939	81643	91406	91076	101200	100834
11	7181	16732	16671	18024	17959	20107	20034	22261	22181
12	7607	17724	17661	19094	19025	21300	21223	23582	23497
13	13616	31725	31611	34176	34053	38125	37987	42210	42057
14	4058	9455	9421	10186	10149	11362	11321	12580	12534
15	3091	7202	7176	7758	7730	8655	8624	9582	9548

图 3.6　产生量和吸引量

然后单击菜单栏的 "Dataview→SummaryStatistics"，可得到图 3.7 所示的统计界面。

Field	Count	Sum	Minimum	Maximum	Mean	Std. Dev.
[交通分区编号]	79	3160	1	79	40.00	22.80
[2022年人口]	79	1038606	1005	74619	13146.91	13893.37
[2022年产生量]	79	2419951	2342	173862	30632.29	32371.51
[2022年吸引量]	79	2411238	2333	173236	30522.00	32254.95
[2025年产生量]	79	2606901	2523	187294	32998.75	34872.42
[2025年吸引量]	79	2597489	2513	186618	32879.61	34746.47
[2030年产生量]	79	2908100	2814	208933	36811.39	38901.47
[2030年吸引量]	79	2897595	2804	208179	36678.42	38761.03
[2035年产生量]	79	3219686	3116	231319	40755.52	43069.45
[2035年吸引量]	79	3208057	3104	230484	40608.32	42913.92

图 3.7　平衡前产生量和吸引量统计

从图 3.7 可以看出，2022 年、2025 年、2030 年和 2035 年的产生量和吸引量都不相等。回到图 3.6 所示的数据视图文件，单击菜单栏中的 "Planning→Balance…"，打开平衡计算界面，如图 3.8 所示。

可选用的平衡方法有 Hold Vector1、Hold Vector2、Weighted Sum 和 Sum to Value 四种。这里选择第三种，即加权和方法，产生量和吸引量权重各自为 50%。计算后，系统会要求保存文件名为 "BALANCE. BIN" 的文件，其中包含了平衡之后的产生量与吸引量，统计后

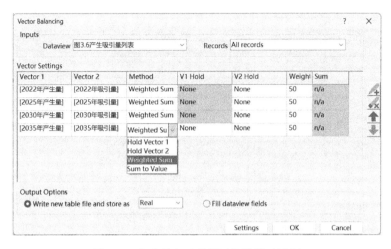

图 3.8　产生量和吸引量平衡计算对话框

结果如图 3.9 所示。可以看出，各年的产生量和吸引量已经相等了。

Field	Count	Sum	Minimum	Maximum	Mean	Std. Dev.
ID1	79	3160.00	1.00	79.00	40.0000	22.8035
[[2022年产生量]]	79	2415594.50	2337.78	173549.01	30577.1456	32313.2380
[[2022年吸引量]]	79	2415594.50	2337.22	173548.99	30577.1456	32313.2278
[[2025年产生量]]	79	2602195.00	2518.45	186955.90	32939.1772	34809.4667
[[2025年吸引量]]	79	2602195.00	2517.55	186956.11	32939.1772	34809.4258
[[2030年产生量]]	79	2902847.50	2808.92	208555.63	36744.9051	38831.2066
[[2030年吸引量]]	79	2902847.50	2809.08	208556.37	36744.9051	38831.2897
[[2035年产生量]]	79	3213871.50	3110.37	230901.26	40681.9177	42991.6719
[[2035年吸引量]]	79	3213871.50	3109.63	230901.74	40681.9177	42991.7034

图 3.9　平衡后的产生量与吸引量统计

3.3.6　社会经济变量预测

如何选择用于预测交通发生阶段产生量或吸引量的解释变量一直以来都是交通规划所重点关注的问题。选择的标准往往是易于获取，并且能够有较为完善的历史数据可用于趋势外推。通常会选择的变量包括家庭人口数、小汽车拥有量和家庭收入等。无论是线性回归模型还是交叉分类法，在交通发生阶段预测的基本思路如图 3.10 所示。

通过调查能够得到基础年规划范围内各交通小区的产生和吸引样本量，然后根据实际情况提取影响产生量和吸引量的因素，整理调查样本相应的因素变量，建立产生和吸引样本量与影响因素样本量之间的映射关系，如多元线性回归或交叉分类法。将影响因素样本扩展至规划交通小区全部人口，利用已经建立的映射关系，计算基础年交通小区总的产生量和吸引量，以实现样本的放大。对于基年总体 OD 矩阵，可考虑采用增长率法，利用样本 OD 矩阵和总体产生量与吸引量计算获取；或者也可简单地利用样本人口和总体人口的倍数来放大样本 OD 矩阵。基于样本出行影响因素变量，一般通过查阅规划区域统计年鉴或统计公报，可得影响因素的历史数据，采用趋势外推可获得规划特征年的影响因素数据。同样借用样本映射关系，可求得规划特征年的产生量与吸引量。

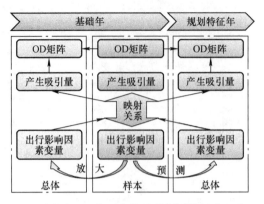

图 3.10 交通发生阶段预测的基本思路

从 20 世纪 80 年代开始，从行为科学中引入了一系列的理论与方法来丰富交通发生阶段的模型。其理论基础是个体居住的社会环境会影响和制约他所参与的各种社会活动，并能进一步影响他的出行行为。例如有学龄前儿童的家庭比没有儿童的家庭有更大可能性拥有小汽车，从而使前者的出行可能会比后者更加灵活；和子女居住在一起的退休老年人可能会比独居或和老伴一起居住的老年人更加愿意出户活动。要将这些可能影响出行的关系加入到交通发生阶段的模型中，需要将家庭或出行个体相应的特征属性提取出来加以测量，然后加入到模型的方程中去。

行为科学期望能找到出行行为发生的本源性原因，目前已经有一些方法和理论在做这方面的尝试。如基于出行是一种派生性需求的认识，将出行行为部分看成是时间和金钱在不同地理位置上的分配。具体来说，生活就是将时间分配在不同活动上的一种过程，而出行是这些活动中的一部分。具有不同的年龄阶段、职业、性别、社会地位的人，显然在活动的种类和时间分配的模式上并不一样，所以这些人的社会统计特征往往成为出行行为的解释变量。

3.4 交通分布阶段

通过交通发生阶段中模型的计算，可以得到规划年每个交通小区的产生量与吸引量。虽然产生量和吸引量能帮助我们了解各交通小区出行总量的大小，但无法知道产生量的目的地是哪一个小区，也无法知道吸引量的起始地是哪一个小区，即产生量和吸引量无法提供出行方向的信息。为了能确切地知道每两个交通小区之间的出行量，需要通过交通分布阶段的模型来计算。

两个交通小区之间的出行量有两种表达方法。第一种称为出行矩阵，即将一段时间内出行的起点（Origin）小区编号看成是矩阵的行编号，将终点（Destination）小区编号看成矩阵的列标号，这种矩阵也简称为 OD 矩阵。可以根据不同的时段、人群、出行目的、出行方式来确定 OD 矩阵中每一个单元里出行量的单位。如高峰小时 OD、上学的高峰小时 OD、小汽车出行的全天 OD 等。

第二种是 PA（Production - Attraction）矩阵。与 OD 矩阵不同的是，确定 PA 出行的产生与吸引点不是出行的起终点，而是出行的端点是否为家庭。一次出行的任意一个端点为家庭，则该点即为 A 点，另一个端点为 A 点；对于端点都不为家庭的出行，PA 和 OD 是一致的。例如一个通勤者某个工作日早上从家去单位上班，下午从单位回到家。从 OD 矩阵的角度来解析，就是产生了两次出行，一次是以上班为目的的从家到单位的出行，另一次是以回家为目的的从单位到家的出行。如果用 PA 来理解，则家庭端点发生了两次产生量，单位发生了两次由家的吸引量。相对 OD 来说，PA 矩阵更多用于时间跨度较大的出行需求。

用于将出行量分布到不同目的地的交通分布模型种类很多，既有适用于规划期内路网变化不大，各交通小区可达性较为稳定的短期交通规划，也有适用于路网变化较大的长期战略交通规划。另外，虽然比较经典的交通分布模型都是集计模型，但也可以用离散选择模型对目的地选择进行非集计划分。

本部分首先给出和交通分布相关的概念和定义，然后介绍适用于短期交通规划的增长率模型。针对增长率模型的不足，进一步介绍著名的重力模型。

3.4.1 概念和定义

目前用来表达交通需求的出行矩阵其实是一个二维数组，矩阵的行和列编号为交通分区的编码。根据分析研究的需要，这里的交通分区可以是交通小区，也可以是交通中区或大区。OD 矩阵的一般形式见表 3.3。

表 3.3 OD 矩阵的一般形式

产生量	吸引量							
	1	2	3	…	j	…	n	$\sum_i T_{ij}$
1	T_{11}	T_{12}	T_{13}	…	T_{1j}	…	T_{1n}	O_1
2	T_{21}	T_{22}	T_{23}	…	T_{2j}	…	T_{2n}	O_2
3	T_{31}	T_{32}	T_{33}	…	T_{3j}	…	T_{3n}	O_3
…	…	…	…	…	…	…	…	…
i	T_{i1}	T_{i2}	T_{i3}	…	T_{ij}	…	T_{in}	O_i
…	…	…	…	…	…	…	…	…
n	T_{n1}	T_{n2}	T_{n3}	…	T_{nj}	…	T_{nn}	O_n
$\sum_j T_{ij}$	D_1	D_2	D_3	…	D_j	…	D_n	$\sum T_{ij} = T$

在表 3.3 中，T_{ij} 为第 i 行第 j 列的元素，表明以编号 i 交通分区为起点，终点为编号 j 交通分区的出行量。O_i 是编号为 i 交通分区总的出行产生量；对应的 D_j 是编号为 j 交通分区总的吸引量。这里用大写字母表示规划年或基年总体的出行量，用小写字母表示调查样本的出行量。

OD 矩阵中某一行的出行量之和应该等于该行对应交通分区的总的产生量，某一列出行量之和应该等于该列对应交通分区总的吸引量，具体可由下式表示：

$$\sum_j T_{ij} = O_i \tag{3.19}$$

$$\sum_i T_{ij} = D_j \tag{3.20}$$

如果在交通分布阶段获取的数据十分全面，模型估计得非常准确，使预测出的 OD 矩阵能满足式（3.19）和式（3.20），则称该分布模型能够满足双约束条件。如果分布模型预测出的 OD 矩阵只能满足上述两个公式其中的一个，则称该模型只能满足单约束条件。

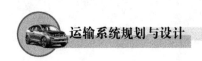

在出行期间可能会产生各种属性，如距离、时间或金钱。通常将这些使出行产生负效用的属性综合起来，将其称为出行的广义费用。广义费用可以用一个线性函数来定义，自变量就是出行者所感知的产生负效用的各种属性值，比如对某一种出行方式的广义费用为

$$C_{ij} = a_1 t_{ij}^v + a_2 t_{ij}^w + a_3 t_{ij}^t + a_4 t_{ij}^n + a_5 F_{ij} + a_6 \phi_j + \delta \tag{3.21}$$

式中，C_{ij} 为 i 和 j 交通分区之间的广义费用；t_{ij}^v 为交通分区 i 和 j 之间的车内出行时间；t_{ij}^w 为交通分区 i 和 j 之间从家到公交站点或停车场的步行时间；t_{ij}^t 为从交通分区 i 到 j 坐公交时在站台的等车时间，或是坐小汽车时在停车场寻找停车位的时间；F_{ij} 为交通分区 i 和 j 之间的出行金钱费用，包括使用小汽车的费用、通行费、拥挤收费等；ϕ_j 为在目的分区 j 的花费，如停车费；δ 为所有其他影响广义费用的因素，如安全性、舒适性和便利性等；$a_1, \cdots, a_6$ 为广义费用各种影响因素的权重，通常单位为时间或金钱。

3.4.2 增长率法

将居民出行调查所获得的样本 OD 矩阵放大后，可得基础年的出行矩阵 t。我们希望能够基于基年的 t 推算出规划年，如 5 年、10 年或 20 年以后的出行矩阵。经过交通发生阶段模型的预测，已经得到规划年每个交通分区的产生量、吸引量以及总的出行量，通过和基础年各交通分区的产生量、吸引量和总出行量做对比，能够得到各交通分区的产生增长率、吸引增长率和总的增长率。根据这些增长率，就能利用不同的增长率法实现交通分区间出行量的预测。

1. 一致增长率法（Uniform Growth Factor）

一致增长率法也被称为常增长率法（Constant Factor Method），该方法假设规划范围内所有交通分区出行量的增长率相同，为一个常数 τ，即规划年总的出行量和基年总出行量的比率。将基年出行矩阵 t 中每一个元素乘以这个增长率，得到规划年出行矩阵。

$$T_{ij} = \tau t_{ij} \tag{3.22}$$

式中，$\tau = T/t$，T 为规划年总的出行量，t 为基础年总出行量。

该方法的输入输出数据类型见表 3.4。

表 3.4 一致增长率的输入和输出数据类型

输入数据	输出数据
➤ 基础年的出行矩阵	➤ 规划年出行矩阵
➤ 规划年的出行增长率	

例 3.7 基础年有一个 4×4 的出行矩阵，见表 3.5。若规划范围内三年后的总出行增长率为 20%，那么只要将基础年出行矩阵中的每个元素乘以 1.2，即可得到规划年的出行矩阵，见表 3.6。

表 3.5 基础年出行矩阵

序号	1	2	3	4	$\sum_j$
1	5	50	100	200	355
2	50	5	100	300	455
3	50	100	5	100	255
4	100	200	250	20	570
$\sum_i$	205	355	455	620	1635

表 3.6　总增长率为 1.2 的规划年出行矩阵

序号	1	2	3	4	$\sum_j$
1	6	60	120	240	426
2	60	6	120	360	546
3	60	120	6	120	306
4	120	240	300	24	684
$\sum_i$	246	426	546	744	1962

在实际规划项目中，可用 TransCAD 中的矩阵运算功能较为轻易地完成一致增长率法的计算。

例 3.8　已知某个城市的规划范围中有 79 个交通分区，2022 年总的出行量为 2411240 次。设到 2025 年出行增长率为 20%，求 2025 年的出行矩阵。

根据一致增长率法的输入输出数据类型，确定已知基础年出行矩阵如图 3.11 所示，规划年出行增长率为 20%。

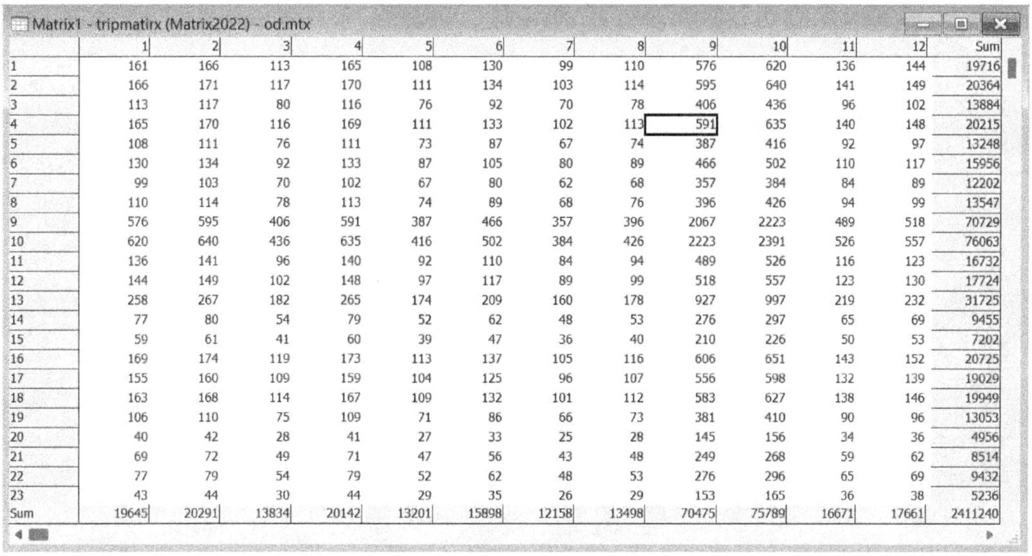

Matrix1 - tripmatirx (Matrix2022) - od.mtx

	1	2	3	4	5	6	7	8	9	10	11	12	Sum
1	161	166	113	165	108	130	99	110	576	620	136	144	19716
2	166	171	117	170	111	134	103	114	595	640	141	149	20364
3	113	117	80	116	76	92	70	78	406	436	96	102	13884
4	165	170	116	169	111	133	102	113	591	635	140	148	20215
5	108	111	76	111	73	87	67	74	387	416	92	97	13248
6	130	134	92	133	87	105	80	89	466	502	110	117	15956
7	99	103	70	102	67	80	62	68	357	384	84	89	12202
8	110	114	78	113	74	89	68	76	396	426	94	99	13547
9	576	595	406	591	387	466	357	396	2067	2223	489	518	70729
10	620	640	436	635	416	502	384	426	2223	2391	526	557	76063
11	136	141	96	140	92	110	84	94	489	526	116	123	16732
12	144	149	102	148	97	117	89	99	518	557	123	130	17724
13	258	267	182	265	174	209	160	178	927	997	219	232	31725
14	77	80	54	79	52	62	48	53	276	297	65	69	9455
15	59	61	41	60	39	47	36	40	210	226	50	53	7202
16	169	174	119	173	113	137	105	116	606	651	143	152	20725
17	155	160	109	159	104	125	96	107	556	598	132	139	19029
18	163	168	114	167	109	132	101	112	583	627	138	146	19949
19	106	110	75	109	71	86	66	73	381	410	90	96	13053
20	40	42	28	41	27	33	25	28	145	156	34	36	4956
21	69	72	49	71	47	56	43	48	249	268	59	62	8514
22	77	79	54	79	52	62	48	53	276	296	65	69	9432
23	43	44	30	44	29	35	26	29	153	165	36	38	5236
Sum	19645	20291	13834	20142	13201	15898	12158	13498	70475	75789	16671	17661	2411240

图 3.11　基础年出行矩阵

首先在 TransCAD 中打开基础年出行矩阵文件（＊.mtx）。TransCAD 中一个矩阵文件可以包含多个同维度的矩阵。因为基础年和规划年出行矩阵维度相同，所以可在同一个矩阵文件中建立不同特征年的出行矩阵。在菜单栏中单击“Matrix→Contents”或者单击矩阵工具栏中的“”按钮，系统显示矩阵文件中所包含的矩阵列表，如图 3.12a 所示。

图 3.12 中矩阵文件目前包含一个矩阵，为“Matrix2022”。建立规划年出行矩阵“2025”，单击按钮“Add Matrix”，在“Matrix Name（s）”栏中会自动增加矩阵“Matrix2”，选中该矩阵，然后单击“Rename...”，在弹出的输入栏“New Name”中输入“Matrix2025”，之后确定，如图 3.12b 所示。此时的规划年矩阵“Matrix2025”为空矩阵。

a) 基础年出行矩阵   b) 规划年出行矩阵

图 3.12   矩阵文件内容

关闭 "Matrix File Contents" 对话框，在图 3.11 所示基础年出行矩阵激活状态下，单击工具栏中的下拉菜单，选择 "Matrix2025"，则当前矩阵会切换为一个空矩阵。然后单击菜单栏 "Matrix→Fill..." 或在工具栏中单击 "◆" 按钮，系统显示图 3.13a 所示对话框。

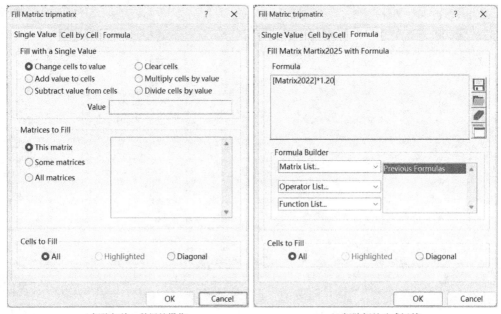

a) 矩阵与单一数据的操作   b) 矩阵间的公式运算

图 3.13   矩阵操作对话框

单击 "Formula" 标签，系统显示图 3.13b 所示对话框，并在 "Formula" 输入栏中输入 "［Matrix2022］* 1.20"，表明将 2022 年的出行矩阵乘以 1.20 后添入当前矩阵 "Matrix2025"，确定后得到图 3.14 所示 2025 年的出行矩阵。

一致增长率法往往会高估人口密集区域的出行量，因为这些区域的发展空间已经很小；低估未发展区域的出行量，而这些区域在规划年很可能获得飞速的发展。所以除非在非常短的规划期内，如一两年，否则一致增长率法计算出的规划年出行矩阵很难与实际情况相符

	1	2	3	4	5	6	7	8	9	10	11	12	Sum
1	193	199	136	198	130	156	119	132	692	744	164	173	23660
2	199	206	140	204	134	161	123	137	714	768	169	179	24437
3	136	140	96	139	91	110	84	93	487	524	115	122	16661
4	198	204	139	203	133	160	122	136	709	762	168	178	24258
5	130	134	91	133	87	105	80	89	465	500	110	116	15898
6	156	161	110	160	105	126	97	107	560	602	132	140	19147
7	119	123	84	122	80	97	74	82	428	460	101	107	14643
8	132	137	93	136	89	107	82	91	475	511	112	119	16256
9	692	714	487	709	465	560	428	475	2481	2668	587	622	84875
10	744	768	524	762	500	602	460	511	2668	2869	631	669	91275
11	164	169	115	168	110	132	101	112	587	631	139	147	20078
12	173	179	122	178	116	140	107	119	622	669	147	156	21269
13	310	320	218	318	208	251	192	213	1113	1197	263	279	38070
14	92	95	65	95	62	75	57	64	332	357	78	83	11346
15	70	73	50	72	47	57	44	48	253	272	60	63	8642
16	203	209	143	208	136	164	125	139	727	782	172	182	24870
17	186	192	131	191	125	151	115	128	667	718	158	167	22835
18	195	201	137	200	131	158	121	134	700	752	166	175	23939
19	128	132	90	131	86	103	79	88	458	492	108	115	15663
20	48	50	34	50	33	39	30	33	174	187	41	44	5947
21	83	86	59	85	56	67	52	57	299	321	71	75	10217
22	92	95	65	95	62	75	57	63	331	356	78	83	11318
23	51	53	36	52	34	41	32	35	184	197	43	46	6283
Sum	23575	24349	16601	24171	15841	19078	14590	16197	84570	90947	20006	21193	2893488

图 3.14 规划年出行矩阵

合。大多数情况下，各个交通分区的出行增长率各不相同。

2. 单约束增长率法（Single Constrained Growth – Factor）

如果能够得到规划年每一个交通分区的产生量，那么除以对应基础年各分区的产生量，就能得到每一个交通分区的产生增长率，再用这个增长率去乘以出行矩阵中的每一个元素，就得到了基于单约束（产生量约束）的规划年出行矩阵。同样，吸引量约束的增长率法原理类似。产生量约束和吸引量约束公式为

$$T_{ij} = \tau_i t_{ij} \tag{3.23}$$
$$T_{ij} = \tau_j t_{ij} \tag{3.24}$$

式中，τ_i 和 τ_j 分别为产生增长率和吸引增长率。

基于表 3.5，增加规划年产生量 O_i，见表 3.7。

表 3.7 基础年产生量约束的出行矩阵

序号	1	2	3	4	$\sum_j$	O_i
1	5	50	100	200	355	400
2	50	5	100	300	455	460
3	50	100	5	100	255	400
4	100	200	250	20	570	702
$\sum_i$	205	355	455	620	1635	1962

在表 3.4 中，将每个交通分区的规划年产生量除以基础年产生量，得到产生增长率 τ_i，然后将基础年出行矩阵乘以产生增长率，得到规划年出行矩阵，见表 3.8。

表 3.8 规划年产生量约束的出行矩阵

序号	1	2	3	4	$\sum_j$	τ_i
1	5.63	56.34	112.68	225.35	400	1.13
2	50.55	5.05	101.10	303.30	460	1.01
3	78.43	156.86	7.84	156.86	400	1.57
4	123.16	246.32	307.89	24.63	702	1.23
$\sum_i$	257.77	464.57	529.51	710.14	1962	1.20

单约束增长率法仅考虑了产生增长率或吸引增长率,当约束产生量时,吸引量并不平衡,反之亦然。所以单约束增长率法的使用有较大限制,通常只作为理解双约束增长率法的基础知识。

3. 双约束增长率法

了解单约束增长率模型后,很容易想到最为理想的算法是同时能够约束产生量和吸引量。双约束意味着进入和离开每一个交通分区的出行量具有不同的增长率,可将这两个增长率分别设为 τ_i 和 Γ_i。一般来说,产生增长率和吸引增长率并不相同,为了计算规划年每两个交通分区之间的出行量,根据增长率模型原理,首先要计算出针对基础年交通分区 i 和 j 之间出行量的增长率 F_{ij}。在一致增长率法中,F_{ij} 为一个研究者定义的常数;在单约束增长率法中,F_{ij} 或为产生增长率 τ_i,或为吸引增长率 Γ_i;那么显然,在双约束增长率法中,F_{ij} 应该为 τ_i 和 Γ_i 的某一种数学组合。

(1)平均增长率法(Average Growth Factor)

顾名思义,平均增长率法中,出行量的增长率 F_{ij} 即为 τ_i 和 Γ_i 的均值:

$$F_{ij} = \frac{\tau_i + \Gamma_j}{2} \tag{3.25}$$

平均增长率法和一致增长率法存在同样的问题,并且如果迭代次数过多,运算结果的精度会受到较大的影响。

(2)Fratar 法(Fratar Method)

为了克服一致增长率法和平均增长率法的缺陷,T. J. Fatar 提出了一种算法。该算法认为,规划年某两个交通分区之间的出行量不仅和这两个交通分区的产生增长率及吸引增长率相关,还与整个规划区域其他交通分区的增长系数有关,与其他交通分区的关系体现在位置系数(Location Factor)L_i 与 L_j 内。增长率公式为

$$F_{ij} = \tau_i \Gamma_j \frac{L_i + L_j}{2} \tag{3.26}$$

$$L_i = \frac{\sum_j t_{ij}}{\sum_j t_{ij} \Gamma_j} \quad L_j = \frac{\sum_i t_{ij}}{\sum_i t_{ij} \tau_i} \tag{3.27}$$

双约束增长率法中还有 Detroit 法、Fueness 法等,无论哪一种方法,都是考虑不同的增长率 F_{ij}。双约束增长率法在计算方法上和单约束以及一致增长率法有一个重要的区别:为了能够达到一定精度下产生量和吸引量的双约束,需要迭代计算。计算步骤如下:

1）设 k 为迭代次数，初始化 k 为 0，T_{ij} 为规划年出行矩阵，t_{ij}^0 为基础年出行矩阵，τ_i^0 和 Γ_j^0 分别为规划年与基础年的产生增长率与吸引增长率。

2）将 τ_i^k 和 Γ_j^k 代入增长率计算公式，如式（3.26）和式（3.27），计算平均增长率 F_{ij}^k，再乘以出行矩阵 t_{ij}^k，得到更新后的出行矩阵 t_{ij}^{k+1}。

3）根据 t_{ij}^{k+1} 与 T_{ij} 计算新的产生和吸引增长率：τ_i^{k+1} 和 Γ_j^{k+1}。比较这两个增长率与 1 的关系，如果满足 $|\tau_i^{k+1}-1|<a$ 且 $|\Gamma_j^{k+1}-1|<a$，则计算结束，否则回到步骤2）。a 为收敛精度，通常在 5% 以下。

4. 增长率法的优点与局限

增长率法的优点在于易于理解和使用，不需要交通网络相关信息的支持，如广义费用。但正因为缺乏对交通网络信息的处理，增长率法并不能反映交通基础设施发生的变化对出行量的影响。另外，增长率法过于依赖基年的出行矩阵，无论采用哪一种增长率函数，都会使基年出行矩阵中存在的误差进一步放大。对于在基础年还没有开发的区域，其基年出行量为0，增长率法无法反映有发展潜力用地的出行量突变趋势。最后，增长率法是一种非常宏观的方法，无法对出行者的行为做出解释。

5. 增长率法举例

下面以 TransCAD9.0 为工具，举例说明如何应用增长率法计算规划特征年的分布矩阵。计算前预先要准备好的数据：①一张表，包含小区编号、规划特征年产生量、规划特征年吸引量；②现状的 OD 矩阵。表其实就是交通小区层的数据视图（Dataview），需要添加上特征年的产生量与吸引量，这两个量通过交通发生阶段计算。现状的 OD 矩阵则是通过居民出行调查获取。当前层为交通分区层，选择菜单栏上的 "Planning→TripDistribution→Growth Factor Method..."，系统弹出图 3.15 所示对话框。

图 3.15　增长率法计算对话框

从图 3.15 可以看到，Dataview 中需要填入包含小区编号、产生量和吸引量字段的数据表，图中为 TAZ 表；Records 为选择数据表中的选择集，意味着可以选择部分小区进行增长率法的计算；Matrix File 为选择已经打开的 OD 矩阵文件，一个矩阵文件中可以包含多个 OD 矩阵，图中就包含了 all、bus、electric 等不同方式的矩阵，这里选择全方式，即 all 矩阵；在 Production 和 Attraction 中选择表 TAZ 中特征年产生量和吸引量的字段名，如图 3.15 中用中括号包含的［2025 年产生量］和［2025 年吸引量］；Iterations 和 Convergence 分别为迭代次数和迭代精度，Constraint Type 为约束类型，一般选择双约束，即 Doubly。选择完毕后，单击"OK"按钮即可进行计算。

需要注意的是，在图 3.15 所示对话框中数据视图的表 TAZ 的编号字段 ID 必须和 OD 矩阵的编号保持一致，否则会出现如"ID 62 not found in Matrix Index"编号不匹配的错误提示。如果在建立交通小区层时，小区实际编号用另外字段存储，那么在双约束增长率计算中，需要重新建立新表，使表的 ID 为交通小区实际编号。

3.4.3　重力模型

在交通分布阶段的模型中，有很多模型假设出行量受到出行的目的地、出行的距离、费用、时间等因素的影响，显然当交通网络结构发生变化时，这类模型会比增长率法更适用于交通分布阶段的预测。其中，最为著名的就是援引自牛顿万有引力公式的重力模型。重力模型第一次被应用于分布预测出现在 Casey 于 1955 年发表的一篇文章中。在该文中，Casey 研究了如何用重力模型计算一个区域内两个城镇之间以购物为目的的出行量，其中用到的模型如下：

$$T_{ij} = \frac{\alpha P_i P_j}{d_{ij}^2} \tag{3.28}$$

式中，P_i 和 P_j 为起点和终点城镇的人口数；d_{ij} 为两个城镇之间的距离；α 为比例系数，单位为次·距离^2/人口^2。

式（3.28）被认为过于简单，其形式和万有引力公式几乎一模一样，很多实证研究发现该公式并不能很好地预测交通分区间的出行量。于是对式（3.28）进行了一系列的改进。在最初的改进中，首先将分子中起始地和终点地的人口替换成为两地总的出行量 O_i 和 D_j，然后将分母距离的幂 2 替换成一个待标定的参数 n，这一参数不一定为整数，不同的研究发现 n 取值范围在 0.6 ~ 3.5。之后，分母的形式被进一步改进，研究发现可以用一个关于广义费用的递减函数来取代距离的 n 次方：$T_{ij} = \alpha O_i D_j f(c_{ij})$。其中，$f(c_{ij})$ 为带有一个或多个待标定参数的关于广义费用的函数，通常被称为阻抗函数。随着距离或费用的增长，阻抗函数会减少，一般有三种函数形式：

$$f(c_{ij}) = \exp(-\beta c_{ij}) \quad \beta > 0 \tag{3.29}$$

$$f(c_{ij}) = c_{ij}^{-n} \quad n > 0 \tag{3.30}$$

$$f(c_{ij}) = k c_{ij}^{-n} \exp(-\beta c_{ij}) \quad k > 0, \beta \geqslant 0 \tag{3.31}$$

其中，式（3.29）被称为指数函数（Exponential Function），式（3.30）为负幂函数（Inverse Power Function），式（3.31）为混合函数（Combined Function）或伽马函数（Gamma Function）。

为了能够满足式（3.19）和式（3.20）的约束条件，将公式 $T_{ij} = \alpha O_i D_j f(c_{ij})$ 中的比例

系数 α 替换为两组平衡因子 A_i 和 B_j，则重力模型为

$$T_{ij} = A_i O_i B_j D_j f(c_{ij})$$

$$A_i = \frac{1}{\sum_j B_j D_j f(c_{ij})}$$

$$B_j = \frac{1}{\sum_i A_i O_i f(c_{ij})}$$

(3.32)

式（3.32）即为经典的双约束重力模型。只要令 A_i 和 B_j 其中一个为1，则公式变为单约束重力模型。从式可以看出，平衡因子 A_i 和 B_j 相互依存。一般采用类似 Furness 法中迭代的方法来计算这两组平衡因子：首先假设阻抗函数为一个定值，令所有的 B_j 为1，计算 A_i；再利用计算出的 A_i 去计算新的 B_j，比较新旧 B_j，如果差距小于收敛精度，迭代结束，否则继续利用新的 B_j 去计算新的 A_i。

1. 重力模型的标定

应用重力模型进行交通分布的预测之前，首先要对模型进行标定。标定的目的是调整并确定模型的参数，使模型最大可能地符合基础年的出行规律。在进行标定之前，首先要确定模型的形式和参数的数量。比如经典双约束重力模型的参数包括 A_i、B_j 和 β，参数数量为 $Z + Z + 1$ 个（Z 为交通小区的数量）。参数 A_i 和 B_j 的标定可以通过满足式（3.19）和式（3.20），即行与列的约束来实现。参数 β 的标定则相对独立。

为了确保标定之后的模型在一定精度条件下能够较好地符合实际的出行规律，往往需要对标定后的模型进行有效性检验。因为模型预测输出的结果应该是未来年，即规划特征年的交通分布情况，而我们手中不可能有规划年的真实数据，所以可以通过模型计算现状的出行分布，再通过和实际调查数据进行校核来检验模型的有效性。但在标定过程中，通常会将实际调查数据都用上。显然用标定的数据再来进行检验是不合理的，所以重力模型的有效性检验一般不是基于实际调查的交通分布数据，而是基于重要查核线（screenline）经过的出行量。

如上文所提到的，通常采用类似 Furness 法中迭代的方法来标定平衡因子 A_i 和 B_j。参数 β 标定的目标是使重力模型计算出的出行距离分布（Trip Length Distribution, TLD）尽可能和实际情况相符合。有一种较为直观的思路是，首先给参数 β 一个假定值，换句话说就是猜个数，然后根据猜的 β 运行重力模型并提取出理论的出行距离分布（Modeled Trip Length Distribution, MTLD），再将这个理论的出行距离分布和实际调查所得的实际出行距离分布（Observed Trip Length Distribution, OTLD）进行比较，如果两者不是非常接近，则重新给 β 假定一个值，再次运行上述过程，直到理论和实际的出行距离分布足够相似，这时的 β 值就是我们要的标定值。

具体标定步骤如下：

1）给参数 β 取初值，可参照已建立该模型的类似城市的参数作为估计初值，此处令 $\beta = 1$。

2）用迭代法求平衡因子 A_i 和 B_j。

① 首先令各列约束因子 $B_j = 1(j = 1, \cdots, n)$。

② 将各列约束系数 $B_j(j = 1, \cdots, n)$ 代入式（3.32）求各个行约束因子 A_i。

③ 再将求得的 $A_i(i=1, \cdots, n)$，代入式（3.32）求 B_j。

④ 比较前后两批 B_j，检查它们的相对误差是否小于3%？若是，转至第3）步，否则返回②步。

3）将求得的平衡因子 A_i 和 B_j 代入式（3.32），用现状 OD 求现状的理论分布表 T_{ij}。

4）计算现状实际 OD 分布的平均交通阻抗 $\overline{R} = \frac{1}{N}\sum_i\sum_j q_{ij}c_{ij}$；再计算理论分布表的平均

交通阻抗 $\overline{\overline{R}} = \dfrac{\sum_i\sum_j T_{ij}c_{ij}}{N}$。求两者之间相对误差 δ，当 $|\delta| < 3\%$，接受关于 β 值的假设，否

则执行下一步。

5）当 $\delta < 0$，即 $\overline{\overline{R}} < \overline{R}$，这说明理论分布量小于实际分布量，这是因为参数 β 太大的缘故，因此应该减少 β 值，令 $\beta = \beta/2$；反之增加 β 值，令 $\gamma = \beta\gamma$。返回第2）步。

下面以 TransCAD9.0 为工具，举例说明如何标定重力模型的参数。标定所需要的数据如下：

1）基础年的 OD 矩阵。

2）基础年的阻抗矩阵。

3）交通小区地理层。

4）在交通小区地理层上，用于标定模型的交通小区集合。

在当前层为交通小区层时，打开 DataView，选择用于标定模型的交通小区集合，打开基础年 OD 矩阵、阻抗矩阵。需要注意的是，OD 矩阵和阻抗矩阵的 ID 必须和交通小区层数据表的 ID 一一对应。如果不对应，以阻抗矩阵为例，使当前窗口为阻抗矩阵，选择菜单栏中的 "Matrix→indices..."，或单击工具栏中的 "🎁" 按钮，打开矩阵索引对话框，然后单击按钮 "Add Matrix Index..."，如图 3.16 所示。

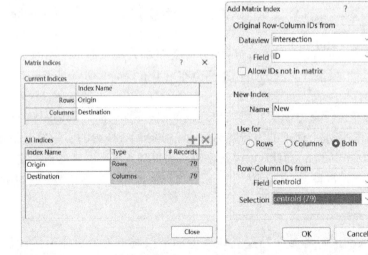

图 3.16　增加阻抗矩阵索引

在增加索引 "Add Matrix Index" 对话框中，因为此处阻抗矩阵来源于交通小区间距离，距离通过道路网层的道路节点之间的距离来计算，所以当前索引的 ID 是路网节点编号，则

在"Original Row – Column IDs from"中选择路网节点层及其编号字段。在"New Index"中添入新索引名称，这里是 New，重要的是在"Row – Column IDs from"中，要选择新的索引来源于何处。新的索引依然来自于道路节点层，在之前划分交通小区后，会将交通小区的编号添加到道路节点层的 centroid 字段，因为一个交通小区内仅有一个形心，把这些形心都放到了 centroid 选择集中。单击"OK"按钮，完成索引的添加。

重新使交通小区的 DataView 为当前窗口，选择"Planning→TripDistribution→Gravity Calibration..."，打开重力模型标定对话框，如图 3.17 所示。

如图 3.17 所示，分别在"Base Matrix"和"Impedance Matrix"中添入基年 OD 矩阵和阻抗矩阵。在对话框下半部分的"Method"中选择"Gamma"，其他迭代次数和收敛精度设置可默认，单击"OK"按钮。以绍兴市居民出行调查数据为例，运算结果如图 3.18 所示。

运算 0.119s，迭代了 7 次后，达到了收敛精度，运算结果是 a 为 1.0017、b 为 0.0004、c 为 0.000。

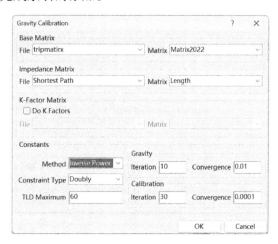

图 3.17　重力模型标定对话框

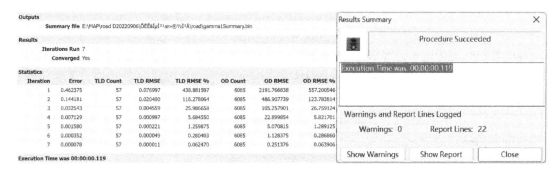

图 3.18　重力模型标定结果

2. 重力模型的应用

重力模型的应用就是用标定好参数的模型去预测规划年交通小区之间的出行分布量。以 TransCAD9.0 为例，应用重力模型所需要的数据包括：

1）摩擦因子矩阵，可以通过阻抗函数基于阻抗矩阵计算得到。

2）包含有规划年每个交通小区产生量和吸引量的交通小区层。

3）交通小区的选择集，用于选择性地预测交通小区间的出行分布量。

继续上面重力模型标定的例子，当前层为交通小区层，选择"Planning → Trip Distribution→Gravity Application..."，则显示图 3.19 所示对话框。

在"Production – Attraction Data"的 Table 中，选择交通小区层 zone79 + balance；在"Friction Factor Settings"中，仅设置了阻抗矩阵，即 Impedance Matrix 为"Shortest Path"，

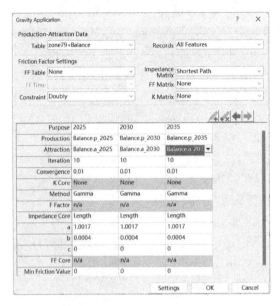

图 3.19　重力模型应用对话框

采用的是交通小区间的最短距离，约束方式 Constraint 为 Doubly；第一行"Purpose"中应为出行目的的分类，这里为了简化，将规划近期年（2025、2030、2035）作为整个目的，然后在 Production 和 Attraction 中分别选择交通小区层中已经平衡过的规划年产生量和吸引量，Method 选择 Gamma；按照上一小节的重力模型标定结果，在 a、b、c 中分别填入 1.0017、0.0004、0.000 即可。单击"OK"按钮运行，在初次计算时，发现 10 次迭代后，模型没有收敛，回到重力模型应用对话框，将最大迭代次数调整为 60 次，重新计算，得到结果如图 3.20 所示。

　　在运行 0.162s，迭代了 2 次后模型收敛，收敛精度为 0.01，此时 TransCAD 自动生成规划的 OD 矩阵。

Inputs	
View	zone79+Balance
Number of Purposes	3
Purpose	2025
Production Field	Balance.p_2025
Attraction Field	Balance.a_2025
Constraint	Doubly (Productions and Attractions)
Iterations	10
Convergence	1.00e-02
Friction Factor Type	Gamma = a.pow(t,-b).exp(-c.t)
	a = 1.001700
	b = 0.000400
	c = 0.000000

图 3.20　重力模型应用结果

运输系统规划理论与方法 第3章

Cost Matrix	E:\MAP\road D20220906\ÔÉÊãÏµÍ³¹æ»®½Ì²Ä\road\ShortestPaths.mtx(Length)
Purpose	2030
Production Field	Balance.p_2030
Attraction Field	Balance.a_2030
Constraint	Doubly (Productions and Attractions)
Iterations	10
Convergence	1.00e-02
Friction Factor Type	Gamma = a.pow(t,-b).exp(-c.t)
	a = 1.001700
	b = 0.000400
	c = 0.000000
Cost Matrix	E:\MAP\road D20220906\ÔÉÊãÏµÍ³¹æ»®½Ì²Ä\road\ShortestPaths.mtx(Length)
Purpose	2035
Production Field	Balance.p_2035
Attraction Field	Balance.a_2035
Constraint	Doubly (Productions and Attractions)
Iterations	10
Convergence	1.00e-02
Friction Factor Type	Gamma = a.pow(t,-b).exp(-c.t)
	a = 1.001700
	b = 0.000400
	c = 0.000000
Cost Matrix	E:\MAP\road D20220906\ÔÉÊãÏµÍ³¹æ»®½Ì²Ä\road\ShortestPaths.mtx(Length)
Outputs	
Output matrix file	E:\MAP\road D20220906\ÔÉÊãÏµÍ³¹æ»®½Ì²Ä\road\Gravity.mtx
Results	No models have failed.
2025	Converged after 2 iterations.
	K-Factor not applied
2030	Converged after 2 iterations.
	K-Factor not applied
2035	Converged after 2 iterations.
	K-Factor not applied
Execution Time was 00:00:00.162	

图 3.20　重力模型应用结果（续）

3.5　方式划分阶段

方式划分模型主要用于分析和预测出行的个体或群体对于特定交通方式的选择行为。对交通方式选择行为的建模是交通规划中最为经典和重要的阶段之一，这是公共交通在运输系统中的地位所决定的。通常认为公共交通比私人交通方式在道路资源的利用上效率更高，在安全上更有保障，在环境保护上更加有效。特别是地铁和轻轨等轨道公共交通方式，并不需要占用额外的道路资源，因而公共交通分担率的提高，能够缓解地面交通的拥挤，提高整个交通系统的运行效率。所以交通方式选择是交通规划和政策制定中最为重要的问题，它决定了城市需要提供给交通空间资源总量的大小。

方式选择模型的估计和应用通常包括集计（Aggregate）和非集计（Disaggregate）两个层面。集计的方式选择模型主要用于预测交通小区之间出行方式的比例。非集计的方式选择模型则是基于居民出行调查的个体出行者数据，对于个体而言，出行方式的选择是离散的。在交通规划中的方式选择模型，一般先是用个体数据来估计非集计的方式选择模型，然后将预测结果集计化，得到不同交通小区间各种出行方式的比例和出行量。

81

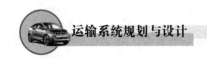

方式选择模型估计的数据来源于各种方式选择的影响因素，影响交通方式选择的因素有很多。

3.5.1 影响方式划分的因素

不同国家或地区因实际情况千差万别，出行者的出行方式选择的比例结构也就不同，也就是说，影响出行方式划分的因素因国家而异。就我国的实际情况而言，城市交通中，影响人员出行方式选择的主要因素有 11 个，这些因素可归纳为三个方面的特性。

1. 出行者或分区特性

1）家庭车辆拥有情况。主要指自行车、助动车、摩托车，以后将会加入小汽车，如以分区为分析单位时，则应取车辆拥有量的平均值，下同。

2）出行者年龄。不同年龄阶段的出行者偏好不同的交通工具，如老人、小孩偏好于公共交通，而较少骑车。

3）收入。高收入者偏向于坐出租车，而低收入者偏向于公共交通或骑自行车。

4）分区的可达性。包括两个方面：道路密度、公交网密度。

2. 出行特性

1）出行目的。上班、上学偏向于公交车，购物、社交等偏向于出租车或私人交通。

2）出行距离。近者偏向于步行和非机动车。

3. 交通设施的服务水平

1）费用。对公共交通，指车票；对个人交通，指汽油费、车耗等。

2）时间。含坐车、等车、转车以及上下车前后、换乘步行的时间。从这个角度来说，具有门对门特点的个人交通优于公共交通。

3）舒适度。包含坐与站的区别，以及座椅的舒适程度、站立的宽松程度。

4）可靠性。指车辆到离站的准时性，显然准时准点的轨道交通优于一般公共汽车。

5）安全性。

3.5.2 离散选择模型

离散选择模型（Discrete Choice Model，DCM）用于描述决策者从多个方案中进行选择的行为。决策者可以是个人、家庭、公司和任何可以做决策的对象。选择方案可以是不同的产品、不同的行为、不同的出行方式等，总之必须是可以从其中进行挑选的选项。在离散选择模型中，选择方案的集合称之为选择集（choice set），需要满足三个条件。第一个是对于决策者而言备选方案要具备唯一性（mutually exclusive），即在所有的备选方案中只能选择其中一种而放弃其他。第二，选择集中的方案需具备穷尽性（exhaustive），要把所有可能的备选方案都包括在选择集中。第三是选择集中选项方案的个数要有有限性（finite），不是无穷数。一般来说，通过恰当的设定，选择问题都能满足以上三个条件。

离散选择模型通常假设决策者在随机效用最大化（Random Utility Maximilization，RUM）理论基础上进行选择。随着模型的发展，也出现了有异于 RUM 的离散选择模型。RUM 假设决策者通过选择来获取最大的效用（Utility）。设决策者 n，面临一个具有 J 种选项的选择，那么决策者从第 j 种选项中所能获取的效用为 U_{nj}，其中 $j = 1，\cdots，J$。决策者 n 会选择能给他带来最大效用的选项。用数学的方式把这句话表述出来就是：只有当 $U_{ni} > U_{nj}$ 时，选项 i 才会被决策者 n 选取。

选择行为的研究者是从旁观者的角度去观察决策者，并不能亲身体会到决策者所获取效用的大小。但是研究者能够观察到决策者 n 所面临选择项 j 的属性，设为 x_{nj}，以及决策者 n 自身的属性，设为 s_n。如在出行方式的选择行为中，x_{nj} 可表示为决策者 n 选择第 j 种出行方式的时间或费用等，s_n 可表示为决策者 n 的年龄、性别和职业等只和自身相关的属性。这些属性的数学组合（通常为线性）构成了研究者可观测到的效用 $V_{nj} = V(x_{nj}, s_n)$，它和决策者所感受到的效用并不相等，即 $V_{nj} \neq U_{nj}$。通常决策者所获取的效用由两部分构成：$U_{nj} = V_{nj} + \varepsilon_{nj}$，其中 V_{nj} 为决策者所获取效用的可观测部分，也称为效用的系统项。ε_{nj} 为 U_{nj} 和 V_{nj} 的差值，它用来捕获没有包含在 V_{nj} 中却影响 U_{nj} 的因素，被称为效用的随机项。

为了便于表达，一般设效用的随机项为随机向量 $\varepsilon'_n = \langle \varepsilon_{nl}, \cdots, \varepsilon_{nJ} \rangle$，其联合密度函数为 $f(\varepsilon_n)$。根据这个密度函数，就可以得到决策者做出选择的概率表达。将累积概率函数写成概率密度函数的形式：

$$P_{ni} = \mathrm{P}(\varepsilon_{nj} - \varepsilon_{ni} < V_{ni} - V_{nj} \quad \forall j \neq i)$$
$$= \int_{\varepsilon} I(\varepsilon_{nj} - \varepsilon_{ni} < V_{ni} - V_{nj} \quad \forall j \neq i) f(\varepsilon_n) \mathrm{d}\varepsilon_n \tag{3.33}$$

其中，$I(\cdot)$ 为指标函数，当括号中的表达式为真时 $I(\cdot)$ 为 1，否则为 0。式（3.33）是一个关于效用随机项密度函数 $f(\varepsilon_n)$ 的多重积分。对 $f(\varepsilon_n)$ 不同的定义，即对效用随机项不同的分布假设，产生了不同的离散选择模型。当效用的随机项服从一种广义极值（Generalized Extreme Value，GEV）分布时，式（3.33）中的积分会具有封闭的形式，如 Logit 模型和巢式 Logit（Nested Logit，NL）模型。

目前最为简单和应用最为广泛的离散选择模型是 Logit 模型。Logit 模型之所以如此受欢迎在于其选择概率的公式呈现封闭形式，易于解释。为了推导出 Logit 模型，做如下假定：设一个决策者 n，面临着共计 J 种选择，决策者从第 j 种选择项中所获取的效用 U_{nj} 由两部分构成，一是能够为研究者所观测到的部分，如决策者的年龄和性别等社会特征属性，标记为 V_{nj}，称为效用的系统项，二是无法观测到的部分，如决策者的心理状态和其他一些无法解释的因素，标记为 ε_{nj}，称为效用的随机项。那么总的效用由式（3.34）决定：

$$U_{nj} = V_{nj} + \varepsilon_{nj} \quad (j = 1, \cdots, J) \tag{3.34}$$

假定效用的随机项服从 Gumbel 分布（Weibull 分布或极值分布），则可推导出多项 Logit 模型（Multi-nominal Logit，MNL），其中 b 为待标定的 Gumbel 分布参数。

$$P_j = \frac{\exp(bV_j)}{\sum_{i=1}^{J} \exp(bV_i)} = \frac{1}{1 + \sum_{i \neq j} \exp[b(V_i - V_j)]} \tag{3.35}$$

需要注意的是，MNL 模型中定义的是不同交通方式选择之间的相对效用，在模型估计结果解释时需要正确理解这一点。效用系统项中的解释变量有多种类型，可以是出行决策者的属性，也可以是出行方式的属性，甚至可以是两者的一种交叉。如公交出行费用和家庭收入的比值，就是一个交叉变量。解释变量还可以基于 OD，比如小汽车出行时间随起点和终点不同而有所差异。通常基于 OD 的解释变量可以采用矩阵的形式存放。

目前有多种软件包可以实现离散选择模型的标定和分析。出于实际应用的考虑，下面分别介绍两种能够估计离散选择模型的软件，一种是 TransCAD，另一种是 Stata。TransCAD 作为交通规划的专业软件，能够非常好地将离散选择模型的标定、估计和应用结果与其他阶段的模型进行对接，但是无法对离散选择模型进行更深入的敏感性分析。Stata 作为一种专业计量软件，对大多数离散选择模型都实现了命令计算，并且能够就某些关键解释变量进行深入分析，但其运算结果要和交通规划其他阶段模型相配合，还需要一定的整理工作。下面首先用 TransCAD 介绍方式划分阶段的 MNL 模型定义、标定和应用的一般流程，然后利用 Stata 分析一个交通规划实例。

3.5.3　MNL 模型的标定和应用

在 TransCAD 中应用 Logit 模型主要包括模型的定义、标定和应用三个步骤。首先要根据规划研究范围的特点和居民出行调查的数据定义模型。

1. 模型定义

TransCAD 中的 MNL 模型是通过一张表，即 MNL 表来具体体现。所以定义 MNL 模型，其实就是创建 MNL 表。在创建 MNL 表之前，需要准备好用于标定 MNL 模型的数据，在下例中，基础数据有三种。

1）出行记录表。记录了每个出行者每次出行的起点小区编号、终点小区编号、各种出行方式的时间和费用、出行者的年龄和性别等，表中字段可参照 3.5.1 节中的量。其中重要的关键字段有两个，一个为“CHOICE”，一个为“STRCHOICE”，前一个字段为 0/1 变量，后一个字段为字符型变量。“STRCHOICE”填写的是出行方式的名称，若“CHOICE”为 1，表明本次出行确实采用了“STRCHOICE”中的出行方式，否则没有。

2）公交车出行费用矩阵。矩阵的索引为交通小区编号，意味着不同小区间公交出行费用不相同。

3）小汽车出行阻抗矩阵。矩阵的索引为交通小区编号，可以具体指不同小区间小汽车出行费用。

MNL 模型定义所需数据如图 3.21 所示。

Dataview1 - MNLDATA

INCOME	GENDER	CHOICE	STRCHOICE	BASEP_BUS	BASEP_AUTO
200	1	0	AUTO	0.30	0.70
200	1	0	AUTO	0.30	0.70
200	0	0	AUTO	0.30	0.70
150	0	0	AUTO	0.30	0.70
150	0	0	AUTO	0.30	0.70
150	1	0	AUTO	0.30	0.70
43	1	1	BUS	0.30	0.70
43	1	1	BUS	0.30	0.70
28	1	1	BUS	0.30	0.70
15	0	0	AUTO	0.30	0.70
15	1	0	AUTO	0.30	0.70
15	1	0	AUTO	0.30	0.70
5	0	0	AUTO	0.30	0.70
5	0	0	AUTO	0.30	0.70
5	1	1	BUS	0.30	0.70
5	1	1	BUS	0.30	0.70
5	1	1	BUS	0.30	0.70
5	1	0	AUTO	0.30	0.70

Matrix3 - BUSFARE (Bus Fare)

	1	2	3	4	5
1	0.50	0.50	1.00	1.00	1.00
2	0.50	0.50	0.75	0.75	0.75
3	1.00	0.75	0.50	0.50	0.75
4	1.00	0.75	0.50	0.50	0.75
5	1.00	0.75	0.75	0.75	0.50

Matrix2 - Impedance (AUTO TT)

	1	2	3	4	5
1	5.00	7.60	13.98	16.57	18.05
2	9.42	5.00	9.98	12.56	14.05
3	17.64	15.15	5.00	11.55	14.25
4	21.68	15.86	13.94	5.00	13.16
5	22.18	17.50	18.21	13.16	5.00

图 3.21　MNL 模型定义所需数据

打开模型定义对话框，选择“Planning→ModeSplit→Specify a Multinomial Logit Mode”，打开如图 3.22 所示对话框。

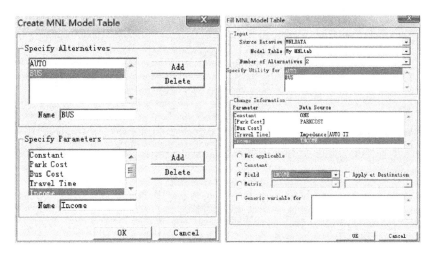

图 3.22　MNL 模型表创建与填写对话框

在"Specify Alternatives"中输入出行方式名称，为 AUTO 和 BUS，即小汽车和公交。在"Specify Parameters"中输入影响出行方式的参数，图中输入的参数有常数项（Constant）、停车费用（Park Cost）、公交票价（Bus Cost）、出行时间（Travel Time）和个人收入（Income）。单击"OK"按钮后，提示保存 MNL 表，保存后，出现 MNL 表填写对话框。

在 MNL 表填写对话框中，在"Number of Alternatives"下拉菜单选择 2，表明目前模型中有两种出行方式，然后在"Specify Utility for"的文字框中，首先高亮显示 AUTO，然后填写小汽车效用的影响参数。在"Change Information"下面的文字框中，先高亮显示 Constant，然后勾选下面的单选项"Constant"，则在文字框中的 Constant 后面会出现一个 ONE，这是表明不将小汽车方式作为效用的参照基础项。高亮显示［Park Cost］，在下面勾选"Field"，从下拉菜单中选择"PARKCOST"字段。［Income］也类似处理。高亮显示［Travel Time］时，在文字框下面勾选"Matrix"，其后面的第一个下拉菜单为矩阵文件名，第二个下拉菜单为矩阵名，因为一个矩阵文件中可以包含多个文件，所以［Travel Time］实际上被定义为矩阵文件 Impedance 中的小汽车出行时间矩阵 AUTO TT。在小汽车方式中，这里定义［Bus Cost］没有影响，所以留空。到这里，AUTO 即小汽车方式的参数定义完毕。下面再高亮显示 BUS，定义公交车的参数，方法与上面类似。定义好之后的 MNL 表如图 3.23 所示。

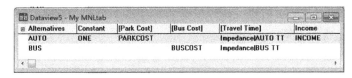

图 3.23　MNL 模型表

2. 模型标定

MNL 表建立好之后，就可以进行模型的标定，也就是估计出每种出行方式每个参数的系数。标定所用的模型稍微复杂一些，如图 3.24 所示。

图 3.24 所示的模型中，有三种出行方式，分别为小汽车（AUTO）、公交（BUS）和拼车（CPOOL）。其中拼车，即 Carpool，指的是多人共用一辆小汽车。模型表中，AUTO 和

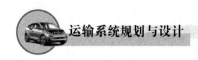

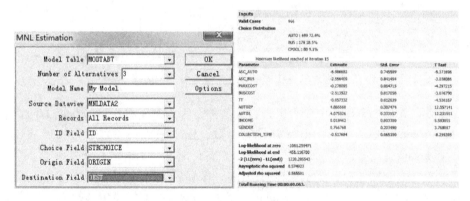

图 3.24　标定所用 MNL 模型表

BUS 的常数项都设为 ONE，表明将 CPOOL 作为效应参照基础项。在模型表中各项参数都打开的前提下，选择"Planning－>Mode Split－Multinomial Logit Estimation"，打开模型估计对话框，如图 3.25 所示。

图 3.25　MNL 模型标定输入及结果

在模型估计对话框中，"Number of Alternatives"中选择 3，表明模型中有 3 种出行方式。"Mode Name"添入自定义的模型名称即可。"ID Field"选择数据表中的 ID 字段，"Choice Field"选择 STRCHOICE 字段。因为参数定义中用到了矩阵，所以分别在"Origin Field"和"Destination Field"后选择数据表中每次出行交通小区的起点和终点小区编号字段，即 ORIGIN 和 DEST。单击"OK"按钮，运算结果如图 3.25 所示。从图 3.25 中可以看出，每个参数的系数都给出了估计值、标准差和 t 值，从 t 值可以看出，所有参数系统的估计值在 5%水平下都是显著的。以 income 的系数 0.018462 为例，表明相对于拼车而言，收入越高越倾向于采用小汽车出行。

3. 模型应用

估计出了模型的参数后，可以应用模型来预测不同交通小区之间各种出行方式的比例。假设估计出的 MNL 模型表如图 3.26 所示。

Alternatives	ASC_AUTO	ASC_BUS	BUSCOST	TT	COLLECTION_TIME	INCOME_1	PARKCOST	AUTOS
Auto	ONE			Impedance|AUTO TT		[Avg Inc 000]	D_[Park Cost]	[Auto/HH]
Bus		ONE	BUSFARE|Bus Fare	Impedance|BUS TT				
Carpool				Impedance|AUTO TT	CPOOLCOLLT			
Coefficients	-0.05	0.20	-0.23	-1.015	-0.035	0.005	-0.105	0.346

图 3.26　MNL 模型表

在各种基础数据表打开的前提下，选择"Planning→Mode Split－Multinomial Logit Application"，打开 MNL 模型应用对话框，如图 3.27 所示。

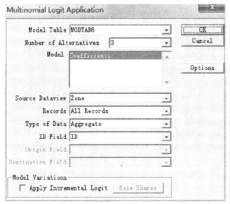

图 3.27 MNL 模型应用对话框及结果

在应用对话框中，"Source Dataview" 选择 Zone，表明基础数据来源于交通小区层。"Type of Data" 表明应用输出结果的类型，如果是 Aggregate，输出每种出行方式不同交通小区之间出行比例矩阵，如果是 Disaggregate，输出每次出行为达到效用最大化采用各种出行方式的比例。

3.5.4　出行方式的敏感性分析

出行方式的敏感性分析就是观察出行方式的一些关键因素的变动对出行方式分担率的影响。通常在建立了方式划分模型后，可以比较容易地做到这一点。下面以浙江省绍兴市居民出行调查的数据为例，说明如何使用 Logit 模型实现敏感性分析。

浙江省绍兴市于 2013 年 10 月进行了大规模的居民出行调查，在 16954 份有效问卷中涉及调查人口 44333 人。调查内容包括家庭成员个人的基本信息（包括性别、年龄、教育程度等）以及调查日家庭成员的出行信息（包括出发时刻、到达时刻、出行目的和方式等）。

采用考虑选择属性的条件 Logit（Alternative – Specific Conditional Logit，ASCLogit）模型，其也被称为 McFadden 选择模型，由 Mcfadden 于 1974 年提出，是 CLogit 模型的一种特例。在 ASCLogit 模型中要求对每一个个体（或实例）进行多次观测，在每一次观测中都会做出是或否的选择。例如要求一位出行者在不同费用、时间、路径等属性的组合下确定出行方式，这些属性的每一种组合加上该出行者所选择的出行方式就构成了一次观测样本值，同一个出行者的多个观测样本构成一个实例。ASCLogit 模型以效用最大化行为假说为理论基础，具体表达式为

$$P_{in} = \frac{\exp(\lambda V_{in})}{\sum\limits_{j} \exp(\lambda V_{jn})} \qquad (3.36)$$

式中，P_{in} 为个人 n 选择第 i 个选择枝的概率；$\lambda^2 = \pi^2/6\sigma^2$，$\sigma^2$ 是 $g(\varepsilon)$ 的标准方差；V_{in} 为线性效用函数，其表达式为

$$V_{in} = \sum\limits_{k=1}^{K} \theta_k X_{kin} \qquad (3.37)$$

式中，X_{kin} 为个人 n 的选择枝 i 的第 k 个变量值；θ_k 为待定系数。

根据上述模型，选择出行方式相对较为稳定的通勤出行为样本数据，标定 ASCLogit 模

型结果见表3.9。

表 3.9   方式划分 Logit 模型标定结果

出行方式	影响因素	摩托车为效用基础项			电动车为效用基础项			小汽车为效用基础项		
		系数	胜算比	p 值	系数	胜算比	p 值	系数	胜算比	p 值
电动车	常数项	3.77	43.31	0.00	—	—	—	4.40	81.09	0.00
	男性	−1.94	0.14	0.00	—	—	—	−1.02	0.36	0.00
	年轻人	0.14	1.15	0.67	—	—	—	−1.33	0.27	0.00
	老年人	0.43	1.54	0.24	—	—	—	0.07	1.07	0.74
	受教育程度	0.13	1.13	0.20	—	—	—	−0.16	0.85	0.00
	月收入	−0.06	0.94	0.41	—	—	—	−0.35	0.71	0.00
	小汽车数	1.08	2.96	0.00	—	—	—	−3.23	0.04	0.00
	摩托车数	−2.80	0.06	0.00	—	—	—	−0.02	0.98	0.87
	电动车数	1.35	3.84	0.00	—	—	—	0.98	2.66	0.00
	无小孩	0.02	1.02	0.96	—	—	—	−0.58	0.56	0.00
	6 岁以下	0.85	2.34	0.02	—	—	—	−0.52	0.60	0.01
	6~18 岁	0.46	1.58	0.06	—	—	—	−0.27	0.76	0.11
	家庭人口	−0.28	0.76	0.00	—	—	—	0.03	1.03	0.56
公交	常数项	1.81	6.10	0.00	−1.96	0.14	0.00	2.44	11.42	0.00
	男性	−1.74	0.18	0.00	0.20	1.22	0.07	−0.82	0.44	0.00
	年轻人	1.24	3.44	0.00	1.10	3.00	0.00	−0.23	0.80	0.33
	老年人	0.70	2.02	0.09	0.27	1.31	0.23	0.34	1.41	0.20
	受教育程度	0.58	1.78	0.00	0.45	1.57	0.00	0.29	1.34	0.00
	月收入	−0.11	0.90	0.23	−0.04	0.96	0.43	−0.39	0.68	0.00
	步行时间	−0.01	0.99	0.11	−0.01	0.99	0.11	−0.01	0.99	0.11
	小汽车数	1.40	4.06	0.00	0.32	1.37	0.00	−2.92	0.05	0.00
	摩托车数	−2.86	0.06	0.00	−0.06	0.94	0.65	−0.08	0.93	0.60
	电动车数	0.32	1.37	0.02	−1.03	0.36	0.00	−0.05	0.95	0.56
	无小孩	0.72	2.04	0.05	0.70	2.01	0.00	0.12	1.12	0.63
	6 岁以下	0.81	2.24	0.06	−0.04	0.96	0.86	−0.56	0.57	0.04
	6~18 岁	0.14	1.15	0.64	−0.32	0.72	0.09	−0.59	0.55	0.01
	家庭人口	−0.16	0.85	0.10	0.12	1.12	0.06	0.15	1.16	0.03
小汽车	常数项	−0.63	0.53	0.28	−4.40	0.01	0.00	—	—	—
	男性	−0.91	0.40	0.00	1.02	2.78	0.00	—	—	—
	年轻人	1.46	4.32	0.00	1.33	3.77	0.00	—	—	—
	老年人	0.36	1.44	0.37	−0.07	0.93	0.74	—	—	—
	受教育程度	0.29	1.33	0.01	0.16	1.17	0.00	—	—	—
	月收入	0.28	1.33	0.00	0.35	1.41	0.00	—	—	—

（续）

出行方式	影响因素	摩托车为效用基础项			电动车为效用基础项			小汽车为效用基础项		
		系数	胜算比	p 值	系数	胜算比	p 值	系数	胜算比	p 值
小汽车	小汽车数	4.32	75.02	0.00	3.23	25.36	0.00	—	—	—
	摩托车数	-2.78	0.06	0.00	0.02	1.02	0.87	—	—	—
	电动车数	0.37	1.44	0.01	-0.98	0.38	0.00	—	—	—
	无小孩	0.60	1.82	0.09	0.58	1.79	0.00	—	—	—
	6 岁以下	1.37	3.92	0.00	0.52	1.67	0.01	—	—	—
	6~18 岁	0.73	2.07	0.01	0.27	1.31	0.11	—	—	—
	家庭人口	-0.31	0.73	0.00	-0.03	0.97	0.56	—	—	—
摩托车	常数项	—	—	—	-3.77	0.02	0.00	0.63	1.87	0.28
	男性	—	—	—	1.94	6.93	0.00	0.91	2.49	0.00
	年轻人	—	—	—	-0.14	0.87	0.67	-1.46	0.23	0.00
	老年人	—	—	—	-0.43	0.65	0.24	-0.36	0.70	0.37
	受教育程度	—	—	—	-0.13	0.88	0.00	-0.29	0.75	0.01
	月收入	—	—	—	0.06	1.06	0.41	-0.28	0.75	0.00
	小汽车数	—	—	—	-1.08	0.34	0.00	-4.32	0.01	0.00
	摩托车数	—	—	—	2.80	16.40	0.00	2.78	16.13	0.00
	电动车数	—	—	—	-1.35	0.26	0.00	-0.37	0.69	0.01
	无小孩	—	—	—	-0.02	0.98	0.96	-0.60	0.55	0.09
	6 岁以下	—	—	—	-0.85	0.43	0.02	-1.37	0.26	0.00
	6~18 岁	—	—	—	-0.46	0.63	0.06	-0.73	0.48	0.01
	家庭人口	—	—	—	0.28	1.32	0.00	0.31	1.36	0.00
出行时间		-0.02	0.98	0.00	-0.02	0.98	0.00	-0.02	0.98	0.00
出行费用		0.00	1.00	0.00	0.00	1.00	0.00	0.00	1.00	0.00
样本数		6067.00								
对数似然值		-3820.16								
优度比系数		0.55								
命中率		77.50%								

提取出个人月收入、小汽车拥有量、公交出行时间和公交出行费用这四个变量，根据标定的模型，进行敏感性分析。分别将上述四个变量按比例减少到 50% 和增大到 150%，以 10% 的递增或递减为间隔，根据标定的 Logit 模型，计算公交出行方式比例的变化，从中提取对公交出行影响最为显著的因素，为后续的出行方式比例预测提供数据和理论支持，具体如图 3.28 所示。

可以看出个人月收入、小汽车拥有量和出行时间对公交出行分担率影响较大，个人收入的减少和小汽车拥有量的减少，能显著提高公交出行分担率。在小汽车拥有量不变的前提下，个人收入减少到 50% 时，公交出行率提升至 13.62%，收入增加到 150% 时，公交出行

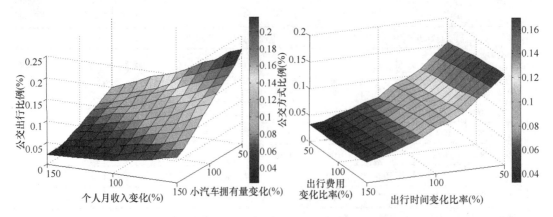

图 3.28　影响因素对公交出行比例的影响（见彩插）

率减少到 4.38%；而个人收入不变时，小汽车拥有量减少 50%，公交出行率增加到 14.42%，当小汽车拥有量提高至 150% 时，公交出行率下降到 3.01%。当公交出行时间减少 50% 时，公交出行率能增加到 16.49%，而当公交费用减少 50% 时，公交出行率仅变化不到 2 个百分比。

　　总的来说，小汽车拥有量对公交方式的影响最大，公交车费用对公交方式选择的影响最小。随着经济的发展，绍兴市的小汽车拥有量和个人收入必定会增长，如果不大力提高公交服务水平、提高公交方式吸引力、遏制个体交通的需求，可以预见公交出行率会逐渐下降，而小汽车的增加又会加剧城市的交通拥堵，形成恶性循环。

3.6　交通分配阶段

　　交通分配是交通需求预测四阶段模型中很重要的一个环节。通过交通分配阶段的计算，能够预测出规划年道路网络上的交通流量、路段上的出行时间以及其他相关属性值。这些预测出的结果是进行经济评价和环境评价的基础。具体有以下几项交通分配工作：可以是将现状 OD 量在现状交通网络上的分配，以分析目前交通网络的运行状况，如果有某些路段的交通量观测值，还可以将这些观测值与在相应路段的分配结果进行比较，以检验四阶段预测模型的精度；也可以是规划年 OD 分布预测值在现状交通网络上的分配，以发现对规划年的交通需求来说，现状交通网络的缺陷，为后面交通网络的规划设计提供依据；还可以是规划年 OD 分布预测值在规划交通网络上的分配，以评价交通网络规划方案的优劣。

　　就交通分配的工作特点来说，可以分为两类：交通工具的运行线路固定类型和运行线路不固定类型。前者有城市公共交通网、城市轨道交通网，这些是集体旅客运输；后者有城市道路网、公路网、高速公路网，这一般是指个体旅客运输或货物运输，这类网络中，车辆是自由选择运行路径的。对于前者，虽然交通工具（如公共汽车）的线路是限定的，但作为个体的旅客来说，如果某两点之间有多条线路或多种交通工具，他可以选择不同线路上的交通工具或同一线路上运行速度或交通费用不同的交通工具。因此，如果将旅客看作是交通元的话，这仍然是一个自由选择运行"路径"的问题，只不过这里的交通元指旅客，"路径"的意义也广泛一些而已，其中包含着对交通工具的选择。

3.6.1 概念和定义

1. 路径与最短路径

1）路段（Link）：交通网络上相邻两个节点之间的交通线路称作"路段"。

2）路径（Path）：交通网络上任意一对 OD 点之间，从产生点到吸引点一串连通的路段的有序排列叫作这对 OD 点之间的路径。一对 OD 点之间可以有多条路径。

3）最短路径：一对 OD 点之间的路径中总阻抗最小的路径叫"最短路径"。一对 OD 点之间的最短路径也可能不止一条。

2. 交通阻抗

交通阻抗是指交通网络上路段或路径之间的运行距离、时间、费用、舒适度，或这些因素的综合。具体到不同交通网络其含义随人们的关注点不同而有所偏重，或为了简单起见，干脆单指其中某个因素。如对城市道路网，一般指出行时间，公路网较多地指距离。交通阻抗由两部分组成：路段上的阻抗、节点处的阻抗。

（1）路段上的阻抗

在诸多交通阻抗因素中，时间因素是最主要的。对于单种交通网络，出行者在进行路径选择时，一般都是以时间最短为目标。有些交通网络，路段上的走行时间与距离成正比，与路段上的流量无关，如城市轨道交通网。此时用时间或距离作为阻抗是等价的，为测量方便起见，选用路段的距离较好。有些交通网络，路段上的走行时间与距离不一定成正比，与路段上的交通流量有关，如公路网、城市道路网，此时就选用时间作为阻抗。

对于公路走行时间函数的研究，既有通过实测数据进行回归分析的，也有进行理论研究的。其中被广泛应用的是由美国道路局（BPR – Bureau of Public Road）开发的函数，被称为 BPR 函数，形式为

$$t_a(q_a) = t_a(0)\left[1 + \alpha\left(\frac{q_a}{e_a}\right)^{\beta}\right] \qquad (3.38)$$

式中，e_a 为路段 a 的交通容量，即单位时间里可通过的最大车辆数；$t_a(0)$ 为道路 a 上的平均车辆自由走行时间；α、β 为待标定的参数，BPR 建议取 $\alpha = 0.15$，$\beta = 4$，也可由实际数据用回归分析求得。

（2）节点处的阻抗

车辆在节点处也是要花费或多或少时间代价的，如机动车在城市道路交叉口等待绿灯。节点处的阻抗可分为两类：

1）不分流向类：在某个节点各流向的阻抗基本相同，或者没有明显的规律性的分流向差别。

2）分流向类：不同流向的阻抗不同，且服从某种规律。一般来说，车辆在城市道路的交叉口有三个流向：直行、左转、右转，所延误的时间差别明显，且服从规律：右转 < 直行 < 左转。其实，车辆在市际公路网的节点处也存在同样的延误规律，但是公路网的路段长，车辆在节点处的延误相对于路段上的行驶时间非常小，可以近似看为 0，这样就可以将之归于上述的"不分流向类"；但是，城市道路网交叉口密集，相邻交叉口之间的路段往往只有几百米，车辆在交叉口的延误时间接近甚至超过在路段上的行驶时间，故不可忽略，而且必须分流向计算。

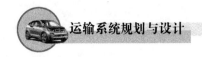

3. 交通均衡问题

从选择行为的角度来讲，交通分配其实是出行者个体在路径选择上的集计结果。因而对出行者个体在路径选择行为上的不同假设就导致了不同交通分配模型的出现。

Wardrop 在 1952 年首先提出了第一个路径选择行为的假设——用户均衡（User Equilibrium，UE）。在用户均衡假设中，每一个出行者都能完美地获取交通网络中的所有信息，根据这些信息所有的出行者都能够选择使自己出行时间或费用最少的路径。Sheffi 在 1985 年提出，根据 Wardrop 的用户均衡假设，没有任何一个个体出行者能够通过改变路径来获得更短的出行时间。也就是说，在用户均衡条件下，所有 OD 点对之间的最终分配路径都会拥有相同的最小出行时间或费用。但 Slavin 在 1996 年认为这种用户均衡状态实际上和现实的交通状态还是有一定差异。

另一种均衡假设是 Daganzo 和 Sheffi 在 1977 年提出的，被称之为随机用户均衡（Stochastic User Equilibrium，SUE）。随机用户均衡假设出行者对交通网络信息的掌握并不完美和固定，是随着他们对交通网络状态认识的变化而变化，并且没有出行者认为可以通过选择不同的路径来提高他们的期望效用。正因为出行者对交通网络状态和服务的感知在不断变化，所以 OD 点对所有被分配的路径并不需要有相同的费用或时间。随机用户均衡模型实际上是将离散选择模型应用在了路径选择上，并且对结果进行了集计化和均衡化的处理。

用户均衡假设在理论上结构严谨，思路明确；但其数学规划模型维数太大，约束条件多，且为非线性规划问题。关于非线性数学规划问题的算法设计在数学上也是一个高难度问题，近 50 年来一直是最优化理论领域的一个热门研究分支，并仍在发展之中。在 1975 年 LeBlanc 提出解 Beckmann 模型的算法之前，不少人在探讨不使用均衡假设，而用模拟和近似的方法描述交通分配问题，并探讨其解法，有不少学者在这方面做出了许多有益的研究，得出了一些交通分配的算法，这些模型叫非均衡模型（Non - Equilibrium）。

3.6.2 非均衡交通分配模型

非均衡交通分配模型目前主要用于学习或学术用途，在实际的交通规划工程实践中使用较少。但是可以通过了解非均衡交通分配模型的基本原理和方法，以便更加深刻地理解交通分配阶段。

1. 全有全无模型（All - or - Nothing）

全有全无分配假设 OD 点对之间的交通流量全部被分配到起终点之间的最短路径上。这一假设不合理之处在于，即使某个 OD 点对之间有多条出行时间或费用相近的路径可供选择，但仅仅只会用其中的一条路径。另外，在进行全有全无分配时，不会考虑路段上的通行能力，也不会顾及路段上实际的交通拥堵程度。用于确定最短路径时的权重（时间、距离或费用）和路段拥堵程度无关，且固定不变。全有全无有时会用在城际或城内的货运车辆的出行分配上。

2. 随机分配

Dial 在 1971 年提出的随机分配是将 OD 点对之间的出行量分配到 OD 点对之间的多条路径上。分配到某一条路径上的出行量比例等于出行者选择这条路径的概率，选择概率通过一个 Logit 路径选择模型来计算。通常路径上的出行时间越少，被选择的概率就越大。随机分配并不会将某个 OD 点对之间的出行量分配到点对之间所有的路径上，而是仅考虑那些距离起点足够远和距离终点足够近的路段。和全有全无方法一样，随机分配中路段的权重（时间、距离或费用）固定不变，所以它也是一种非均衡算法。

3. 增量加载分配

增量加载分配，顾名思义，是将 OD 点对之间出行量切分后再逐步分配到交通网络上。在每步分配中，利用全有全无方法将固定比例的出行量分配到交通网络上，每分配一次之后，基于分配到路段上的交通流量重新计算路段上的出行时间。经过若干次分配后，会呈现出一种近期均衡的结果。由于分配步骤对路段流量和出行时间的割裂，使得分配结果出现一定的误差。并且分配结果还会受到被分配 OD 点对次序的影响，容易产生概率上的有偏。

4. 容量限制分配

容量限制分配试图通过全有全无模型多次迭代实现基于路段通行能力的出行时间可变来逼近均衡分配结果。遗憾的是，Sheffi 在 1985 年发现这一算法不容易收敛，可能在某些路段上出现摇摆的情况。在一些软件包中采用平滑出行时间和平均最后几次迭代流量的办法来解决收敛问题。但是迭代次数对容量限制模型的收敛性也有很大的影响。

3.6.3 均衡交通分配模型

1. 用户均衡模型（UE）

用户均衡模型经过一系列迭代来获取收敛结果。在分配结果中，没有出行者可以通过改变路径选择来减少出行时间。在每一次迭代过程中，都会根据路网的路段通行能力和出行时间，重新计算路段的交通流量。在 1952 年 Wardrop 提出用户均衡概念的 4 年之后，Beckman 于 1956 年才根据这一概念给出了严格意义上的数学描述，再后来直到 1973 年最终由 LeBlanc 完成了用户均衡的算法设计与实际验证。

Beckman 将用户均衡分配问题和理论力学中的平衡问题进行了类比，发现这类问题可以通过数学上的极值来表达。Beckman 假设任意路段 a 上的费用 c_a，是流量 x_a 的递增函数，这样只要使得式（3.39）最小，就能满足用户均衡假设。

$$\min z(x) = \sum_a \int_0^{x_a} c_a(u)\,\mathrm{d}u \tag{3.39}$$

Beckman 描述的这个数学问题通常可以采用凸组合算法（convex combination algorithm）来求解。凸组合算法最初由 Frank 和 Wolfe 在 1956 年提出，用于解决线性约束下的二次规划问题，所以这一算法也称之为 FW 算法。

上述公式中的出行费用 c_a 可以包含多重因素，如出行时间、停车次数、安全性、燃油消耗等。所有这些因素可以表达为出行时间的函数。所以也可以用出行时间 t_a 来替代上述公式中的出行费用 c_a。

LeBlanc 在 1973 年更为完整地将用户均衡分配问题表达为下述数学规划。

$$\min z(x) = \sum_{ij} \int_0^{x_{ij}} t_{ij}(u)\,\mathrm{d}u \tag{3.40}$$

$$\mathrm{st}: D(j,s) + \sum_i x_{ij}^s = \sum_k x_{ik}^s \quad s = 1,\ldots,p$$

$$
\begin{aligned}
& j = 1,\ldots,n \\
& j \neq s
\end{aligned}
\tag{3.41}
$$

$$x_{ij}^s > 0 \quad s = 1,\ldots,p$$

式中，n 为交通网络中的节点数量，即交叉口个数；p 为交通小区个数；x_{ij} 为节点 i 和 j 之间的交通流量；x_{ij}^s 为节点 i 和 j 之间目的地为 s 的交通流量；$D(j,s)$ 为起点为节点 j，目的地为 s 的交通流量。

上述公式的求解步骤如下：

1）初始化，设初始出行时间 $t_{ij} = t_{ij}(0)$，运行全有全无算法，得到各路段上的流量向量 x^1，设迭代次数为 $n = 1$。

2）计算出行时间，根据阻抗函数计算路段出行时间 t_{ij}^n。

3）计算路段流量，根据 t_{ij}^n 再次运行全有全无算法，计算路段流量向量 y_{ij}^n。

4）确定参数 α，使得满足：

$$\min_{0 \leq \alpha \leq 1} \sum_{ij} \int_0^{x_{ij}^n + \alpha(y_{ij}^n - x_{ij}^n)} t_{ij}(u)\, \mathrm{d}u \tag{3.42}$$

5）更新路段流量，$x_{ij}^{n+1} = x_{ij}^n + \alpha(y_{ij}^n - x_{ij}^n)$。

6）收敛性检验，如果收敛，结束，否则回到第 2）步。

2. 随机用户均衡模型（SUE）

随机用户均衡是对用户均衡假设条件的进一步放宽。在随机用户均衡假设中，认为出行者不会获得当前交通网络上的所有完美信息，出行者通过不同的途径来感知他们的出行费用。随机用户均衡比用户均衡更能够符合实际的交通运行状况，因为某些效用较低的路径在用户均衡条件下流量为零，但在随机用户均衡下不会出现这种情况。随机用户均衡分配模型一般采用 Powell 和 Sheffi 在 1982 年提出的连续均值法（Method of Successive Average，MSA）。详细求解方法可见 Powell 和 Sheffi 的论文。

3. 其他分配模型

其他分配模型还有基于起点的用户均衡分配模型（Origin User Equilibrium，OUE）、基于路径的用户均衡分配模型（Path – Based User Equilibrium，PBUE）和系统最优分配模型（System Optimum Assignment，SOA）。篇幅所限，这里不做一一介绍。

3.6.4 交通分配模型应用举例

下面以 TransCAD9.0 为例，演示交通分配的前期数据准备、分配过程和结果分析。

1. 数据准备

分配时需要用到的数据包括 OD 矩阵、包含特定属性的交通网络、交通网络所依附的线层。

（1）OD 矩阵

OD 矩阵包含所有 OD 点对之间的交通出行量。OD 矩阵的索引编号必须和交通网络中的节点编号相匹配，没有出现在交通网络节点编号中的索引编号对应的 OD 流量将不会被分配。改变 OD 矩阵索引的方法见 3.4.3 节。

（2）交通网络

TransCAD 中的交通网络其实是一种包含路段、节点、交通系统和设施属性特征的数据结构。交通网络一般是依附于一个线层，可以从线层生成与更新网络。在生成交通网络时，可以选择用于分配的节点、路段及其相关属性。比如要采用用户均衡或随机用户均衡进行分配，就必须在路段中包含出行时间和通行能力的字段。当前层为道路层时，可以选择"Net-works/Paths→Create"来打开网络生成对话框。通常在分配之前，建议在交通网络的设置中包含形心节点的信息，这样在分配时 TransCAD 就能追踪到形心所在，并能够确保形心连杆仅作为出行的起点和重点路段。当前层为道路层时，选择"Networks/Paths→Settings…"，打开交通网络设置对话框，如图 3.29 所示。

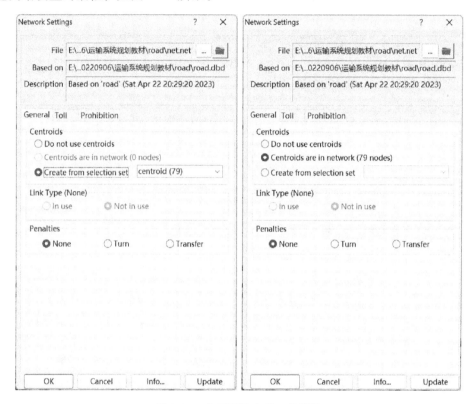

图 3.29 交通网络中形心的设置

如图 3.29 所示，在"Create from selection set"中的下拉菜单选择"centroid（79）"，该选择集的生成方法如下面"（5）形心的生成"。单击"OK"按钮后，如果再次打开网络设置对话框，会发现"Centroid"框中的第二行不再是灰色，而是表明已经在网络中包含了 79个形心"Centroids are in network（79 nodes）"。

（3）路段属性

在分配之前，要求交通网络中每个路段必须有两个重要的字段"Time"和"Capacity"。前者指的是路段的自由流时间，后者为路段的通行能力。需要注意的是，有时一个路段两个方向道路上的自由流时间和通行能力并不相同，比如潮汐车道的设置。这时，可以将每个字段划分为两个字段，如"Time"可以变为"Time_AB"和"Time_BA"字段，"AB"表示与路段拓扑方向一致，"BA"表示与路段拓扑方向相反。通行能力也可以一样处理。

（4）分配参数设置

不同的分配方法会用到不同的参数，参数一般在分配对话框中设置。以随机用户平衡分配为例，需要设置的参数有：

1）Iterations，最大迭代次数，达到次数，迭代停止。

2）Relative gap，收敛精度，在没有达到迭代次数时，达到此精度则迭代停止。

3）Alpha，BPR 阻抗函数的全局参数 α 默认值。

4）Beta，BPR 阻抗函数的全局参数 β 默认值。

5）Function，随机用户平衡误差项的分布函数选择，有正态分布、Gumbel 分布和均匀分布。

6）Error，随机用户平衡误差项的误差百分比。

其中，BPR 阻抗函数的参数可以在分配对话框中添入全局的默认值，也可以在路段属性中添加字段，设置每个路段的参数值。

（5）形心的生成

形心（Centroid）是交通网络中一些特殊的节点，它们通常位于交通小区的中心或重心。在交通分配预测中，形心作为每个交通小区出行量产生和吸引的虚拟地理端点。连接形心和实际道路的虚拟路段，则被称为形心连杆（Centroid connector），其作用是将 OD 点对间的出行量连通到实际的道路网络上，再根据一定的算法进行分配。可以在 TransCAD 中自动生成每一个交通小区的形心。在 TransCAD 中打开一个 map 文件，其中包含交通小区层、道路层和道路节点层，首先分别在道路层增加一个字段"CentroidConnector"，在道路节点层增加字段"Centroid"，分别用来识别道路网络中的形心连杆和形心。设定当前层为交通小区层，选择"Tools→Editing→CentroidConnectors..."，打开形心连接对话框，如图 3.30 所示。

如图 3.30 所示，首先在"Settings"页面"Connect zone79"中选择将所有交通小区"All Features"连接到道路层"road"，设置形心连杆的最大距离为 40.23km，每一个交通小区中形心连杆的最大数量为 1。在连接规则页面"Connection Rules"，可以选择将形心直接连接到路段上，但是这样势必会将原有的路段截断，截断的方式有两种，一种是"Mid Block"，就是在距离形心最近路段的中心点处截断，另一种是"Perpendicular"，是在距离形心路段上最近的点处截断，即形心连杆垂直于距离形心最近的路段。还可以选择将形心连接到道路网的节点，即交叉口上，这时"Split segments belonging to"的下拉菜单要选择"None"，而在"Connect to endpoints of"的下拉菜单中选择要连接节点的选择集，如果可以连接所有的节点，则选择"All Features"。在中间的图中，则是将 zone79 层，即交通小区层的编号添入到节点层和道路层的"Centorid"和"CentroidConnector"字段，用于形心生成后将节点层中的形心和道路层中的形心连杆识别出来，并做选择集。右边的图，则是在截断原有路段时，可以选择原有路段的属性是"Leave empty""Copy"，还是"Split"，显然道路名称等字符型属性一般是"Copy"，道路长度等属性则是"Split"。单击"OK"按钮后，就会自动生成每个交通小区的形心和形心连杆。

切换到路网节点层，选择"Selection→Select by Condition..."，打开选择集生成对话框，如图 3.31 所示。

如图 3.31 所示，在"Enter a Condition"中输入命令"centroid < > null"，表明选择集的筛选条件是节点层中字段"centroid"不为空的节点，添入选择集的名称"Set Name"为"centroid"，单击"OK"按钮，则生成了 79 条记录的"centroid"选择集。道路层中的形心连杆选择集类似。

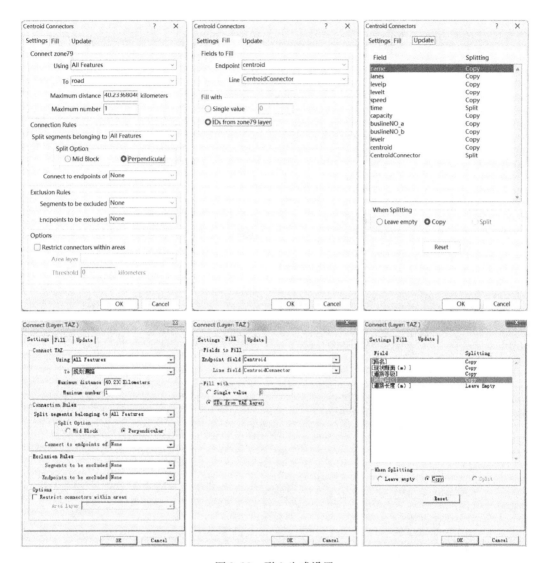

图 3.30　形心生成设置

2. 分配过程

以某城市居民出行调查数据为例，将全天 OD 折算后的平峰 OD 作为待分配 OD，道路网络如图 3.32 所示，红色的点为形心，绿色的粗线为形心连杆，绿色的细线为交通分区的边界，灰色为路段。

使道路层为当前层，并打开 OD 矩阵，选择"Planning→Static Traffic Assignment→Traffic Assignment..."，系统弹出交通分配对话框，如图 3.33 所示。

"Delay Function"阻抗函数可选择 BPR 函数，分配模型选择用户平衡"User Equilibrium"，然后选择矩阵文件和待分配矩阵。在参数设置中，在"Time"和"Capacity"后面的下拉菜单，分别选择道路层中事先建立好的出行时间字段和通行能力字段，这里字段的名称同样为"Time"和"Capacity"。BPR 函数的参数，可以选择默认值。最大迭代次数设为 50 次，收敛精度为 0.01。单击"OK"按钮进行分配，分配后，可得到一张关联了道路属性和

图 3.31　形心选择集生成

图 3.32　某城市交通网络（见彩插）

分配结果的数据视图，分配结果一般包含路段的双向交通流量、出行时间、饱和度、速度等。

3. 结果分析

分配结果的分析功能，主要都在"Planning→Assignment Utilities"菜单下，下面以生成

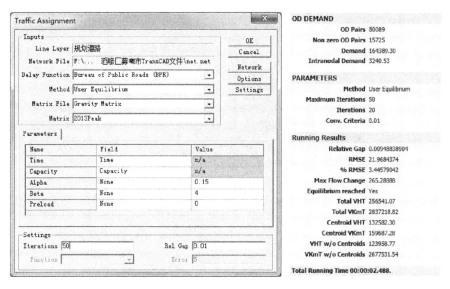

图 3.33　交通分配对话框及分配结果

主题图功能为例，演示如何分析交通分配的结果。

交通分配最希望看到的直观结果是用路段的颜色和形状来代表交通的拥堵或畅通程度。在分配完毕后，依然使道路层为当前层，选择"Planning→Assignment Utilities→Create Flow Map..."，系统弹出主题图对话框，如图 3.34 所示。

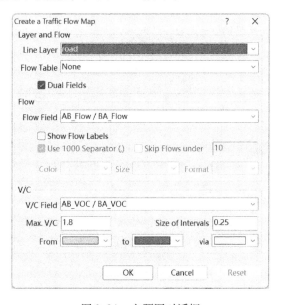

图 3.34　主题图对话框

其中，可以分别设置流量、V/C 饱和度、最大饱和度，以及颜色显示间隔。理论上 V/C 是不超过 1 的，但是本例中的通行能力设置有所简化，所以结果和理论有所差异。隐藏形心和形心连杆，生成的主题图如图 3.35 所示。

图 3.35　流量分配主题图（见彩插）

思　考　题

1. 国内外先进综合客运枢纽的实例给了我们哪些启示？
2. 城市对外客运枢纽客流规模总量预测与换乘量预测的异同之处分别是什么？
3. 城市内部客运枢纽选址模型需要考虑哪些目标？
4. 城市对外客运枢纽布局形式受哪些因素影响？
5. 如何从规划与设计层面提升客运枢纽服务水平和集疏运效率？

第 **4**章 Chapter 4
道路网络系统规划与设计

4.1 概述

道路网络系统
规划与设计

城市道路网络系统是城市用地布局中的骨架，是城市日常经济、生活运作所赖以维系的重要支撑。城市道路网络布局一旦形成，就大体上确定了城市的发展轮廓，并且其影响会一直延续下去。因此，城市道路网络系统规划与设计是否合理，直接关系到将来道路交通运行的顺畅性以及城市各项活动的运转效率。随着我国城市发展由增量扩张为主阶段逐渐向存量优化为主阶段过渡，以及深入贯彻低碳绿色发展理念和高品质交通出行的需求，城市道路规划目标也由"保通畅，促机动化"调整为"保障城市正常经济社会活动所需的步行、非机动车和机动车交通的安全、便捷与高效运行"。

4.1.1 城市道路功能与特点

1. 城市道路功能

城市道路网由城市道路和交叉口等组成，在城市系统中承载着多种功能。城市道路的功能基本可划分为交通运输功能、公共空间功能、防灾救灾功能和引导城市布局功能四类。

（1）交通运输功能

交通运输功能是城市道路网的基本功能。道路网作为城市交通的重要物质载体，容纳了城市中各类交通主体的活动。而各种交通主体、交通方式、交通行为也给城市道路提出了不同的要求。

（2）公共空间功能

首先，城市道路是城市中公共活动空间的重要组成部分，也是城市景观的重要界面。因此道路设计应考虑美学要求，道路网的布局也要协调与城市景观节点的关系。其次，城市道路需要为各类地上、地下管线的敷设提供空间，以满足城市对给水、排水、供电、通信、暖气、燃气等各种公共服务的要求。因此道路的断面布置必须符合各类管线的敷设要求，如满足线路间最小净距的要求等。再次，城市道路可以作为空气流通的通道，起到促进城市通风的作用，南方城市的道路和夏季主导风向平行可以有效导风，而北方城市道路和冬季主导风向成一定角度也可以有效抵御寒风的侵入。城市道路还能为其两侧建筑的日照提供充裕的间距。另外，城市道路还经常作为城市轨道交通建设的空间，如有轨电车和沿道路布置的轻轨线路等。

（3）防灾救灾功能

城市中可能发生的灾害很多，如地震、洪水、火灾、风灾、燃气泄漏及其他突发事故

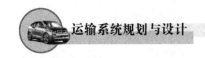

等。城市道路是防灾与救援的重要通道，也可以作为避难场所。在地震设防城市，需要考虑道路宽度与道路两侧建筑高度的关系，重要通道应该满足在两侧建筑坍塌后仍有一定宽度的路面可供汽车行驶的要求。另外敷设主干管线的道路不能作为防灾救灾的主要通道，否则为了维修主干管线而开挖路面时，会严重影响救灾交通运输。

（4）引导城市布局功能

城市道路作为城市的骨架，是引导城市布局的重要手段。宏观上看，城市主干路网可以起到组织城市用地的作用；微观上看，局部城市道路的改变会导致交通条件的变化，进而影响周边建设用地的利用。如新道路的建设会吸引交通活动，促进周边的开发，可达性的改善也可能提高周边地块的开发密度等。

2. 城市道路特点

相对于公路、矿区道路等其他道路，城市道路具有一些不同的特性。其一，城市道路承载的交通工具类型和交通活动类型都非常丰富，导致城市道路具有功能多样和组成复杂的特点；其二，我国目前绝大多数的城市道路都是同时承载机动车、非机动车和行人通行的空间，城市道路上行人和非机动车的交通量很大，在城市中心的繁华地带尤其突出；其三，城市道路网的密度相对较高，交叉口数量也较多；其四，城市道路两侧建筑物密集，道路的景观设计要求较高；其五，城市道路在规划设计中需要考虑的影响因素也很多，如政策、经济效益、城市肌理及历史文化等。由此可见，城市道路是一个组成庞大、关系复杂的系统，城市道路的设计必须符合其自身特点。

4.1.2 城市道路分类与分级

城市道路承载着不同交通主体、不同交通方式、不同交通目的构成的复杂多样的交通行为，而不同交通行为的交通要求有很大差别。比如，过境交通或远距离交通希望能够尽量缩短交通时间，因此快速、少干扰是此类"通过性"交通行为的主要需求；而非机动车和步行交通的速度较慢，和机动车在同一断面行驶时，与机动车存在冲突，它们一般希望获得较为安全的交通环境，同时对周边景观环境的关注度提高，希望有遮荫等。由此可见，城市道路的使用要求复杂而多样。城市交通行为的多样性要求城市道路必须提供不同类型的服务，以实现交通效能的最大化和高质量的服务。因此，城市道路网中的道路应按照使用者的要求被赋予明确的使用功能和设计标准，这就要求城市道路应该进行科学的分类与分级。

根据我国现行《城市综合交通体系规划标准》（GB/T 51328—2018），按照城市道路所承担的城市活动特征，城市道路分为干线道路、支线道路，以及联系两者的集散道路三个大类；城市快速路、主干路、次干路和支路四个中类和八个小类。

1. 道路功能大类

干线道路是城市的骨架，主要服务城市的长距离机动交通需求，连接城市的主要功能区。支线道路则相反，是城市交通的"毛细血管"，主要承担城市功能区内部的短距离地方性活动组织，同时也是城市街道活动组织的主要空间，更加注重街道活动的保障和特色塑造。集散道路将两者联系起来，同时也承担城市中、短距离的交通出行，里程比重较少，但功能重要，不可或缺。

不同城市根据城市规模、空间形态和城市活动特征等因素确定城市道路类别的构成。城市规模越大，越应该通过多层干线道路体系来服务丰富的机动交通出行，城市规模越小，层次相应减少。同时，空间形态的差异导致交通特征不同，如带形城市交通明显汇集在轴线上，需要更高等级的道路去服务。

2. 道路功能中类

根据城市功能的连接特征确定城市道路中类。城市道路中类划分与城市功能连接、城市用地服务的关系见表4.1。

表4.1 不同连接类型与用地服务特征所对应的城市道路功能等级

连接类型	用地服务			
	为沿线用地服务很少	为沿线用地服务较少	为沿线用地服务较多	直接为沿线用地服务
城市主要中心之间的连接	快速路	主干路	—	—
城市分区（组团）间连接	快速路/主干路	主干路	主干路	—
分区（组团）内连接	—	主干路/次干路	主干路/次干路	—
社区级渗透性连接	—	—	次干路/支路	次干路/支路
社区到达性连接	—	—	支路	支路

道路承担的交通联系与道路两端的目的地在城市中的定位、性质紧密相关，关系到道路承担通过功能的等级。而道路两侧的开发建设情况，关系到道路交通组织与到达功能等级之间的关系，为两侧的开发服务越多，对道路交通流的影响也越大，长距离机动化组织的能力就越低。因此，通过道路两端和道路两侧的情况，可以对道路进行进一步的分类和分级，主要是对干线道路层次的初步划分，明确分出快速路与主干路。

城市道路网络规划过程中，首先要明确干线道路、集散道路和支线道路三大类的功能定位和组织手段，在此基础上根据城市空间结构与功能用地，结合不同连接类型与用地服务特征对应的城市道路功能等级，对城市道路进行初步功能分类，可以形成城市干线道路骨架级网络。

对于城市主要中心之间的连接，为了提高效率，往往以交通性为主，不宜规划较高程度服务用地的干线道路。

对于城市分区（组团）间的连接，由于空间距离远近以及交通性的需求差异较大，因此道路与用地的关系也相对复杂。对于跨分区、组团的长距离联系，要求快速高效，以快速路和主干路为主，并且为沿线用地服务较少。而对于相邻组团间的长距离和中等距离的联系，可以采用等级较低、对两侧用地服务水平相对较高的主干路。对于这种连接，判断主干路的等级高低主要依据道路对两侧用地的服务程度。

对于分区（组团）内连接，空间移动尺度相对较小，属于中等出行距离，机动化的通过性要求不高，一般情况下不需要快速路，主要以主干路为主，依据道路对两侧用地的服务程度可细分主干路级别。同时，次干路也在某种程度上承担了较强的功能，为沿线用地服务较少的次干路来服务这种连接，主要出现在城市边缘地区或小城市中。

社区级渗透性连接，属于中长距离出行的转换或短距离出行，交通以集散功能为主、到达功能为辅，因此规划上多为次干路，部分支路也可承担渗透功能。

社区到达性连接，主要服务短距离出行为主，因此主要为支路。

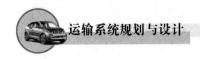

3. 道路功能小类

城市道路功能小类划分见表4.2。

表4.2 城市道路功能等级划分与规划要求

大类	中类	小类	功能说明	设计速度/(km/h)	高峰小时服务交通量推荐（双向）/pcu
干线道路	快速路	I级快速路	为城市长距离机动车出行提供快速、高效的交通服务	80~100	3000~12000
		II级快速路	为城市长距离机动车出行提供快速交通服务	60~80	2400~9600
	主干路	I级主干路	为城市主要分区（组团）间的中、长距离联系交通服务	60	2400~5600
		II级主干路	为城市分区（组团）间中、长距离联系以及分区（组团）内部主要交通联系服务	50~60	1200~3600
		III级主干路	为城市分区（组团）间联系以及分区（组团）内部中等距离交通联系提供辅助服务，为沿线用地服务较多	40~50	1000~3000
集散道路	次干路	次干路	为干线道路与支线道路的转换以及城市内中、短距离的地方性活动组织服务	30~50	300~2000
支线道路	支路	I级支路	为短距离地方性活动组织服务	20~30	—
		II级支路	为短距离地方性活动组织服务的街坊内道路、步行、非机动车专用路等	—	—

在三大类道路系统下，顺应现阶段城市发展要求，将道路细化为八个小类，并建立起道路小类的具体功能与设计速度、交通量的关系。从层级数量上来看，主要是细化了干线道路的类别，并从促进步行与自行车交通出行环境改善的角度，细分了支路，纳入了部分非市政权属的道路。

城市道路功能大类用于城市道路功能确定以及与框架性空间布局规划衔接；中类用于承接历史道路功能分类并与宏观的空间分区衔接；小类用于具体道路细分及设计、管理层面引导，与道路空间、用地布局以及运行管理衔接。

4.1.3 城市道路网类型与特点

城市道路网的形态受自然地形、历史形态、城市规模等各方面因素的影响，实际形态往往各不相同，一般来说，可以将其大致归纳为以下几种类型。

1. 方格网式

方格网式路网又称棋盘式路网，是历史悠久、应用广泛的路网类型。在世界城市发展历史中，我国古代的都城、古印度的一些城市、古罗马的营寨城、近代的亚非拉殖民地城市乃至现代的一些城市都采用了方格网式的道路系统。被应用如此广泛的原因，主要是方格网式路网便于快速集中建设、便于向外拓展、交通路线可选择性强、分割的地块整齐、有利于建筑物的布置等。

在地势较平坦的地区，方格网式路网较常被采用，如我国的北京、西安等，美国纽约等都是方格网路网的代表性实例，如图4.1～图4.3所示。

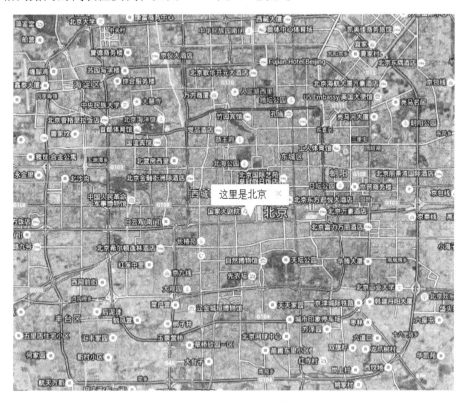

图4.1　北京的方格网式路网

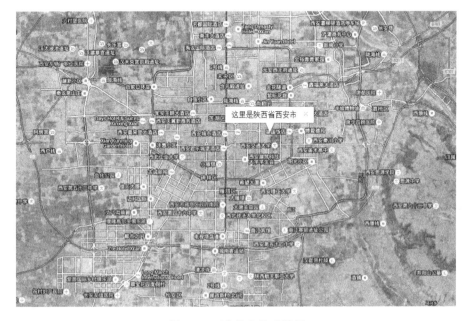

图4.2　西安的方格式路网

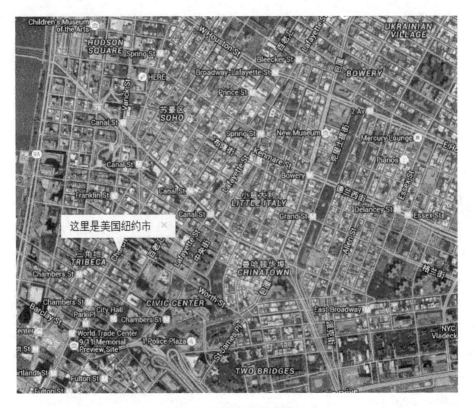

图4.3 纽约的方格式路网

方格网式路网的主要缺点是对角线方向的交通不便、非直线系数较大、路网密度大则交叉口较多、道路的可识别性较差、道路景观较呆板等。

为了改善对角线联系不便的问题，可以在方格网式路网的基础上，增加对角线方向的道路，形成方格加对角线的路网系统。对角线道路有利于斜向交通联系，但也会形成三角形不规则街坊和畸形交叉口，给建筑物的布局和交叉口的交通组织带来很大问题。这种路网类型在18、19世纪的一些欧洲城市，美国华盛顿、底特律和我国的长春、哈尔滨等城市中有所采用。

2. 放射环式

放射环式路网有利于城市中心与各分区和郊区的交通联系，但也容易导致交通过分集中于城市中心，增加了市中心的交通压力，造成交通堵塞。为了避免这种状况，可以通过在市中心外围设置交通性环路来分担市中心的交通负担，也可以采用多中心的城市结构，并将某些放射道路布置于二环、三环上，以减少不必要的交通进入最核心区域。从旧城中心发展起来的城市，较容易形成放射环式的路网。由于城市用地一般都沿着放射状的道路向外自然扩展，当发展到一定程度后，又会以城市中心为圆心建设环状道路，以改善放射道路周围地区之间的联系，从而自然形成放射环式的路网结构。世界上许多以旧城为中心发展起来的大城市和特大城市都采用了放射环式的路网系统，如莫斯科、巴黎以及我国的沈阳等，如图4.4～图4.6所示。

放射环式路网一般常用于大城市和特大城市，如果在小范围采用，容易造成许多不规则

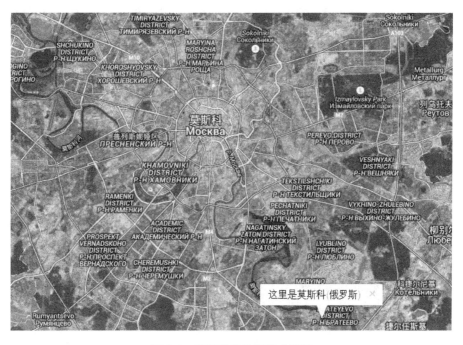

图 4.4 莫斯科的放射环式路网

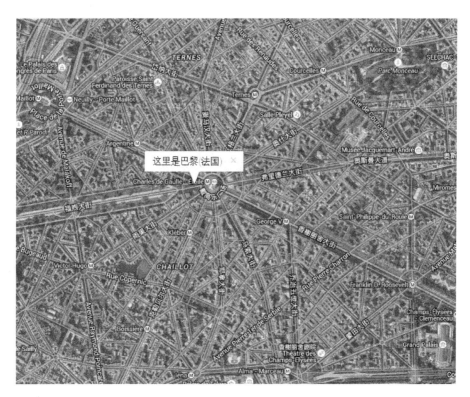

图 4.5 巴黎的放射环式路网

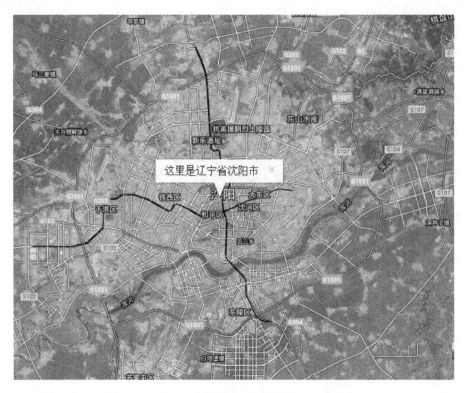

图 4.6　沈阳的放射环式路网

的街坊，不利于建筑物的布置。

3. 自由式

自由式路网的形成一般都和城市的自然地形条件相关，如位于山区或水网密集地区的城市，道路的走向受到地形条件的限制，难以形成较规则的路网，同时为了能够充分利用自然地形、减少道路建设的造价和工程量，城市道路往往随地势而建，形成了不规则的自由式路网系统。设计合理的自由式路网在满足便捷交通联系的同时，还能够最大限度地减少对自然环境和景观的破坏，也有利于形成非常独特的城市道路景观。我国的重庆、青岛、南宁、九江等城市采用了这种路网形式，如图 4.7 所示。

4. 混合式

混合式路网是结合城市用地条件，将上述几种类型的路网组合起来，或者分阶段发展形成的综合式路网结构。一般不属于前述几种类型的路网也可以列为混合式路网。例如，在一些特大城市出现的方格网加放射环的混合式路网，其常见的形成过程是，当原有的方格网式路网向外扩展到一定程度时，也出现沿放射状交通干线发展的情况，进而形成内部呈方格、外部呈放射环状的路网结构。这种路网结构较为适合大城市和特大城市，城市内部方格网道路可以避免交通过分集中于市中心，而外围放射环状的道路又能保证各分区与市中心以及各分区之间的快捷联系，芝加哥、大阪等城市均属于这种路网类型，如图 4.8、图 4.9 所示。

提出上述几种典型路网类型是为了便于比较不同形式的特点，现实的城市道路网往往是集几种类型于一身，可能兼有上述几种类型的优缺点，而城市道路网的规划必须结合实际情况进行分析考虑，不能拘泥于这些典型的路网形式。

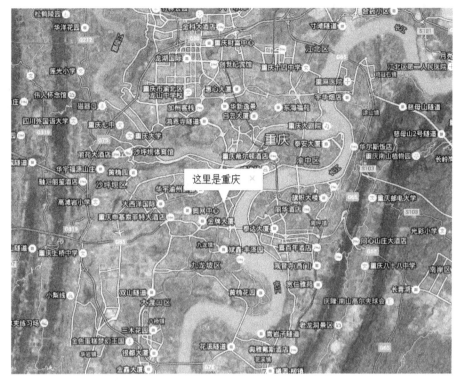

图 4.7　重庆的自由式路网

图 4.8　芝加哥的混合式路网

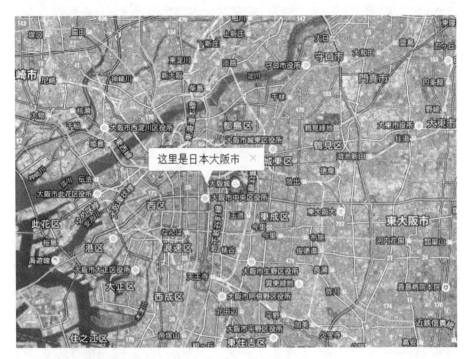

图 4.9　大阪的混合式路网

4.2　道路网布局规划

4.2.1　影响城市道路网布局的因素

城市道路的建设需要投入大量的资金、人力和工程量，而且道路系统一旦建成，就很难改变，因此城市道路网的布局规划必须慎重考虑各方面因素。影响城市道路网布局的因素主要包括以下几方面。

1. 自然条件

当城市处于地形较为复杂的地区时，自然地形条件往往在一定程度上决定了道路网的基本形态。例如山区城市的主干道路一般沿等高线方向布置，水网密集地区的城市主干道路一般和水系平行布置等（图 4.10）。可见，城市道路网布局必须因地制宜，结合自然地形条件进行规划设计，以避免对原有自然环境的大范围破

图 4.10　地形条件影响下的道路线形

坏，并能减少工程量，也有利于道路平、纵线形的设计和地下管线的敷设。

气候条件也对城市道路网布局有一定影响，比如北方城市道路要注意和冬季主导风向成一定角度，以避免冬季冷风直灌；南方城市一般可使城市道路和夏季主导风向平行，以利于炎热天气时增加城市的通风。

2. 对外交通联系

城市对外交通方式有铁路、航空、公路、水运等，但绝大部分的对外交通活动的产生点和吸引点都在城市中。这些对外交通方式都需要与城市道路交通有便捷的衔接，因而对外联系的主要通道和主要对外交通站场的位置等都会影响道路网布局。

3. 城市用地布局

传统的城市规划一般以用地布局规划为核心，城市道路往往作为跟随用地发展的配套基础设施，城市发展到哪里，道路就建设到哪里。这种规划方式忽略了城市用地布局对交通产生的直接影响，简单地认为道路建设就能解决交通问题，但带来的后果却是当城市交通出现堵塞情况时，修一条路堵一条路，才发现单纯依赖道路的建设并不能从根本上缓解交通问题。城市用地布局和城市道路网是两个紧密相关又互相影响的系统。一方面，城市道路的建设可以引导城市用地布局；而另一方面，城市用地布局会决定交通产生点和吸引点的分布，进而决定不同城市道路上所承载的交通活动的数量、性质和特点。在城市规划中，两者必须整体考虑，在合理布局城市用地的同时，引导交通活动的合理分布。

4. 城市原有路网

现在的城市规划或交通规划，绝大多数都是在原有城市的基础上进行的。在规划中，城市原有路网是重要的现状基础，对原有路网上承担的交通出行流量、流向等的调查结果也是规划新路网的重要依据。

5. 交通结构

不同城市的交通结构也会有所不同，有些城市个体交通比重较大，个体交通采用的交通方式可能是以小汽车为主，也可能是以自行车、摩托车为主，也有些城市则是公共交通承担的出行比重更高。传统城市规划中，道路网布局一般都是把汽车交通作为主要的服务对象，其他交通方式往往作为附属于汽车交通路网的补充部分，这种"车本位"的规划思路现在正受到越来越多的挑战和批判。在大力倡导公共交通、绿色交通，鼓励回归自行车、步行等基本交通方式的今天，城市道路网布局规划也应该体现这一主题，根据城市的交通结构，合理确定城市道路网、自行车专用道路网、步行道路网、公共交通等的布局。

6. 城市性质、规模及经济发展水平等

不同性质的城市，道路网规划会有不同侧重，例如旅游城市还要考虑游览性道路的布局，历史名城要尊重城市传统肌理和道路格局等。不同规模的城市，道路网也会有所不同，如大城市道路系统比小城市复杂，对外交通与城市道路交通的联系也更复杂。而城市处于不同经济发展水平时，由于人们出行方式、目的和数量的不同，也会影响城市道路网布局规划。

4.2.2 城市道路网布局规划的原则

城市道路网不仅承担着城市中大量客货运交通功能，将城市的各部分有机组合在一起，

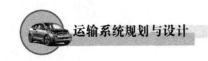

而且是影响城市总体布局的重要因素。城市道路网的合理与否直接影响城市日常运转的效率和长远发展的合理性，甚至灾害发生时的生存能力。在不同的自然环境，城市性质、规模、发展阶段和交通结构下，城市道路网呈现出多样化的特征。城市道路网规划应遵守的原则可归纳如下。

1. 道路系统规划与城市用地规划相结合

由于城市交通与城市用地布局关系密切，城市道路系统规划与城市用地规划形成了需要相互协调的互动关系。城市道路系统需要满足城市用地规划中各区块的道路联系，城市用地规划也必须考虑城市各区块所承载的各种城市活动对城市道路系统产生的影响。我国大城市中，目前普遍存在交通拥堵的问题，而交通分布不合理是造成交通阻塞的根本原因，交通分布不合理则是城市用地规划与道路系统规划不协调导致的。因此，解决城市交通问题，一方面要立足规划布局的合理性，道路系统规划与城市用地规划必须互相结合，城市道路的功能、布局要与两侧城市用地特征、城市用地开发状况相协调；另一方面，城市道路网规划应能够适应城市用地扩展的需要，保证城市道路网骨架能够向外延伸，并考虑在城市多个发展方向上预留城市道路网生长的通道。

2. 交通分流、整体协同

城市交通中各种交通方式的行驶特点和要求各不相同，而且差异较大。为了保证各种交通方式的效率和舒适性，必须适当进行交通分流，而交通分流已成为现代交通规划的核心思想之一。交通分流具体包括进出分流、快慢分流、机非分流、人车分流，将不同方式和特点的交通出行分布在各自的交通子系统内，比如分成快速道路系统（机动车专用道路）、常速道路系统（机非组合道路）、自行车专用道系统和步行系统。这样，各种交通方式有其完整的交通子系统，可以使各交通方式的出行尽可能实现安全、连续、舒适的要求。同时，各交通子系统应整体协同，保证不同交通方式的合理换乘，共同组建成复杂、综合的城市道路网。

3. 以人为本，突出公交优先、慢行优先原则

城市道路网规划必须依据"以人为本、绿色优先"和可持续发展的城市交通发展战略和交通政策，突出人在城市交通系统中的重要地位，城市道路交通系统建设应当面向居民出行，而不是小汽车。城市交通政策的制定应当以人为本，考虑各阶层，尤其是老人、儿童和低收入阶层能够安全、舒适、准时地出行，并且还应为居民出行提供多种交通方式的选择。

当前，小汽车正快速进入我国的普通家庭，高机动化的发展趋势难以改变。而且购买小汽车可以改善生活品质、提高出行自由度，也是居民的合理权利。因此，城市交通政策不能简单地限制小汽车购买量，而是应当从交通发展战略、交通设施供应、交通需求控制、城市土地使用等各个层面，贯彻交通需求管理思想，减少居民的长距离交通需求，并引导小汽车的合理使用。城市交通政策应倡导居民选用高效率交通工具，使单位道路断面通过更多的人和物，而不是私家车。

城市道路网规划还要体现公交优先、慢行优先原则。城市道路网规划时可通过分析城市用地规划方案，确定城市客运交通枢纽的位置，并依据客运换乘枢纽优先确定轨道交通或快速公交线网，在公共交通主要线网的基础上考虑道路网的布局。我国城市人口密度大，具备发展公共交通的先天条件，目前许多大城市都在规划、建设快速轨道交通，这些城市的道路系统规划应遵循 TOD 理念，引导轨道交通站点附近的土地进行高强度开发，并在该区域内

实行步行、自行车优先，防止小汽车快速通行。此外，城市道路网规划时，应重视自行车、步行专用系统的线网规划，保证慢行交通的安全、舒适和便捷。

4. 合理利用地形

城市道路网的形式和布局，应结合自然地形因地制宜地确定。在地形起伏较大的山区或丘陵地区，过分追求道路线形的平直，不仅会增加开挖填埋的工程量，提高工程造价，破坏自然环境，过分僵直的道路也会造成城市景观的单调乏味。

5. 保证城市安全

城市道路网规划还要考虑城市安全方面的要求。在组团式布局的城市，城市各组团之间的联系道路不能少于两条，当一条道路因城市突发事件或交通事故而堵塞时，另一条仍能保证通行。城市在每个方向上的对外联系道路也不应少于两条。对于山区或湖区定期受洪水侵害的城市，应设置通向高地的防灾疏散道路，并适当增加疏散方向的道路网密度。

6. 考虑城市环境、美化城市景观

城市道路作为空气流通的通道，可以起到促进城市通风的作用，道路网规划时应结合主导风向选择道路走向。城市道路也是感知城市的主要通道，道路网规划在满足交通功能要求的基础上，应考虑城市景观的塑造，将自然景色、标志性建筑衔接起来，并适当注意视觉廊道、对景观节点的组织。

7. 满足工程管线敷设要求

各项城市基础设施通常沿城市道路埋设，城市道路的线形、纵坡坡度、断面形式等要满足各种工程管线的敷设要求。同时还要适当考虑在城市道路下建设地下轨道交通等设施的可能。

4.2.3 城市道路网布局规划方法

1. 城市道路网布局规划的步骤

城市道路网布局规划的步骤一般可分为确定道路网的组成和主要指标、道路网空间布局形式、布局的评价与调整三个阶段。

（1）确定道路网的组成和主要指标

城市道路网规划应该首先确定城市道路网的组成，即除常规城市道路以外，是否还考虑自行车、步行、游览等专用道路的布置。然后根据城市情况，合理确定主要指标，主要指标包括人均道路面积、道路面积密度、道路网密度、道路等级结构、非直线系数等。

1）干线道路系统。首先从总体上对干线道路系统的具体功能定位提出量化指标约束，明确干线道路的地位和承担的功能；其次是不同规模城市干线道路系统的选择方法，明确差异化的干线道路布局；最后是不同规模城市干线道路的密度要求。

根据《城市综合交通体系规划标准》（GB/T 51328—2018）规定，干线道路规划以提高城市机动化交通运行效率为原则，干线道路的规模及承担的机动化交通周转量应符合表4.3的规定，带形城市取高值，组团城市取低值。

表4.3 干线道路的规模及承担的机动化交通周转量比例

规划人口规模/万人	<50	50~100	100~300	≥300
周转量（车千米）比例（%）	45~55	50~70	60~75	70~80
干线道路里程比例（%）	10~20	10~20	15~20	15~25

干线道路从功能上，承担的是通过性为主的交通，其路段平均出行距离长，交通流量大，用较少的道路里程承担较多的交通周转量。因此在规划中应注重机动化交通的运行效率，尤其是对于Ⅱ级主干路以上级别的干线道路。

总体上，城市规模越大，长距离出行越多，对干线道路的依赖越强，长距离交通在干线道路上的汇集效应越明显，因而其干线道路越能以较少的里程比例承担较多的周转量比例。相反，城市规模越小，平均出行距离越短，机动化出行的距离差异越小，干线道路与次支路的差异也越小，长距离交通在干线道路上的汇集效应不明显，同样里程比例的干线道路承载的周转量比例相对规模较大城市而言较低。

带形城市特殊的空间形态，导致交通量在长轴方向的干线道路上形成汇集，因此同样里程比例的干线道路，带形城市中承担的交通量比例会更高。组团城市尽管整体规模可能较大，但组团由于空间和功能上的独立，内部出行的距离短，因此与同等规模的团状城市相比，其长距离交通相对较少，大多为跨组团交通，由组团联系道路承担。所以，组团城市的干线道路承担的周转量比例要考虑各个组团自身的情况，不只是参考整个城市的规模。

不同规模城市干线道路的等级选择要求见表4.4。

表4.4 城市干线道路等级选择要求

规划人口规模/万人	最高等级干线道路
≥200	Ⅰ级快速路或Ⅱ级快速路
100~200	Ⅱ级快速路或Ⅰ级主干路
50~100	Ⅰ级主干路
20~50	Ⅱ级主干路
≤20	Ⅲ级主干路

带形城市参照上一档规划人口规模的城市选择。当中心城区长度超过30km时，规划Ⅰ级快速路，超过20km时，规划Ⅱ级快速路。

不同规划人口规模城市的干线道路网络密度按表4.5规划，城市建设用地内部的城市干线道路的间距不超过1.5km。

表4.5 不同规划人口规模城市的干线道路网络密度

规划人口规模/万人	干线道路网络密度/(km/km²)
≥200	1.5~1.9
100~200	1.4~1.9
50~100	1.3~1.8
20~50	1.3~1.7
≤20	1.5~2.2

干线道路系统规划除了上述指标外，还应符合以下要求：干线道路上的步行、非机动车道要与机动车道隔离；干线道路不得穿越历史文化街区与文物保护单位的保护范围，以及其他历史地段；干线道路桥梁与隧道车行道布置及路缘带宽度要与衔接道路相同；干线道路上交叉口间距要有利于提高交通控制的效率；规划人口规模 100 万以上的城市，放射性干线道路的断面要留有潮汐车道设置条件。

2）集散道路与支线道路。城市集散道路和支线道路系统要保障步行、非机动车和城市街道活动的空间、避免引入大量通过性交通，确保地方性活动单元内部的"稳定化"。由于次干路对地方性活动单元进行进一步分割，主要起交通的集散作用，因此其道路里程与围合地方性活动单元的干线道路里程之比在 1:1 ~ 1:2 之间，其里程占城市道路里程的比例一般为 5% ~ 15%。

城市不同功能地区的集散道路与支线道路密度，一般结合用地布局和开发强度综合确定，街区尺度符合表 4.6 的规定。城市不同功能地区的建筑退线要与街区尺度相协调。城市居住街坊内道路要优先设置为步行与非机动车专用道路。

表 4.6　不同功能地区的街区尺度推荐值

类别	街区尺度/m		路网密度/（km/km²）
	长	宽	
居住区	≤300	≤300	≥8
商业区与就业集中的中心区	100 ~ 200	100 ~ 200	10 ~ 20
工业区、物流园区	≤600	≤600	≥4

（2）道路网空间布局形式

道路网空间布局形式需要考虑城市自然条件、经济发展水平、布局形态、交通量流量流向等多方面的因素，根据城市的具体情况，选择适合的道路网类型和布置方案。具体包括以下内容和要求。

1）合理选择道路网类型。城市道路网的常见类型包括方格网式、放射环式、自由式和混合式四种。选择城市道路网类型时，需要根据城市的自然地形条件、城市布局形态、现有道路网格局、交通流向流量等因素，因地制宜地进行确定。应该避免僵化套用某种道路类型，或仅从平面构图角度规划道路网布局，将美学秩序凌驾于生活秩序之上，从而忽略了城市交通的特性和实际交通需求。

2）确定道路网的合理结构。进行城市道路网布局时，需要合理确定道路等级结构，即快速路、主干路、次干路、支路的数量之比，以保证高等级道路向低等级道路的有序疏散和低等级道路向高等级道路的有序汇集，从而保障整个城市道路网的高效率运作。不同等级的城市道路在衔接时，一般应避免越级连接。不同城市的道路等级结构要求详见 4.2.4 节有关的城市道路网规划评价技术指标的内容。

3）与用地布局规划相协调。城市各级道路布局时，必须考虑城市道路的功能是否与两侧地块的用地性质相协调，道路走向是否符合用地布局所产生的交通流的流向，以及道路网是否体现出对未来用地发展的引导作用。具体分析来看，快速路为中、长距离快速机动车交通服务，一般布置在城市组团之间的绿化分隔带中；主干路主要为相邻组团之间以及组团与市中心之间的中距离运输服务，是联系城市各组团及城市对外交通枢纽的主要通道，主干路在城市道路网中起骨架作用；次干路是城市各组团内的主要干道，次干路联系主干路，与主干路组成城市干道网，主要起集散交通的作用，由于次干路常沿路布置公共建筑和住宅，又兼具生活服务功能；支路是街坊道路，主要起汇集交通的作用，是直接为用地服务和以生活服务功能为主的道路（图4.11）。

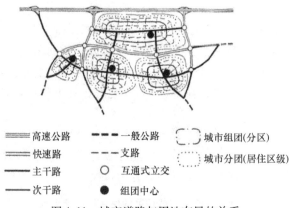

≡≡≡ 高速公路	--- 一般公路	⬭ 城市组团(分区)
≡≡ 快速路	- - 支路	⬭ 城市分团(居住区级)
── 主干路	○ 互通式立交	
── 次干路	● 组团中心	

图4.11　城市道路与用地布局的关系

不同等级城市道路与用地布局的关系决定了城市道路的不同功能、所产生的交通流的不同特征、对两侧建筑物性质和两侧地块开口的不同要求、对城市道路断面的不同要求等内容。

4）与对外交通设施的衔接。主要包括城市快速道路网与高速公路的衔接、城市常速交通性道路网与一般公路的衔接、城市对外交通枢纽与城市交通干道的衔接。具体来说，公路一般应通过出入口道路与城市道路衔接，因此城市出入口道路具有城市道路与公路的双重功能，它应对公路上的车流进行分流和疏导，引导过境车流能以原有的高速度，对城市内部交通无干扰、畅通地通过城市，同时保证进城的车流安全、方便地进入城市。公路与城市道路的衔接一般可分为以下几种方式，如图4.12所示。

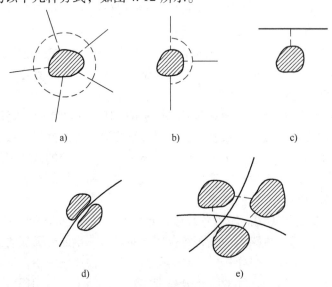

图4.12　公路与城市道路衔接的方式

大城市通常都是公路运输的枢纽，其入城公路数量较多，一般可以在大城市外缘建设环路联接城外公路，以起到阻截、分流过境交通，并汇集、疏导出入城市的交通的作用（图4.12a）。当入城公路数量过多时，还可以通过减少进入环路内圈的道路数量，来保证出入城市交通与城市道路交通的合理衔接。中、小城市的入城公路数量相对较少，可以在城市外缘建设非环形的绕行道路（图4.12b）。小城镇一般通过出入口道路与过境公路连接（图4.12c），如果公路等级较高，需要严格控制公路出入口数量和公路周边的建设用地发展，以避免出现高等级公路穿越城区、与城市交通互相干扰的情况（图4.12d）。组团式布局的城市还可以将公路布置在组团间的开敞空间中，既能减少过境交通的绕行距离，也能使出入城交通快捷、安全地联系相关组团和城市道路（图4.12e）。值得注意的是，随着城市用地的扩展，城市出入口道路的性质常常转化为城市道路。因此，在道路网布局中应充分考虑其与城市道路的协调，在路线线形、标高、断面形式、交叉口形式和车速设计等方面进行综合分析和规划。靠近城区的出入口道路可采用城市道路设计标准。为了缓解城市出入口道路上较常出现的交通拥挤现象，在确定技术标准时宜采用高限。

5）专用道路系统的布置。除了城市快速、常速道路系统规划外，道路网空间布局中还应该考虑专用道路系统的布置，主要包括自行车专用道路系统、步行系统的布局，及其与城市常速道路系统的关系。旅游城市还可以考虑游览专用道路系统的规划布局等。

（3）布局的评价与调整

城市道路网布局的评价，即对已经做出的一个或若干个备选方案进行综合效益的分析评价以及检验，包括技术、经济、社会、环境影响等方面的效益评价和工程建设费用的估算，以研究其达到预期规划目标的可能性，为规划决策提供依据。当道路服务水平或环境质量等不符合规划要求时，可根据评价情况对道路网布局做出适当调整。

2. 我国城市道路网的常见问题

（1）道路功能不清晰

根据前述的城市道路分类可知，不同等级的城市道路具有不同的服务功能，将不同类型的交通方式和不同目的的出行分离在不同类型的道路上，有助于实现交通分流，保证各交通出行的效率、安全和舒适。反之，就容易造成交通效率低下、路况复杂、交通事故多发。我国城市中，目前普遍存在道路功能不清晰的问题。比如在交通性主干道的两侧布置有大量的公共建筑，甚至形成商业中心，导致该道路上的通过性交通量和到发性交通量都非常大，机动车、自行车和行人汇集，道路两侧的行人穿越交通也多，直至形成异常错综复杂的交通瓶颈。这种情况其实是道路网布局与用地规划不协调造成的。

（2）"蜂腰"

当城市用地布局呈组团状时，在两组团的连接部分，尤其是在方格网式道路系统中，经常会出现"蜂腰"地区。在这个地区内，道路较少，车辆交通集中，容易发生交通阻塞的现象。在跨越河流、山体、铁路等障碍的城市，如果跨河、穿山或穿铁路的道路较少，也很容易出现"蜂腰"地区，如果河流还有通航要求，桥梁净空高，道路坡度大，交通问题就会更加突出。

（3）畸形交叉口

在城市的老城区中，道路网往往是经过了很长的历史积淀形成的，在以步行、马车等交通方式为主的时代，畸形交叉口并不会影响交通运行，但在高机动化水平的今天，畸形交叉

口就很容易形成交通瓶颈。畸形交叉口内交通量激增，容易发生交通阻塞；相交道路数量多，会影响驾驶人视线和判断；畸形交叉口的信号灯难以控制或相位过多，会增加车辆等候时间，影响交叉口通行能力。这类畸形交叉口需要通过交通渠化、单向通行等措施进行改善。

（4）高架路的上下匝道与地面交叉口的冲突

有些城市高架路出入口设置距离太近，高架路的匝道在地面交叉口附近采用先下后上式的组织方式，如果交叉口拥堵，就会出现车辆在匝道上无法下来的情况，甚至将交通拥堵蔓延到高架路上。如果高架路出入口是先下后上，高架路上的车辆经过交叉口后再下去，则交通组织会简单许多，也避免了机非干扰。但是交叉口的距离不能太近，否则由于高架路上车辆速度快，出匝道时要减速，容易导致后面车流密度增大，产生交通拥堵。高架路上的车流是连续流，而地面道路的车流是间断流，两者在交汇时很容易发生冲突，因此，高架路上下匝道的处理是一个非常重要的问题。

（5）城市主干路无法延伸

有些城市为了突出标志性建筑的地位，将其布置在城市干道的端头，形成道路对景。当城市用地继续向外发展，道路需要延伸时，这些标志性建筑就成了"拦路虎"，阻碍城市主干路延伸，影响干路网的系统性。

3. 我国城市道路发展趋势

改革开放以来，我国城市规模由小变大，城市建设由增量扩张逐步走向存量为主，道路上的出行经历了从步行和非机动车到公共交通和私人小汽车的演变，出行效率、出行距离和出行舒适度都有了大幅度的提高，同时出行量也大幅度提升。在道路出行总量高涨、道路交通出行需求越发分异与多元、道路交通主体越来越多元的今天，对城市道路的要求也越来越高，不仅要求总量满足，更要每种需求都考虑到。这与"我国经济已由高速增长阶段转向高质量发展阶段，正处在转变发展方式、优化经济结构、转换增长动力的攻关期"的描述相一致，城市道路作为供给侧，应该由高速增量供给转向高质量供给。在城市增量扩张阶段，通过城市道路尤其是干路建设，迅速拉大框架，提供快速增长且超额供应的道路供给，即可满足以机动交通为主的需求。而到了城市存量发展阶段，出行需求总量持续增长而道路供给增长有限且成本越来越高，同时出行需求也在向绿色出行、高品质出行发生转变，高质量的供给就意味着与需求的充分匹配，并且始终贯彻绿色优先，这就要求调整道路供给结构，充分挖掘道路用地在时间和空间两个维度的供应，灵活应对多变的交通需求，从而实现道路的各项功能，这也是城市道路在未来发展中总的趋势。

未来城市道路发展趋势具体体现在道路功能细分、布局结构调整和空间结构调整。首先是对城市道路功能分类的细分。高质量发展，意味着供给对需求的充分匹配，通过对供需的细分，找出供给的短板，并进行弥补，实现高质量发展，而不是高速增长阶段平均、单一的供应。传统道路快、主、次、支的分类方法，主要是为了匹配机动交通需求，而到了绿色优先、生态文明的新时期，城市道路分类将考虑全体出行对象，尤其是要以行人、非机动车、公共交通等绿色出行主体优先，这些绿色交通需求与私人机动化出行存在竞争关系，道路分类应在体现绿色优先、注重需求混合的基础上，按照道路功能进行细分，不仅要按照道路本身物理特征的表象去划分，更要体现各项交通需求的本质，结合城市特色、道路两端城市功能、道路两侧城市用地去细分。通过道路功能细分，才能更好匹配需求，实现高质量发展。

其次是在城市道路功能细分基础上，调整道路布局结构。一方面，增量发展时期为提高道路面积供给而加宽的道路，存在交通特征与功能不相匹配的可能，也就是"路建宽了""干路修多了"。另一方面，大量封闭社区内部的道路或者步行与自行车通道，承担了小区内重要的次支路功能，但其路权相对封闭，无法承担与市政道路等开放的次支路功能，形成了"次支路缺乏"。这种干支道路布局结构的不合理带来了管理和统计口径的问题。因此，在新时期需要进一步细化道路分类，不仅要与需求匹配，还要与交通组织相匹配，更要与实际管理相匹配，以此为基础来对道路布局进行优化，体现"窄马路、密路网、完整街道"的规划理念，最终形成中共中央国务院《关于进一步加强城市规划建设管理工作的若干意见》中要求的优化街区路网结构，级配合理的道路网系统，打造真正意义上互联互通的城市道路网络。

最后是在道路布局结构优化的基础上，在存量的城市道路空间内，以道路使用与功能相匹配为目标，调整道路空间结构，切实将道路功能细分落实在道路空间分配上，充分实现道路用地资源价值。

随着城市道路供给侧在上述三方面的不断发展变化，功能分类越来越细致，空间利用越来越精细，要求城市道路的管理也更加细化加强。一方面需要精准的规则；另一方面则需要借助电子化、信息化手段，全天候、全覆盖地实现对城市道路的精细化管理，从而实现更加智能化的城市道路。

4.2.4 城市道路网规划方案评价

城市道路网规划方案评价主要是评价现有道路网的运营状况、存在问题及可能发挥的潜力，评价道路网规划方案满足未来交通需求的程度，反馈和检验道路网规划的实施效果等。

1. 城市道路网规划方案评价指标体系

城市道路网规划方案评价包括技术性能评价、经济评价和社会环境影响评价三个方面。

城市道路网的技术性能评价是从道路网的建设水平和技术性能方面，分析其建设规模与社会经济发展的适应度、交通网络的内部结构和功能，目的是揭示路网的使用质量，验证规划方案的合理性、技术可行性，为规划方案的优化和决策提供技术方面的信息和依据。

城市道路网的经济评价，是指以路网为整体的经济效益分析。城市道路交通规划的根本目的和重要原则之一，就是要以最少的投资，获得道路交通系统的最佳经济效益。因此，道路网的经济评价也是评价系统中极为重要的组成部分。一般而言，道路网的经济评价主要是指经济指标方面的计算和分析，通过比较规划方案的建设、运营费用和效益，并结合规划期的未来资金预测，对方案的经济合理性进行分析论证。

城市道路网规划实施后，除了给全社会道路使用者带来直接经济效益外，还将对规划城市的社会经济发展产生深远影响。城市道路网的社会环境评价，就是分析道路网络系统对规划区城市社会环境方面的作用和影响，包括促进国土和自然资源的开发利用、水土保持和环境保护条件的改善以及对城市政治、经济、文化古迹及风景名胜等方面的影响等。相对经济评价来说，城市道路网规划方案的社会环境评价有宏观性、长期性、多目标性、间接效益多、指标定量难等特点，从定量分析要求出发，社会环境评价是难度较大的一类评价。

从整体而言，城市道路网的经济效益、社会效益和环境效益如何，首先取决于规划方案的技术性能的好坏。遵循指标体系的完备性、简洁性、可比性和可操作性原则，城市道路网在技术性能方面的评价指标体系，可以建立起图4.13所示的分层次体系。

2. 城市道路网规划方案的主要技术指标

（1）道路网密度、干线道路密度、支线道路密度

道路网密度是指城市道路总长度与城市用地总面积之比，单位是 km/km^2。具体干线道路密度和支线道路密度指标可参考表4.5和表4.6。

（2）道路面积密度

道路网密度无法反映道路宽度以及停车场、交通广场等交通设施的整体水平，这些内容可以用道路面积密度这一指标来衡量。道路面积密度是指城市道路用地面积占城市建设总用地面积的比例，以百分比为单位。

目前我国大城市的道路面积密度多在10%左右，而世界上主要发达国家的大城市道路面积密度多在20%以上，见表4.7。道路面积密度过低，可能造成交通效率低下，但交通效率过高，会影响城市环境和景观。我国在城市规划中一般规定城市道路用地面积应占城市建设用地面积的8%～15%，对规划人口在200万以上的大城市，宜为15%～20%。

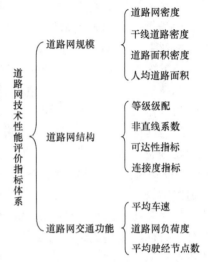

图4.13 城市道路网技术性能评价指标体系

表4.7 部分发达国家城市道路面积密度

国家	美国				德国	英国	法国	西班牙	日本		
城市	纽约	旧金山	洛杉矶	芝加哥	柏林	伦敦	巴黎	巴塞罗那	东京	大阪	横滨
道路面积密度（%）	35	14.9	50	23.4	26	23	25	15.8	15.3	17.2	10.1

（3）人均道路面积

人均道路面积是指城市道路用地面积与城市总人口之比，它反映了城市居民人均拥有的道路面积。一般来说，规划城市人口人均占有道路用地面积宜为 $7～15m^2$。其中：道路用地面积宜为 $6.0～13.5m^2$/人，广场面积宜为 $0.2～0.5m^2$/人，公共停车场面积宜为 $0.8～1.0m^2$/人。

（4）等级级配

道路网的等级级配是指快速路、主干路、次干路及支路等不同等级道路的数量之比。城市道路网必须具有合理的等级级配，以保证高等级道路向低等级道路的有序疏散和低等级道路向高等级道路的有序汇集，从而保障整个城市道路网的高效率运作。从实际建设情况来看，我国目前的道路密度仍偏低，尤其反映在支路数量偏少、密度偏低，导致大量的到达性交通、近距离交通也需要依赖干路网实现，造成我国大城市干路网上交通复杂、车速慢、两侧干扰多的现象。

（5）非直线系数

非直线系数是衡量城市道路网便捷程度的重要指标，它是指道路起点和终点间的实际行驶距离与空间直线距离之比。非直线系数的最小值为1，非直线系数越小则交通越便捷。

城市干道或公共交通线路的非直线系数应在1.4以下，最好控制在1.1～1.2之间。

不同类型道路网的非直线系数也有差异，比如方格网式路网的最大非直线系数是1.41，

放射环式路网的非直线系数是 1.1~1.2，放射环式优于方格网式。

此外还有其他技术指标，如可达性指标用来评价各交通区到达干道网的便捷程度，可以用交通距离或交通时间来衡量；连接度指标用来评价道路网的成熟程度，连接度越高表明断头路少、成环成网率越高；道路网负荷度是路网实际交通量与通行能力之比，用来衡量路网的通畅性及适应能力。

4.3 城市道路红线、横断面和交叉口规划与设计

4.3.1 城市道路红线规划与设计

道路红线即规划道路的路幅边界线，是区分道路用地与建筑物或其他用地的分界线。在城市道路网规划时，首先要确定城市道路网的形式和各类城市道路的平面布置，然后就要进行城市道路红线的规划，将道路网规划的成果明确地落实到土地上，并成为道路建设和管理、周边建筑物布置、管线敷设等方面的法定依据。城市道路红线规划与设计的内容主要包括以下几个方面。

1. 确定道路红线宽度

道路红线是划分道路用地与建筑或其他用地之间的界限，红线宽度是指道路两条红线之间的宽度，表示道路用地范围。道路红线宽度的组成包括机动车道、非机动车道、人行道、设施带、绿化带及远期发展用地等各部分所需宽度的总和。

道路红线宽度是与城市规模、道路功能、道路两侧用地性质、交通流量等内容相关的，红线宽度的确定必须结合实际情况，同时也要考虑远近期相结合。目前大部分城市的交通量都在持续增长，道路红线宽度如果规划过窄，可能难以满足城市交通发展要求，造成交通效率低下甚至交通堵塞。而且一旦道路两侧的建筑建成后，也会给以后道路拓宽带来很大困难。但是道路红线宽度规划过宽，会造成土地的浪费，也会给行人过街、两侧地块联系等带来不便。

道路红线宽度应优先满足城市公共交通、步行与非机动车交通通行空间的布设要求，根据城市道路承担的交通功能和城市用地开发状况，以及工程管线、地下空间、景观风貌等布设要求综合确定。一般来说，规划人口规模 50 万及以上城市道路红线宽度不应超过 70m，20 万~50 万的城市不应超过 55m，20 万以下城市不超过 40m。对于城市公共交通、步行与非机动车，以及工程管线、景观等无特殊要求的城市道路，道路红线宽度取值建议见表 4.8。

表 4.8 无特殊要求的城市道路红线宽度取值

道路分类	快速路（不包括辅路）		主干路			次干路	支路	
	Ⅰ	Ⅱ	Ⅰ	Ⅱ	Ⅲ		Ⅰ	Ⅱ
双向车道数/条	4~8	4~8	6~8	4~6	4~6	2~4	2	—

道路分类	快速路（不包括辅路）		主干路			次干路	支路	
	Ⅰ	Ⅱ	Ⅰ	Ⅱ	Ⅲ		Ⅰ	Ⅱ
道路红线宽度/m	25~35	25~40	40~50	40~45	40~45	20~35	14~20	—

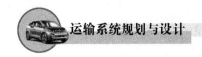

2. 确定道路红线位置

道路红线规划是城市规划的重要组成部分，也是各类城市规划的强制性内容。道路规划红线一般应随相同层次的城市规划同步编制、同步报批，或在道路系统专项规划中确定。例如《上海市道路规划红线管理暂行规定》中规定"上海市城市总体规划确定市域干道系统的快速路、主干路的道路规划红线；中心城分区规划和控制性编制单元规划、区（县）域总体规划、新城及新市镇总体规划确定区域内城市干道系统的次干路以上道路规划红线；控制性详细规划确定城市支路及支路以下道路规划红线。道路规划红线也可以通过编制道路系统专项规划，并经相应层次的城市规划综合平衡后确定。"

道路红线的位置一般是通过确定道路中心线的走向、道路控制点的坐标和高程来控制的。道路控制点是道路中线的转折点和各条道路的相交点。

一般来说，道路红线位置的实现有以下两种方式。

1）新区道路：一般先规划道路红线，然后建筑物依照红线逐步建造，道路依照规划断面，分期修建，逐步建成。

2）旧区道路：一种是通过一次规划建设达到红线宽度，这种情况比较简单，但考虑到旧有建筑拆迁困难，目前采用较少；另一种是通过两侧建筑物按照规划红线逐步改建、逐步形成，这种情况目前比较普遍。

4.3.2 城市道路横断面规划与设计

城市道路横断面是指垂直于道路中心线的道路剖面，它由车行道、人行道、分隔带、绿地等组合而成。城市道路横断面规划与设计的主要任务是根据城市道路网的结构和布局形式、不同类别城市道路的功能和交通特性，合理选择城市道路的横断面形式，并在满足城市道路的交通、环境、公用设施管线敷设等要求的前提下，经济、合理地确定其各组成部分的宽度和位置等。

1. 道路横断面形式

我国《城市道路工程设计规范》（CJJ 37—2012）将城市道路横断面形式分为单幅路、双幅路、三幅路及四幅路。

（1）单幅路

单幅路俗称"一块板"断面，各种车辆在车道上混合行驶（图4.14）。单幅路适用于机动车交通量不大，非机动车较少的次干路、支路，以及用地不足、拆迁困难的旧城市道路。

（2）双幅路

双幅路俗称"两块板"断面，在车道中心用分隔带或分隔墩将行车道分为两幅，上、下行车辆分向行驶（图4.15）。双幅路适用于单向两条机动车车道以上，非机动车较少的道路。有平行道路可供非机动车通行的快速路和郊区道路以及横向高差大或地形特殊的路段，亦可采用双幅路。

（3）三幅路

三幅路俗称"三块板"断面，中间一幅为双向行驶的机动车车道，两侧分别为单向行驶的非机动车车道（图4.16）。三幅路适用于机动车交通量大，非机动车多，红线宽度大于或等于40m的道路。

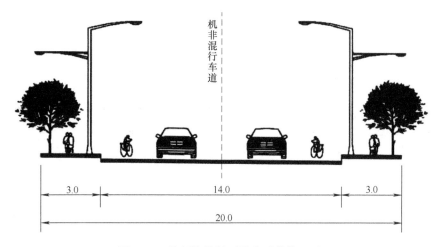

图 4.14　单幅路横断面形式（单位：m）

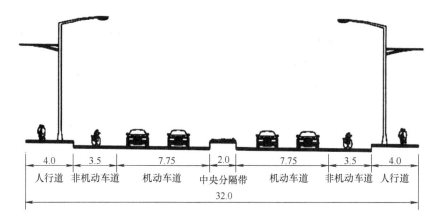

图 4.15　双幅路横断面形式（单位：m）

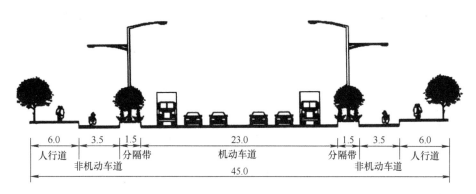

图 4.16　三幅路横断面形式（单位：m）

（4）四幅路

四幅路俗称"四块板"断面，是在三幅路的基础上，再将中间机动车道部分用中央分隔带分隔为两幅，分向行驶（图4.17）。四幅路适用于机动车速度高，单向两条机动车车道

123

以上，非机动车多的快速路与主干路。

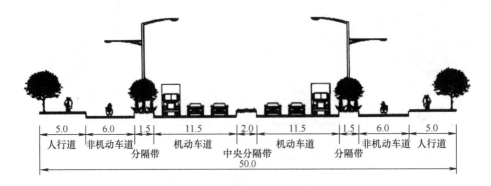

图 4.17 四幅路横断面形式（单位：m）

2. 道路横断面形式的选择

城市道路横断面形式的选择主要取决于道路的性质、等级和功能要求，同时还要综合考虑环境和工程设施等方面的要求。其基本原则如下。

（1）符合城市道路系统对道路的性质、等级和红线宽度等方面的要求

首先要从规划部门取得城市道路网规划关于道路等级、道路性质、红线宽度、断面形式、两侧建筑物性质与层高等资料，并向有关单位收集或调查现状和远期的车、人交通流量及流向、车辆组成种类、地下管线资料等，综合考虑高速与常速、交通性与生活性、混行与分行的功能要求，确定横断面各组成部分的基本构成和形式。

（2）满足交通畅通和安全的要求

道路横断面设计要满足道路上通行的各类交通的交通流量及其发展的要求，这是确定道路横断面交通通行部分尺寸的基本原则。考虑到我国城市道路非机动车和行人流量都很大的实际情况，机动车专用系统的发展、机动车非机动车的分离和分流、非机动车（主要指自行车）车道的设置、混行道路向机动车道和自行车专用道过渡的可能、人行安全的考虑、港湾式停靠站的设置、交叉口的拓宽等都应加以综合分析与研究。

（3）充分考虑道路绿化的布置

城市道路绿化能起到保护环境、有利于交通安全和美化城市的作用。道路绿化可以结合分隔带和人行道进行布置，不但可以营造绿化环境，还可以隔离不同类型交通的相互干扰，也可作为横断面其他组成部分发展的备用地。

（4）满足各种工程管线布置的要求

要综合考虑各种工程管线及构筑物布置、相互间的配合和合理安排，避免沿路的地上、地下管线与各种构筑物以及人防工程等的相互干扰，还要保证它们有发展余地并便于维修。为保证路上雨水的排除，设计中还要考虑道路路拱的形式和横坡。

（5）要与沿路建筑和公用设施的布置要求相协调

如商业区道路两侧大多是商店、餐饮类建筑，这样的道路，一般就不宜采用有各种隔离带的横断面形式。

（6）要考虑现有道路改建工程措施与交通组织管理措施的结合

道路改建除采取增辟车行道、拓宽道路等措施外，还可通过邻近各条道路的互相调节，采取机动车与非机动车分行、单向行驶等措施，来提高道路通行能力和保证交通安全。

（7）要注意节省建设投资，节约城市用地

城市道路建设所需的资金量很大，同时还要占用大量的宝贵用地。所以在道路设计中，在满足道路交通功能的前提下，应充分考虑节省建设投资和节约城市用地的因素。

综合来看，各类别城市道路的适用横断面形式可参考表4.9。

表4.9 各类别城市道路的适用横断面

道路类别	横断面形式			
	单幅路	双幅路	三幅路	四幅路
快速路		√		
主干路		√		√
次干路	√	√	√	
支路	√			

4.3.3 城市道路交叉口规划

交叉口是城市道路网中的瓶颈，是制约道路通行能力的咽喉。道路交叉口规划的主要任务是根据道路网整体布局方案，通过分析相交道路的类别、等级、交通流量流向、公交站点位置、周围用地性质等因素，确定城市道路网中各交叉口的形式、用地范围和控制方式。

1. 道路交叉口形式与选择

（1）道路交叉口形式

根据《城市道路交叉口规划规范》（GB 50647—2011），道路交叉口按照相交道路的空间关系分为平面交叉口和立体交叉口两种形式。

平面交叉口按形状可分为十字形、T形、X形、Y形、四路以上和其他畸形交叉等；按交通组织方式可分为信号控制交叉口（平A类）、无信号控制交叉口（平B类）、环行交叉口（平C类）。信号控制交叉口应分为进、出口道展宽交叉口（平A1类）和进、出口道不展宽交叉口（平A2类）；无信号控制交叉口应分为支路只准右转通行交叉口（平B1类）、减速让行或停车让行标志交叉口（平B2类）和全无管制交叉口（平B3类）。

道路立体交叉根据相交道路等级、交叉范围内的交通流运行特征以及有无非机动车干扰等，可划分为枢纽立交（立A类）、一般立交（立B类）和分离式立交（立C类）。

除道路与道路交叉以外，城市道路还可能与轨道交通交叉，其交叉口形式可分为平面交叉和立体交叉。

（2）道路交叉口选型

根据《城市道路交叉口规划规范》（GB 50647—2011），在道路网规划控制性详细规划阶段，应确定各类交叉口的类型，见表4.10。

表 4.10　道路交叉口选型

交叉口类型	选型	
	应选类型	可选类型
快 – 快交叉	立 A 类	—
快 – 主交叉	立 B 类	立 A 类或立 C 类
快 – 次交叉	立 C 类	立 B 类
主 – 主交叉	平 A1 类	立 B 类中的下穿型菱形立交
主 – 次交叉	平 A1 类	—
主 – 支交叉	平 B1 类	平 A1 类
次 – 次交叉	平 A1 类	—
次 – 支交叉	平 B2 类	平 C 类或平 A1 类
支 – 支交叉	平 B2 类或平 B3 类	平 C 类或平 A2 类

注：1. 当城市道路与公路相交时，高速公路应按快速路、一级公路应按主干道、二/三级公路按次干路、四级公路按支路，确定与公路相交的城市道路交叉口的类型。

2. 小城市干 – 干交叉口可按表中的次 – 次交叉口确定，干 – 支交叉口可按次 – 支交叉口确定。

2. 道路交叉口规划内容

道路交叉口规划需分别满足城市总体规划、城市分区规划、控制性详细规划、交通工程规划各阶段的内容规定。通过编制城市综合交通规划，将其中交叉口规划成果纳入城市总体规划。通过编制交通工程规划，明确工程设计阶段交叉口的控制性条件与关键要素。

（1）城市总体规划阶段

道路交叉口规划要与规划道路网系统及道路系统整体宏观交通组织方案相协调，明确不同区域交叉口交通组织策略以及选择不同类型交叉口形式的基本原则，确定道路系统主要交叉口的布局。按相交道路的类型及功能，选择立体交叉的类型、框定立体交叉用地范围，合理控制互通式立体交叉的规划间距，协调与周围环境及用地布局的关系。

（2）城市分区规划阶段

道路交叉口规划要与分区规划道路网系统及分区道路系统整体宏观交通组织方案相协调，明确立体交叉及主、次干路相交交叉口的整体布局。优化立体交叉类型，确定主、次干路相交交叉口的类型。确定立体交叉及主、次干路相交交叉口控制点坐标、标高和红线范围。

（3）控制性详细规划阶段

道路交叉口规划要结合道路系统宏观交通组织方案，明确交叉口微观交通组织形式，确定各类交叉口控制点坐标及标高。立体交叉规划要根据交通功能、用地条件等因素，结合交通需求分析，进行方案比选，经技术、经济综合比较后明确推荐方案，并确定立体交叉口红线范围。平面交叉口规划要提出平面布局初步方案，并确定红线范围。根据交叉口初步方案，提出交叉口附近道路外侧规划用地和建筑物出入口控制要求。

（4）交通工程规划阶段

根据道路红线控制范围、交叉口规划的现实条件、交通需求等因素，编制交叉口微观交通组织方案，并与道路系统整体宏观组织、周边用地规模、用地性质、景观、环境条件等相协调。审核前面阶段提出的交叉口初步方案，结合地形、地物及相关标准对初步方案进行完善和细化。确定立体交叉各组成部分的规划方案，包括主线、匝道、变速车道、集散车道、辅助车道、辅路等，提出平面交叉口渠化布局方案及相适应的信号控制方案，明确重要技术参数的取值及上下游交叉口的信号协调关系。确定交叉口规划范围内公交停靠站及行人与非机动车过街设施布局方案、交通安全与交通管理设施布局方案。确定交叉口用地规模，估算改建与治理交叉口的用地拆迁量，进行规划方案评价。

3. 道路交叉口规划范围

平面交叉口规划范围包括构成该平面交叉口各条道路的相交部分和进口道、出口道及其向外延伸 10~20m 的路段共同围成的空间（图 4.18）。新建、改建交通工程规划中的平面交

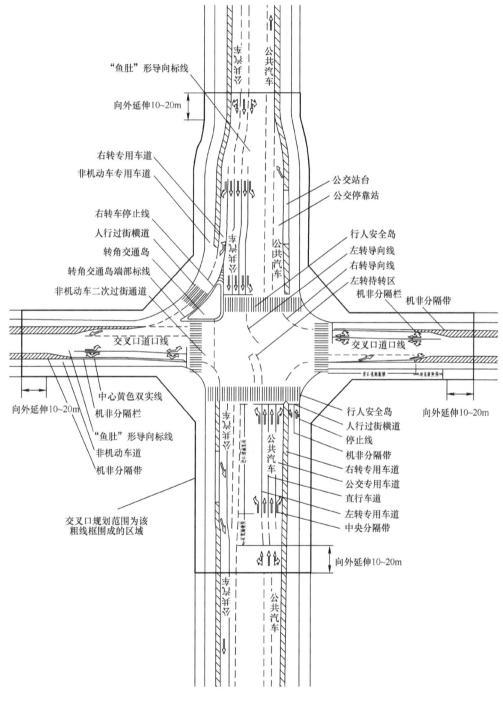

图 4.18 平面交叉口规划范围

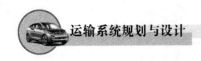

叉口规划，必须对交叉口规划范围内规划道路及相交道路的进口道、出口道各组成部分进行整体规划。

立体交叉口规划范围包括相交道路中线投影平面交点至相交道路各进出口变速车道渐变段及其向外延伸 10～20m 的主线路段间共同围成的空间（图 4.19）。

交叉口的规划范围可根据所需交通设施及其管线的要求适当扩大。

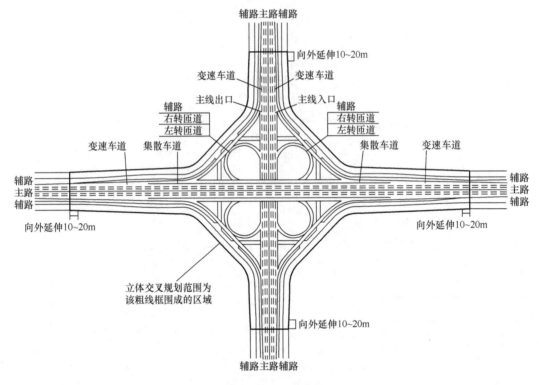

图 4.19　立体交叉口规划范围

思 考 题

1. 简述城市道路发展历程和道路规划目标的变化。
2. 简述城市道路的发展趋势。
3. 简述城市道路功能分类体系。
4. 简述城市道路规划评价指标体系。
5. 简述城市道路横断面形式与选择原则。
6. 简述城市道路交叉口选型原则。

第5章

Chapter 5

智慧高速系统规划与设计

5.1 高速公路系统概述

智慧高速系统
规划与设计

高速公路属于高等级公路，是现代化基础设施体系的重要组成部分。高速公路建设情况反映了一个国家和地区的交通发达程度，是构筑交通现代化的重要标志，也是经济发展的重要支撑和必然产物。

我国高速公路建设起步相对较晚，但是整体发展较快。自1988年我国建成第一条高速公路以来，高速公路发展迅速。2012年底，我国高速公路通车总里程达9.6万km，跃居世界第一，2021年底，我国高速公路通车总里程为16.91万km，继续稳居世界第一。同时，随着新技术快速兴起，高速公路也在进行着智慧升级。

5.1.1 高速公路的功能和特点

《公路工程技术标准》规定，高速公路为专供汽车分向行驶、分车道行驶，全部控制出入的多车道公路。我国高速公路主要连接全国重要城市、工业中心、交通枢纽及陆上口岸，是国家及省的重要干线公路。高速公路具有有别于普通公路的功能和特点。

（1）实行交通限制

交通限制主要表现为对车辆和车速进行限制。高速公路规定非机动车和车速有限对交通造成妨碍和危险的车辆均不得使用高速公路。高速公路应当标明车道的行驶速度，最高车速不得超过120km/h，最低车速不得低于60km/h。

（2）实行分隔行驶

分隔行驶主要包括两个方面：一是针对对向行驶的车辆，通过设置中间带实行分隔，从而杜绝对向车流的干扰；二是针对同向行驶的车辆，至少设有两条以上的车道，并用画线的方法使快慢车辆分道行驶，以减少超车和同向车流车速差造成的干扰。

（3）严格控制出入

严格控制出入表现为对进出高速公路的车辆严格控制，以消除侧向干扰，保证车辆的高速运行。对车辆控制出入主要采用立体交叉，规定车辆只能从指定的互通式立交匝道出入。同时，采取高路堤、护栏、高架桥等措施，对人畜进行控制，实行全封闭，从而保证高速公路上汽车的快速、安全行驶。

（4）线形标准高、交通与服务设施完善

高速公路设有许多附属设施，如安全设施（防撞护栏、反光标志等）、监控设施、紧急电话和服务区等。这些高质量的设施充分保障了车辆行驶的快速、安全、舒适，保证高速公

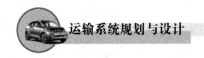

路所适应的运输距离。

5.1.2 高速公路的效益和作用

1. 高速公路的效益

高速公路的出现与发展是国民经济发展的必要结果。高速公路的效益可以从经济效益和社会效益这两方面展开说明。

（1）经济效益

高速公路是社会经济发展的必然产物，它促进了生产力的发展，带来了很大的经济效益，包含直接经济效益与间接经济效益。直接经济效益指的是节省运输时间，提高汽车使用效率所带来的经济效益；降低行驶费用（包括油耗、车耗、轮耗等损耗费用）带来的经济效益；减少货物运输损坏带来的经济效益。间接经济效益指的是由于高速公路的修建，促进了沿线地区的经济发展，对地区性经济开发发挥了巨大的作用，具有很大的经济效益。

（2）社会效益

高速公路带来的社会效益包括：促进社会的生产和运输的合理化，促使该区域的工农业及各方面生产的布局更为合理；促进沿线经济发展和资源的开发，有利于地方经济和一些特殊事业的发展；加速物质生产和产品流通，从而达到扩大再生产的目的；促进水运、铁路、高速公路的联运，使产品运输更为直接、便利、快速、准时，从而最大限度地提高运输效率，降低运输成本；有利于城市人口的分散和卫星城镇的开发。修建高速公路后，沿线小城镇、小型工业的兴建，使城市人口向郊外分散，城市主要居住区转向周围卫星城，既促进了地区发展，又缓解了城市人口集中的矛盾；高速公路的建设对战时集中或疏散物资和人员，快速反应调动部队和军事装备也起着重要的作用。

2. 高速公路的作用

虽然高速公路总里程占全国公路总里程的比例不高，但却承担了较高份额的客货运输量，因此高速公路是各国交通运输的主动脉。

我国国家高速公路网的作用和效益表现在以下几方面。

1）"以人为本"：最大限度地满足人的出行要求，创造出安全、舒适、便捷的交通条件，使用户直接感受到高速公路系统给生产、生活带来的便利。

2）"服务经济"：强化高速公路对于国土开发、区域协调以及社会经济发展的促进作用，贯彻国家经济发展战略。

3）"综合运输"：注重综合运输协调发展，国家高速公路网规划路线连接全国所有重要的交通枢纽城市，有利于各种运输方式优势互补，形成综合运输大通道和较为完善的集疏运输系统。

4）"可持续发展"：高速公路将进一步促进国土资源的集约利用、环境保护和能源节约，有效支撑社会经济的可持续发展。

5.1.3 智慧高速公路内涵与发展

智慧高速公路是大数据时代的高速公路新形态。它基于通信技术、控制技术和信息技术等，形成具备信息化、智能化、社会化的交通运输综合管理、运营服务和控制系统，从而实现高速公路的健康、和谐、可持续发展。

　　智慧高速公路是一个不断发展、不断完善的过程，是基于高速公路现有基础，利用新技术和现代化手段不断推陈出新的过程。随着技术进步和认识提升，智慧高速公路会不断丰富其内涵，智慧高速公路正在不断利用新技术、新手段、新机制、新体制，对各类资源进行科学配置，实现智慧管理和智慧服务的高速公路。

　　随着新兴技术的进一步发展，智慧高速公路的可靠性和实用性将得到进一步提升，从而使得其更高效、更安全、更环保、更智能。新技术、新材料、新工艺、新产品的发展将有助于降低智慧高速系统关键技术的研发周期和部署成本，从而促进该系统的大规模推广。同时，封闭场地建设、强化软硬件部署、开放道路测试、开展测试验证等工作将从测试落地层面加快推进智慧高速公路发展。

　　在实际建设中，智慧高速公路也面临诸多挑战，例如：智慧高速公路的部分功能与现实发展情况不符（或超前）；智慧高速公路设计与建设方案中场景较为单一，尚待丰富；当前智慧高速缺乏数据规范与标准，导致技术应用迁移性与复制性较差；通信稳定性、诱导有效性与信息安全等问题未有效解决。与此同时，如何利用智慧高速公路解决传统高速公路难以解决的问题，如何实现全新智慧高速公路与现有的 ITS 的融合，将是未来研究的难点和重点；如何通过国家法律法规及政策的规制等多方面促进智慧高速公路的长足发展。

5.2　传统高速公路规划与设计

　　高速公路是国家经济建设和国防建设的基础设施，是经济发展的必然产物，是社会经济和综合运输系统的子系统。社会经济水平和交通需求决定了高速公路交通的发展，与此同时，高速公路也影响了工业化和城市化发展水平。随着建设投资的增加和科学技术水平的不断发展，我国高速公路建设事业取得了长足的发展。

5.2.1　高速公路规划

1. 高速公路规划基本原则
（1）先行于社会经济发展原则

高速公路是国民经济的重要基础设施，在规划的前期阶段就要制定出高速公路规划的总体格局。从规划初期开始，相关规划人员要对规划区域的土地利用性质、社会经济发展、城镇布局规划等进行全面认识和预测，按照社会经济发展的未来总体目标要求提出高速公路规划先行于社会经济发展的战略思想，从而制定出高速公路规划的总体格局。

（2）系统协调与长远发展原则

现代交通运输体系是一个由铁路、公路、水运、民航和管道运输所构成的系统，庞大而复杂。高速公路规划须按照系统工程的观点，即区域内外的公路运输与其他运输方式是一个相互联系的有机整体，同时重视高速公路与一般公路之间的关系。通过全面性的综合分析，进行整体性的、系统性的宏观控制和规划。同时，高速公路规划建设工程成本巨大、影响深远，因此，在规划过程中需要做到高瞻远瞩、合理布局和科学安排，避免在建设决策和布局方面的随意性、重复性和盲目性。

（3）工程经济性原则

高速公路建设占地多、投资大、造价高。在制定规划时，要注意满足发展目标和技术要

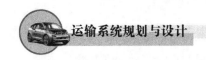

求，同时认真研究如何充分利用现有基础设施，珍惜土地资源，节约建设成本，使规划方案既满足社会经济发展战略要求，又具有良好的工程经济性。

（4）环境保护原则

高速公路在建设过程中容易导致环境破坏，因此在规划阶段需要重视对环境的保护。高速公路的规划应当提前考虑高速公路建设过程中对施工场地周边环境的保护和高速公路运营期间交通尾气、交通噪声、路面污水等污染的处理。

2. 高速公路规划流程

高速公路网作为具有复杂系统特性的区域公路网的重要组成部分，其规划研究必须以系统分析原理为理论基础，即通过定量分析系统诸元素之间、系统与环境因素之间的相互关系，以系统功能及综合效益为目标，运用多种数学分析方法对系统进行整体优化，如图5.1所示。

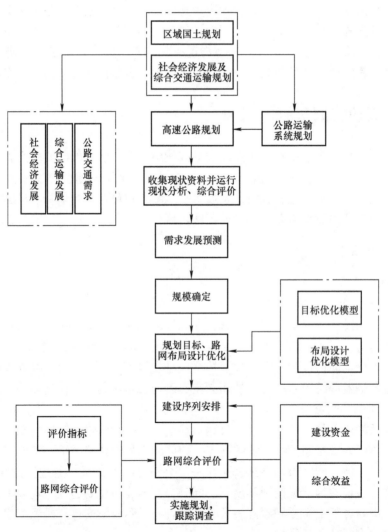

图5.1 高速公路规划流程图

高速公路规划从确定规划目标开始，以区域公路交通现状分析为着手点，根据社会经济发展趋势和公路交通需求预测，确定合理的发展规模，并进行公路网设计和建设序列安排，综合评估规划方案。整个规划过程各环节紧密相扣。因此在整个规划过程中，每一阶段的工作都需要有全局观。

3. 高速公路通行能力

道路通行能力（Capacity）指的是在一定的道路和交通条件下，道路上某一路段或某交叉口单位时间内通过某一断面的最大车辆数，记作 C，单位是辆/h。研究道路通行能力是为了设计与通行能力相适应的道路交通设施，提出改善车流行驶状况的建议与措施，从而达到期望的通行能力。另外，通行能力也是规划新建道路及其技术等级的依据。

影响通行能力的因素很多，主要分为道路条件和交通条件。道路条件包括道路的几何组成，比如道路线形、车道宽度等，以及道路的沿途条件，即道路沿线两侧的街道化程度。交通条件是指车辆组成、车道分布、交通量变化、交通管制、交通管理措施等。路段通行能力可分为基本通行能力、可能通行能力和实际通行能力三种。

（1）基本通行能力

基本通行能力是在理想道路条件和交通条件下的通行能力。

理想的道路条件是指：

1）足够的道路车道宽（≥3.50m）。

2）足够的侧向余宽，即外侧车行道边缘至路旁障碍物（例如护墙、电杆、灯柱、护栏等）之间应有足够的距离（≥1.75m）。

3）足够的视距，合格的线形（例如弯道、纵坡等）。

4）路况良好。

理想的交通条件是指：

1）单一标准车型的连续流，一般国家规定为小轿车流。

2）与理想道路条件相适应的车速行驶。

高速公路很难达到理想的道路和交通条件，因此高速公路最大可能通过的车辆数一般都低于基本通行能力。

基本通行能力又称为理论通行能力，计算公式如下：

$$C_{基} = \frac{3600}{T} = \frac{1000v}{S} \tag{5.1}$$

式中，T 为最小车头时距（s）；v 为行驶速度（km/h）；S 为最小车头间距（m）。

（2）可能通行能力

可能通行能力是指道路实际所能承担的最大交通量。计算可能通行能力是以基本通行能力为基础，考虑到实际的地形、道路和交通状况，确定其修正系数，再以此修正系数乘以前述的基本通行能力，即得实际道路、交通在一定环境条件下的可能通行能力。计算公式如下：

$$C_{可} = kC_{基} \tag{5.2}$$

式中，k 为修正系数，$k = k_1 k_2 k_3 k_4 k_5$，其中 k_1 是车道宽度修正系数，k_2 是侧向余宽修正系数，k_3 是纵坡修正系数，k_4 是视距修正系数，k_5 是沿途条件修正系数。

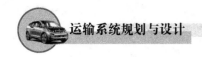

（3）实际通行能力

实际通行能力是指在实际的道路条件和交通条件下的通行能力。从量上来说，它是对基本通行能力做（比可能通行能力）更大的修正而得到的通行能力。计算公式如下：

$$C_{实} = k_1' k_2' k_3' k_4' k_5' C_{基}'$$ （5.3）

式中，k_1'、k_2'、k_3'、k_4'、k_5'分别为比k_1、k_2、k_3、k_4、k_5更小的修正系数。

4. 高速公路经济分析与环境影响分析

高速公路规划应综合考虑工程与环境相互影响，考虑工程实施与环境资源的关系，在环境与经济相统一的基础上进行规划，也就是强调规划与环境的协调。通过环境影响分析，充分考虑公路规模、布局及环境保护的要求，以保证在项目实施后，把对环境造成的影响限制在不至于引起严重后果的范围内。

（1）经济分析原理与经济分析方法

资金的时间价值是高速公路经济分析的重要部分，它是指资金在时间延续过程中的增值。在对资金的时间价值进行分析的时候，有一个重要指标——现值。工程项目的现值是指对工程的某一个时刻（通常是在工程项目建设的前一年）进行评价时货币的时值，即货币的现值。而将过去时刻的货币价值折算成为货币的现值，称之为折现。折现过程中的折算比例称为折现率，也称为利息率。折现率是度量资金时间价值的尺度。为了对各方案进行经济对比，通常是将各方案的逐年收支费用折现成现值，再根据现值进行比较。工程项目的现值是工程项目的各个单项现值之和。

高速公路工程项目可以从经济层面选出多个项目中的最优选择，常用的经济分析方法包括累计现金流通法、净现值（NPV）法、内部收益率（IRR）法、成本现值（PV）法与年度等值成本（EAC）法、效益成本比（BCR）法、投资回收期法。

（2）环境影响分析

公路建设项目对环境的影响是多方面的，主要表现为社会经济的影响，大气质量、噪声的影响，生态环境的影响及地质水文的影响。

环境影响可以分为两类：初级影响和次级影响。初级影响为由项目直接导致，比如高速公路上的噪声污染。而次级影响是项目对环境产生的间接影响，比如项目对于周边地区社会活动的影响。初级影响容易定量分析，而次级影响难以定量描述。值得注意的是，不管是初级影响还是次级影响，都具有正负两面。

5.2.2　高速公路设计

1. 高速公路总体设计

总体设计是指在公路设计之前对公路的走向、布局、路线方案等方面的总体安排和涉及的工作，是公路具体设计的依据和基础。高速公路成本巨大、工程复杂，因此高速公路应做好总体设计，充分考虑各种因素。总体设计应考虑的因素如下：

1）根据路线在路网中的位置、功能，综合考虑社会经济发展和自然资源等因素，确定本项目起讫点、主要控制点以及与之相互平行、交叉等项目的衔接关系。

2）科学确定技术标准，合理运用技术指标，注意地区特性与差异，精心做好路线设计，必要时宜进行安全性评价，以保障行车安全。

3）应在查明路线走廊带的自然环境、地形、地质等条件的基础上，认真研究路线方案或工程建设同生态环境、资源利用的关系，采取工程防护与生态防护相结合等技术措施，减少对生态环境的影响。

4）做好同综合运输体系、农田与水利建设、城市规划等的协调与配合，充分利用线位资源，合理确定建设规模，切实保护耕地，使走廊带的自然资源得以充分利用，公路建设得以可持续发展。

5）总体协调公路工程各专业间、相邻行业间和社会公众间的关系，其设计界面、接口等应符合相关要求或规定，并注意听取社会公众意见。

6）路线方案比选应对设计、施工、养护、营运、管理的各阶段，从安全、环保、可持续发展理念出发，运用全寿命周期成本分析方法进行论证，采用综合效益最佳、服务质量最好的设计方案。

2. 高速公路选线原则及平面线形设计

（1）选线原则

选线是在规划道路的起终点之间选定一条技术上可行，经济上合理，又能符合使用要求的道路中心线的工作。高速公路选线涉及面广，影响因素众多。高速公路的选线需要综合考虑多种因素，妥善处理好各方面的关系。其基本原则如下：

1）应针对路线所经地域的生态环境、地形、地质的特性和差异，按拟定的各控制点由面到带、由带到线，由浅入深、由轮廓到具体，进行比较、优化与论证。同一起、终点的路段有多个可行路线方案时，应对各设计方案进行同等深度的比较。

2）影响选择控制点的因素多且相互关联，又相互制约，应根据公路功能和使用任务，全面权衡、分清主次，处理好全局与局部的关系，并注意由于局部难点的突破而引起的关系转换给全局带来的影响。

3）应对路线所经区域、走廊带及其沿线的工程地质和水文地质进行深入调查、勘察，查清其对公路工程的影响程度。遇到滑坡、崩塌、岩堆、泥石流、岩溶、软土、泥沼等不良工程地质的地段应慎重对待，视其对路线的影响程度，分别对绕、避、穿等方案进行论证比选。当必须穿过时，应选择合适的位置，缩小穿越范围，并采取切实可行的工程措施。

4）选线应该注意保护生态环境和国家文物，严格保护耕地。同时在选线设计中，尽可能让公路与周边环境相协调，使公路本身成为一种可供欣赏的线形景观。

5）高速公路同作为路线控制点的城镇相衔接时，以接城市环线或以支线连接为宜，并与城市发展规划相协调。

6）路线设计是立体线形设计，从驾驶人的角度来看，公路应该具有优美的三维空间外观。在选线时即应考虑平、纵、横面的相互组合与合理配合。

一般所说的路线，是指道路中线的空间位置。路线在水平面上的投影称作路线的平面线形。路线设计是指确定路线空间位置和各部分几何尺寸的工作。为方便设计，路线设计分解为路线平面线形设计、路线纵断面设计和路线横断面设计，三者相互配合，同时更要与地形、地物、环境、景观相协调。

（2）平面线形设计

高速公路平面线形三要素分别为直线、圆曲线和缓和曲线。

1）直线。直线是平面线形设计的基本要素之一。直线过长或过短，对于行车都是不安全的。因此需要对直线的最大长度和最小长度加以限制。

① 直线的最大长度。我国地形变化复杂，很难对直线的最大长度做出统一的规定。一般认为，直线的最大长度，在城镇及其附近或其他景色有变化的地点大于 20V（m）是可以接受的；在景色单调的地点最好控制在 20V（m）以内；而在特殊的地理条件下应特殊处理，进行某种限制是不现实的。直线的最大长度应与地形、景观相协调，不强定设置长直线和不必要的曲线。

② 直线的最小长度。为了保证线形的连续和驾驶的方便，相邻两曲线之间应有一定的直线长度。《公路路线设计规范》规定，两圆曲线间以直线径相连接时，直线的长度不宜过短。其中包括同向曲线间的直线最小长度与反向曲线间的直线最小长度。

a. 同向曲线间的直线最小长度：同向曲线是指两个转向相同的相邻曲线之间连以直线而形成的平曲线。互相通视的同向曲线间若插以短直线，容易让驾驶人把两个曲线看成是一个曲线，危害行车安全。因此，《公路路线设计规范》规定：当设计速度大于或等于 60km/h 时，同向圆曲线间最小直线长度（以 m 计）以不小于设计速度（以 km/h 计）的 6 倍为宜。在受到条件限制时，宜将同向曲线改成大半径曲线或将两曲线做成复曲线、卵形曲线或 C 形曲线。

b. 反向曲线间的直线最小长度：考虑到设置超高和加宽缓和的需要，以及驾驶人转向操作的需要，两相反曲线间的直线最小长度应予限制。《公路路线设计规范》规定：当设计速度大于或等于 60km/h 时，反向曲线间的直线最小长度（以 m 计）以不小于设计速度（以 km/h 计）的 2 倍为宜。当直线两端设有缓和曲线时，可直接相连，构成 S 曲线，即两个反向圆曲线用缓和曲线直接相连。

2）圆曲线。在高速公路平面定线中，圆曲线是使用最多的基本线形。圆曲线在现场容易设置，可以自然地表明方向的变化。采用平缓而适当的圆曲线，既可引起驾驶人的注意，又起到诱导视线的作用。

① 圆曲线半径计算。汽车在曲线上行驶时，不仅受到重力作用，还受到离心力作用。离心力对汽车在平曲线上行驶的稳定性影响很大，曲线半径越小越不利。根据汽车行驶在圆曲线上的受力平衡方程可得

$$R = \frac{V^2}{127(\mu \pm i_h)} \tag{5.4}$$

式中，R 为圆曲线半径（m）；V 为行车速度（km/h）；μ 为横向力系数，极限值为路面与轮胎之间的横向摩阻系数；i_h 为超高横坡度。

式（5.4）表达了横向力系数与车速、曲线半径和超高之间的关系。根据汽车行驶稳定性分析和调查资料研究，μ 值大小与行车安全、舒适、运营经济性等密切相关。因此，μ 值的选用应根据行车速度、圆曲线半径及超高横坡度的大小，在合理的范围内选择。

② 圆曲线最小半径。从汽车行驶稳定性出发，圆曲线半径越大越好。但有时因受地形等因素的限制，往往只能采用小半径的圆曲线，但是如果半径过小，又会危害行车安全。所以在线形设计中，规定一个圆曲线的最小半径限制值，以保障汽车的安全、迅速、舒适和经济，并兼顾美观。《公路工程技术标准》规定了圆曲线最小半径有三类：极限最小半径、一般最小半径和不设超高的最小半径。其中，极限最小半径是指圆曲线半径采用的极限值，在特殊情况下采用。如要运用接近极限最小半径的值时，必须充分论证对行车安全的影响。一般最小半径是指在通常情况下汽车依设计车速能安全、舒适行驶的最小半径。在实际的设计

中，可以采用等于或接近一般最小半径的值。不设超高的最小半径是指曲线半径较大、离心力较小时，汽车沿双向路拱（不设超高）外侧行驶的路面摩擦力足以保证汽车行驶安全稳定所采用的最小半径。

《公路工程技术标准》对高速公路平面圆曲线的三个最小半径做出了规定，见表5.1。

表5.1 高速公路平面圆曲线的三个最小半径

设计速度/(km/h)		120	100	80
极限最小半径/m		650	400	250
一般最小半径/m		1000	700	400
不设超高的最小半径/m	路拱≤2%	5500	4000	2500
	路拱>2%	7500	5250	3350

选用圆曲线半径时，在与地形、地物等条件相适应的前提下，应尽量采用大半径，但圆曲线最大半径不宜超过10000m，否则容易给驾驶人带来视觉误判，危害驾驶安全，同时不利于道路养护维修。

3）缓和曲线。缓和曲线是设置在直线和圆曲线之间或半径相差较大的两个同向圆曲线之间的一种曲率连续变化的曲线，是道路平面线形要素之一。设置缓和曲线是为了使线形能够适应汽车在曲线上行驶时曲率渐变的轨迹，因此在直线和圆曲线之间插入缓和曲线。缓和曲线能够使曲率连续变化，便于车辆遵循；使得离心加速度逐渐变化，旅客感觉舒适；使得超高横坡度和加宽逐渐变化，行车更加平稳；还能够与圆曲线配合，提高线形的美观度。

① 缓和曲线的形式。缓和曲线的形式包括回旋线、三次抛物线、双纽线、n次抛物线、正弦形曲线等。回旋线目前被广泛采用，其特点是曲率半径随曲线长度的增长而减小。基本公式为

$$rl = A^2 \tag{5.5}$$

式中，r为回旋线上任意点的曲率半径（m）；l为回旋线上某点到原点的曲线长（m）；A为回旋线参数，为长度量纲，表示回旋线曲率变化的缓急程度。

② 缓和曲线的要素计算。道路平面线形的基本组合为直线—缓和曲线—圆曲线—缓和曲线—直线，如图5.2所示。其几何元素的计算公式如下：

$$q = \frac{L_s}{2} - \frac{L_s^3}{240R^2} \tag{5.6}$$

$$p = \frac{L_s^2}{24R} - \frac{L_s^4}{2384R^3} \tag{5.7}$$

$$\beta_0 = 28.6479 \frac{L_s}{R} \tag{5.8}$$

$$T = (R + p)\tan\frac{\alpha}{2} + q \tag{5.9}$$

$$L = (\alpha - 2\beta_0)\frac{\Pi}{180}R + 2L_s \tag{5.10}$$

$$E = (R + p)\sec\frac{\alpha}{2} - R \tag{5.11}$$

$$J = 2T - L \tag{5.12}$$

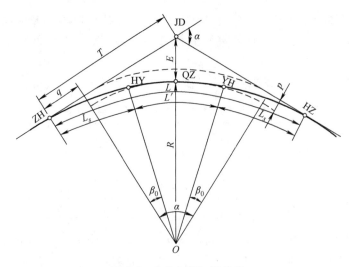

图 5.2 "基本型"平曲线

ZH—第一回旋线起点（直缓） HY—第一回旋线终点（缓圆） QZ—圆曲线中心（曲中）

YH—第二回旋线终点（圆缓） HZ—第二回旋线起点（缓直）

3. 其他设计

（1）纵断面设计

沿道路中线竖向剖切，然后展开的剖面称为道路的纵断面，它反映了道路中线原地面的起伏情况以及路线设计的纵坡情况。在纵断面图上有两条主要的线：一条是地面线，它是根据中线上各桩点的高程而点绘的一条不规则的折线；另一条是设计线，它是由设计人员定出一条具有规则形状的几何线，反映了道路路线的起伏变化情况，设计线上各点的标高称为设计标高。

纵断面设计线是由直线和竖曲线组成的。直线包括上坡和下坡，由坡度和水平长度表示，直线的设计包括最大纵坡设计、最小纵坡设计、坡长设计。纵断面上两个坡段的转折处，为了行车安全、舒适以及视距的需要，用一段曲线缓和，这一曲线称为竖曲线。竖曲线的线形有圆曲线、抛物线等，为了方便，一般采用二次抛物线作为竖曲线。

（2）横断面设计

道路的横断面是指中线上各点的法向切面，它是由横断面设计线与横断面地面线所围成的图形。横断面地面线反映了横断方向的地面起伏变化情况。横断面设计线包括行车道、中间带、路肩、边坡、边沟、截水沟、护坡道以及专门设计的取土坑、弃土堆、环境保护等设施。

横断面设计作为路线设计的重要组成部分，它和纵断面设计、平面设计相互影响，因此在设计中应综合考虑平、纵、横三个方面，通过不断的比较调整，使得各元素之间相互协调。

高速公路横断面的设计主要是根据交通性质、交通量、行车速度，结合地形、地物、气候、土壤等条件，充分考虑安全要求，进行道路行车道、中间带、紧急停车带、路肩、附加车道等的布置，确定其几何尺寸，并进行必要的结构设计以保证道路的强度和稳定性。

（3）立体交叉设计

立体交叉是指两条道路（公路与公路、公路与铁路、公路与其他通道）利用跨线构造物在不同平面上相互交叉的连接方式。立体交叉可以化解平面交叉路口的车流冲突点，使相交路线的交通流空间分隔、互不干扰，这样可以大大提高高速公路的通行能力和安全性。

立体交叉按照交通功能可以分为分离式立体交叉、互通式立体交叉。分离式立体交叉仅设一座跨线桥，上、下道路无匝道连接，这种形式占地少、构造简单，但其交通功能有限。互通式立体交叉不仅设置跨线桥使相交道路空间分离，上、下车道也有匝道连接。

立体交叉的设计应该以公路网规划为依据，在技术上、用地上、经济上可行，满足交通发展的需求。根据《公路路线设计规范》的规定，高速公路同其他各级公路、铁路及乡村道路交叉时，必须采用立体交叉。交叉类型除在控制出入的地点设置互通式立体交叉外，均采用分离式立体交叉。

5.2.3 高速公路三大机电系统

高速公路的传统三大机电系统包括收费系统、监控系统与通信系统。

1. 高速公路收费系统

高速公路建成交付使用后，对行驶其上的车辆收取通行费，用以偿还贷款，补偿建路所耗巨额资金，维持道路养护管理费用支出。

由于收费目的不同，收费公路可以分为收费还贷公路、收费经营公路和收费控制公路三种类型。

高速公路收费系统包括公路收费政策、公路收费经济理论、公路收费管理机制和公路收费技术四个方面，主要解决是否收费、为何收费、向谁收费、依据什么收费、收费多少、谁来收、如何收费、用什么手段来完成收费和对收费的评价等政策、理论和技术问题，它属于交通工程学的一个新分支。

收费系统必须考虑高速公路的交通运输特点。一方面，为增加高速公路的效益，应最大限度地吸引交通，另一方面，由于收费系统的建立、收费路障的作用，以及收费给公路使用者造成的心理障碍，难免会引起部分交通转移，因而必须制定公平合理的收费费率。为了减少使用者的缴费延误成本，以及提高高速公路的快速性、安全性和舒适性，公路收费的收费手续应尽可能简便。收费站的区位选择决定了收费站的数目，也会影响使用者付费的公平性，对使用者权益影响很大。

2. 高速公路监控系统

高速公路监控是对高速公路交通运行状态及其设施和交通环境的监测与控制。由现场监控站和各级监控中心组成的监控系统，是实现高速公路运行管理的主要手段。

高速公路监控系统根据所辖路段的道路状况和交通状况分为多种类型，主要有主线控制、隧道控制、匝道控制、通道控制和综合控制五大类。高速公路监控系统是提高高速公路现代化管理的手段之一，根据监控系统的功能要求，监控系统由信息采集子系统、信息提供子系统和监控中心三大部分组成。

（1）信息采集子系统

信息采集子系统是高速公路上设置的用来采集信息的设施和设备。采集的信息主要包括以下几个方面。

1）交通流信息。如交通量、车辆速度、车流密度、车辆构成、车重等。

2）气象信息。如风力、风向、降雨、降雪、冰冻、雾区等。

3）道路环境信息。如路面状况、隧道内的噪声、有害气体含量等。

4）异常信息事件。如交通事故、车辆抛锚、道路设施损坏、道路施工现场的异常情况等。

（2）信息提供子系统

信息提供子系统是高速公路上设置的用来向道路使用者提供道路交通信息和诱导控制指令的设备，以及向管理、救助部门和社会提供求助指令或道路交通信息的设施。信息提供子系统提供的信息主要包括以下几个方面。

1）向道路使用者提供信息。

2）向道路使用者提供建议或控制指令。

3）向管理和救助部门提供信息。

4）向社会提供信息。

（3）监控中心

监控中心是介于信息采集子系统和信息提供子系统之间的中间环节，是监控系统的核心部分。它的主要职能包括信息的接收、分析、判断、预测、确认，交通异常事件的处理决策、指令发布及设备运行状态的监视和控制等。监控中心通常由计算机系统、室内显示器和监控系统控制台组成。根据高速公路里程长短、道路路况和监控功能需求的不同，监控中心主要有集中式和分布式两种形式。

3. 高速公路通信系统

高速公路通信系统是高速公路现代化管理的支撑系统，是实现高速公路监控与收费系统的数据、话音及图像等信息准确而及时的传输，保证高速公路管理部门之间业务联络通信的畅通，并为高速公路内部各部门与外界建立必要联系的必不可少的基础设施。高速公路通信的目的在于支持高速公路管理、监控和收费等业务的传送，是提高高速公路管理水平和安全保障功能的支撑网络。高速公路通信系统应确保话音、数据及图像等各类信息准确而及时地传输，为各种先进的管理手段提供信息传输的基础。

高速公路通信系统可分为三个通信层次：第一通信层为长途网；第二通信层为地区网；第三通信层为用户网。高速公路通信系统通常由九个部分组成：主干线传输、业务电话、指令电话、紧急电话、数据传输、图像传输、广播、通信电源和通信管道。

5.3 智慧高速公路系统设计

智慧高速公路是智慧交通发展中的重要环节，其核心在于创新高速公路运行服务机制及商业模式，整合资源、统一平台、共建共享、协同管理、智慧服务。打造智慧高速公路，将加快交通运输行业科技成果的转化，充分发挥科学技术在转变发展方式、发展现代交通运输业中的支撑和引领作用。

5.3.1 总体设计

综合运用 5G、车联网、大数据、物联网、北斗定位、高精地图、人工智能、云计算、边缘计算以及数字孪生等多种新兴技术，打造创新型建设模式，推动传统基建向新基建的有效转变。智慧高速的一般设计架构如图 5.3 所示，自下而上包括感知层、通信层、平台层以及应用层。

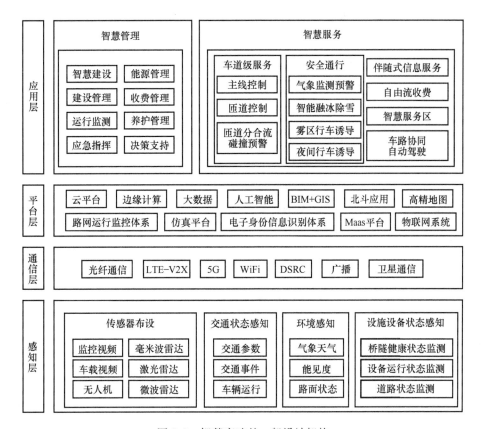

图 5.3　智慧高速的一般设计架构

5.3.2　感知层设计

在感知层中，智慧高速体系可综合多种感知手段，实现交通状态感知、环境感知和设施设备状态感知。其中，感知手段包括监控视频感知、车载视频感知、无人机感知、毫米波雷达感知、激光雷达感知、微波雷达感知等；交通状态感知包括对交通参数、交通事件和车辆运行状态的感知；环境感知包括对气象天气、能见度和路面状态的感知；设施设备状态感知包括桥隧监控状态检测、设备运行状态检测以及道路状态监测。

1. 多源感知

监控视频感知采用视频监控感知设备，实现对全线的远程实时监视，为用户提供可视化视频信息。视频监视手段是延伸监控管理人员视野的有力工具，它通过实时、直观地再现道路现场的实况，使监控管理人员在监控中心即可了解沿线道路和交通运行情况、气象状况以及交通异常事件现场的真实情况，迅速采取疏导交通和救援等措施。由于视频监控具有良好的监视效果，已经成为运营管理者最重要的监控手段。因此，结合本路特点，对道路交通运行状况进行实时视频监视，是很有必要也是很有效的。

车载视频感知可补足路段视频监控的不足，丰富日常管理与运营管理信息采集手段。车载移动视频监控系统主要应用于道路日常巡检和应急指挥调度。在现有养护车或工程车上加装移动视频监测系统，采集巡检车前方和左右两侧的图像，并通过运营商无线网络回传至移

动视频管理平台。在路段管理分中心可实时查看、保存前端视频，并可对采集的高分辨率图像进行算法分析，识别道路线裂、网纹、拥包、沉陷、剥落、道钉丢失、路侧标志移位丢失等问题。

无人机感知一方面可应用于日常交通状态巡视，通过预先设定巡航路线实现自动长线巡航，采集高速公路动态视频信息，有效替代人工巡逻，并且可以抵达人工巡检不便到达的地点，为高速公路交通运行状态、路面状态的监测及预警提供实时高效的信息来源；另一方面可用于应对突发事件的紧急处理，当高速公路发生拥堵、事故等突发事件时，可在第一时间指派就近位置的无人机飞往现场，快速获取现场信息并将视频实时回传至指挥中心，便于管理者快速组织应急救援和现场交通疏导。

毫米波雷达感知可对检测区域内所有的目标进行实时跟踪定位检测，并对每个目标物体的类型进行精准区分，目标类型主要包括车辆、行人、动物、抛洒物体等。雷达对每个目标进行实时跟踪定位检测并及时判断其运动状态和位置信息，主要由高频发射单元、信号接收单元、数据处理单元和通信单元等组成，其核心数据处理单元采用多线程高速处理器，能够同时对检测区域内的目标物体进行实时跟踪定位。

2. 交通状态感知

交通参数感知子系统负责实时收集高速公路上的交通运行信息，进行判断和处理，并通过多方面的控制措施来控制和疏导交通流，保证高速公路行车安全和交通畅通，降低交通延误，提高运输效率。该系统一般由毫米波雷达传感器、雷达数据边缘计算服务器、车辆抓拍摄像机、中心管理计算服务器、中心管理工作站以及传输通道构成。毫米波雷达可实现目标实时精准定位、全程车辆轨迹实时跟踪，通过与中心平台部署的雷达系统软件配合使用，还可实现异常事件事故检测功能、交通数据采集功能等。

交通事件感知子系统也是交通流监控和感知中非常重要的一环。较为常见的交通事件感知手段包括视频事件检测、雷达事件检测、护栏碰撞检测。视频事件检测指的是利用前端视频监控设备和高清视频事件检测分析仪，对沿线固定摄像机采集的图像进行交通事件自动检测并告警。雷达事件检测是指利用前端设置的毫米波雷达检测器和路段中心雷达数据管理平台，可进行交通事件自动检测，检测事件类型包括车辆慢行、交通拥堵、车辆排队、车辆停车、车辆逆行、交通事故以及识别行人、动物、抛洒物等。同时还可提供实时车速、实时交通流量、实时车辆位置信息、事件轨迹回放、历史数据查询等功能。

3. 环境感知

不良气象条件，如大雾、大雨、大风等对高速公路交通安全构成很大的威胁，尤其是局部的大雾、大雨，使得能见度急剧降低，容易造成车辆追尾。作为高速公路管理者，应及时了解到高速公路沿线的气象状况，根据气象状况采取相应的交通控制措施，一旦发生气象异常，应及时制定合理的控制措施，保证道路使用者的生命财产安全。

对于沿线的气象检测设备，其检测数据要进行分析、比较、集成、整合，并与地方气象信息相结合，形成高速公路气象信息监测与预警系统，作为日常监控有力的决策工具，提升高速公路运营管理的整体服务水平，提高高速公路在恶劣天气条件下的安全和道路通行能力，为高速公路管理部门提供相关路段的环境气象的实时监控，也为进一步实现恶劣天气条件下高速公路运营决策管理提供基础资料。

4. 设施设备状态感知

及时有效地对交通道路设施设备进行状态检测也至关重要。交通基础设施运营过程中，在环境腐蚀、材料老化等因素影响以及长期荷载作用下容易发生功能退化和损伤，结构强度和刚度将随时间增加而降低。这不仅会影响行车安全，亦会缩短基础设施的使用寿命。通过建立桥梁健康监测系统，可以为运营期科学有序的养护运营管理提供一个平台，建立全寿命期交通基础设施的数字化、信息化档案，制定合理、主动、预防性的养护措施，有效地掌握运营期结构使用状态及其发展演化趋势，提高运营期交通基础设施的监测、管养水平，有效降低全寿命期的运营养护成本，最大限度延长交通基础设施的使用年限。

5.3.3 通信层设计

在智慧高速体系中，应建设有线、无线、卫星通信相结合的地空一体化的高效融合通信网络，即在传统的光纤通信基础上，融合 WiFi、DSRC、LTE – V2X、5G 等新一代无线通信网络及卫星通信信息网络，实现海量数据低延时、高可靠、全覆盖传输，为车路协同与自动驾驶体验、设备互联互通和应急传输等提供可靠保障。

5G 技术可为智慧高速体系提供高质量全覆盖的通信网络。高速公路无线覆盖区域要求为带状，这种"无线宽带走廊"主要用于满足高速公路道路外场设备的灵活接入需求，是高速公路沿线实现宽带无线接入的支撑。

北斗卫星系统的地面时空服务系统可以为具有北斗增强信号处理功能的车载终端和路侧设施设备提供稳定可靠的高精度定位和授时服务，支撑重点营运车辆精准管控、车路协同、自动驾驶、应急管理与指挥调度等应用实现。

5.3.4 平台层设计

1. 设计思路

建设智慧高速管理平台，基于数据挖掘、大数据分析、云存储、BIM 技术、GIS 技术、分布式计算等先进技术，实现对海量数据的汇聚与预处理、数据脱敏与数据清洗、数据标准化转换、大数据挖掘分析、数据交换共享、视频智能分析、动态可视化管理等，为实现智慧服务和智慧管理提供支撑。

2. 总体架构

智慧高速管理平台分为"云 – 边 – 端"三级节点。其中，云端节点为高速公路云控平台，边缘节点包括路段管理分中心、车路协同管控中心、服务区等路段级管理单元，终端节点包括高速公路沿线感知设备、控制设备、物联网设备等。

"端"侧进行数据采集。高速公路沿线监控系统、收费系统、服务区等领域部署的各类传感器设备采集道路沿线数据信息，包括视频图像、交通流数据、气象数据、车辆数据、基础设施状态、设备运行状态等。

"边"侧进行数据汇聚处理。高速公路沿线各类传感器设备采集的数据信息汇聚到路段管理分中心进行初步加工。高速公路沿线摄像机采集的视频图像在各收费站进行存储，通过流媒体服务器将视频图像汇聚到路段管理分中心进行数据加工及结构化处理。同时路段分中心实现对情报板、诱导灯、主动发光标志等设备的远程控制与管理。

"云"端进行数据挖掘分析。路段管理中心将初步处理后的结构化数据实时上传至云控

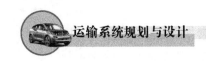

平台，同时接入关联部门共享信息、互联网信息等。通过物联网（IoT）平台规范各设备接入数据、监控各设备的使用状态。基于数据中台、算法引擎开展大数据挖掘分析，实现高速公路智能管控、智能决策、智能服务等相关业务应用。各路段管理中心可通过预先分配的访问账号，远程访问本路段应用服务体系。

3. 技术架构

智慧高速云控平台技术架构可分为五大层次，分别为基础信息层、数据接入层、运营支撑层、业务系统层、交互展示层。同时，贯穿于五大层次建立信息标准规范体系、信息安全体系和运维保障体系，为各层次的系统安全和运行管理提供重要保障。

1）基础信息层：高速公路全息感知的信息来源，包含高速公路沿线设备设施的运行状态信息、交通感知信息等；各专项子系统的运行状态及数据分析信息、周边道路网运行信息；互联网众包交通流量与交通事件、气象等多渠道信息。

2）数据接入层：实现高速公路所有关联信息的采集与处理，管控信息的下发，通过多渠道、多网络、多方式对接高速公路沿线设备、收费系统及 ETC 门架、互联网专项系统、手机 App、位移/形变等多种传感器，实现多源信息的汇聚、处理与管控信息的下发转义，自动平衡设备与网络差异，为上层的运营支撑服务提供统一的、规范的数据与接口服务。

3）运营支撑层：包括数据中台和算法引擎。为应用系统提供基础系统软件支撑，主要包括数据存储服务、感知融合分析引擎、GIS + BIM 引擎、流媒体服务、综合态势分析引擎、交通预测服务、安全认证服务、图像分析服务、运维检测服务、北斗高精时空服务等。其中，GIS + BIM 引擎实现高精度地图服务，数据存储服务采用分布式架构，根据业务与数据类型，采用不同的存储方式，视频监控录像存储于各路段服务节点，结构化数据存储于路段中心服务节点，并自动同步到"高速云"中心服务节点用于融合分析并存储，同时"高速云"数据存储服务为高性能应用提供基于内存的高速缓存服务。安全认证服务为数据通信与业务处理提供安全认证保障，保障业务运行安全可信。

4）业务系统层：根据智慧高速管理与服务需求，部署与路网运行、交通管控、资产管理、智能养护、智能服务、收费稽核相关的十三个业务子系统平台，包括交通状态监测与态势分析、气象监测预警、动态限速管控、重点车辆管控、桥梁健康监测、设备资产管理、光纤在线监测、智能养护决策、收费稽核系统、伴随式信息服务平台、智慧服务区管控平台、主动发光标志综合管理平台，为交通管理者提供智能管理与辅助决策，为驾乘人员提供全方位服务。

5）交互展示层：根据不同的服务对象与服务方式，提供多样化的人机交互界面。通过大屏展示、计算机终端与领导驾驶舱等方式为高速公路管控人员提供高速公路管控服务；通过手机 App、互联网导航、公众号/小程序等方式为移动互联网用户提供高速公路管理与驾乘服务；通过情报板、车载终端等设施设备为高速公路驾乘人员提供全方位立体化信息服务。

此外，大数据中心体系还包括信息安全管理体系、信息运维管理体系和信息标准规范体系。

4. 关键技术

智慧高速公路云控平台的建设需要解决多类终端设备接入、多源数据采集与处理功能分析以及系统建模、业务知识积累迭代等一系列问题，涉及八大类关键技术，分别为数据集成与边缘处理技术、系统部署与集成技术、通信技术、IaaS 技术、PaaS 与中间件技术、中台技术、应用开发与 SaaS 技术、前端技术。

5.3.5 应用层设计

设计应用层的目的是以智能感知层、融合通信层、大数据云控平台为支撑，实现智慧管理和智慧服务，提升高速公路精准管控能力，提升出行安全水平和准全天候通行能力，并为高速公路管理者提供可视化、智能化的管理手段，为交通运营管理者提供智能辅助决策。

1. 智慧管理

智慧高速体系的智慧管理模块应能面向公路全寿命周期，包含智慧建设、能源管理、建设管理、收费管理、运行监测、养护管理、应急指挥和决策支持等功能。

建设管理应包含施工现场人员管理功能、施工设备管理功能、施工物料管理功能、施工质量管理功能、施工安全管理功能以及建设进度管理功能等。

运行监测应包括公路主体及附属设施监测管理功能、视频轮巡和视频云联网功能、交通运行状态监测管理功能等。

应急指挥应包括紧急事件快速发现功能、事件处置管理功能、应急预案自动生成功能、灵活指挥调度功能、协同联动处置功能以及处置流程记录功能等。

收费管理应包含自由流收费管理功能、收费稽核管理功能、应对特情车辆以及对需要加强监管的特殊车辆进行跟踪记录的功能。

决策支持应包含各类数据统计分析功能、管理决策支持功能、运行监测决策支持功能、应急指挥决策支持功能、养护管理决策支持功能、收费管理决策支持功能等。

2. 智慧服务

智慧服务主要包含车道级服务、安全通行、伴随式信息服务、自由流收费、智慧服务区、车路协同自动驾驶等模块。

交通运行状态监测与态势评估子系统主要通过构建通道型高速公路运行状态评估指标体系和综合评估方法，基于大数据中心基础设施层接入的交通流检测设备、视频摄像机、路面状况检测设备、能见度检测设备等智能感知数据，实现高速公路交通运行状况的综合评估；基于交通态势推演模型，实现异常交通事件对交通流时空影响范围的确定；通过合理的阈值设置，对可能或将要发生突发事件的情况进行预测并及时预警。在此基础上，针对不同的预警级别，通过合理的分析，采取有效措施，实现日常运行管理和协调调度。

车道级动态交通管控系统可基于门架式可变信息标志实现高速公路车道级动态交通管控。通过对沿线交通流状态以及环境特征进行自动检测和分析，实现对当前路线交通流运行状态的实时分析和主动预判；基于对道路运行状态未来 15min 的预测，通过预先设置的交通控制策略自动调整车道级限速值，并通过门架可变信息标志发布当前车道限速值和异常交通状况预警信息，从而可以实现对高速公路交通流的主动干预，达到稳定交通流状态、降低行驶速度差、提高通行效率和降低交通事故率的目的。

匝道分合流碰撞预警系统通过在合流区设置智能化设备，检测主路、匝道的车辆，判断它们的行为，并通过声、光等方式提示、诱导、警告合流区车辆，帮助车辆合理地通过合流区，降低事故发生率。通常使用毫米波雷达和视频相机检测车辆速度、位置，并通过联动的路面投影设备、可变情报板、警示灯来发布预警信息，达到合流区碰撞预警的目的。

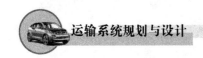

气象自动检测及预警系统通过在路侧设置气象传感器、能见度传感器、路面状态传感器等设备，对全线气象数据进行采集，同时结合高速公路沿线及周边主要区域的气象站监测数据，如能见度、气压、温度、湿度、降水量、风向、风速等气象要素，综合研究高速公路道路交通气象预警预报方法，开发高速公路道路交通气象预警预报系统，制作发布精细化道路交通气象预警预报信息，实现对雨、雾、冰、雪等多种气象灾害的监测与预警，为运营管理单位提供道路交通管理气象数据支撑。

智能行车诱导系统能够对路面车辆状况进行自动检测，在雾区通过诱导灯引导车辆行驶，当前方车距过近时能够及时警告后车，提醒驾驶人减速行驶，尽可能避免车辆追尾事件的发生。基于智慧道钉的行车诱导系统通过设置智能道钉，基于微传感技术，感应车辆的位置，利用低功耗无线通信技术将数据传输至中继器，所有的中继器串联起来再接到主控设备，对数据进行处理和分析，而后控制智能道钉的 LED 灯指示行驶车辆，可以实现行车路线诱导功能、道路前方异常提示功能、行车安全距离提示功能等。

伴随式信息服务系统可根据路况情况、突发事件、施工、沿途、气象、环境等沿线采集的信息以及互联网交通信息数据，结合车辆位置和终端类型，由大数据中心云控平台统一规划信息内容，通过道路沿线可变信息标志、移动终端、第三方出行服务平台（如高德、百度等）、车路协同路侧单元（RSU）设备等发布交通信息，实现面向个体车辆的诱导和出行辅助信息精准推送，为行车用户及时提供"出行前""出行中"及"出行后"等不同阶段的信息服务，提供更安全、更便捷、更可靠的综合路网服务。

智慧服务区建设围绕"新基建"时代高速公路服务区数字化、智慧化融合发展的新理念、新要求，以提高服务区的管理效率、用户体验和安全保障为目标，结合服务区实际需求设计如下功能：一是通过视频图像、物联网等技术实现高速公路智慧服务区的人－车－路全要素全息感知研究异构数据融合挖掘方法，为高速公路服务区的智能化升级提供了完备的技术手段和数据基础；二是面向服务区信息化业务板块开发数据融合与分析平台。

车路协同自动驾驶系统是基于路侧感知、边缘计算、云端信息融合以及 C－V2X 和 4G/5G 等通信技术，实现"车－路－云"之间的全方位协同配合，包括协同感知、协同决策规划、协同控制等，从而实现不同等级自动驾驶车辆的安全、高效、节能与舒适行驶的车路云一体化系统，以达到自动驾驶车辆性能和交通全局最优化的发展目标。车路协同系统是交通、汽车和通信产业，与互联网、人工智能、云计算、智能芯片、智能制造等多领域深度融合的硬核产物，是未来我国国民经济发展的重要发力点和数字经济关键抓手，将为经济发展提供新动能。

思 考 题

1. 高速公路的功能特点和智慧高速公路的内容是什么？
2. 简述高速公路道路通行能力的定义及分类。
3. 高速公路传统三大机电系统分别是什么？
4. 简述智慧高速公路系统的一般体系架构和内容。

第 6 章
Chapter 6
客运枢纽系统规划与设计

6.1 客运枢纽的发展概述

6.1.1 客运枢纽的类型与功能特征

客运枢纽系统
规划与设计

客运枢纽和货运枢纽是交通枢纽的两大类别，因此，要明确客运枢纽的概念，首先应明确什么是交通枢纽。交通枢纽又称运输枢纽，是运输网络汇集多条运输线路的重要节点，是办理客货运输作业的各种技术设备和建筑的综合体，其中，衔接两种以上交通方式的则称为综合交通枢纽。交通枢纽的形成和发展受政治、经济、人口、土地利用等各方面因素的影响，同时，交通枢纽对于地区之间的联系、地区和城市的发展也起到促进作用。大城市、大工业中心、大型海港或河港往往形成交通枢纽。因此，客运枢纽可以界定为：衔接多种（两种及以上）客运方式或一种客运方式的多条线路（两条及以上）、以客运场站为表现形式、以提供旅客运输服务为主要功能并具有相关技术设备的建设实体。

根据所衔接运输方式的不同，客运枢纽可分为铁路客运枢纽、公路客运枢纽、航空客运枢纽、港口客运枢纽以及综合客运枢纽。根据在城市交通中的作用不同，客运枢纽可分为城市内部客运枢纽、城市对外客运枢纽以及衔接城市内外交通的客运枢纽。

1. 客运枢纽的基本功能

客运枢纽的功能属性可从经济社会层面和居民出行层面来探讨。在经济社会层面，交通运输是国民经济的基础行业，客运枢纽作为区域运输通道上的重要节点，在促进经济社会发展方面发挥着不可忽视的作用；在居民出行层面，客运枢纽必然承担着其服务范围内的旅客运输服务。因此，客运枢纽的基本功能包括：

（1）提供运输服务

客运枢纽，顾名思义，其所提供的运输功能以客运为主，一些拥有对外交通方式的枢纽会辅以货运服务，如铁路客运枢纽、公路客运枢纽、航空客运枢纽以及港口枢纽均有货物运输功能，货运量的比例因枢纽的不同也会有所区别。

在客运服务方面，客运枢纽处于运输网络的节点处，汇集多种交通方式、多条运输线路，一方面为所在地区居民出行提供客运到发服务，另一方面也为过境旅客提供中转换乘服务。特别地，对于仅仅面向城市内部，以提供公共交通服务为主的客运枢纽，则主要是为本地居民提供不同公交线路、不同公交方式（轨道交通、快速公交、常规公交等）的换乘服务。

（2）推动经济发展

客运枢纽能够促进经济社会发展，一方面是由于前述的运输行业在国民经济中的基础作用，另一方面是由于其本身的运输功能。因为具有运输功能，枢纽汇集了大量客流、货流，客流集散带来了一系列的次生需求，如餐饮、住宿、娱乐、购物、医疗等，在这样的需求下，枢纽地区通常都会逐步发展成为区域发展中的一个重要的经济圈，直接带动了所在地区的经济发展。此外，客运枢纽辅助提供的一些货运服务，虽然业务量有限，但仍拥有不可替代的市场地位，一个地区的交通便利性、客货运服务能力在一定程度上决定了本地区的投资吸引能力，也影响着本地区企业的发展，进而影响整个地区社会经济的发展。

2. 客运枢纽的主要特征

客运枢纽的主要特征可从布局结构、功能发挥以及客流特性方面分析。在布局结构方面，客运枢纽具有"相对分散、绝对集中"的特点；在功能发挥方面，客运枢纽内不同方式具有高度的协调性和一致性；在客流特性方面，客运枢纽具有客流量大、时空分布不均匀特性。

（1）客运枢纽布局的"相对分散、绝对集中"特性

集中与分散相互联系，是城市空间布局中对立统一的矛盾体，客运枢纽的布局也同样存在集中与分散的对立统一。在规划建设层面，不同交通方式客运场站有着不同的设计标准和规范，有约定俗成的布局模式和建筑风格。在体制方面，交通大部制未推行时，不同交通方式客运场站的规划建设管理权限所属不同，这使得国内目前已经运营的大部分客运枢纽内，不同交通方式之间有相对分散的布局形式、各成体系。但同时，客运枢纽内多方式多线路的汇集带来的客流换乘需求，促使枢纽内不同方式之间必然相互协作，充分发挥整体优势，"集中"成为一种必然趋势。因此，国内近几年新建的客运枢纽也都遵循着一体化布局的设计思路，追求各运输方式之间的无缝衔接、高效换乘。

（2）客运枢纽多方式间的协调统一性

客运枢纽多方式间的协调统一性的实质是铁路、水路、公路、航空、城市公共交通等不同方式之间的服务功能与目标的一致性。无论是哪种交通方式，在枢纽内部都同样发挥着以客流中转和集散为主的运输服务功能及促进经济社会发展的功能，在服务对象与服务目标上是高度统一的。而这种统一性，又建立在不同方式之间的协调性基础上，客运枢纽可以看作是由不同子系统构成的一个复杂系统，或者说是由许多"部分"构成的"整体"，每一种交通方式或每一条线路则可看作是"子系统"或是"部分"。因此，枢纽整体功能的发挥，需要各部分之间必须在规划建设以及运营管理上相互协调，形成一种组合优势。

（3）客流量大、分布不均衡特性

客运枢纽是运输干线上的重要节点，客流来自四面八方，数量较大，同时，由于不同交通方式的营运线路、车辆到发规律的不同，客流时空分布也有不同的特点。面向城市内部交通的以公共交通为主要方式的客运枢纽，因主要为本地居民日常市内出行提供服务，客流早晚高峰与城市居民出行高峰基本一致，且高峰平峰客流量差异比较明显。而具有对外交通方式的客运枢纽，客流时间分布特征与枢纽所在地区的居民日常出行时间分布特征有明显的差异，这类枢纽的日客流时间特性，主要取决于大容量交通方式的车辆到发时间表和满载率情况，高峰时段以及高峰与平峰的差异情况与市内交通方式不同，此外，以对外交通方式为主的客运枢纽，节假日客流高峰较为明显，常出现突发大客流情况，年复一年的春运就是很明

显的一个例子。

6.1.2 国内外典型客运枢纽概况

1. 德国柏林中央车站

德国柏林中央车站于 1996 年开工建设，2006 年建成，是德国集轨道交通（高速铁路、普通铁路、市域快速轨道交通、地铁）、道路交通于一体的重要综合客运枢纽，位于柏林动物园的西北侧，其南部是国会大厦和政府部门。

德国柏林中央车站由东西向的高架轨道交通线和南北向的地下线构成，从东西方向来的列车从地面以上 12m 处的高架线路进出，而从南北方向来的列车则在地下 15m 深处通过，如图 6.1所示。

该站共 5 层，地上二层为轨道交通站台层，位于地面以上 12m，共有 3 个岛式站台。其中 2 个为市域快速轨道交通站台，另 1 个为高速铁路站台。地上一层为售票以及换乘大厅，通过此换乘大厅，可以实现地上不同轨道方式之间

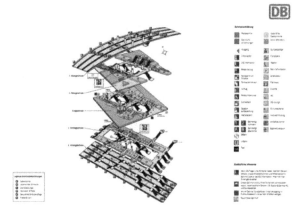

图 6.1　德国柏林中央车站立面布局（见彩插）

的便捷换乘；在东西两侧设有商业活动区。地面层为路面交通，设有各种不同的路面交通方式，预留港湾式公交停车场，以及私家车停车场。地下一层为售票以及换乘大厅，通过此换乘大厅，可以实现地下不同轨道方式之间的便捷换乘。地下二层为轨道交通站台层，位于地面下 15m，共有 5 个岛式站台，分别为普通铁路、高速铁路及地铁线路服务等。同时在高架桥西侧设有地面、地下四层私家车停车场，由一条 2.4km 的双向 4 车道公路隧道引入。

2. 法国巴黎拉德芳斯车站

拉德芳斯区域位于法国巴黎市区的西北部，城市主轴线的西端。该换乘枢纽是集高速铁路、地铁、高速公路、城市道路于一体的客运枢纽。

如图 6.2 所示，拉德芳斯枢纽分为地下 4 层。地下一层为公交车站层，设置了 14 条公交线路。地下二层为售票和换乘大厅，周围附有商业及服务设施，站厅内多个显示屏能实时

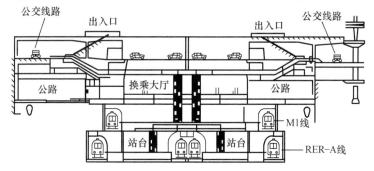

图 6.2　法国巴黎拉德芳斯枢纽布局示意图

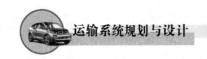
地显示各种交通方式的时刻表；西区为郊区铁路和有轨电车 T2 线的站台层。地下三、四层为地铁站台层。地铁 M1 号线终点站的站台层位于地下三层；RER－A 线的站台层共有 4 股轨道平行排列，位于地下四层。

　　该枢纽将社会车辆、常规公交设置在路面层，轨道交通则全部设置在地下不同层面。通过分层设置各种交通方式的所在位置，使得旅客在换乘过程只需乘坐车站内的上下电梯就能方便、及时地与其他交通方式相互换乘。同时，立体换乘模式的应用，使得该枢纽可以节省很大一部分用地面积，极大地满足了路面商业以及人行环境的友好和谐要求。

　　3. 美国旧金山港湾枢纽

　　旧金山港湾枢纽是现代化的集轨道交通以及长途汽车客运、城市道路交通于一体的综合客运枢纽。

　　该枢纽分为 6 层，如图 6.3 所示。地下二层为轨道交通站台层，有 3 个岛式站台及 6 条直通式的铁路股道，分别用作通勤铁路、常规铁路和高速列车。地下一层为地下换乘大厅。通过此换乘厅，可以实现各个不同轨道交通列车之间的便捷换乘，也可实现与地面交通方式之间的便捷换乘。地面层为有轨电车、城区内有轨交通、出租车层。有轨电车、城区有轨交通、出租车以及金门运输专车在此层运行。地面层设置了售票厅、候车区、货物寄存处，以及休息室 2 处。地上一层为地上换乘大厅。通过此换乘大厅，可以实现地面以上各个不同方式之间的连接。地上二层为公交层，能够同时容纳 26 辆铰接式公共汽车，以及 4 辆标准公交车，容纳高峰小时 2.5 万乘客。地上三层为长途公交层，有 24 辆长途汽车的车位。该层与地上二层的公交层一起共用海湾大桥出口坡道。

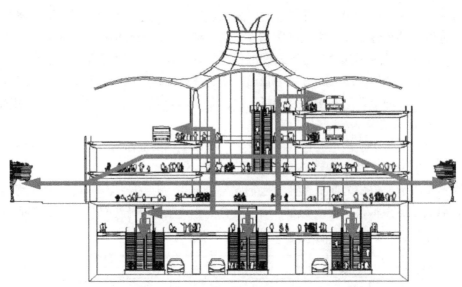

图 6.3　美国旧金山港湾枢纽立面布局

　　4. 北京南站

　　北京南站是北京铁路枢纽四主两辅客运布局中的主要客运站之一，位于北京市东城区与丰台区的交界处，是集铁路、地铁、公交、出租、市郊铁路于一体的功能齐全的大型综合客运枢纽。

如图 6.4 所示，北京南站共 5 层，高架层为铁路旅客进站层，中央为候车大厅，根据运营性质的不同，自北向南依次为普速候车区、高速候车区和城际候车区，在旅客进站流线上设置了售票、商务、商业等旅客服务设施。高架环道与东西两侧的进站大厅相连，主要通行出租车和社会车辆，东西两侧均有落客平台。地面层为站台层，设 24 条到发线，13 座站台，其南北侧为公交车旅客进站厅。地下一层分为中央换乘大厅和两侧汽车库及设备用房。地下二、三层分别为北京地铁 4 号线和 14 号线的站台层，4 号线与 14 号线之间设有楼梯，可以直接进行站台对站台换乘。

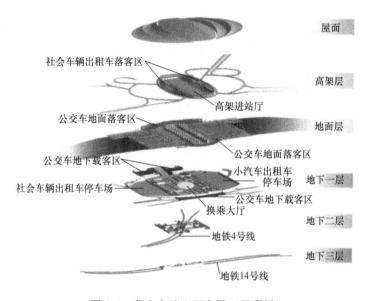

图 6.4　北京南站立面布局（见彩插）

5. 深圳福田综合枢纽

深圳福田综合枢纽是目前国内已建成单体建筑最大的、功能复合化程度最高的综合换乘枢纽，集长途客运、地铁、公交、出租车和社会车辆等多种功能于一体，实现现代化"无缝接驳"的立体式交通换乘枢纽。

如图 6.5 所示，深圳福田综合枢纽主体结构分为 6 层。地下二层主要为停车区，设计公交停车位 92 个、社会停车位 581 个。地下一层与地铁竹子林站无缝接驳，是公交与地铁主换乘区。地面层与深南大道相接，北区为服务区和候车区，西区为公交上客区，南区为长途发车区，规划 15 条公交线路，19 条长途班线。地上二层北区为服务区和候车区，南区为旅游、城际巴士及长途发车区，规划 12 条城际公交线路，7 条旅游巴士和 13 条长途班线。地上三、四层为公用停车区，主要为私家车主停车换乘使用。

枢纽内部流线组织按照人车完全分流的思路，在建筑结构上表现为三个区域：人流区、缓冲区、车流区，从根本上实现人车分流。

6. 香港国际机场

香港国际机场是重要的国际航空枢纽之一，香港机场配置了完善的运输系统，包括联系香港、九龙的机场快线和快速公路系统，以及与珠三角主要城市直接通关的海天轮渡客运。

香港国际机场飞行区有南、北两条跑道，其中北跑道供客机降落使用，南跑道供客机起

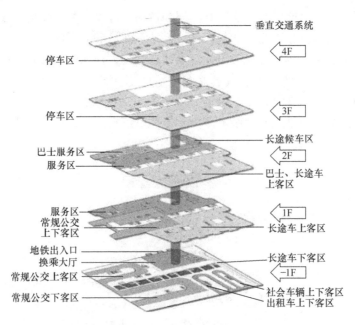

图 6.5　深圳福田综合枢纽立面布局（见彩插）

飞使用。航站楼位于两跑道之间，使得飞机起飞和着陆滑行的距离都较短，飞行区通行能力较大。两个航站楼内的交通组织是到发分层。1 号航站楼共有 7 层，旅客抵港主要使用 1 层和 5 层，离港主要使用 1 层、6 层和 7 层，其他层不对外开放。2 号航站楼共有 6 层，主要功能为旅客离港，离港主要使用 1 层、3 层、5 层和 6 层，其他层不对外开放。

香港国际机场集疏运系统设计充分贯彻到发分层、公交优先、用地垂直复合利用的原则，优先考虑旅客换乘集约交通方式的便捷性，从而使轨道交通和常规公交成为旅客到达和离开机场的主导方式。

7. 上海虹桥综合交通枢纽

上海虹桥综合交通枢纽作为上海"十一五"期间规划建设的重大工程，是一个包括高速、城际铁路、机场、磁浮、高速巴士等各种交通主枢纽在内的巨型综合枢纽。枢纽包括一个新的综合社区、一个新的容纳国内航班的机场航站楼，以及磁悬浮列车、城际及高速列车、地铁和城际巴士站台（总站）。

（1）平面布局

如图 6.6 所示，枢纽建筑综合体水平向由东至西分别是虹桥机场西航站楼、东交通广场、磁悬浮车站、高铁车站、西交通广场。东交通广场集地铁、公交和社会车库，服务于机场与磁悬浮。西交通广场组织地铁、公交、长途和社会车库，服务于高铁。

（2）立面布局

枢纽建筑综合考虑五大功能模块，统一设计人流到发及换乘组织，最终交通功能控制在24m 以内，共设计了五大主要功能层面，从上至下分别为 12m 高架道路出发层，6m 到达换乘廊道层，0m 地面层，−9m 地下换乘大通道层，−16m 地铁轨道及站台层。

1）12m 高架道路出发层：该层也是重要的换乘层面，南北两条换乘大通道东起航站楼办票大厅，西至高铁候车大厅，中间串起东交广场、磁悬浮车站。通道外侧是二者的值机区

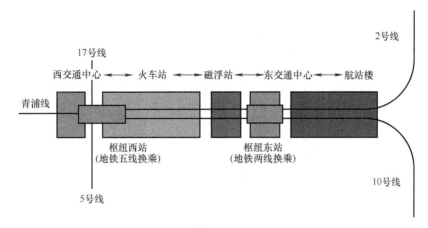

图 6.6 上海虹桥枢纽五大功能模块平面布局

域和候车厅，内侧是带状商业街区。

2）6m 到达换乘廊道层：机场和磁悬浮的到达层面均与东交的 6m 层换乘中心由坡道和廊桥连接，到达旅客可由此换乘至东交广场的公交与社会车库。

3）0m 地面层：五大块设施分别由七莘路、SN6 路、SN5 路、SN4 路 4 条南北向市政道路明确切分。机场的行李厅和迎客厅，高铁、磁悬浮的轨道及站台，东交广场的巴士东站及停车区，西交广场的地面广场及停车区均在该层。

4）−9m 地下换乘大通道层：该层为另一重要的换乘层面，两条换乘大通道东起航站楼地下交通厅，经东交广场的地铁东站站厅、磁悬浮地下进站厅和出站通道，再串起高铁、城际铁的进站厅和出站通道、地铁西站站厅，再经西交广场巴士西站，然后合二为一，继续向西，直指枢纽西部开发区的地下商业街。

5）−16m 层：该层为地铁轨道及站台层。

其中 12m 层、6m 层和 −9m 层为枢纽三大主要换乘层面，担负着枢纽内部 56 种换乘模式，如此搭建起了清晰明了，逻辑井然的枢纽整体骨架。三大主要换乘层面提供了 6 条换乘通道以满足不同交通设施到发分层、上下叠合的功能安排，避免大流量旅客换乘拥挤，同时提供相互备份的互补功能。外部结合到发等不同功能层面的多条车道边，通过多个出入口衔接内外换乘人流，以期减少旅客换乘距离，就近快速疏解旅客，提高车道边使用效率。

客运枢纽不仅承担着交通功能，也是社会经济活动的集聚地。在保证客流集散便捷的前提下对枢纽周边空间进行综合开发，提高枢纽周边地区土地利用强度和利用效率来获得巨大的经济利益是城市经济发展的必然趋势。与此同时，要对枢纽地区的交通进行科学组织，使其对周边地区的交通影响最小化，交通便利最大化。规划建设中应当遵循人性、环保、节约、有效的原则。

国内外客运枢纽典型案例展现了客运枢纽规划建设的新理念：即最大限度地利用中心城区的交通区位优势；最大限度地综合多种运输方式的大规模换乘效率；最大限度地实现无缝衔接换乘，方便乘客；最大限度地减少与城市地面交通的矛盾与冲突。

6.1.3 客运枢纽的发展趋势

客运枢纽的建设发展与城市对外联系、居民交通出行、地方经济发展等密切相关，长期以来，我国客运枢纽的规划建设，尤其是城市对外客运枢纽的规划建设，以客运枢纽主导运

输方式的相关要求进行规划建设。虽然这其中也考虑了与其他方式的换乘衔接，但规划设计的系统性存在明显缺失，无法从全局视角进行统一的筹划，一些综合客运枢纽也仅仅是各方式站场的叠加，而非真正的"综合"，由此也带来土地和设施资源浪费、客流换乘不便（如重复安检、绕行距离长、交通拥堵等）、管理缺失（公共区域多头管理或无管理）等一系列问题。从国内外客运枢纽的建设发展的历史、现状和需求来看，未来客运枢纽建设发展的趋势体现在：

1. 在规划建设上，向一体化、集约化方向发展

现今，客运枢纽的作用已经不仅仅是"候车"，其更重要的意义在于承担着旅客在多种交通方式之间、城市内外交通系统之间的便捷换乘需求。从国内外发展经验来看，旅客满意度较高的客运枢纽，在多种交通方式之间的换乘设施一体化布局、立体化设计方面都有着突出的优势。强调集约化、高效化利用土地资源，提供一体化综合运输服务的客运枢纽是城市必然的选择。在客运枢纽规划设计中，应将场站设施与集散设施统筹考虑，加强各种衔接设施的一体化建设，使客流在物理上和逻辑上完成无缝衔接，进而实现快速集散、便捷出行的服务目标。与此同时，客运枢纽规划设计应摒弃"大而全"，向"低碳化、集约化"转变。客运枢纽建设应尽可能通过精细化的设计、紧凑型的布局，来调整建筑体量，通过专业的流线组织和集散设施的完善，减少对大型广场和站房的依赖，达到占地省、造价低的目标。

2. 在功能上，向综合化、多元化方向发展

在国内外客运枢纽发展历程中，枢纽的表现形态与承担功能是不断变化发展的，由起初重视多交通方式的对接而形成的交通枢纽，到逐步强调融合各类城市功能的综合开发，客运枢纽不仅是单纯的交通建筑体，同时也可以成为集商业、办公、公共活动空间等多项城市功能于一身的综合体，建筑的交通功能和多元化的开发功能相结合，不但能够满足市场运作的需求，同时也方便乘客的使用。值得注意的是，客运枢纽综合化、多元化发展的前提是其交通功能必须优先保障，即应优先保证并预留足够的客流集散空间，为旅客提供高效、便捷的运输服务的前提下，再对车站周围空间进行商业、旅游、居住等综合开发，充分发挥客流集散的商业价值。

3. 在运营组织上，向人性化、智能化方向发展

人性化也就是以人为本，客运枢纽的规划设计应以为乘客提供优质、安全与必要的服务为准则，通过枢纽体内的细节设计，改善出行环节的舒适性和高效性，如适当的空间容量、简洁的流线组织、简单易懂的诱导标志、优质的咨询和管理服务、便捷的换乘体系等。智能化则是体现在通过信息技术、网络技术等手段，大大缩短旅客在购票、检票、等候的过程中花费的时间，降低时间成本。

6.2 客运枢纽系统构成与层级体系

6.2.1 客运枢纽系统总体构成

根据服务目标和范围的不同，客运枢纽可以划分为城市对外客运枢纽与城市内部客运枢纽两大类。城市对外客运枢纽主要承担区域之间以及区域内不同城市之间的旅客出行服务，而城市内部客运枢纽则主要是承担城市内部以及城乡之间的居民日常出行服务。功能层次清

晰的枢纽体系是构建城市客运枢纽系统的关键。通过不同层级枢纽的功能分析，能够明确各个枢纽站间的衔接关系。

1. 城市对外客运枢纽

城市对外客运枢纽系统依托城市对外交通网络（铁路网、高速公路网、国省干线公路网、民航线路网）而形成，其发达程度与城市规模、对外交流强度、城市区域地位等有关，如区域政治中心城市、经济中心城市的对外客运枢纽系统一般较为发达，客流集散能力、运输服务水平等方面优势明显。随着综合运输网络的发展，大中城市综合交通运输系统的完备性不断增强，一般均具备"公铁水航"旅客运输条件。按主导方式的不同，城市对外客运枢纽可以分为以下几种类型。

（1）铁路主导型客运枢纽

铁路和公路是我国最主要的两种对外交通方式，我国地级以上城市基本都同时拥有铁路和公路客运场站。铁路主导型客运枢纽是以提供铁路干线（包括高速铁路、普速铁路、城际铁路）旅客运输与中转服务为主，以轨道交通、常规公交、出租车等交通方式实现城市内外交通衔接与转换的一类客运枢纽，同时也可以通过衔接公路客运方式提升枢纽对外辐射范围和多方式换乘水平。此类客运枢纽在我国分布最为广泛，如南京南站、深圳北站等；国外的有德国柏林中央火车站综合枢纽、日本东京站综合枢纽等。

（2）公路主导型客运枢纽

公路运输作为一种可以提供"门到门"服务的对外运输方式，比铁路运输灵活性更高。公路主导型客运枢纽是以提供基于公路网（通常以高速公路网为主）的旅客运输与服务为主，以轨道交通、常规公交、出租车等交通方式实现城市内外交通衔接与转换的一类客运枢纽，同时也可以通过衔接城际轨道方式提升枢纽对外辐射范围。此类枢纽在公路网发达地区（如珠三角地区）覆盖率较高，是区域内中短途出行的首选方式。惠州新汽车南站、长沙汽车南站均属于此种类型客运枢纽。

（3）航空主导型客运枢纽

航空是一种快速、舒适，但价格较高的运输方式。航空主导型客运枢纽是以依托干线机场提供国际、国内旅客运输与中转服务为主，以公路客运和轨道交通、出租车等交通方式实现区域内客流集散与市内市外交通衔接的一类客运枢纽，通常出现在特大型以及大型城市。其中，机场的公路客运主要目的是增加机场的辐射范围，一般以专线大巴的形式组织，不单独设置站房等设施。轨道交通因其具有快速、大运量的特点，通常作为航空客运枢纽与市内交通衔接的核心方式。我国典型的航空客运枢纽有北京首都国际机场、上海浦东国际机场等。

（4）水路主导型客运枢纽

水路主导型客运枢纽主要存在于沿海、沿江的大城市内或者旅游城市，在我国整体需求和适用性都较低。水路客运枢纽是以城市对外客运码头或者大型游轮母港为依托实现水路旅客运输，以配套建设的其他对外运输方式为拓展，以城市公共交通、出租车等方式实现城市内外交通转换的一类客运枢纽。我国现有的案例有珠海九洲港客运枢纽、深圳蛇口邮轮母港客运枢纽、大连皮口陆港中心等。

以主导方式划分客运枢纽类型对于其规划建设有重要意义，这是因为城市对外客运枢纽主导方式不同，旅客运输需求特性存在一定的差异，对集疏运系统的要求也不同，在规划设计中应充分考虑其各自的特点进行针对性设计。

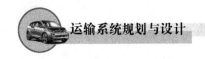

2. 城市内部客运枢纽

城市内部客运枢纽系统依托城市内部交通网络建立，衔接不同模式和方式的城市公共客运网络（如城市轨道交通网络、城市公交线路网络），主要服务城市居民通勤出行需求，满足上班、上学、购物、娱乐等目的的出行需求。城市内部客运枢纽核心功能以中转、换乘为主。城市公共交通发展水平较高的城市，其城市内部客运枢纽系统相对发达。

城市内部客运枢纽按交通方式可以分为城市轨道交通枢纽和城市公交枢纽。从服务目标和区位层面，可以分为三个层次：市级、中心区级以及组团级。

市级客运枢纽一般位于城市核心区，其辐射范围是全市范围。市级客运枢纽通常具有较高的可达性，与中心组团、边缘组团的主要发展区联系便捷，能实现在较短的时间内覆盖城市大部分区域的出行。

中心区级客运枢纽一般设置于城市中心附近外围，其辐射范围通常是以城市中心区向外延展的一个扇形区域，这一区域内通常包含一个或多个组团。中心区级客运枢纽以承担城市中心区与城市中心区外围其他区域的中转换乘交通为主，兼顾枢纽所在区域的内部客流集散需求。中心区级客运枢纽衔接城市中心区内外交通，主要起到内通外连的作用。

组团级客运枢纽一般位于组团的中心区或者是城市的副中心，通常是新区开发的向导和依托点，辐射范围主要是组团内部。组团级客运枢纽主要承担各组团内部的客流集散和中转服务，以及组团与中心区之间的客流中转换乘服务，同时兼顾各组团之间的客流集散和中转服务。

6.2.2 客运枢纽规划与设计目标

从规划布局角度来说，城市对外客运枢纽布局可以分为三个层面：国家级层面、省级层面和地市级层面，不同层面的规划工作具有不同的目标。

国家级层面的客运枢纽布局规划属于顶层规划，此层面的城市客运枢纽布局规划是战略性的，主要结合城市的人口规模、经济发展及其在国家综合运输网络中的地位和功能，在全国范围内确定枢纽节点城市及其交通功能，不涉及具体场站的选址问题。

省级层面的客运枢纽布局规划需结合上位规划、城市社会经济发展水平、地理区位及交通资源条件，从区域及省级综合运输网络角度出发，分析城市居民对外出行（国际、国内中长途和城际中短途出行）的需求特性和规模，考虑不同主导方式客运枢纽的技术经济特点、客流属性和辐射范围，明确各枢纽所服务的出行需求类型和不同客流间的转换关系、明确客运枢纽的方式衔接要求、明确重大枢纽设施的布局、规模等级和衔接方式，构建全省客运枢纽系统。

地市级层面客运枢纽布局规划是枢纽场站设施落地层面的规划。地市层面客运枢纽应在上位规划功能定位、总量规模和方式结构的指引下，通过预测远期枢纽客流需求总量、出行层次和方式结构，测算枢纽总体发送能力和用地规模，在布局选址影响因素分析的基础上，从城市土地利用、主要客源地分布、区域交通网络、城市交通网络等方面，研究枢纽的场站选址和落地问题，同时从枢纽周边地开发和枢纽集散客流双重需求角度，研究枢纽配套交通衔接设施的衔接。

城市对外客运枢纽各层面规划应遵循上位规划，从国家、省级和地市级层面逐层完善以构建顺畅的综合运输体系，提升运输效率、服务水平和综合社会经济效益。

相对于城市对外客运枢纽来说，城市内部客运枢纽布局规划的目标更加集中，城市内部客运枢纽实则是公共交通枢纽，其规划建设的重要目标就是满足城市居民日常出行需求，同时分担城市路网的交通压力，降低小汽车出行需求。城市内部客运枢纽规划首先应结合城市轨道交通网以及公交网，考虑当地居民出行规律和需求特性，明确枢纽布设的层次结构、数量，明确枢纽选址和交通衔接方式，合理规划步行系统等，具体的布局原则包括：

1）与城市总体规划相结合。枢纽的选址要与城市总体规划相结合，符合总体规划的布局要求，坚持理想站位与实际用地条件相结合，在用地受约束的条件下，寻求最佳可能方案，以促进城市各项功能的发挥。

2）层次分明，均衡分布。枢纽的布局应与所在城市的城市规模和形态相适应，按照市级、中心区级、组团级不同层次布置点位，使枢纽较为均衡地分布在城市各主要区域，同时应减少对城市道路交通的压力。

3）适应需求，留有余地。枢纽的布局既要满足当前城市社会经济发展与交通运输发展的要求，又要适当超前，留有发展余地。

6.2.3　城市客运枢纽规划与设计要点

无论是城市对外客运枢纽还是城市内部客运枢纽，在场站的布局与设计中，规模的测算、设施的配置等均有相应的标准、规范作为依据，本节不对这些微观层面的设计标准、规范的具体内容进行赘述，而是立足宏观层面重点探讨城市客运枢纽层级体系构成及其规划要点。

1. 城市对外客运枢纽规划要点

地市级层面客运枢纽规划是城市对外客运枢纽规划真正落地的层面，因此对于城市对外客运枢纽规划与设计要点的讨论也是在这一层面上展开，重点确定城市对外客运枢纽的主导方式以及集疏运系统配置要点。城市性质、规模和职能均会影响城市对外客运枢纽系统的构成，一般来说，规模越大的城市其性质和职能越具备综合性，客流出行需求规模也越大，同时也更加具备多样性。不同城市规模下城市对外客运枢纽的组成及其规划要点见表 6.1，具体在规划设计中还应结合城市综合运输网络条件综合确定。其中，城市规模的分类采用国务院印发《关于调整城市规模划分标准的通知》中的划分标准：城市人口规模在 1000 万以上为超大型城市；城市人口在 500 万～1000 万为特大型城市；城市人口在 100 万～500 万为大型城市；城市人口在 50 万～100 万为中等城市；城市人口 50 万以下为小城市。

表 6.1　不同城市规模下城市对外客运枢纽系统组成与规划要点

城市规模	枢纽类型	主导方式	集疏运方式		布局方式
			道路交通	公共交通	
特大型与超大型城市	综合客运枢纽	航空与铁路联合；航空与铁路、公路联合	高速公路、干线公路、快速路	地铁或轻轨、机场巴士	均匀布局或离散布局
	航空客运枢纽	航空；航空与公路联合	高速公路、干线公路、快速路	地铁或轻轨、机场巴士	
	铁路客运枢纽	铁路；铁路与公路联合	快速路、主干路	地铁或轻轨	
	公路客运枢纽	公路	主干路	轻轨或 BRT	

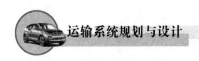
（续）

城市规模	枢纽类型	主导方式	集疏运方式		布局方式
			道路交通	公共交通	
大型城市	航空客运枢纽	航空；航空与公路联合	高速公路、干线公路、快速路	地铁或轻轨、机场巴士	均匀布局为主
	铁路客运枢纽	铁路；铁路与公路联合	快速路、主干路	轻轨或BRT	
	公路客运枢纽	公路	主干路	常规公交	
中等城市	航空客运枢纽	航空；航空与公路联合	高速公路、干线公路	机场巴士	集中布局
	铁路客运枢纽	铁路；铁路与公路联合	主干路	常规公交	
	公路客运枢纽	公路	主干路	常规公交	
小城市	铁路客运枢纽	铁路；铁路与公路联合	主干路	常规公交	集中布局
	公路客运枢纽	公路	主干路	常规公交	

注：表中并未列出水路客运枢纽，有资源条件的城市可以按需设置。

2. 城市内部客运枢纽规划要点

（1）市级枢纽

为了保证市级客运枢纽的全市性辐射功能，市级枢纽应以城市快速轨道交通为主导，且公共交通方式在市级客运枢纽中应占据绝对优势地位。对于衔接方式，应适当考虑自行车交通方式的换乘，设置专门的自行车停车场地。一般不设置私人小汽车的接驳换乘，但需设置小汽车上落客区。市级客运枢纽规划、设计、建设应遵循以人为本的原则，力求实现轨道与轨道之间、轨道与常规公交之间一体化、无缝衔接换乘。在有条件的情况下，可以考虑采用"交通综合体"的形式。

（2）中心区级枢纽

中心区级枢纽服务范围较广，一般应有轨道交通支持，若不具备条件，应以BRT代替，同时辅以常规公交方式进行客流接驳。在衔接方式上，应根据需求设置自行车换乘设施。有轨道交通支持的情况下，应设置足够的、方便的小汽车停车换乘设施，以便组织停车换乘（P+R），降低中心城区交通压力。

（3）组团级枢纽

组团级客运枢纽的接驳换乘系统所服务的区域主要是组团内部，主要以常规公交为主，为保证与中心区以及其他组团之间的便捷联系，应在布局规划上力求实现常规公交与轨道交通或快速公交之间最便捷的换乘，减少步行距离。在衔接方式上，组团级客运枢纽不仅应该具有完善的步行系统，还应充分考虑与自行车交通方式的换乘。如果有轨道交通的支持，一般应设置小汽车停车换乘设施以及上下客区。

6.3 客运枢纽规划与设计中的模型与方法

6.3.1 客运枢纽选址模型

客运枢纽规划与设计中，需求预测与选址是两大核心问题，也是最需要量化模型与分析方法支撑的问题。在选址方面，可采用的方法通常有两种，一是利用简单的数学模型或物理模型计算，如重心法、微分法等。另一种是基于运筹学相关理论与方法进行建模与求解。选址问题是运筹学领域的经典问题之一，理论研究比较成熟的选址问题主要有集合覆盖问题、P – 中值问题以及P – 中心问题。

1. 一般数学、物理模型

（1）重心法

重心法属于连续型选址模型，作为一种模拟方法，它将运输系统中的交通发生点和吸引点看成是分布在某一平面范围内的物体系统，各点的交通发生量、吸引量分别看成该点的重量，物体系统的重心就是枢纽设置的最佳点，用几何重心的方法来确定客运枢纽的最佳位置。其数学模型如下：

设规划区域内有 n 个交通发生点和吸引点，各点的发生量和吸引量为 $W_j (j = 1,2,\cdots,n)$，坐标为(x_j,y_j)，其中$j = 1,2,\cdots,n$。需设置对外客运枢纽的坐标为 (x,y)，枢纽系统的运输费率为 C_j。根据平面物体求重心的方法，对外客运枢纽的最佳位置的计算公式为：

$$\begin{cases} x = \sum_{j=1}^{n} C_j W_j x_j \Big/ \sum_{j=1}^{n} C_j W_j \\ y = \sum_{j=1}^{n} C_j W_j y_j \Big/ \sum_{j=1}^{n} C_j W_j \end{cases} \tag{6.1}$$

（2）微分法

微分法是为了克服重心法的缺点而提出的，也属于连续型选址模型，它的前提条件与重心法相同，但系统的总费用 F 为

$$F = \sum_{j=1}^{n} C_j W_j \left[(x - x_j)^2 + (y - y_j)^2 \right]^{1/2} \tag{6.2}$$

通过对总费用 F 取极小值，即分别令 F 对 x 和 y 的偏微分为零，得到新的极值点。求解公式为

$$\begin{cases} x = \dfrac{\sum_{j=1}^{n} C_j W_j x_j \left[(x - x_j)^2 + (y - y_j)^2 \right]^{-1/2}}{\sum_{j=1}^{n} C_j W_j \left[(x - x_j)^2 + (y - y_j)^2 \right]^{-1/2}} \\[4mm] y = \dfrac{\sum_{j=1}^{n} C_j W_j y_j \left[(x - x_j)^2 + (y - y_j)^2 \right]^{-1/2}}{\sum_{j=1}^{n} C_j W_j \left[(x - x_j)^2 + (y - y_j)^2 \right]^{-1/2}} \end{cases} \tag{6.3}$$

式中符号意义与式（6.2）相同。微分法需要以重心法的结果为初始解，不断迭代，直到前后两次迭代的解误差不超过设定范围，从而得到最佳结果。

2. 运筹学方法

（1）集合覆盖选址问题

集合覆盖选址问题是一类离散点选址问题，是指对于需求已知的一些需求点，如何确定一组服务设施来满足这些需求点的需求，以及它们的最小数量和合适位置。根据解决问题的方法不同，覆盖模型分为三种：集合覆盖模型、最大覆盖模型、部分覆盖模型。集合覆盖模型是用最小数量的设施去覆盖所有的需求点；最大覆盖模型是在给定数量的设施下，覆盖尽可能多的需求点。这两类模型的区别是：集合覆盖模型要满足所有需求点的需求，而最大覆盖模型则是覆盖有限的需求点，两种模型的应用情况取决于服务设施的资源充足与否。部分覆盖模型认为，当设施点和需求点之间距离大于临界距离时，需求点被部分覆盖，随着距离增大，部分覆盖程度逐渐减小为0。

假设服务设施的服务能力是不受限制的，则模型数学表达式为

$$\min z = \sum_i c_j x_j \tag{6.4}$$

约束条件：

$$\sum_{j \in N_i} x_j \geqslant 1, \forall_i \tag{6.5}$$

$$x_j \in \{0,1\}, \forall_j \tag{6.6}$$

式中，x_j 为需求点；c_j 为在节点设置一个设施时的固定成本。

目标函数表示使设施总成本最小，多数情况 c_j 均相等，则目标函数为设施数量最小；约束条件保证每个需求点至少有一个设施位于可接受的距离之内。设 N_i 为在节点可接受的最大服务距离（时间）S 范围内设施节点 j 的集合，则 $N_i = \{j \mid d_{ij} \leqslant S\}$。

（2）P – 中值与 P – 中心选址问题

P – 中值选址问题是一类选址 – 分配问题（location – allocation），是选定 p 个设施的位置，使全部或平均性能最优的问题。模型的目标通常是成本最小，这里的成本是广义的，可以采用距离、时间或费用等。

P – 中值模型的数学表达式为

$$\min Z = \sum_{i \in M} \sum_{j \in N} W_i D_{ij} Y_{ij} \tag{6.7}$$

$$\text{s. t.} \begin{cases} \sum_{j \in N} X_j = P \\ \sum_{j \in N} Y_{ij} = 1, i \in M \\ Y_{ij} \leqslant X_j, i \in M, j \in N \\ X_j \in \{0,1\}, j \in N \\ Y_{ij} \in \{0,1\}, i \in M, j \in N \end{cases} \tag{6.8}$$

式中，Z 为目标函数；M 为 m 个需求点的集合，$M = \{1,2,\cdots,m\}$；N 为 n 个设施备选点的集合，$N = \{1,2,\cdots,n\}$；i 为需求点的编号，代表需求点的特定位置；j 为设施备选点的编号，代表可能设施点的位置；P 为设施配置的数量；W_i 为需求点的需求量；D_{ij} 为需求点 i 与

设施 j 之间的出行成本（距离、时间、费用等）；X_j 为 0/1 决策变量，取 1 表示位置 j 有设施设置，取 0 表示位置 j 无设施设置；Y_{ij} 为 0/1 决策变量，取 1 表示设施 j 为需求点 i 提供服务，取 0 表示设施 j 不为需求点 i 提供服务。

P－中心选址问题是指选定 P 个设施的位置，使最坏的情况最优，如使需求点与最近设施的最大距离最小，所以也称"最小最大"问题，较好地体现了公平性。

模型的数学表达式为

$$\min D \tag{6.9}$$

$$\text{s. t.}\begin{cases} D - \sum_{j \in N} d_{ij} x_{ij} \geqslant 0, i \in M \\ \sum_{j \in N} y_j = P \\ \sum_{j \in N} x_{ij} = 1, i \in M \\ x_{ij} \leqslant y_j, i \in M, j \in N \\ y_j \in \{0,1\}, j \in N \\ x_{ij} \in \{0,1\}, i \in M, j \in N \end{cases} \tag{6.10}$$

式中，D 为需求点至设定设施的最大距离；其他变量含义同上。

如果式（6.10）中的 $D - \sum_{j \in N} d_{ij} x_{ij} \geqslant 0, i \in M$ 由式（6.11）替代，则上述模型为加权的 P－中心模型：

$$D - \sum_{j \in N} w_i d_{ij} x_{ij} \geqslant 0, i \in M \tag{6.11}$$

（3）多目标优化

基于多目标优化的客运枢纽选址模型可从客运枢纽的建设投资、旅客的运输成本以及旅客的出行成本等方面建立优化目标，并在此目标下将实际的客运条件简化为多目标优化模型的约束条件。

1）目标函数。

① 枢纽场站总投资费用目标：

$$\min Z_1 = \sum_{k \in N} B_{kk} F_k(x_k) \tag{6.12}$$

式中，Z_1 为规划区域内道路网络枢纽场站规划建设的总投资费用；$F_k(x_k)$ 为节点 k 被选为枢纽场站投资建设时的费用，是枢纽场站周转旅客量 x_k 的函数；B_{kk} 为 0/1 变量，$B_{kk} = 0$ 表示节点 k 未被选为枢纽节点进行建设，$B_{kk} = 1$ 表示节点 k 被选为枢纽节点进行建设；N 为路网中道路节点的集合。

② 道路网络总运输费用目标：

$$\min Z_2 = \sum_{u \in N} \sum_{v \in N} f_{uv}(x_{uv}) \tag{6.13}$$

式中，Z_2 为枢纽场站规划建成后，路网运输的总费用；f_{uv} 为运输网络中，从节点 u 到节点 v 的运输费用，是路段客流量 x_{uv} 的函数。

③ 客流量总出行距离目标：

$$\min Z_3 = \sum_{u \in N} \sum_{v \in N} l_{uv} \, x_{uv} \tag{6.14}$$

式中，Z_3 为枢纽场站规划建成后，客流量总的出行距离；l_{uv} 为路段长度。

2）约束条件。

① 可行域约束。为决策变量划定一个可行范围，如事先排除一些没有必要建设枢纽场站的节点，使得枢纽节点的搜索在备选节点范围内进行，同时也可以确定规划建设枢纽节点个数的上限。

② 枢纽路段容量限制约束。由于道路网络上的客流量是通过枢纽场站节点来聚集和疏散的，同时依托现有网络的路段运输，因此在节点之间的路段客流量不应超过路段对客流量的限制。同时，在枢纽场站周转的客流量也应低于枢纽场站规划客流量。

③ 枢纽节点客流量平衡约束。枢纽节点对客流量起到聚集和疏散的作用，因此向枢纽供给和聚集的客流总量等于从枢纽分配和扩散的客流总量。

3）求解算法。多目标优化问题的求解不同于单目标优化问题的求解，不是通过单个目标函数值的排序来确定问题的最优解，而是通过在各个子目标之间进行协调权衡或折中处理，使得各项指标函数尽可能达到最优。

传统的多目标规划模型的求解通常是通过线性加权法、主要目标法、分层序列法等方法将多目标优化问题转化为单目标优化问题，然后利用一般的线性或非线性方法对其进行求解。由于不符合多目标优化问题本身特点，传统的求解方法并不适用。而由法国经济学家 V. Pareto 最早提出的 Pareto 解集的概念非常符合多目标优化问题本身的特点，近些年来发展起来的多目标优化方法绝大部分都是基于 Pareto 概念的多目标演化算法，如多目标遗传算法、非劣分层遗传算法、小组决胜遗传算法、多目标粒子群优化算法等。

综上，一般数学与物理模型常用于解决一元选址问题，即在规划范围内只建设一个枢纽场站的布局问题。运筹学方法则可以解决多元选址问题，即在规划范围内建设多个枢纽场站的协同布局问题。上述方法的对比情况见表 6.2。

表 6.2　各方法对比分析

选址方法	应用范围	建模过程复杂程度	求解难度
重心法	一元选址问题	简单	低
微分法	一元选址问题	简单	低
集合覆盖	多元选址问题	复杂	高
P - 中值与 P - 中心	多元选址问题	复杂	高
多目标优化	多元选址问题	复杂	高

注：多元选址问题的模型同样可以用于解决一元选址问题。

6.3.2　客运枢纽交通需求调查与预测方法

1. 需求调查

交通需求预测是交通规划设计的基础工作，而数据调查不仅是交通需求预测的基础，同时也支撑着方案设计、方案比选与评价等工作，是重中之重。客运枢纽交通调查的内容取决于调查目的，具体而言，大致有两种，一种是以支撑客运枢纽规划设计为目的，调查数据主要用于需求预测，进而明确设计能力和规模；另一种是以支撑运营管理为目的，调查数据主要用于服务水平评价、运营组织方案调整等方面。

支撑客运枢纽规划设计的数据调查要相对复杂一些，调查内容涉及的范围也比较广，具体包括：

（1）背景资料收集

所谓背景资料，是指支撑客运枢纽需求预测以及规划设计的宏观层面，包含社会经济层面、土地利用层面以及相关政策与既有规划层面的资料，是交通需求预测的始点，是最基本的输入数据。

1）社会经济层面。交通活动由社会经济活动派生而来，明确交通需求最根本的目的是掌握经济社会活动的发展趋势，因此相关调查内容主要涵盖了国民经济指标的历史数据，如GDP、产业结构、人均收入、消费水平等，以及人口历史数据，如常住人口数量，流动人口数量，人口出生率、死亡率、增长率、性别结构以及年龄结构等。

2）土地利用层面。交通与土地利用相互联系、相互影响，交通发展与土地利用相互促进。用地通过产生出行量作用于交通运输系统；反过来，交通运输通过增强可达性作用于用地布局。不同的土地利用形态，决定了交通发生量和交通吸引量，土地利用形态不合理或者土地开发强度过高，将会导致交通容量无法满足的交通需求。虽然在实际上，当土地利用因素与交通规划分析结合在一起时，结果变得非常混杂，还未得出十分满意的数学模型来描述这种复杂关系，但土地利用资料的收集却仍是不可或缺的一部分，这里所指的土地利用资料，通常包括现状交通小区土地利用性质、强度、就业岗位等以及未来年的土地利用规划。

3）相关政策以及既有规划层面。无论是哪一类别的规划，都是建立在地方总体规划和土地利用规划的基础上的，都要遵循地方相关政策与法规的约束，客运枢纽规划作为交通发展专项规划的一部分，自然也不例外，此外，掌握既有的规划，有利于准确把握未来的发展方向。因此，基础资料的收集还需包含区域或者城市的总体规划、经济发展规划、土地利用规划、人口、环境保护方面的规划以及相关政策，同时，还应重点掌握拟规划客运枢纽既有的一些规划设想或发展方向。

（2）交通调查

与背景资料收集相比，交通调查得到的数据在需求预测、规划设计、方案评价等工作中的应用显得更为直接。调查内容主要包含三个方面：基础设施、道路交通量、居民出行OD。

1）基础设施。这里所提的基础设施调查，是针对客运枢纽规划而言的，调查的重点则是区域内既有客运枢纽的基本情况，包括既有枢纽的数量、布局、现有能力、设计能力、车辆到发情况、旅客到发量情况等。

2）道路交通量。道路交通量调查的主要目的是掌握区域或城市现有的交通运行状态，分析现状供给与需求是否匹配，预测未来的需求。此部分调查包括主要路段以及重要平面交叉口的交通量和服务水平。交通量调查需要区分高峰与平峰、车型，交叉口交通量还需要分流向。

3）居民出行OD。区域或城市居民以及该地区的流动人口是客运枢纽最直接的用户群，居民出行OD调查十分必要。居民出行OD调查对象包括常住人口以及流动人口，对于客运枢纽规划而言，流动人口的出行量及出行特征是绝对不可忽视的部分。调查目的是获得居民出行特征规律以及出行量，具体调查内容包括个人属性（性别、年龄、职业、收入等）、全

日出行次数、起讫点、所采用的交通方式、出行目的等。

支撑客运运营管理的数据调查要相对微观一些，调查集中在客运枢纽影响范围内，具体包括：

1）换乘量。客运枢纽通常包含多种交通方式，为更好地发挥各方式间的协调性，充分体现整体优势，方式之间的运营组织应能够紧密配合，多种方式之间的客流换乘行为特性以及换乘量调查，是支撑枢纽运营组织工作的基础，可以辅助换乘量预测工作。

2）客流时间分布特性。所谓客流时间分布特性，既包括季节波动也包括全日客流波动，它以特定时间段内的客流量为表征。季节波动通常可通过收集区域或城市已运营枢纽的客流历史数据得到，全日客流波动则是通过分时段进行客流量调查得到，时段的选择可根据实际需求而定，通常可以以 1h 为一个计数周期。客流时间分布调查结果可用于运营组织方案制定、协调调度方案的制定以及服务水平评价等工作。

上述调查内容主要是针对客运枢纽规划设计及相关工作提出的一般调查项目，在实际工作中，具体要开展怎样的调查还应结合工程实际。经济社会、人口、土地利用、既有规划等方面的背景资料，可以直接从相关部门得到，而交通量调查及居民出行 OD 调查则需要投入大量的人力、物力、财力，并需要专业设备。

2. 需求预测

客运枢纽交通需求预测包括总量预测与换乘量预测两部分，总量预测一般可基于历史数据考虑采用统计学上的时间序列预测法，换乘量预测可选用的方法包括四阶段法、因素分析法、类比分析法等。预测结果一般需要呈现总量数据及分时段数据。

（1）四阶段法

客运枢纽换乘量预测可借鉴传统的四阶段法中的交通分布预测和交通方式划分预测方法，这是因为客运枢纽的换乘量预测与交通分布预测和方式划分预测有一定的相似度，具体对应关系见表 6.3 和表 6.4。

表 6.3　交通分布预测和换乘量预测对应关系

项目	交通分布预测	换乘量预测
预测基础	交通小区	枢纽内各换乘交通方式
	交通小区数目 n	换乘方式种类 n
预测变量	出行生成总量 T	枢纽集散客流总量 H
	交通小区的出行发生量 P_i	换乘方式的客流集结量 I_i
	交通小区的出行吸引量 A_j	换乘方式的客流疏散量 D_j
	出行分布量 T_{ij}	换乘分布量 H_{ij}
出行阻抗与换乘阻抗	出行分布阻抗 t_{ij}	换乘阻抗 C_{ij}
发生量与集结量约束	$\sum\limits_{j=1}^{n} T_{ij} = P_i$	$\sum\limits_{j=1}^{n} H_{ij} = I_i$
吸引量与疏散量约束	$\sum\limits_{i=1}^{n} T_{ij} = A_j$	$\sum\limits_{i=1}^{n} H_{ij} = D_j$
总量约束	$T = \sum\limits_{i=1}^{n}\sum\limits_{j}^{n} T_{ij} = \sum\limits_{i}^{n} P_i = \sum\limits_{j}^{n} A_j$	$H = \sum\limits_{i=1}^{n}\sum\limits_{j}^{n} H_{ij} = \sum\limits_{i}^{n} I_i = \sum\limits_{j}^{n} D_j$
预测结果	出行分布矩阵	换乘矩阵

表 6.4 方式划分预测和换乘量预测对应关系

项目	方式划分预测	换乘量预测
预测基础	交通方式种类 n	换乘方式种类 n
预测变量	出行需求总量 Q	枢纽内换乘方式集散客流总量 H
	交通方式 i 分担的比例 K_i	换乘方式 i 的比例 X_i
	交通方式 i 承担的出行量 Q_i	换乘方式 i 的换乘量 H_i
约束条件	$\sum_{i=1}^{n} K_i = 1, \sum_{i=1}^{n} Q_i = Q$	$\sum_{i=1}^{n} X_i = 1, \sum_{i=1}^{n} H_i = H$
预测结果	交通方式分担的比例及所承担的出行量	换乘方式的比例及换乘客流量

四阶段法中涉及的预测模型又可分为集计模型和非集计模型两类，两类模型各有优缺点（模型对比见表 6.5），而结合使用则能发挥更好的作用。在模型总体结构上应用集计模型反映各方式间的换乘关系，对换乘方式选择行为分析应用非集计模型建立换乘阻抗函数，反映个人属性、换乘属性等对换乘行为选择的影响，就可以充分利用两种模型的优点，既保证模型具有较高的时间和空间可转移性，又在一定程度上降低了建模、预测、集计过程的复杂性。

表 6.5 集计模型与非集计模型的比较

项目	集计模型	非集计模型
调查单位	单个出行	单个出行
分析单位	交通小区	个人（家庭、企业）
调查效率	需要的样本数多	需要的样本数较少
因变量	小区统计值（连续量）	个人的选择结果（离散量）
考虑个人发生的难度	困难	容易
模型标定方法	回归分析等	极大似然估计法等
计算工作量	比较小	比较大
适用范围	标定模型用的小区	任意
政策表现能力	小区平均值的变化	各个自变量的变化

（2）因素分析法

因素分析法仍然是以非集计模型为基础的。由计划行为理论可知，乘客的行为态度、行为主观规范、知觉行为控制是行为意向的诱因，而行为意向直接作用于换乘行为。乘客的态度、主观规范等受到自身社会经济属性、家庭特征、出行特征等多种因素的影响，通过观测这些影响因素的变化可推测换乘决策行为的变化。因素分析法正是在分析影响因素的基础上，以 Logit 模型为载体，将这些因素考虑到模型中，通过调整 Logit 模型中的相关影响因素，可预测换乘比率的变化趋势。

（3）类比分析法

类比分析法与四阶段法、因素分析法有本质的区别，它不再依赖于特定的预测模型。类比分析法是根据两个对象的已知相似性，把一个对象已知的属性或规律推介到另一个对象上，从而获得对另一对象新的认识方法。类比分析法主要应用于未建客运枢纽交通方式分担率的预测，更确切地说更适用于中小城市客运枢纽的分析。类比分析法的基本思想是通过与其他城市或地区的客运枢纽进行比较，找出拟规划客运枢纽与其他客运枢纽之间的相似性，以已建客运枢纽的换乘方式划分情况为参考，预测拟规划客运枢纽的方式分担率。

分别从各类预测方法的基础资料需求、应用范围、常用模型、建模过程复杂程度及模型预测精度方面进行适用性分析，结果见表 6.6 和表 6.7。

表 6.6　各方法所需基础资料比较

预测方法	所需的基础资料或设备
四阶段法	枢纽内各种主导交通方式的客运量、交通阻抗；若应用于长期预测，需要枢纽所在城市 5 ~ 10 年的社会经济发展规划、城市土地利用规划、综合交通规划等基础资料；样本的 SP 调查
因素分析法	基于应用非集计方法对已有枢纽换乘量预测的基础之上，需要枢纽所在城市 5 ~ 10 年的社会经济发展规划、城市土地利用规划、综合交通规划等基础资料
类比分析法	类比城市的地理环境特征、经济发展水平、人口状况等基础数据；类比城市枢纽的换乘量数据

表 6.7　各方法应用范围比较

预测方法	应用范围	常用模型	建模过程复杂程度	预测精度
四阶段法	已运营和拟建枢纽	交通分布、Logit 模型	复杂	较高
因素分析法	已运营枢纽	Logit 模型、敏感性分析	简单	一般
类比分析法	拟建枢纽	类比法	复杂	一般

6.4　客运枢纽设计标准与规范

在客运枢纽规划与设计方面，当前我国正在陆续制定并推行客运枢纽规划设计的通用标准与规范，但尚未形成一套完整的体系，现阶段实践中主要仍沿用原有各种交通方式客运站规划建设的相关规范。

1. 铁路客运站

铁路客运站规模确定与总平面布局设计主要依据国家铁路局发布的行业标准《铁路旅客车站设计规范》（TB 10100—2018）。该标准自 2018 年 9 月 1 日起实施，历次版本包括《铁路旅客车站建筑设计规范》（GB 50226—1995）、《铁路旅客车站建筑设计规范》（GB 50226—2007）、《铁路旅客车站建筑设计规范（2011 年版）》（GB 50226—2007）。

《铁路旅客车站设计规范》（TB 10100—2018）是在《铁路旅客车站建筑设计规范》（GB 50226—2007）的基础上进行了全面修订，并整合了《铁路旅客车站无障碍设计规范》（TB 10083—2005）（已废止）的主要内容。具体的修订工作包括：

1）贯彻打造现代综合交通枢纽的设计理念，明确了"零距离"换乘的枢纽布局要求。

2）增加了"总体设计"章，加强了铁路客运站系统性设计要求。

3）增加了铁路旅客车站绿色建筑设计要求。

4）"选址和总平面布置"与"车站广场"两章合并为"总平面"章，完善了城市交通配套设施要求。

5）增加了安检、实名制检票作业区域要求以及中转换乘旅客流线组织要求。

6）修订了集散厅、候车区（厅、室）的规模控制指标，增加了站内商业设施规模要求和站房总建筑面积的控制指标。

7）增加了铁路旅客车站检修维护设施的设计要求。

8）增加了地下车站、空间环境、装修与构造、建筑幕墙与金属层面、建筑节能、电梯自动扶梯和公共信息导向系统等内容。

9）删除了"消防与疏散"章。

10）增加了"结构"章，明确了"桥–建"合一、大跨屋盖等铁路旅客车站特殊结构设计要求。

11）将"建筑设备"章分为"供暖、通风与空气调节""给排水""电器与照明""客运服务信息系统"四章，并修订了相关内容。

12）增加了"无障碍设施"章。

《铁路旅客车站设计规范》（TB 10100—2018）以旅客最高聚集人数为主要依据，将客货共线铁路客站划分为 4 级：特大型站房、大型站房、中型站房和小型站房，以高峰小时旅客发送量为主要依据，将高速铁路与城际铁路客站也划分为同样的 4 级，对铁路客站候车室、售票厅、站前广场、旅客站台等的规模确定，换乘设施以及流线的设计、无障碍设计、综合换乘衔接等给出了设计依据或参考标准。总的来看，现行标准结合新时代背景下的铁路客流出行特征和业务变化需求，做出了很多细节上的调整，适应性得到了提升，同时在倡导绿色低碳、无障碍化等方面起到了推动作用。

2. 公路客运站与港口客运站

公路客运站与港口客运站规模确定与总平面布局设计主要依据住房和城乡建设部发布的《交通客运站建筑设计规范》（JGJ/T 60—2012）。该标准自 2013 年 3 月 1 日起实施，是对原行业标准《汽车客运站建筑设计规范》（JGJ 60—1999）（已废止）和《港口客运站建筑设计规范》（JGJ 86—1992）（已废止）的修订。修订的主要技术内容包括：

1）明确了规范的适用范围。

2）增加了港口客运站部分的术语、四节一环保（节能、节地、节水、节材和环境保护）、无障碍设计、公共安全防范、室内环境等内容。

3）补充了节能与安检等内容。

4）取消了汽车客运站部分中行包廊的内容，调整了发车位的相关要求。

5）补充了滚装船客货运输和国际港口客运联检等内容。

6）修订了站房设计的相关内容。

7）修改了港口客运站旅客最高聚集人数的计算方法和港口客运站分级标准。

《交通客运站建筑设计规范》（JGJ/T 60—2012）综合发车位和年平均日旅客发送量将汽车客运站划分为一级到五级 5 个级别，按照年平均日旅客发送量将港口客运站划分为一级到四级 4 个级别，并给出了相应的年平均日旅客发送量的计算方法。在交通客运站的选址与总平面布置，站前广场、候乘厅、售票用房等的规模确定，设施布局，综合换乘衔接，无障碍设计，以及汽车客运站营运停车场、客运码头与客货滚装码头的设置等方面给出了设计依据或参考标准。总的来看，现行标准基于大量调查研究和实践经验，在无障碍设计、公共安全防范、节能与安检方面进行了适当的调整与完善，更适应于新时代背景下的旅客和业务

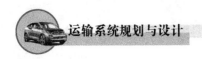

需求。

3. 航站楼（区）

航站楼（区）规模确定与总平面布局设计主要依据中国民用航空总局发布的《运输机场总体规划规范》（MH/T 5002—2020）、《民用机场工程项目建设标准》（建标 105—2008）以及《民用航空支线机场建设标准》（MH 5023—2006）。其中《运输机场总体规划规范》（MH/T 5002—2020）自 2021 年 2 月 1 日起实施，是对原标准《民用机场总体规划规范》（MH 5002—1999）的全面修改，具体工作包括：

1) 规范名称修改为《运输机场总体规划规范》，相应调整规范适用范围。

2) 术语中增加 15 个、删除 14 个、修改名称 2 个。

3) 增加总体规划文本、图件、专题报告的相关条文。

4) 按航线性质、规划年旅客吞吐量 2 种方法划分运输机场类别。

5) 调整航站区指标分级，增加机场用地分类和代码。

6) 提出近期、远期规划目标年的确定方法，明确了终端、远景的适用条件。

7) 细化对预测内容、方法的要求。

8) 增加"总平面规划"，取消"机场场址选择"章节。

9) 修改飞行区容量、跑道构型、滑行道等内容，明确各类机位分类方法。

10) 增加机坪规划、飞行区交通设施等条文。

11) 将"标志和标记牌"替换为"机坪助航设施规划"，增加飞机地面电源装置等条文。

12) 提出机场空域规划、飞行程序规划的本阶段重点内容和要求。

13) 明确总体规划阶段空管设施规划的重点内容，提出对塔台位置、高度规划要求。

14) 增加对航站区布局、航站楼平面构型、旅客捷运系统、近机位等要求。

15) 增加航站区指标为 1 的机场航站楼面积和总机位数要求，取消航站楼面积估算表。

16) 划分一级、二级货运设施，增加货运站规模指标、危险品库安全距离等内容。

17) 提出机场机务维修规划等级的划分方法及相应要求。

18) 增加加油量预测、油库位置、油库安全距离、第二航空加油站等内容和要求。

19) 明确应急救援设施组成和机场消防等级，完善消防、应急救护、残损航空器搬移等条文。

20) 增加安全保卫设施分类、规划要求、安全保卫等级等内容。

21) 梳理生产保障设施规划内容，提出集约用地、合建、地块规划等要求。

22) 在综合交通系统规划中从预测、外部交通、道路、轨道、停车等方面充实和细化要求。

23) 修改细化场内供电、供水、供热、供冷、供气设施规划及外部供应要求。

24) 更新防洪、防涝、雨水排水系统的规划标准，明确再生水不进入航站楼。

25) 用"垃圾处理设施"取代"机场固体废弃物处理设施"，取消焚烧站的条文。

26) 增加综合管廊、管线矛盾处理原则，地下管线间距等要求。

27) 明确管线敷设方式要求，取消高压输电线与跑道的距离要求。

28) 机场排水系统规划并入第 19 章，在机场竖向规划中增加陆侧阶梯式布置的条文。

29) 将"机场绿化、美化布局规划"与"机场环境保护和周围土地使用规划"并入机场环境规划章节，系统梳理规划内容，修改和增加相关条文。

30）增加机场规划环境影响评价的内容和要求。

31）调整主要技术指标，增加指标汇总表。

32）附录中增加总体规划文本目录、规划图件图纸的要求。

《运输机场总体规划规范》（MH/T 5002—2020）、《民用机场工程项目建设标准》（建标105—2008）以及《民用航空支线机场建设标准》（MH 5023—2006）均对航站楼（区）的规模确定、功能布局、综合换乘衔接及流线设计等方面给出了设计依据或参考标准，其中《运输机场总体规划规范》（MH/T 5002—2020）和《民用机场工程项目建设标准》（建标105—2008）对航站楼（区）按规划目标年旅客吞吐量规模进行指标分级。不同的是，《运输机场总体规划规范》（MH/T 5002—2020）和《民用机场工程项目建设标准》（建标105—2008）适用于建设目标年预测旅客吞吐量50万人次以上、4000万人次（含）以下的新建（迁建）、改建和扩建的运输机场工程项目（含军民合用机场中的民用部分），《民用航空支线机场建设标准》（MH 5023—2006）适用于建设目标年预测旅客吞吐量50万人次（含）以下的运输机场的工程项目。总的来说，在我国经济社会和民航运输业持续快速发展的时代背景下，上述标准不断修正完善以适应机场发展的功能需求和技术要求，促进了机场和区域统筹协调可持续发展。

4. 城市内部客运枢纽

目前尚缺乏城市内部客运枢纽通用的建设标准，一般针对地铁换乘站和公交枢纽站分别制定。

1）地铁换乘站。现行的《地铁设计规范》（GB 50157—2013）（9 车站建筑）和《城市轨道交通工程项目建设标准》（建标104—2008）（第六章 车站建筑与结构工程）中包含地铁换乘站规模确定、总平面布局规划有关内容，如站台、乘降区的设置要求，车站布局和规模的确定方法以及换乘车站和客流流线的规划设计。《地铁设计规范》（GB 50157—2013）由《地铁设计规范》（GB 50157—2003）修订而来，新增内容涉及换乘车站、无障碍设计和建筑节能，并规定了车站的站厅、站台、出入口通道、楼梯、自动扶梯和售/检票口（机）等部位的通过能力，应按该站超高峰设计客流量确定，其相应设施规模应与通过能力相匹配。由住房和城乡建设部发布，于2023年3月1日起实施的《城市轨道交通工程项目规范》（GB 55033—2022）替代了《地铁设计规范》（GB 50157—2013）等现行工程建设标准相关强制性条文。

2）公交枢纽站。由住房和城乡建设部发布的《城市道路公共交通站、场、厂工程设计规范》（CJJ/T 15—2011）是在原行业标准《城市公共交通站、场、厂设计规范》（CJJ 15—1987）基础上进行的修订，修订的主要内容包括：

① 新增公共交通枢纽站和调度中心的设计。

② 对站、场、厂设施的功能和基本要求进行了细化。

③ 对停车场总用地规模等概念不清和已过时指标进行了重新界定和调整。

④ 新增了公共交通站、场、厂电动汽车、智能交通（ITS）、信息化建设等。

⑤ 删除了城市水上公共交通方面的内容。

《城市道路公共交通站、场、厂工程设计规范》（CJJ/T 15—2011）依据到达和始发线路条数分类，2~4条线为小型枢纽站，5~7条线为中型枢纽站，8条线以上为大型枢纽站，

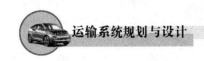

多种交通方式之间换乘为综合枢纽站，并对公交枢纽站的设置原则和要求、换乘人行通道设施的设计形式、不同枢纽站的设施配置等进行了规定。

总的来看，为了与城市发展相适应，上述涉及城市内部客运枢纽标准或规范在出台或修订过程中按照因地制宜、布局合理、经济适用、技术先进等要求，一定程度上保障了城市道路公共交通的安全与高效运行。

5. 通用标准

为了加快推动涉及两种及以上交通运输方式和领域协调衔接和共同使用的综合交通运输标准制定工作，2015年，交通运输部发布了《综合交通运输标准体系（2015年）》，2018年，国家标准委批准成立全国综合交通运输标准化技术委员会，旨在建设综合交通运输标准体系，为推动各种运输方式一体融合发展，构建现代综合交通运输体系提供有力支撑。目前已制定并实施多项适用于综合客运交通的相关标准，例如：

《城市客运交通枢纽设计标准》（GB/T 51402—2021）根据规划年限的日客流量将枢纽进行分级，划分为特级、一级、二级、三级、四级，在客运交通枢纽的总体设计、枢纽内部道路及交通设施、建筑与环境、建筑设备、枢纽信息化系统方面给出了一般性规定。

《综合客运枢纽通用要求》（JT/T 1067—2016）规定了综合客运枢纽的总体要求、换乘设施设备、交通组织及引导、信息化、安全与应急要求。

《综合客运枢纽设计规范（征求意见稿）》根据主导交通方式不同，将综合客运枢纽划分为航空主导型综合客运枢纽、铁路主导型综合客运枢纽、市域铁路主导型综合客运枢纽、公路主导型综合客运枢纽、水运主导型综合客运枢纽五种类型，根据综合客运枢纽总发送量和对外运输方式总发送量，将综合客运枢纽划分为一级到四级四个等级，并规定了综合客运枢纽的总体设计、一体化设计、分类型枢纽设计、服务设施和信息化系统。

上述标准覆盖范围较大，涵盖了前述各类单一方式枢纽，给出了一般性规定和要求，为打破不同方式之间的局限，实现综合客运枢纽的统一规划、同步建设提供了基础。而针对单一方式枢纽的标准更为具体细致，是对通用标准相应部分的补充和延伸。

思 考 题

1. 国内外先进综合客运枢纽的实例给了我们哪些启示？
2. 城市对外客运枢纽客流规模总量预测与换乘量预测的异同之处分别是什么？
3. 城市内部客运枢纽选址模型需要考虑哪些目标？
4. 城市对外客运枢纽布局形式受哪些因素影响？
5. 如何从规划与设计层面提升客运枢纽服务水平和集疏运效率？

第 **7**章 Chapter 7

公交系统规划与设计

7.1 公交系统分类与特征

公交系统规划
与设计

7.1.1 公共交通的系统和分类

城市公共交通是城市中供公众使用的经济型、方便型的各种客运交通方式的总称，狭义的公共交通是指在规定的线路上，按固定的时刻表，以公开的费率为城市公众提供短途客运服务的系统。

城市公共交通系统按照运行空间来分，可以分为陆地运输、水运和空运，其中陆地运输又包括地下、地表、地上；按照公共交通工具的运行速度来分，可分为常规和快速公交系统；按照车辆的驱动力不同，可以分为电动、机动和人力；按照载客量的不同，可分为大、中、小容量系统；按运行条件又可以分为有轨和无轨两种。而我们最常见的分类是按照各种交通方式在城市客运交通系统中的地位来划分的，可分为常规公共交通系统、快速大运量公交系统、辅助公共交通系统和特殊公共交通系统。在《城市公共交通分类标准》（GJJ/T 114—2007）中将公共交通分为 4 个大类。

1）城市道路公共交通。包括常规公共汽车、快速公共汽车、无轨电车、出租汽车。

2）城市轨道交通。包括地铁系统、轻轨系统、单轨系统、有轨电车系统、磁浮系统、自动导向轨道系统、市域快速轨道系统。

3）城市水上公共交通。包括城市客渡、城市车渡。

4）城市其他公共交通。包括客运索道、客运缆车、客运扶梯、客运电梯。

城市公共交通系统的组成如图 7.1 所示。本章主要围绕城市常规公交系统介绍其规划与设计方法。

7.1.2 公交系统特征

城市公共交通系统具有以下特征。

1）城市公共交通系统需要满足供需上的平衡，以服务于社会为主要目的。

2）城市公共交通系统不再追求单纯意义上的个体效益，而要注重不同运输方式间的协作发展。

3）城市公共交通系统发展的深层原因不仅在于它属于一个技术层面，更大程度上它属

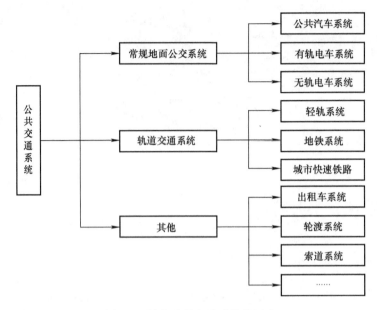

图 7.1　城市公共交通系统的组成

于文化的范畴，其持续发展的动力必须建立在健全的交通文化体系上，其中人本思想的建立无疑是重要的一环。

4）城市公共交通系统注重对外部环境影响和反馈的研究，研究方法已经从单纯的工程技术角度发展到系统工程理论的应用。

5）城市公共交通系统的发展不再是单个子系统的任意规划与发展，而是各子系统相互协调、和谐共构的过程，任何子系统的变化必须以其他子系统为参照系来进行改变。

6）城市公共交通系统研究最终提出的不仅是详尽的实施方案，而且是战略性的发展意见，因此政府部门的决策对城市公共交通系统的实施环境影响很大。

7.1.3　调查组织

必须采用计划良好并具有连续性的方式来获得和维护现有的数据库。现场调查的频率和广度必须考虑数据精确度和调查的费用。好的方法是在一个比较长的时间内组织主要、详细的大型调查，并在较短的时间内做补充调查，在这些小间隔内采用抽样的形式完成。换句话说，一个综合跨区段的数据集，能描述一段时间内整个运营情况，结合了关键因素纵向或时间轴数据，如最大客流断面、最忙车站、进入 CBD 的高峰小时客流等。

比如，公交公司每五年会在某周或某天组织对所有线路的乘客数量进行统计，对于某几条线路，会统计一周的乘客数量，同时选择一些线路用以统计该年度各个月份的乘客数量以观察出行的季节性变化。这些统计数据提供依据线路变化的乘客的需求：沿公交线路的客流分布情况以及每小时变化情况。所以，对于系统内具有代表性的线路，每年都会统计沿线或最大客流断面内的客流量数据，根据调查数据可能遇到的变化和精确度的要求不同，可以在每个小时或仅在高峰小时进行统计。

公交运营状况的调查通常针对公交单元（TU）运行条件开展，出于时刻表制定的目的，必须有规律地测量公交车的运行速度。然而，对交通条件的分析、延误原因的探讨都是针对特别情况的，比如规划新的公交服务、影响公交运营的交通条件发生了改变、计划对运营状况进行改进等。

每类人工现场调查都需要一张特别的现场调查表和至少一张对应的清单。现场调查表通常针对每个公交系统或各种特定的地点和调查分析类型来进行设计。比如 Vuchic（1978）、Hulbert（1982）、Robertson（1994）等人设计的典型调查表可以稍微修改后在大部分的公交和交通运营的人工调查中使用。

7.2 公交调查

7.2.1 公交需求调查

为全面、准确地掌握公交客运需求情况，有必要组织较大规模的公交客运需求现状调查。客运需求现状调查主要包括两方面的内容：高峰小时线路跟车调查、站点上下客人数调查。

1. 高峰小时线路跟车调查

（1）调查内容

统计所跟公交车辆到达沿线各站的时间。

统计所跟公交车辆到达沿线各站的上下客人数。

对所跟公交车辆到达沿线各站的上客人数进行抽样询问，询问问题包括：①下车站名；②下车后是否转车；③上车前是否转车。

公交调查中经常进行的公交线路随车调查的记录表格的设计可参考表7.1～表7.4。

（2）调查线路

调查线路可根据实际情况而确定。

（3）调查方法

以3人为1组，具体分工为前门1人统计上车人数及到站时刻，后门1人统计下车人数并可协助进行车内问询，另1人专门进行车内问询。

（4）调查时段及班次

早高峰小时时段为7:30—8:30，为使车辆经过沿线各站的时间尽可能多地落在该时段内，选择首站始发时间在6:45—7:15之间的班次进行跟车，每条线路单向选择3辆车进行跟车。

（5）调查日期

线路跟车调查的日期也要根据实际情况确定，但要均为正常工作日。

2. 站点上下客人数调查

为了解公交客运需求一天内（白天）随时间波动的变化特征，根据实际情况选择几处典型站点进行上下客人数调查。

表7.1 公交跟车调查汇总表

公交线路：　行车方向（上行/下行）：　调查日期：　星期：　天气：　调查人：

站名	各站顺序	站点编码	到时	离时	上数	下数	下车站点的顺序号及转车情况	
							下车后转车	下车后不转车
	1							
	2							
	3							
	4							
	…							
	N							

表7.2 公交跟车调查表（前门）

公交线路：　行车方向（上行/下行）：　调查日期：　星期：　天气：　调查人：

站名	各站顺序	站点编码	到时	离时	上客数	受阻情况	断面形式		中途停靠站类型		
							机非车道总数	几块板(1, 2, 3)	港湾式		非港湾式
									有分隔	无分隔	
	1										
	2										
	3										
	4										
	…										
	N										

表7.3 公交跟车调查表（后门）

公交线路：　行车方向（上行/下行）：　调查日期：　星期：　天气：　调查人：

站名	各站顺序	站点编码	下客数	下车站点的顺序号及转车情况	
				下车后转车	下车后不转车
	1				
	2				
	3				
	4				
	…				
	N				

表7.4　公交跟车调查表（车内问询）

公交线路：　　　行车方向（上行/下行）：　　　调查日期：　　　星期：　　　天气：　　　调查人：

站名	各站顺序	站点编码	下客数	下车站点的顺序号及转车情况	
				下车后转车	下车后不转车
	1				
	2				
	3				
	4				
	…				
	N				

（1）调查内容

统计指定线路在所调查站点停靠时的上下客人数及到站的时刻。

具体的调查表格设计可参考表7.5。

表7.5　典型站点上、下客流量调查表

站点名：　　　调查的公交线路：　　　调查日期：　　　星期：　　　天气：　　　调查人：

到达时间	上客数	下客数	到达时间	上客数	下客数

（2）调查站点

本项调查选择几处公交线路比较集中的站点进行调查，如火车站等。

（3）调查方法

2人1组负责调查经过该站的某一条线路的停靠站情况。其中1人统计到站时间及下车人数，另1人统计上车人数。

（4）调查时间

为较全面地反映全天的公交客流变化情况，选择调查时间为6:30—19:30。其中上午班为6:30—12:30，下午班为12:30—19:30。

（5）调查日期

站点调查的日期根据需要确定天数，应为正常工作日。

对现状调查数据进行统计以及用前面讲述的方法进行处理后可以得到以下重要指标：各条线路客运量、客运走廊客运量、高峰小时路段公交车流量分布、高峰小时路段公交客流量分布、高峰小时路段公交客流量与路段公交运能比（V/C比）、公交站点高峰小时上下客量分布、各公交线路沿线流量分布情况、平均换乘次数等。

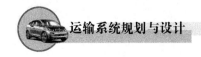

7.2.2 公交设施调查

1. 公交车辆调查

对公交车辆的调查属于基础资料的收集，主要是从公交公司获得，也可以从其他相关部门获得必要的补充。调查的主要内容包括该区域内公交车辆按照不同类别划分的统计指标，其中包括公交车辆的总数量、各种车型的车辆数、车龄统计、总座位数、总载客数以及车辆完好率等。

2. 线网和线路调查

根据调查需要，可以从空间分析的角度或行政区划考虑，将研究区域内的线路按总站所在区域分为几个不同的小区，研究该区域的公交线网情况。可以从研究各小区的线路分布情况入手，首先应该调查各条线路的基本情况，包括具体走向、线路长度、公交专用道条数、公交专用道隔离形式、配车数、发车频率和沿线站点的大概位置及数目等，然后可以确定小区内和各小区间的公交线路数目情况，见表7.6，从而了解该地区公交线网的分布情况，进而分析公交线路在各小区的连接情况和线网存在的问题。

表 7.6　现状线路在各区之间的分布数量　　　　　　　（单位：条）

分区	小区 1	小区 2	小区 3	小区 4	小区 5	小区 6	小区 7	小区 8
小区 1								
小区 2								
小区 3								
小区 4								
小区 5								
小区 6								
小区 7								
小区 8								
合计								

3. 站点和场站调查

公交停靠站是公交线网结构的支点，也是公交乘客的集散地，其设置的合理与否直接影响着公交服务的优劣和线网运作的效能。公交车站的调查内容包括车站设置位置（距交叉口的距离等）、车站的形式（是否为港湾式等）、经过该路的线路和条数、站距以及与其他枢纽衔接情况等内容。

公交站场是公交车辆停靠、检修和保养的场所，其包括停车场、保养修理车间和生活设施。城市中心区的用地比较紧张，土地价值较高，而公交站场将占用大量用地，因此对公交站场的调查内容主要有公交站场数量、分布位置、面积、服务车种、服务车辆数以及服务半径等。

4. 交通枢纽调查

交通枢纽情况调查主要包括常规公交与地铁线的衔接现状及上下乘客人数调查、公交与公路客运主枢纽的衔接现状及上下乘客人数调查、公交与铁路客运站的衔接现状及上下乘客人数调查等。各项调查内容包括公交与各种枢纽站衔接的公交线路和条数、相应换乘站距以及乘客上下人数（调查方法参照站点上下客人数调查方法）。

7.2.3 公交运行调查

1. 速度 – 延误调查

街道公交线路速度 – 延误调查的目的是找出公交单元行程时间的分布，包括运行、停站和几种不同种类的延误，也要求记录延误发生的地点、持续时间、原因等。行程时间和延误的测量值用作计算一天不同时间段的运行速度和运营服务可靠性，它对于规划可能的运营改善计划来说至关重要。

调查人员一般坐在公交车的前排位置，以便观察引起车辆慢行或停下的原因。为了获得代表性的结果，一天要测 n 次，而且在每周其他时间重复进行。具体的调查次数取决于统计的可变性和结果精度的要求。调查者应被详细培训怎样确定停车次数、怎样对延误原因归类、怎么对不同的调查表进行编号。调查者携带的设备可以是调查表写字夹板、笔、表和测量延误的秒表，也可以是有记录停车停留、红灯信号或其他延误类型功能的便携式电子记录器等。采用这些记录器，就不需为不同的时间段记录时间。

速度延误调查通常也依靠车载计算机来完成，计算机与车辆供电系统、转轴、开门设备相连。它记录了各个车辆起动、停车以及行进的详细地点和时间，通过磁盘复制到主计算机上可对数据进行汇总和分析。尽管它不能像人工调查那样记录特别事件，但能更加精确、详细地提供数据，精简调查人员。

许多城市，如苏黎世、奥斯陆、赫尔辛基等，人工的速度 – 延误调查已经被线路上的公交单元监控设备取代，如通过固定点、GPS、自动车辆定位系统（AVL）等。采集的信息自动传输给控制中心，再由控制中心计算机转换为时间 – 距离曲线，并附带原有的时刻表信息和实际的行程信息。时刻表的偏差值在给定时间间隔内，如 2min，一般由不同颜色的曲线显示。车辆晚于或先于原有时刻表时刻用不同的颜色区别。这就允许调度员实时监控运营并在非常规情况发生时调整开行方案，从而提高服务的可靠性。

最后，对于配备自动驾驶、控制、监控设备的公交单元，通常配置有行程时间和运营数据的自动记录设备，例如对于配备自动车辆运行（ATO）装置的地铁系统、配备线路信号控制的轻轨系统、配备各种类型自动车辆定位设备（AVL）的轨道车辆和巴士车辆，这些系统连续自动地监控并记录车辆的位置和整个行程过程。

速度 – 延误调查得到的数据必须进行汇总和统计分析。行程时间一般按线路区段、时间段及其种类、行驶时间、停站及其他原因停车，如交通拥挤、信号控制、停车操作、转弯等进行分类。因此计算各个区段的平均行程时间，它们与时刻表的偏差体现了服务的可靠性。

不同类型行程时间的偏离可在汇总表单上以数据的形式体现，为了清晰起见，也可采用图表的形式如饼图、柱状图等来表示偏离的百分比。这些数据可分析运营的效率，如在停车点，比较包括停站的行驶时间、停车原因等。同时这些数据对于规划新线路、运营方式改进、指导各种公交优先策略、单向交通调整、停车位消除等也至关重要。针对这些措施，通常有事前和事后的调查分析，有时可以对单个驾驶人的表现进行监控。

速度 – 延误分析一般不在快速轨道交通中采用，原因是这些系统一般不存在由各种外部原因引起的随机延误，然而，对于这些系统来说，通常会通过高精度的车站停留时间和站间

行程时间调查来获得快速公交系统所需的高质量的服务可靠度。

2. 客流量和承载量调查

统计乘客数的目的是为了确定线路不同区段公交单元上的乘客量、车辆最大载容人数及其所在区段、乘客量随时间的变化情况以及服务质量的分析等，这些都是运营时刻表所需的重要参数。

详细的乘客量调查必须包括每条公交线沿线九个地点公交单元（TU）乘客数的计数，特别地，针对乘客量很大的区段，找出最大承载断面（MLS）。小规模的年度调查，可以仅仅局限于对 MLS 客流量的调查，并增加一些附加断面来校准 MLS 的数据。

车上乘客数调查人员由各个计数点的观测员组成。对于单节的公交车辆，每个观测点配备一个观测员就足够了，如果线路非常繁忙，客容量非常大，站点经常会同时出现好几辆公交车，可能需要配置两个观测员；对于繁忙的轨道交通站点和公交车站，则需要的观测员人数更多。

观测员必须经过严格的计数技术培训，对于一些停站时间十分短的公交车来说，精确的乘客数据往往难以获得，所以观测员必须掌握如何在最短的时间内估计一群人或座位区的乘客人数。训练观测员通常通过在能获得准确数据的地方对其估计的数据进行检查，让他们能够修正偏差趋势来多数或少报。此外观测员必须知道车上座位数和车辆载客能力的精确值，这样他/她就能在车辆满员时准确估算乘客数，如果车上有少量站立的乘客，就可以方便地加上座位数，作为车上人数的计数值。

通常情况下，对于进站的车辆，观测员不仅可统计车上人数，也可统计上下车人数。这些数据可提供进站前后两个区段乘客数的信息。

每个观测员必须配备一个电子计数器或者是特别设计的调查表、写字夹板、笔和手表等，必须记录下列信息：

1）与乘客数相关的数据：线路、位置、公交单元能力、记录时间、计数时段、天气、观测员姓名、备注等。

2）写在计数栏上的数据：公交班次号，时刻表上和实际到站时间、到站车辆乘客数、上下车乘客数、离站车辆乘客数。

现场调查后，将记录的数据在总结表单中进行汇总，包括 15min 或 20min 的高峰小时人数总数统计、30min 或 60min 非高峰小时人数总数统计和每个时段公交单元平均载容数。这些数据通常在制订线路时刻表和各种分析时使用。

3. 站点乘降量调查

对于公交线路，最详细的乘客量信息获取办法就是记录整条线路每个站点乘客上下车人数。这个方法不仅提供了每个站点乘客数量，而且能够得到全线每个站点公交单元的载客数。通过它可以计算出行距离的分布状况、任 1h 或 1 天内以人·千米为单位的线路总工作量。这些数据为时刻表制订、公交运营分析、延伸缩短线路、增减公交车站所需的全部信息。

同样，开展这项调查的时间取决于对成本和数据精确度的要求，当运营者能够支付高额的调查费用时，上下车人数调查就会因其信息详尽而取代车上人数调查。

对于街道公交，通常最好的方式是每辆公交车配备一个观测员来记录两个门的上下车人数，这样，单节的车辆上一个观测员就足以应付这些数据的记录；但是对于长度较大的

LRT，可能就需要配备两个观测员，而在特别繁忙的站点，还必须配备一名观测员；对于高频率的服务，特别对于快速公交系统来说，每个车站配置一到多名观测员的效率会更高。

对于上下车人数观测员，同样必须进行培训，上下车计数方法比车辆占有率调查要简单，只要观测员选择适合的车内或车外位置以便观测所有的车门即可。

调查设备同样包括电子记录器或调查表格、写字夹板、笔和手表。为了方便起见，通常单方向单次出行或1次往返行程采用一张调查表。调查完后，按时间间隔（高峰时段15min 1次、非高峰时段60min 1次）汇总从所有公交单元（TU）上采集到的数据。表7.7给出了一张典型的汇总表，表中数据用于建立各种乘客量图，如图7.2所示，可用它们来计算线路出行长度分布、上车人数密度（prs/km）、行程密度（prs·km/km）及其他与线路利用相关的特征。

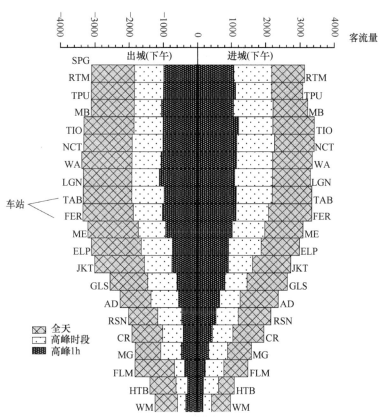

图7.2　公交路线不同时间不同方向的乘客断面图（Warminster线，费城区域铁路系统）

表7.7　乘客数量汇总及乘客里程计算表

线路号：41	方向 NB（从南部起点出发）		调查时段：16:30—17:30	
乘客数				
公交站点	上车人数	下车人数	车上人数	站间距/km	人·千米
1（南部起点站）	48	—	48	2.2	105.6
2	35	12	71	2.8	198.8
3	54	30	95	3.2	304.0

（续）

线路号：41		方向 NB （从南部起点出发）		调查时段：16：30—17：30	
乘客数					
公交站点	上车人数	下车人数	车上人数	站间距/km	人·千米
4	29	13	111	3.4	377.4
5	16	46	81	2.0	162.0
6（北部终点站）	—	81	—	—	—
总计	182	182	—	13.6	1147.8

注：平均出行长度为 1147.8/182 = 6.3km；每千米平均上车人数为 182/13.6 = 13.4prs/km；每千米平均乘客量为 1147.8/13.6 = 84prs·km/km。

现在，调查还可用到很多自动乘客数量记录（APC）设备，从手持记录器、便携式计算机、自动扫描器到车辆踏板压力探测器，都可以用于记录上下车人数。这些设备以不同的方式减少调查人力的消耗，增加数据量和提高数据的精确性，并简化记录过程。例如，挪威首都奥斯陆的公交公司为轻轨车辆开发了一套装配在驾驶人身后并与转轴相连的自动乘客计数器。该记录器可以记录转轴的转动数并确定车辆位置，同时可以记录进入车门的乘客数，并将其硬盘的数据传送到公司的中心计算机，计算机可将这些数据记录转换成沿线每个站点的乘客数。

在现代化控制快速轨道交通系统的车站，可以得到最全面和最可靠的自动乘客计数，比如在计算机控制的检票门，每个乘客插入一张磁卡，无论是插入的还是无接触的智能卡，都可凭它进出车站。BRT、华盛顿地铁、日本、韩国等地方都配备了这种系统。这些电子闸门提供乘客进出站的连续记录，所以站点利用数据和线路乘客量断面图可以计算得到。刷卡式电子磁票或智能卡的检票系统也更多地用在道路公交上，当电子收费系统被采用后，调查员的工作仅需要对乘客的态度和上车率等做一些特殊调查。

7.2.4 其他调查

除了上述几种相对标准的调查，还有一些其他的调查，以便获得各种类型的数据，这些调查包括：

1）换乘人数计数。某个换乘车站内部，两条或者多条线路之间的乘客转换量一般需要人工记录。然而，对于某些公交系统，换乘乘客被要求使用磁卡和智能卡来记录他们的路径并被自动收集换乘统计信息。车站乘客数据汇总如图 7.3 所示。换乘信息需要将两条线或多条线之间进行转换的乘客和只在单条线上旅行的乘客区别开，这个数据同样有助于规划车票类型和收票款方式。

2）车票使用。在使用自助收票款装置的情况下，有时还必须对街道公交的乘客按其付费类型进行人工记录，特别是对开放式车站同时有多个门上下车的 LRT 系统。调查的数据通常用于票价结构和检售票方法的分析，有时也可通过车票收益来计算乘客的数量。对于配备自动收票款装置的封闭系统，如地铁，可以记录各个系统之间的乘客交换量。旧金山湾区快速交通（BART）系统就是一个典型，它可以记录每个乘客的 OD 信息，因此可以在任何时间段得到乘客完整的 OD 矩阵数据。

3）乘客旅行信息。除了沿线乘客的 OD 信息，了解乘客完整出行的实际起讫点信息是必要的，这些信息包括乘客到达公交车站的距离及采用的交通方式，即所谓的子方式分担。这些调查的方式通常采用现场询问或发放问卷的形式，在终点站将填好的问卷表留下或者邮寄回来。

4）乘客态度和交通方式分担调查。与服务参数相关的乘客偏好，如发车间隔、车速、可靠性、票价水平等，以及这些对他们选择出行方式的重要性。这些调查也采用访问或问卷的形式进行。

5）时刻表使用。乘客到达时间分布和时刻表公交单元发车时间的关系调查可以表明在什么服务条件下乘客使用时刻表，对时刻表的使用如何受到发车间隔长短、服务可靠性、获取时刻表信息的影响。

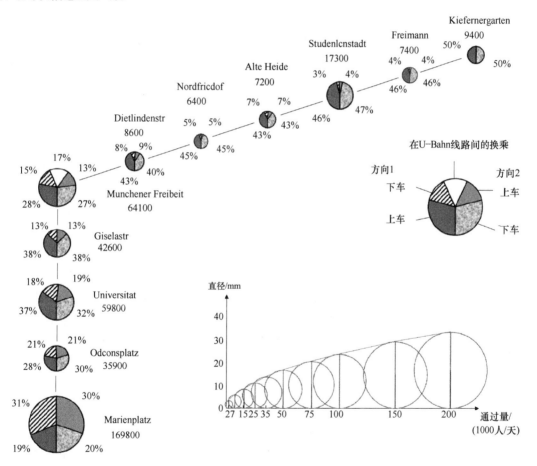

图7.3　图形化车站乘客数据汇总：慕尼黑 U－Bahn 车站的上车、下车、换乘（数据来源：慕尼黑公交年报）

如上文所述，现场数据调查包括自动设备获取和人工获取两种。对于特殊的调查，特别是运营细节信息和乘客态度等调查，往往采用人工方式。在各种情况下，在计算机数据库里存储、校订、显示调查数据最为有效；对于永久性的数据及其他数据文件，需要系统进行组织、存储以及快速恢复，各种图表打印和显示、编辑或整个网络乘客量柱状图分析同样可以通过计算机来完成。

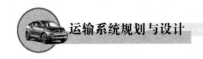
7.3 公交需求预测方法

7.3.1 公交需求影响因素

通常情况下，公交线路或线网的乘客量取决于城市（或是某个特定区域）的客运总量、公交服务水平和票价及与其他竞争交通方式（如小汽车、出租车或自行车等）的服务水平和票价的比较。

公交和小汽车服务水平、票价（费用）的关系随很多因素变化，其中最主要的是潜在乘客需求的集中程度。对于规划出色、交通方式协调性好的城市来说，公交是在城市中心区和需求量很大的交通走廊内实现出行的最优交通方式，即使在小汽车占有率很高的情况下也不例外；而在出行比较分散、密度比较低的郊区，小汽车则是相对便利的方式，尽管在这些区域能够组织公交运营并提供基本良好的服务。通常情况下，这种公交服务都是通过配置接运公交线或具有良好换乘体系的整合轨道交通网络来实现的。交通运输政策，特别是对小汽车无停车限制，将会极大地影响公交出行和小汽车出行之间的平衡，即改变交通的分担方式。

对于将全部精力投入道路建设的城市来说，它们甚至连主要的通道都由小汽车出行支配。通常情况下，缺少人们容易接受的公交服务将使得公交的使用及机动性变得很差。在这种情况下，出行者如果拥有并可以自驾车辆，他们都会转向小汽车出行，所以交通拥堵就会很频繁，通道内小汽车和公交这两种方式的出行总费用会提高并造成平均出行质量的下降。

公交在承运大容量乘客方面优于小汽车出行的内在优势说明如下事实：城市中心区（CBD）和其他主要活动中心等高密度区域公交车的出行份额最高；高峰时段的公交出行比例高于其他时段；工作出行采用公交车的份额高于其他目的出行，原因在于这些出行在时间和空间上最集中。工作出行后分别是上学出行和购物出行，而对公交出行份额贡献最小的出行是社会娱乐出行。在一些拥有良好公交服务的城市，如慕尼黑、巴黎、旧金山等，按照出行目的分类的公交出行所占份额构成范围为工作 60% ～ 90%、购物 40% ～ 60%、上学 50% ～ 70%、社会娱乐活动 20% ～ 40%、其他 10% ～ 30%。

出行距离分布同样随着城市的不同而发生改变，并取决于城市密度、城市类型、公交类型、街道网络、票价结构及一些其他的因素。图7.4描述了一些典型的出行距离分布，对于一些中心区密度非常大的城市，如伦敦、米兰、旧金山等，由于短距离（1.4km）的出行量非常大，出行距离分布往往呈偏斜分布。如果从外部（有时在这些区域间）通往 CBD 的通勤交通量很大，长距离出行量就会很高，如美国、加拿大大多数地区和一些西欧城市。

某一种交通方式的出行距离分布取决于它发挥的作用、网络的结构、提供的服务类型。有轨电车、无轨电车和巴士等主要用于运送短途的乘客，平均的出行距离在 4 ~ 8km 范围内；快速公交系统中乘客的出行距离则往往比较大，为 6 ~ 12km，但是对于中心区网络覆盖率很高的城市，如马德里、纽约和巴黎等，快速公交系统同样用于运送短距离的出行；除了区域内服务并为进城长途巴士或轨道交通提供接运服务以外，市郊公交车往往载运相当数量的长距离出行乘客；最后，区域铁路中的出行距离往往较长，美国采用区域铁路的平均出行

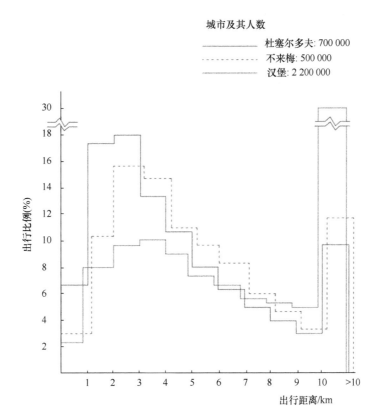

城市及其人数

―――――― 杜塞尔多夫: 700 000

---------- 不来梅: 500 000

―――――― 汉堡: 2 200 000

图 7.4 分城市公交出行距离分布

距离为22km，对于提供区域网络服务的旧金山湾区快速交通系统（BART），它的平均出行距离为21km。不同公交方式的出行距离累积分布如图7.5所示。

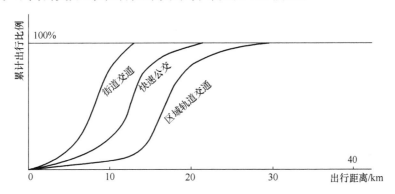

图 7.5 大都市地区不同公交方式的出行距离典型累积分布曲线

7.3.2 公交乘客需求特征

1. 空间分布

按区域和方向的出行需求分布是城市形态及其土地利用的函数。出行量通常集中于通往活动强度最大地区（CBD）的射线方向上，这些方向上的公交服务水平相应最高。图7.6为

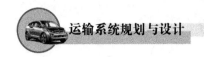

某城市工业园区的典型公交出行量的情况。

图例

工作日全天地面公交客源/(人/天)

5000   2500   1250

图 7.6   典型公交出行量模式

市郊的区域性子中心（或大型活动中心）同样会产生高密度的出行，公交出行的份额往往取决于这些子中心的规划设计以及它们与交通网络的关系。如果二者是协调的且公交服务与中心的设计进行了仔细的整合，比如法兰克福、戈登堡、蒙特利尔、斯德哥尔摩及其他很多城市，公交份额就会在出行结构中占十分重要的地位。使得公交比小汽车更具有吸引力的最重要的因素是提供 B 级和 C 级路权的公交方式，这些系统最初往往易于规划和设计，但是却很难建设。

另一个极端是在市郊大型活动中心的规划设计中，抛弃公交的发展；如一些以小汽车为导向的城市（不仅在美国，甚至也包括公交发挥非常重要作用的一些国家），公交就无法经济性地发挥它的作用。缺少公交服务将会引发一系列严重的问题，如引发严重的交通拥堵、使没有小汽车或不能驾车的出行者缺乏机动性。甚至会导致城市居民自组织行为，如租用巴士、合伙"拼车"及准公共的辅助公交等。这些行为会改善但不会解决由于缺少充分的公交服务带来的问题，原因在于准公共的公交不是全天运营，也不能完全为普通大众服务。

有时人们容易认为如果一些城区或交通通道上公交出行量低，则公交需求就会相应减少。然而，导致需求低的原因主要在于公交服务水平的低下，即人们不会去乘坐不提供服务或是速度慢、不可靠，而且票价又很高的公交，故公交运送的乘客量往往大大地低于潜在的公交需求。

CBD 核查线调查数据很好地体现了该区域的公交服务水平及其作用。高峰时刻进入

CBD 的公交出行比例往往会很高，城市越大，此数值就越高。对于以小汽车为导向的小型城市，高峰时间公交往往只能运送 20% ~30% 的出行量，而全天的比例则更低；对于公交服务比较好的中型城市（40 万~100 万人口），这个比例一般在 40% ~60% 之间；而对于拥有专用快速公交网络的特大城市，如纽约、巴黎和东京，高峰时间 CBD 的公交出行份额能达到 95% 以上。

一些城市如芝加哥、伦敦和纽约等都精确定义了中心城，并经常对其进行核查线数据调查，这个数据表明了各个时段各种交通方式乘客量的变化。20 世纪 50 年代到 80 年代期间，由于小汽车拥有量和道路建设的不断增长，使得小汽车的使用、快速公交和区域铁路的使用都快速增长，特别是对巴士的开支猛增，这都是道路交通拥堵所造成的结果，而这种趋势更充分说明了公交服务水平的重要性。例如，由于巴黎使用了 20 世纪 70 年代预留的巴士车道，使得街面的公交速度和服务可靠性大大提高，从而增加了公共交通的出行份额；20 世纪 80 年代纽约的公交服务恶化也导致相应的乘客流失，随后服务改进又提高了公交乘坐率，20 世纪 90 年代末期，纽约对乘客票价的需求弹性进行了有趣的验证，使用电子地铁卡可以让乘客免费地实现地铁和公交车之间的换乘，相对于之前的独立票价，它可以让换乘乘客节省 50% 的票价费用。这种卡的使用使得全网使用公交车的乘客量提高了 30%，而地铁乘坐率也大大提高。

总之，即使在机动车保有量已经饱和的大城市，在 CBD 导向的出行中公交车的作用仍然很重要甚至是决定性的。

2. 时间变化

通常，引起公交出行时间变化的原因主要是出行模式的差别以及各种相互竞争的交通方式在不同时段内服务水平的差异。在高峰时刻，由于出行强度大，使得公交的优势能够体现出来，故高峰时刻它所占的分担率就比全天其他时段大。图 7.7a 给出了按季节变化的公交出行情况，图中清晰地说明了公交出行的规律性：夏天（7 月、8 月）的乘坐量最低，深秋季（10 月、12 月）的乘坐率则最高，而 5 月和 9 月则最接近全年的平均水平。

然而这种变化并不能代表所有公交系统。在拥有多样化出行活动的大型城市的某些地区，这种变化则不会这么明显；而对于度假胜地或是单一出行活动占主导地位的城市，公交乘坐率的季节性变化则十分明显且和以上的变化规律有明显的不同，如美国的亚特兰大、法国的戛纳、英格兰的布莱克本等度假城市，在夏天的几个月内公交乘客量会比冬季的几个月高好几倍。而对于特殊事件，如世界博览会、奥运会和其他的体育赛事，将会带来全天的高峰时刻，而打乱常规的运营机制。显然，这些高峰时刻的乘客量都不能用作配置永久性设施的设计值，一个例外是如蒙特利尔、墨西哥城、慕尼黑的地铁系统初始线路建设正是分别受 1967 年的世界博览会、1968 年和 1972 年的奥运会等赛会的影响，而得以加快发展的。

图 7.7b 说明了乘客的周时间变化情况：一周内各工作日的乘客量变化不大，周一和周五的乘客量通常最大，但是在周六和周日的变化则更为明显。节假日的情况则和周日大致相同。由于周末的出行方式很大一部分向小汽车转变，所以公交的出行量与平日相比差别明显。然而，这种模式也存在很多明显例外：对于一些有极大吸引力的 CBD 地区和良好公交服务的城市，例如美国的波特兰、俄勒冈和英国的纽卡斯尔等，最高的公交出行量则出现在周末；而对于那些小汽车拥有率还很低、出行主要依靠公交的城市来说，平日的公交出行量则和周末的公交出行量更为接近。

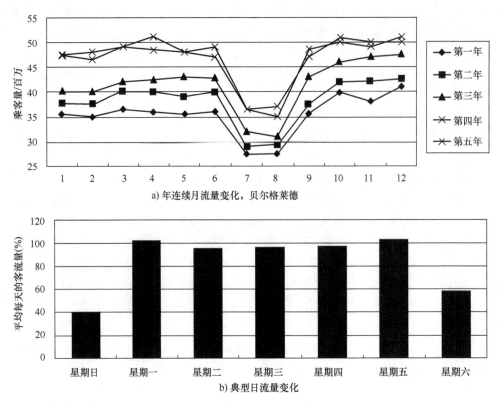

a) 年连续月流量变化, 贝尔格莱德

b) 典型日流量变化

图 7.7　公交出行的月、日时间变化图

各工作日公交出行的小时变化情况则更为明显, 如图 7.8 所示, 造成这种情况的主要原因很可能是通勤交通的高峰特性。各个小时乘客数量对于全天多数时段来说精确度完全足够, 但在出现乘客量急剧变化的高峰小时, 则不能以此乘客计数作为乘容量的值。

乘客量的高峰小时特性可以通过某一时间段, 如早 9 点到 12 点, 最大小时乘客量和平均平峰小时乘客量的比值来计算, 称之为 "高平比例", 它视公交方式的不同而发生变化。图 7.8a 说明了芝加哥城区公交的高峰小时乘客量特性, 区域铁路的高峰小时乘客量最大, 随后分别是快速公交和巴士, 小汽车驾驶人和小汽车乘客的高峰小时人数都比大多数公交方式的乘客量少得多。

相对于乘客量的变化和高峰小时乘客量, 车辆总数的变化则没有乘客量变化那样明显, 原因在于高峰小时和平峰时段相比, 变化最大的是承载系数。公交单元 (TU) 的变化在轨道公交系统上则表现得更小, 这是因为在高峰时段, 此系统往往会采用更长的车辆编组来载运乘客。

某一公交服务所需职工数量的变化和车辆运载能力、列车构成、自动化程度有关。所以, 对于街道巴士, 职工数量的变化与车辆数的变化紧紧地联系在一起 (每辆巴士通常配备一个驾驶人); 对于轻轨和地铁系统, 如果在高峰时段和平峰时段采用的列车长度不同, 则职员总数会有所减少, 而对于全自动的无人驾驶轨道交通系统 (AGT) 和某些地铁线路, 操作人员比率则会更低, 这样做会使系统的经济效率提高。

至于出行种类, 放射性的通勤出行的高峰/平峰乘客量之比往往最高, 这种出行往往出现在快速巴士系统和区域铁路上，而高平系数最低的地点则出现城市中心区切线和环线公交线路上，原因是这些地方的出行日的多样化程度最高。

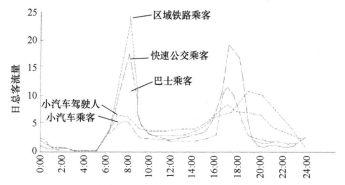

a) 芝加哥地区不同公共交通方式的客流量变化图（数据来源：芝加哥地区交通调研报告）

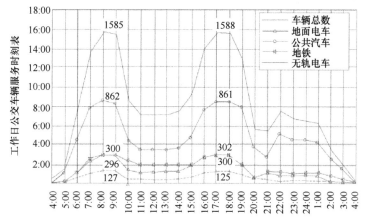

b) 多伦多地区不同交通方式的车辆需求（数据来源：多伦多公交委员会）

图 7.8　公交小时变化图乘客和车辆高峰类型

和公交出行的日变化一样，对于设置强度大、多功能公交系统的城市，小时的公交出行变化也不明显，从早晨到晚上通勤高峰之间的各时段，公交都基本饱和，比如香港、墨西哥城、莫斯科、纽约。

7.3.3　公交方式分担预测

不同方式间出行分布的估计是多方式运输规划中最重要的一步。它针对给定的交通网络为每种方式产生基本的需求信息。最一般地，方式分担指公共交通与小汽车间的分布，但是它有时除了这两个基本方式外还包括更多的方式。不同方式间，比如步行、公交、自行车、无缝换乘（K + R）以及停车换乘（P + R）接运到一种主要方式（通常在一个轨道公交车站），其分布预测被称为方式分担。

1. 方式分担影响因素

由于每个城市出行者基于他/她出行关注的各种因素来决定使用哪种方式出行，方式分担的估计是基于可以在某种定量方式中定义和估计的各种因素评价。在给定的研究中使用哪种因素依赖于许多局部因素，比如每种方式的特征及所起的作用，它们的关系以及数据的可

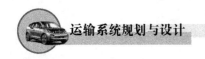

获得性。因此，使用的因素在不同城市实行的研究中变化很大，它们主要可以分为四类。

影响因素的第一类是出行决策者的特征。例如，合理的相关性可能经常建立在比如个人拥有小汽车、年龄和收入以及考虑到方式选择时的出行习惯等因素上。第二类关注每次出行的特征，第三类是可选方式的特征，而第四类是指与出行起讫点的小区相联系的某些指标。四类中经常使用的因素如下：

1）出行决策者特征：小汽车拥有量、家庭大小及组成、年龄和收入。

2）出行特征：目的、距离以及方向。

3）交通系统特征：出行时间（比例或者方式间的差异）、出行费用（包括停车限制）以及可达率。

4）小区特征：住宅密度、就业人口比重及与 CBD 的距离。

在实践中，每个研究只能考虑到这些因素中的一部分，因为模型关系的推导以及复杂度随着因素的数量增加而增加。此外，许多因素是相互关联的。因此使用它们可能引入不必要的复杂度或者偏差。例如，小汽车拥有量通常和收入以及住宅密度紧密相连，因此当使用小汽车拥有量时，后两个因素也就间接考虑了。另一方面，一些因素可能和在不同情形下的方式分担有着不同的相关性。例如，美国城市的大部分调查表明高收入导致低公交出行，因为小汽车拥有量增加了。然而，这只是对于低质量公交服务来讲是对的，主要是公交车。

有时高质量的公共交通有着相反的关系。例如，服务郊区的区域轨道或者地铁线路比在同一个走廊的小汽车出行吸引更多的高收入人群。因此规划者在使用某个因素时必须非常注意，以及从个人调查中能得到什么规律。规划者必须对所选取的因素和从个体调查中得出的一般性结论保持极度谨慎。规划者还必须认识到间接相关性比直接相关性更加不可靠和不精确。例如，有些研究采用出发时刻作为一个影响因素。实际上，出发时刻对于方式选择的影响主要通过各类出行目的和出行方式服务水平的不同组合关系来体现。因此，在分析中最好直接使用出行目的、出行方式服务水平等因素。

2. 方式分担模型

一些数学方法已经用在方式选择模型以及出行预测中，它们可以分为两个基本类：集计和非集计。大部分的集计属于出行交换类型，它使用多元回归、交叉分类或者转移曲线来估计方式间的分担率。相比而言，非集计类模型，也就是通常熟知的个体方式选择模型，使用概率方法来估计个体行为。它们基于效用理论，所有这些模型包括在出行决策者、出行、交通系统和小区四类特征中列出的一些因素。

在集计模型中，各种形式的出行交换模型是经常使用的。出行终点模型曾在许多城市中使用，但是由于存在内在的弱点以及逻辑上的潜在缺陷，现已被大量放弃。

出行交换方式分担模型分析了在分布阶段获得的各小区间的出行条件，然后确定每种方式，如公交和高速公路吸引的出行比重。

出行交换模型的最简单类型是转移曲线方法，它使用公共交通和小汽车间的出行分布图作为两种方式出行特征的函数。独立变量通常是出行时间比或者出行费用差，一些研究已经使用了可达性指标，其中整合了出行时间和费用或者一些其他的相关因素。小区 i 的可达性通常定义为

$$a_i = \sum_{j=1}^{n} A_j(F_{ij}) \tag{7.1}$$

式中，A_j 为小区 j 的出行吸引量；F_{ij} 为在给定交通系统中和从小区 i 到 j 出行相联系的出行时间摩擦因子；n 为小区数。

该指标计算公共交通和小汽车这两种方式的出行。然后获得它们的比例，相同比例的出行聚合在一起，对每一组计算公交使用的综合百分比。当该百分比划分与可达比例划分相反时，就可以获得转移曲线。这种转移曲线的形式如图 7.9 所示。曲线显示了在方式 A 和 B 划分的出行比例。比如小汽车和公交。该出行比例作为服务质量比例的函数，通常通过出行时间、费用或者一些其他要素来测量。必须注意的是，该转移曲线仅依赖于使用的参数，例如出行时间比例或者差异，不考虑服务质量、个人偏好等因素。曲线并不是从 0 到 100，因为一些出行者使用某种方式并不考虑出行时间或费用。这些出行者分别被界定为完全使用公交者和完全使用小汽车者，包括乘坐公交的非驾驶人和携带特殊设备的小汽车驾驶人。

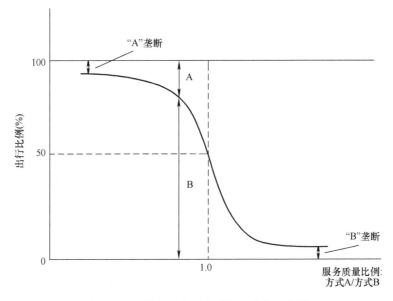

图 7.9　两种备选交通方式的方式分担曲线

单转移曲线的一个缺点是它非常粗糙，而且没有加入任何出行和出行决策者特征的影响。这可以通过绘制针对不同出行目的、小汽车拥有量、出行决策者的经济地位或者其他影响出行特征的不同转移曲线来矫正。在一些运输规划研究中，使用了许多不同类型出行的转移曲线。然而，引入较多的曲线更多地影响方式分担的因素，而且它也减少了每种类型的样本大小，因此降低了结果的可靠性。如果基本假设和输入不是非常可靠，则规划者不必将过多的精力花在非常精细的计算和图上。例如，如果估计的出行费用将汽油价格作为实质的因素，而且价格在未来不能可靠预测，就不能证明可绘出精细的曲线。转移曲线方法的另一个缺点是它不能同时处理整个公共交通和高速公路网络。

虽然有这些限制和不足，但出行交换模型（其中转移曲线方法最具代表性）基于实际关系，而且直观清晰。虽然计算技术和因素差别很大，但大部分的出行交换模型来源于方式选择行为中的各关系的基本假设。

当使用出行终点方式分担模型时，该模型在出行分布阶段前执行。它们仅仅基于出行者特征，比如收入、住宅密度以及小汽车拥有量，来估计每个小区的出行终点的方式分担。在

有些情形下，公共交通服务的一般水平也被包括进来作为可达性指标，这种模型关于公交出行量独立于公交网络的形式、广泛性、服务质量等的假设是非常不真实的。在20世纪60年代早期综合交通研究中，该模型得到广泛使用的主要原因是它简单以及需要较少的数据和较低的费用。

20世纪五六十年代，在大部分早期的综合运输规划研究中，在出行终点方式分担模型中考虑的因素严重忽略了公共交通。该观点由Ortuzar和Willumsen（2001）描述如下：

"过去，特别是在美国，个人特征被认为是方式选择的最重要决定因素，因此方式分担模型在出行产生后立即使用……因为在当时的水平下，没有暗示出行将去往何处，出行的特征以及方式也被从这些模型中省略。"作者正确地得出结论："在相当大程度上，这种模型从对政策决定的不敏感角度看是失败的；看起来决策者不能做任何事来影响方式选择。根据出行终点模型，改善公共交通、限制停车或者道路收费对于方式分担没有影响"。

因为该模型不能通过公交服务的改善带来任何收益，所以它的结果不能用来设计公交系统规划。此外，这种对交通系统特征的不敏感性使得出行终点模型总体上讲，极为不适合测试可选择的规划和公交系统规划。因此，在所有使用它的城市中，出行终点方式分担模型加重了针对公交的偏见。

由于出行终点模型在逻辑、假设以及性能上的固有弱点，人们转而使用出行交换和非集计方式分担模型。

3. 方式分担预测评价

近些年，研究者们在方式选择和预测技术方面做出大量工作。在城市出行者行为、影响因素相关性分析、公共交通和小汽车使用等方面积累了有价值数据，并建立了很多模型用来模拟目前的行为以及人们对现有方式的态度。这些工作对于城市交通系统的分析和规划做出了有价值的贡献。

值得注意的是，该领域在模型和预测方法方面存在潜在的定位问题，同时现有模型本身亦需要进一步改进。正如引言所述，当前的方式分担模型主要聚焦于小汽车交通，而对于公交规划系统所应达到的目标和提供的服务质量关注较少。因此，这些模型更多地呈现出描述性的特征，而非具备创造性。在这种情况下，对于方式选择的定量解释仅仅是对当前交通系统和消费者反应的映射。若模型是基于公交服务不达标的情况进行标定的，那么它们对于改善规划或引入新系统的倾向将显得不合适。这些模型对于公交需求的建议自然较为有限，这进一步证明相较于平衡的综合交通规划，所需的投资更为有限。

方式分担模型也有技术缺陷。它基于定量因素，比如出行时间、费用、服务、发车间隔等，而对于服务可靠性、信息、在车站和车辆中的舒适度、市场营销以及形象这些定量因素并不敏感。这些因素中的许多已经表明对方式分担有着重要的影响。

另一个时常发生的问题是方式分担分析通常限于两种方式，如小汽车和公交，但在许多城市中，特别是有强中心的大城市，其他方式经常发挥重要的作用。例如在许多西欧以及亚洲城市中，步行出行可能占所有出行中的25%～35%。

尽管存在这些缺点，但是方式分担模型和需求预测程序在规划中如果被正确建立并且应用，它们还是有价值的工具。当预测模型用于既有系统的服务发生一定的定量变化时，它们是适用的。但是当它们应用在一个质量不同的系统（例如快速服务、新的方式、现代化信息系统等）进行预测指导时，很重要的是模型应用应该包括基于研究乘客行为、价值等的属性变量。如果这些模型不能获得，规划者应当根据个人经验、系统的知识以及判断来补足前面的模型。

这就带来了一些关于公交预测和规划方法一般的结论。通过现有模型来对既有方式预测需求可能代表一种自我辩白的预言，而不是规划，它可能不会产生满足未来的公交系统的规划方案，为了实现制定的目标和目的，规划必须有标准化的元素，而不是仅仅基于推断目前情形和属性的模型。全面的经验和公交系统特征知识，现在是、且将来也是有效公交规划的必要条件。

7.3.4 公交客流分配方法

1. 公交网络客流分配

（1）问题背景与意义

所谓公交网路一般是由公交线路组成的网络。通过公交网络的客流分配，获得不同线网布局方案下的线路客流量和站点流量，并以此作为指导线网规划和场站布局的重要依据。而公交客流分配就是在公交线路和有关参数（能力、频率、车间距）已知的情况下，将预测出的 OD 需求，通过模拟乘客的出行行为，推导出乘客在公交线网上的分布情况。

在我国众多大城市中，除北京、上海、广州、天津等少数大城市拥有轨道交通外，绝大多数城市公共交通的主体是常规公交线路，所以公交客流分配的中心内容应为常规公交网络的客流分配。

从另一个角度比较常规公交线路和轨道交通在城市交通中的作用，发现轨道交通对城市交通的影响和作用不同于常规公交线路。轨道交通的吸引和作用远强于常规线路，适用于常规线路的客流量分析方法不适用于轨道交通。两者虽同属于城市公共交通系统，但乘客对于两种方式的选择模式有较大区别，应将两者进行有效区分。

城市公交线路上流量的合理分布，可以有效引导出行需求，减少跨区性交通生成量，缩短出行距离，使交通均衡分布；另一方面能充分利用公交运输能力，节约整个社会的公共交通出行成本。

（2）客流分配方法概述

交通分配是交通规划的一个重要环节，也是"四步骤法"交通需求预测工作中的最后一个阶段。所谓交通分配就是把各种出行方式的空间 OD 量分配到具体的交通网络上，通过交通分配所获得的路段、路口交通量资料是检验道路网络规划合理与否的主要依据；通过交通分配所获得的公交线路客流量也是公交线网优化的基础资料。

公交客流分配过程如下所示：

1）将现状公交 OD 量在现状公交线网上分配，以分析和评价目前公交线网的运行状况，如果有公交断面流量的实测值，可以将该值与模型分配流量值进行比较，用于检验分配模型的精度。

2）将规划年公交 OD 分布预测值在现状道路网络上分配，分析现状公交线网的缺陷，为公交线网的规划设计提供依据。

3）将规划年公交 OD 分布预测值在规划公交线网上分配，以评价公交线网规划方案的优劣。

这里需要特别指出两点：一是由于主要考虑对象是公交车辆，客流分配中的出行分布量

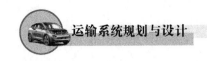

专指公交车，以标准小汽车（PCU）为单位；二是由于公交车是按固定公交线路行驶的，不能自由选择行驶路径，故需要实现在公交线网上的公交客流分配。

交通分配模型也称为交通分配方法，可根据交通费用和交通流量的关系假设分为平衡模型和非平衡模型。公交线路上的交通费用（包括通行时间和交通费用）不随交通流量大小而变化的模型为非平衡模型，交通费用随交通流量的增加而增大的模型则为平衡模型。交通分配方法具体分类如图 7.10 所示。

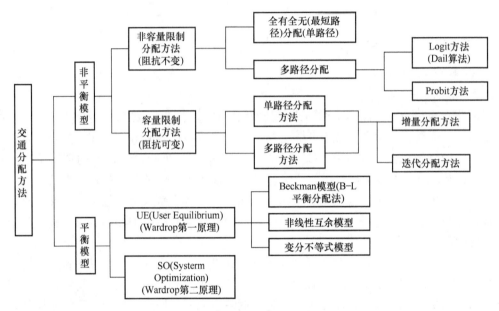

图 7.10 交通分配方法具体分类

TransCAD 中有六种方法，其中最核心的三种方法为：

1）全有全无分配方法（All‑or‑nothing Assignment Method）或最短路径分配法。

2）路径搜索法（Pathfinder）。

3）随机用户均衡分配方法（Stochastic User Equilibrium Assignment Method）。

搜索路径法是对 TRANPLAN 和 EMME/2 软件中相应分配方法的升级和改进。随机用户均衡是考虑了路线容量的概率和多路径的分配方法。出于兼容性的考虑，TransCAD 也提供了类似 EMME/2、TRANPLAN、MINUTP 和 TP + 等软件中的其他分配方法。由于实现算法的差异，TransCAD 和 EMME/2 的分配结果并不完全一样。每一种核心分配方法依据费用来确定路径。

一般将服务水平作为从备用路径库中选择路径的依据。体现服务水平的参数具体包括出行时间、等车时间、中转次数和服务可靠性等。等车与换乘时间可以被初始化为服务频率的一半。出行途中时间和换乘时间可以合并起来，作为路径选择的重要参数。

公交分配中最简单的方法是将 OD 点对间的所有出行量都分配到具有最短出行时间的路径上。这一路径包含多个部分的出行，如从起点到公交站的出行、包括换乘在内的公交站之间的出行、从公交站到目的地的出行，所有这些出行时间的总和最小。

如果一个 OD 点对之间有两条相同的线路，那该如何选择？比较合理的方法是平均分配交通流。一般来说，规划人员应该将交通流按照相同的比例分配到路径上，但实现这一过程的算法设计较为困难。目前已有的算法都未能实现完美的等比例分配，所以需要进一步加深对分配机理的研究。

Robert Dial 提出的 UTPS 法，即使不是第一个多路径方法，也是使用最广泛的。当存在重叠路段时，Dail 的方法就是多路径方法，因为这种方法在公交网络中为重叠线路段创建了共用连线。这种算法的巧妙之处在于在确定共用连线的同时也能找到最短路径。

这种算法最重要的特征是当出行的起点和终点之间有多条公交线路时，根据车头时距的组合计算出减少的等车时间。这一思路的合理性在于当公交线路很密集时，在公交站点公交车辆的到达呈现随机分布。如果在一条路径上有两条发车频率都为 1h 的公交线路，那么出行者根据公交线路的时刻表安排行程时估计的等车时间可能小于 15min。

在原来的 UTPS 规划和 TRANPLAN 中，当公交线路段连接相同的节点和具有相同的行程时间时，公交线路段仅在共用连线中组合。如果公交路线的行程时间不同，则同一地点的重叠线路就不会组合。最短路径在主干网络中，客流量作为发车频率的一个函数，分配在每一个主干道的线路段上。

在 MINUTP 和 TP + 软件中路径搜索法概括了 UTPS 和 TRANPLAN 中的分配方法并且包含了附加功能，同时也在线路段中建立了共用连线。虽然这些共用连线具有相同的终点，但在线路段中的发车时间不同。

2. 基于等待时间策略的路径选择

（1）乘客等待时间

本节的目标是研究线路选择问题，即乘客为了从 A 站到达 B 站要在几个备选线路中选择一条。所有备选线路的共同特征是在 A 站和 B 站都有停站。核心思想是从 A 出行至 B 的乘客将会放弃车上行驶时间过长的线路。

以下分析延续了 Marguier 和 Ceder（1984）的思想，采用概率的形式，并假设乘客根据经验对每条线路的特性都很熟悉，也就是说，他们对发车间隔的分布（线路发车频率）、A 到 B 的期望行车时间都有了解。他们对线路的选择还与他们已经在车站的等待时间有关，并且假设这对乘客来说也是已知的。分析中比较了每条线路上包含等待时间和行车时间的总出行时间。因为等待时间与车辆到达可靠性和乘客到达分布密切相关，因而在出行时间估计中起着重要的作用。在介绍主要分析内容之前，下面先介绍相关的公式与假设。

（2）基本关系

在乘客随机到达的假设条件下，平均等待时间的常用公式如下：

$$E(\omega) = \frac{E(H^2)}{2E(H)} = \frac{E(H)}{2}\left[1 + \frac{\mathrm{Var}(H)}{E^2(H)}\right] \tag{7.2}$$

式中，ω 为等待时间；$E(\omega)$ 为平均等待时间；$E(H)$ 和 $\mathrm{Var}(H)$ 分别为发车间隔的均值和方差。

此公式基于以下假设：以时间间隔 t 到达的乘客的平均等待时间为 $1/2t$，在这个时间间隔内到达的平均乘客数量与 t 成正比。另外，根据非高峰时发车间隔的数据，可得到如下的关系式：

$$\mathrm{Var}(H) = \frac{AE^2(H)}{A + E^2(H)} \tag{7.3}$$

式中，A 为 0 到无穷大之间的一个常数（量纲为时间的平方）。

$A = 0$ 对应确定型的发车间隔情况（规则的车辆到达）。$A \to \infty$ 对应完全随机的情况（车辆到达服从泊松分布，即发车间隔是指数形式）。A 的实际值一般在 15 ~ 35 之间。

公交车辆发车间隔的不规则性由发车间隔分布系数 C 体现，它定义为发车间隔标准差与平均发车间隔的比例，其平方为

$$C^2 = \frac{\mathrm{Var}(H)}{E^2(H)} \tag{7.4}$$

对于公交车辆的发车间隔分布，C^2 的范围在 0 ~ 1 之间。$C^2 = 0$ 对应完全规则的车辆到达（确定型发车间隔），而 $C^2 = 1$ 对应完全随机的情况（指数型发车间隔）。

将式（7.3）与式（7.4）联立可得

$$C^2 = \frac{A}{A + E^2(H)} \tag{7.5}$$

参数 A 的范围在 $0(C^2 = 0)$ 到无穷大（$C^2 = 1$）之间。分别用 $f_H(t)$ 和 $F_H(t)$ 代表发车间隔 H 的概率密度函数和累积分布函数，并令 $\overline{F_H}(t) = 1 - F_H(t)$，发车频率 $F = 1/E(H)$，则可以得到

1）当 $A = 0$ 时，$H = \dfrac{1}{F}$（确定型），且 $F_H(t) = \begin{cases} 1, & t \leqslant \dfrac{1}{F} \\ 0, & t > \dfrac{1}{F} \end{cases}$。

2）当 $A = 1$ 时，$f_H(t) = Fe^{-Ft}$，且 $\overline{F_H}(t) = e^{-Ft}$。

式（7.5）也可以写成 $A = C^2/F^2(1 - C^2)$，表明在给定的频率 F 下，参数 A 与变量系数一一对应。

如式（7.3）和式（7.5）所示，对于给定的 A（或采用上面关系中的 C^2），发车间隔是一个能够同时包含确定型和指数型这两种极端情况的函数，这里给出两个这样的函数。

第一个是由 Marguier 和 Ceder（1984）提出的，相当于指数分布，关系式如下：

$$f_H(t) = \begin{cases} \dfrac{2FC^2}{1 + C^2}\left(1 - \dfrac{1 - C^2}{1 + C^2}Ft\right)^{\frac{3C^2 - 1}{1 - C^2}}, & t \leqslant \dfrac{1 + C^2}{1 - C^2}\dfrac{1}{F} \\ 0, & t > \dfrac{1 + C^2}{1 - C^2}\dfrac{1}{F} \end{cases}$$

$$\overline{F_H}(t) = \begin{cases} \left(1 - \dfrac{1 - C^2}{1 + C^2}Ft\right)^{\frac{2C^2}{1 - C^2}}, & t \leqslant \dfrac{1 + C^2}{1 - C^2}\dfrac{1}{F} \\ 0, & t > \dfrac{1 + C^2}{1 - C^2}\dfrac{1}{F} \end{cases} \tag{7.6}$$

该种分布的定义符合这样的实际情况：当 $A = 1$ 时（如上面 A 与 C^2 的关系），该分布趋向于指数分布，类似于二项式分布趋向泊松分布的情况。

第二个是 gamma 分布，满足如下关系：

$$f_H(t) = \frac{\left(\dfrac{F}{C^2}\right)^{\frac{1}{C^2}}}{\Gamma\left(\dfrac{1}{C^2}\right)} t^{\frac{1 - C^2}{C^2}} e^{\frac{-Ft}{C^2}} \tag{7.7}$$

其中 Γ 是 gamma 分布函数，即 $\Gamma(C^{-2}) = \int_{x=0}^{\infty} x^{C^{-2}-1} \mathrm{e}^{-x} \mathrm{d}x$。

选择 gamma 分布是因为指数分布是 gamma 分布的特殊情况，而且一般的 gamma 分布有两个与均值和方差相关的独立参数，且满足式（7.3）的约束。本章在路径选择问题中应用式（7.6）和式（7.7）来说明结果的普适性。

当然，这两种函数分别在 $C^2 = 0$ 和 $C^2 = 1$ 时的曲线是一样的，因为它们分别对应于确定型情况和指数型情况。实际数据的直方图可以表明一条公交线路上不规则增长的 C^2 所对应的发车间隔。直方图在 gamma 分布下有一个最大值点，而在指数分布下与坐标轴（不同于坐标原点）有一个交点。

该分析是基于如下的一般性假设：

1）车辆到达的方差足够大，这样乘客便无法通过调整到达车站的时间来使等待时间最小。这种假设很适用于城市公交线路上没有发布时刻表的情形，即 A 和 C^2 或者 F 的值相当大。这种假设在 Jolliffe 和 Hutchinson（1975）的研究中可以被放宽。

2）与车辆同时到达（看到并追赶）的乘客比例是固定的并且不依赖于其他参数。在城市区域内（伦敦和巴黎）的观测结果发现该比例达到 16%（Marguier 和 Ceder，1984）。在假设1）的基础上，我们进一步假设乘客中的绝大部分（86% ~ 100%）是随机到达的。

与路径选择问题相关的假设如下：

1）假设乘客了解线路，并且根据经验知道发车间隔和等待时间的情况。因此他们选择线路的策略是试图使车上行驶时间和等待时间之和的期望值最小。与 Jolliffe 和 Hutchinson（1975）的研究类似，该假设可以拓展为，只有一部分乘客遵从最小化等待时间和车上行驶时间之和的规则，而其他乘客将会乘坐第一辆到达的前往 B 站的车辆。

2）在站点 A，线路从统计上讲是相互独立的，当这些线路不共享 A 站的上游路段时，这个假设具有合理性。

3. 基于路径选择的客流分配

在集成的交通规划方法中，出行者在网络上的路径选择和分配是估计（预测）网络上路段客流量需求的前提，而路径选择建模是任何分配算法的基础。公交规划中，线路调整、站点位置选择、运营策略选择、公交车辆优先计划、行车与停车安排、环境影响等研究都需要涉及客流分配算法。本节提出了与路径选择建模相关的一些公交客流分配特征。

乘客的出行路径可能包含换乘，因此，可以使用不止一条公交线路。公交网络中的一条弧段对应一条实际路段，它可以包含不止一条公交线路，即有可能产生重叠的公交服务。

图 7.11 展示了道路网络与公交网络之间的区别。图中乘客在公交网络上从节点 A 出行至节点 D 有两条可行路径：采用线路 I 和 II 并在节点 B 换乘，或者线路 I 和 II 在 C 换乘。比如，在图 7.11 的网络中，我们可以检验线路 A—C—D 和线路 A—B—C，其中线路 A—C—D 取代了线路 B—C—D，因此将 C 点设置为从 B 到 D 的唯一换乘点。所检验线路（与其他候选线路集合一样）在已知的发车频率（来自于 OD 需求）基础上可以进行客流分配。基于给定的标准或目标，分配算法可能会计算出不同的线路客流分配结果。Guan 等（2006）对上述简单方法进行了进一步分析，并把公交客流分配过程与线路设计组合考虑。

每条公交线路上的乘客比例计算方法可以集成到整个公交网络上的客流分配模型中。这个模型可以更加真实地反映分配过程中乘客的选择行为。

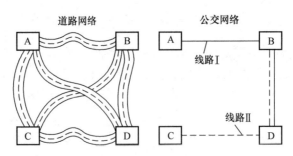

图 7.11 四个节点的道路网络与公交网络

公交网络上的客流是不连续的乘客流，包含在站点等车（或换乘）以及在车上的乘客。在节点 u，已经到达并想要乘车（或换乘）的乘客总数，以及发车的频率，将决定该节点的等待时间 W_u。根据式（7.2），总的期望等待时间可以表示成如下形式：

$$E(W_u) = \sum_r \sum_v p_{uv}^r \frac{E(H_r)}{2}\left[1 + \frac{\mathrm{Var}(H_r)}{E^2(H_r)}\right] \tag{7.8}$$

式中，p_{uv}^r 为从节点 v 到达 u 并希望乘上（或换乘）线路 r 的乘客数量；H_r 是线路 r 的发车间隔（或组合发车间隔）。

目标（Spiess 和 Florian，1989）可以是最小化乘客出行费用与期望等待时间之和，条件是满足网络中所有节点的约束。该约束保证了流量守恒条件（节点流入量与流出量相等），以及路段上的流量非负且不大于弧段上基于发车频率与等待时间的某个函数值。

将乘客的选择策略定义为在公交网络上的快车和慢车两类线路中进行选择。每类线路上的乘客比例与这两类线路的发车频率比例和车上行驶时间的差有关，因此有必要为每类线路定义"组合"频率和"等价"车上行驶时间这两个概念。网络结构是指每个 OD 对之间各种可能的路径，包括直达路径和换乘路径。后者可能包含重叠（平行）线路、串行线路，也可能两者兼有。计算每类线路的"等价"车上行驶时间相对简单（乘客倾向于将所有连接 OD 对之间的可能路径的车上行驶时间取平均），但要计算"组合"频率则复杂得多，这会在后面进行解释。复杂的网络结构使得许多研究者采用一些不现实的简化方法以尽量避免这个问题，例如采用直接连接公交站点线路的发车频率，或者对网络的每条路段采用不同的发车频率。后者需要"平滑"技术来得到准确的频率，而对于直达线路，这样做会产生不合实际的结果。

如上所述，在这个分配过程的开始，乘客必须选择一类线路（快车或慢车），接下来需要选择该类中的具体线路。那些不能确定每类线路中各条线路长度（车上行驶时间）的乘客会选择乘上第一辆到达的车辆，也就是说，乘客依照线路发车频率的比例被分配在这类线路中的各条线路上。

每类线路，对应于相应 OD 对之间的一个子网络，构成了修正的公交网络的一部分：节点是带有重叠线路的站点，路段是节点间的直达线路。OD 之间可行路径上的路段数减去 1 就是换乘次数。

图 7.12 给出了"组合"频率的计算过程，并给出了公交需求在某一类线路上（i 和 j 间线路）的分配过程。平行线路的"组合"频率是它们的和，而串行线路的"组合"频率是它们的最小值。按照这个方法，在 7.12 图 a 中，k 和 j 之间的组合频率是 $3+1=4$ 辆/h，而

$i-k-j$ 的组合频率是 $\min(6,4)=4$ 辆/h。i 和 j 之间所有类别线路的组合频率是 $6+4=10$ 辆/h，它基本是图 7.12a 中小网络的最小截集，通过这个结果（具体是 F_1 还是 F_2 取决于线路类型）可以计算 i 和 j 之间两类线路上乘客的比例。

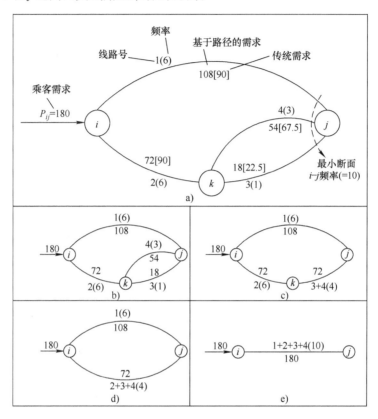

图 7.12　以小时计的客流分配，其中 a）表明传统分配是基于路径的分配；
b）~ e）介绍网络合成过程

对图 7.12a 中网络的进一步分析可以参考图 7.12b ~ e，即网络合成过程。它基于子网络中"组合"频率的递归计算，直到只能得到一个"组合"频率路段。网络合成与电路网络的分析类似，都包含对并行和串行的求和问题。并行频率的求和等价于平行路段截集的频率之和，串行频率求和等于串行路段频率中的最小值。客流需求分配的计算过程可以看作是一个反向的过程。图 7.12e 中，i 和 j 间单频率路段的需求为 180 位乘客，该需求在图 7.12d 中按照基于频率规则的比例被分配，也就是，$180 \times (6/10)$ 和 $180 \times (4/10)$。后者的需求 72 分配在图 7.12c 中的 $i-k-j$ 上，又在图 7.12b 中按比例分为 54 和 18。

这种分配方法（如果乘客意识到它们之间的时间差别）使得每条线路都可归入到两个分离子集（子网络）中的某一个，也就是说，i 和 j 之间的任一条线路或者路径（直达或换乘）可能属于快车子网络，也可能属于慢车子网络，但不会同时属于这两个子网络。这样，分配公式可以按以下方式推导：分别为两类线路建立"组合"频率和需求分担方程，每类线路中变量间的关系则由计算发车频率约束得到。

只有考虑网络中所有 OD 对之间的相互关系才能处理大规模的复杂网络。而这种相互关系又受到分配过程中未知发车频率与客流量（作为变量）之间关系的影响。当实际发车频

率按照站点调查或跟车调查的方法（包括线路上所有 OD 对的车上与站点的客流计数）计算时，客流量则通常按照发车频率的分担率计算。

7.4　公交线网与场站规划设计

根据我国目前的经济发展水平以及城市客运需求，可以认为，在我国城市公共交通中，常规公交仍将是城市公共交通客运的主体。因此，学习和掌握城市常规公交系统规划的基本理论和方法具有重要的现实意义。

公交系统规划的主要内容包括公交线网规划、场站规划以及公交车辆发展规划。下面分别加以介绍。

7.4.1　公交线网规划

公交线网规划是整个公交系统规划中的核心部分，公交线网的结构和布局是否合理决定了公交出行的便利性，以及公交出行成本。

1. 公交线网规划的目的

1）为城市居民提供安全、高效、经济、方便和舒适的服务。

2）提高公交营运效率，促进公共交通的发展。

3）建设可持续发展的城市公共交通体系，保护城市环境，推动土地开发与城市发展。

2. 公交线网布局的原则

1）城市公交线网必须综合规划，组成一个整体，体现和贯彻以人为本、服务为本的思想，体现合理性和可操作性相结合的原则。

2）市区线路、郊区线路和对外交通线路应紧密衔接，并协调各线路网的集疏能力。

3）要考虑公交发展历史和线路的延续性，兼顾和利用已有线路，综合协调老线路之间的关系。

4）公交线网还应对城市用地的发展具有较好的适应性，其布局应与城市用地布局相协调，与城市用地规划范围内主要客流的流向一致，促进城市发展。

5）各主要客流集散点之间应有公共交通线路直接相连；主要客流的集散点应设置不同交通方式的换乘枢纽，方便乘客停车与换乘，以缩短乘客出行时间，扩大乘客活动可达范围。

3. 公交线网规划主要技术指标

（1）线网密度

公交线网密度是指有公交服务的每平方千米的城市用地面积上，有公交线路经过的道路中心线长度，即

$$公交线网密度 = \frac{有公交线路经过的道路中心线总长度}{有公交服务的城市用地总面积} \tag{7.9}$$

该指标反映了居民接近公交线路的程度。城市公交线网规划的密度，在市中心一般应达到 $3 \sim 4 \text{km/km}^2$，城市边缘应该达到 $2 \sim 2.5 \text{km/km}^2$。根据调查，沿公共交通线路两侧各 300m 范围内的居民是愿意乘坐公共交通的，超出 500m 范围，绝大多数居民选择骑车，选择公共交通的很少。因此，公共交通线网的密度不能太小。

由于道路网是常规公交线网的载体，公交线网密度指标在很大程度上受制于城市道路网密度水平。为了扩大公交线网的密度，公共交通线路可以在适宜的支路上设置。另一方面，从优化公交网络布设的角度，应对道路网规划建设提出反馈，突破传统的建立在既有道路网基础上的被动式公交线网规划模式。为优化公交网络而改造相关道路的主动式公交线网规划，能使公交线网最大限度地满足公共客运交通需求，同时提高系统的运输效益。

（2）公交线路重复系数

对全市或整个规划区而言，公交线路重复系数是指公共交通营业线路总长度与线路网长度（即有公交线路经过的道路中心线总长度）之比值，在公共交通发达的城市一般在1.25~2.5之间。对某一路段而言，公共交通线路重复系数是该路段上设置的公共线路条数，综合考虑公交线路的分布均匀性及站点停靠能力，一条道路上设置的公交线路条数不宜超过3~5条。

（3）公交线路非直线系数

公交线路非直线系数是指公共交通线路首末站之间的实地距离与空间直线距离之比。环形线的非直线系数是指主要集散点之间的实地距离与空间距离之比。

为保证公共交通的正常营运，提高公共交通服务水平，公共交通主要线路的长度宜控制在8~12km，线路的非直线系数不宜过大，一般不应超过1.4。线路过短，增加乘客换乘率；线路过长，车速不易稳定，行车难以准点，正常的行车间隔也难以保证；线路曲折，虽可扩大线路服务面，但也使不少乘客增加额外的行程和出行时耗。

（4）乘客平均换乘系数或换乘率

乘客平均换乘系数是衡量乘客直达程度，反映乘客方便乘坐的指标。

$$乘客平均换乘系数 = \frac{乘车出行人数 + 换乘人次}{乘车出行人次} \tag{7.10}$$

换乘率是指统计期内乘客一次出行，必须通过换乘才能到达目的地的人数与乘客总人数之比，即

$$换乘率 = \frac{有换乘的乘客人数}{乘客总人数} \times 100\% \tag{7.11}$$

（5）公交线路站点覆盖率

公交线路站点覆盖率亦称公交站点服务面积率，是公交站点服务面积占城市面积的百分比，是反映城市居民接近公交程度的又一重要指标。

$$公交站点覆盖率 = \frac{公交站点服务面积}{城市用地面积} \times 100\% \tag{7.12}$$

一般公共交通线路的服务范围是距站点300~500m步行距离的城市用地。考虑换乘的因素，在公共交通线网密度较小的地区，一般公共交通站点的服务半径可以扩大到600m，轨道交通线路站点的服务半径可以扩大到1000m。根据上述要求，可以按公交线路网的站点分布位置绘制公交线路网服务范围，计算公交线路网覆盖面积或服务人口，进而计算公交线路网的服务面积率和服务人口率，作为评价公交线路布局合理性的一项重要指标。

4. 公交线网规划的步骤

现状城区公交线路网规划通常是在现有公共交通线路基础上，根据客流变化情况、道路建设及新客流吸引中心的需要，对原有线路的走向、站点设置、运营指标等进行调整或是开

辟新的公共交通路线。除非城市用地结构、城市干道网发生大的变动，如对外客运交通枢纽的迁建、新交通干道的开辟，或是开通新的大运量快速轨道交通线路，一般不做大的调整。

对于新建城市或是规划期内将有大发展的城市，公交线路网需要密切配合城市用地布局结构进行全面规划。通常按下列步骤进行：

1）根据城市性质、规模、总体规划的用地布局结构，确定公交线网的结构类型。

2）分析城市主要活动中心的空间分布及相互之间的关系。居民区、小区中心，工业、办公等就业中心，商业服务中心、文娱体育中心、对外客运交通中心、公园等游憩中心，以及公共交通系统中可能的客运枢纽等，这些都是城市居民出行的主要发生点和吸引点。

3）在城市居民出行调查和交通规划的客运交通分配的基础上，分析城市主要客流吸引中心的客流吸引期望线及吸引力量。

4）根据综合各城市活动中心客流相互流动的空间分布要求，初步确定在主要客流流向上满足客流量要求，并把各主要居民出行发生点和起因点联系起来制定公共交通路网方案。

5）根据城市总客流量的要求及公共交通运营要求，进行公交线网的优化设计，确定满足各项规划指标的公交线网规划方案。

6）随着城市的发展和逐步建成，逐条开辟公交线路，并不断根据客流的变化和需求进行调整。

在实际工程中，公交线网规划方案的产生是一个操作性较强的交互式优化过程。其基本程序如图 7.13 所示。

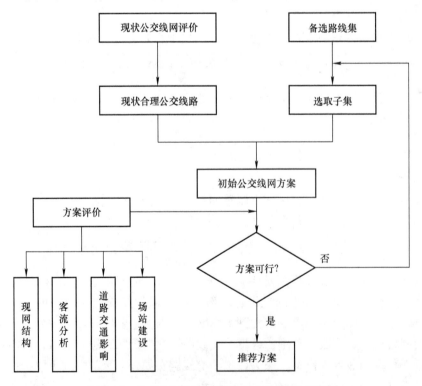

图 7.13　公交线网规划设计与优化分析基本程序

7.4.2　公交线网优化设计

1. 单条线路优化设计

组成线网的公路路线常有现状路线、经验布设路线、各种最短路线、实际或最优分配客流拟合路线、搜索优化路线以及它们的合并、组合和延长路线等。其中，搜索路线是对所有可能路线进行优选获得，从理论上说是最好的，且便于计算机实现；最短路线大大简化了路线，且符合路线布设的要求。

路线搜索法的基本原理是：从起点（交通区）出发，向其所有邻接交通区扩展，再以各邻接交通区为新起点，继续向所有邻接交通区进行连续的扩展，直至到达路线长度限制。对到达的每一节点，考虑约束条件和目标函数，从而求得满足约束条件的所有可能路线中效率最大的一条或几条路线。这实际上是一个以起点为根点，在交通区邻接网络中进行树状搜索的过程，如图7.14所示。

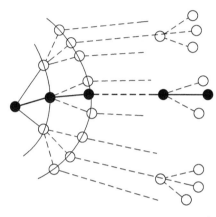

该方法是典型的人工智能搜索方法，属于 NP 算法（Nonpolynomially - bounded Algorithms）。在具体操作时，可以建立启发函数，加快搜索，对于起终点均已确定的情况，还可以进行双向搜索。一种减

图 7.14　路线搜索法示意图

少计算复杂度的简化算法是：每搜索一步即以当前最优路线为最后结果，而不进行搜索的递归，称为"简化搜索法"，属于 P 算法（Polymomially - bounded Algorithm）。

2. 整体线网优化设计

整体线网优化是从整体最优出发对线网进行优化。对于整个公交线网所有可能布线形式的搜索，计算量太大，难以实现。一般是通过逐条布线法、路线优选/淘汰法以及路线组合优选法组成线网，通过路线的合并、组合和延长等方法进一步优化，并考虑实际条件进行调整，如图7.15和图7.16所示。逐条布线法、路线优选/淘汰法都不能同时考虑全部路线。

公交线网优化调整的意义在于：对于近期规划，一般只能部分地改变现状线网，即需对线网的优化方案根据现状网络进行调整；线网生成中，顺序地每次考虑一条或几条路线的优化，因此得到的结果并不是线网整体最优；优化过程中难以考虑全部约束条件；在交通需

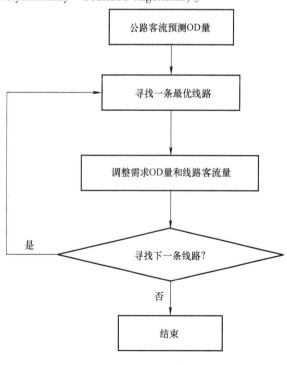

图 7.15　逐条布线法

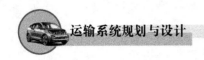

求分布基础上进行的网络优化引入了大量的假设条件，得到的是所采用模型的最优解，而非实际最优解，且交通需求受供应（线网布设）的影响。考虑上述因素，需对线网进行进一步调整。根据优化调整的目标，可按最差线路调整法和最大改进调整法进行调整，每次可以调整一条线路，也可以调整多条线路，如图 7.17 所示。

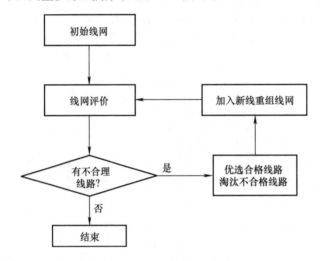

图 7.16　路线优选/淘汰法

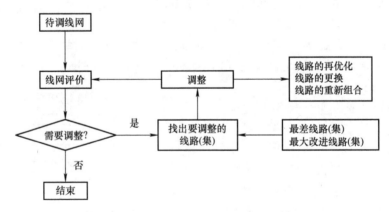

图 7.17　线路调整法的流程

7.4.3　公交场站布局规划

1. 枢纽站

常规公共交通枢纽站是公共交通线路之间、常规公共交通与其他交通方式之间客流转换的场所，提供公交系统内部不同模式之间、不同层次线网之间、市内公交与对外交通之间的接驳、换乘及中转，服务于城市主要客流发生和吸引点的客流集散。规划时应遵循以下原则。

1）一般在铁路客运站、长途汽车站、轮渡港口、航空港口和城市出入道路等处设置公交枢纽，作为市内公共交通与城际交通的联系点。

2）在城市轨道交通站点、大型居住区、市内客流中心等处应布设常规公交枢纽站，一般布设在干道一侧或另辟专用场地。

3）三条以上常规公交线路共用的首末站或者与其他交通方式换乘的首末站应设成常规公交枢纽站；城市中客流较多的地方常有若干公交线路通过，为满足高峰小时客运负荷需要，也应设为常规公交枢纽站。

4）枢纽站的用地应因地制宜进行核算，建设也要统一规划设计，其总平面布置应确保车辆按线路分道有序行驶，要能方便乘客在不同公交停靠点之间进行换乘，也要方便乘客进出枢纽站周边的区域；夜间可停放部分营运车辆，还需配备调度办公室等设施用地，为每条公交线路的每个行驶方向提供设有候车亭的独立停靠点。

5）在枢纽站附近应安排自行车停车处，提高常规公共交通的吸引力；在较大的换乘站处也可以设有相应的停车换乘区。

2. 首末站

常规公交车辆首末站点的主要功能是为线路上的营运车辆在开始和结束营运、等候调度时提供合理的停放场地。它既是公交站点的一部分，也可以兼顾车辆停放和小规模保养的用途。首末站应与旧城改造、新区开发、交通枢纽规划相结合，并应与公路长途客运站、火车站、客运码头、航空港及其他城市公共交通方式相衔接。对首末站点的规划主要包括首末站点的位置选择、规模的确定以及出入口道路的设置等内容，规划时应遵循以下原则。

1）首末站应选择在紧靠客流集散点和道路客流主要方向的同侧。

2）首末站应临近城市公共客运交通走廊，且应便于与其他客运交通方式换乘。

3）首末站宜设置在居住区、商业区或文体中心等主要客流集散点附近。

4）在火车站、客运码头、长途客运站、大型商业区、分区中心、公园、体育馆、剧院等活动集聚地多种交通方式的衔接点上，宜设置多条线路共用的首末站。

5）长途客运站、火车站、客运码头主要出入口100m范围内应设公共交通首末站。

6）0.7万~3万人的居住小区宜设置首末站；3万人以上的居住区应设置首末站。

3. 中途站

常规公交中途站的功能主要为实现其服务范围内乘客的集散以及部分乘客的换乘。公交车辆中途站的规划在公交车辆的首末站点及线路走向确定后进行，其规划的原则为：

1）中途站应设置在公共交通线路沿途所经过的客流集散点处，并宜与人行过街设施以及其他交通方式衔接。

2）中途站应沿街布置，站址宜选在能按要求实现运营车辆安全停靠、便捷通行、方便乘车三项主要功能的地方。

3）在路段上设置中途站时，同向换乘距离不应大于50m，异向换乘距离不应大于100m；对向设站，应在车辆前进方向迎面错开30m内。

4）在道路平面交叉口和立体交叉口上设置的车站，换乘距离不宜大于150m，且不得大于200m。郊区站点与平交口的距离，一级公路宜设在160m以外，二级及以下公路宜设在110m以外。

5）几条公交线路重复经过同一路段时，其中途站宜合并设置。中途站的通行能力应与各条线路最大发车频率的总和相适应。中途站共站线路条数不宜超过6条或高峰小时最大通过车数不宜超过80辆，超过该规模时宜分设车站，分设车站的距离不宜超过50m。当电、汽车并站时，应分设车站，其最小间距不应小于25m，具备条件的车站还应增加车辆停靠

通道。

6）中途站的站距宜为 500～800m。市中心区站距宜选择下限值；城市边缘地区和郊区的站距宜选择上限值。

4. 停保场

公共交通维修场、保养场等场站设施应与城市公共交通发展规模相匹配。公共交通停车场和保养场布局应综合考虑公共交通的车种、车辆数、服务半径和所在地区的用地条件。规划的原则为：

1）停车场、保养场要根据城市的发展，统一规划，远近结合，逐步完善场站的建设；充分利用现有公交场站用地、设施，以节省投资，方便实施；由于城市保养场和停车场的建设对用地的要求较高，其规划可以适当超前。

2）公共交通维修场和保养场布局应使高级修理、保养场站集中布置，低级修理、保养场站分散布置，并与公共交通枢纽、首末站、停车场相结合，这样既能提高高保装备的水平和综合维修能力，又便于及时、就地进行车辆的日常维护和检查，同时还可以节省投资和经营费用。

3）可根据城市建设总体规划、公交线网规划及保养场、停车场的规模，提供多个可供选择的场地，以便择优选择。

4）场址应远离居民生活区，避免公共汽车噪声、尾气污染对居民的直接影响；场址要避开城市主要交通干道和铁路线，避免与繁忙交通线交叉，以保证车辆保养场、停车场出入口的畅通。

5）被选地块最好有两条以上的城市道路与其相通，保证在道路阻塞或发生其他意外事件的条件下，公交车辆能及时进出场或完成紧急疏散；被选地块的用地面积要为其后续发展留余地，又不至于对附近街区未来发展形成障碍。

7.4.4 公交场站设计

1. 枢纽站

枢纽站可按到达和始发线路条数进行分类，汇集 2～4 条公交线路的为小型枢纽站，5～7 条线路的为中型枢纽站，8 条线路以上的为大型枢纽站，具备多种交通方式之间的客流换乘则为综合枢纽站。枢纽站的建设必须统一规划设计，其设计要求如下：

1）枢纽站设计应坚持人车分流、方便换乘、节约资源的原则，统筹物理空间、信息服务和交通组织设计，并应与城市道路系统、轨道交通和对外交通有通畅便捷的通道连接。

2）枢纽站进出车道应分离，车辆宜右进右出。站内宜按停车区、小修区、发车区等功能分区设置，分区之间应有明显的指示标志和安全通道，回车道宽度不宜小于 9m。

3）发车区不宜少于 4 个始发站，候车亭、站台、站牌、候车廊的设计可参考《城市道路公共交通站、场、厂工程设计规范》（CJJ/T 15—2011）。

4）枢纽站应设置适量的停车坪，其规模应根据用地条件确定。具备条件的，除应按首末站用地标准计算外，还宜增加设置与换乘基本匹配的小汽车和非机动车停车设施用地。不具备条件的，停车坪应按每条线路两辆运营车辆折成标台后乘以 $200m^2$ 累计计算。

5）大型枢纽站和综合枢纽站应在显著位置设置公共信息导向系统，条件许可时宜建设电子信息显示服务系统。公共信息导向系统应符合《公共信息导向系统 设置原则与要求

第4部分：公共交通车站》（GB/T 15566.4—2020）的规定。

6）办公用地应根据枢纽站规模确定。小型枢纽站不宜小于45m²，中型枢纽站不宜小于90m²，大型枢纽站和综合枢纽站不宜小于120m²。

7）绿化用地应结合绿化建设进行生态化设计，面积不宜小于总用地面积的20%。

2. 首末站

首末站的规模按该线路所配营运车辆总数来确定。一般配车总数（折算为标准车）大于50辆的为大型站；26～50辆的为中型站；小于或等于25辆的为小型站。其设计要求如下：

1）首末站的规划用地面积宜按每辆标准车用地100～120m²计算。其中，回车道、行车道和候车亭用地应按每辆标准车20m²计算。办公用地含管理、调度、监控及职工休息、餐饮等，应按每辆标准车2～3m²计算；停车坪用地不应小于每辆标准车58m²；绿化用地不宜小于用地面积的20%。用地狭长或高低错落等情况下，首末站用地面积应乘以1.5倍以上的用地系数。

2）当首站不用作夜间停车时，用地面积应按该线路全部运营车辆的60%计算；当首站用作夜间停车时，用地面积应按该线路全部运营车辆计算。首站办公用地面积不宜小于35m²。末站用地面积应按线路全部运营车辆的20%计算，末站办公用地面积不宜小于20m²。当环线线路首末站共用时，办公用地面积不宜小于40m²，首末站用地不宜小于1000m²。

3）首末站站内应按最大运营车辆的回转轨迹设置回车道，且道宽不应小于7m。

4）远离停车场、保养场或有较大早班客运需求的首末站应建供夜间停车的停车坪，停车坪内应有明显的车位标志、行驶方向标志及其他运营标志。停车坪的坡度宜为0.3%～0.5%。

5）首末站的入口和出口应分隔开，且必须设置明显的标志。出入口宽度应为7.5～10m。当站外道路的车行道宽度小于14m时，进出口宽度应增加20%～25%。在出入口后退2m的通道中心线两侧各60°范围内，应能看到站内或站外的车辆和行人。

3. 中途站

（1）公交站距

中途站点的站距受到乘客出行需求、公交车辆的运营管理、道路系统、交叉口间距和安全等多种因素的影响。干线公交线路平均站距一般在500～600m，中心城区站距可适当缩小，建议在300～500m之间；城市边缘地区和郊区的站距建议在600～800m。

对公共交通中途站点的规划主要是对中途站点间距的研究。一般而言，较长的车站间距可以提高公交车的平均运营速率，并减少乘客因停车造成的不适，但乘客从出行起终点到上下站的步行距离增大，并给换乘出行带来不便；站间距缩短时，情况则相反。最优站间距规划的目标是使乘客"门到门"的出行时间最小。同时，进行车站间距优化时，还应考虑站间距对需求的影响和各种客运交通方式之间的协调。

（2）站场设计要求

中途站候车廊前必须划定停车区。线路行车间隔在3min以上时，停车区长度宜为30m；线路行车间隔在3min以内时，停靠区长度宜为50m；若多线共站，停靠区长度宜为70m。停靠区宽度不应小于3m。

在车行道宽度为 10m 以下的道路上设置中途站时，宜建避车道，即沿路缘处向人行道内成等腰梯形状凹进应不小于 2.5m，开凹长度应不小于 22m。在车辆较多、车速较高的干道上，凹进尺寸应不小于 3m。

在 40m 以上宽设有隔离带的主干道上设置中途站时，可不建候车廊，城市规划和市政道路部门应根据城市公交的需要，在隔离带的开口处建候车站台，站台呈长条形，平面尺寸应不小于两辆营运车同时停靠的长度，宽度应不小于 2m，站台宜高出地面 0.20m。若隔离带较宽（3m 以上），上游可减窄一段绿带宽度，作为港湾式停靠站，减窄一段的长度应不小于两辆营运车同时停靠的长度，宽度应不小于 2.5m。

符合以下情况时，还应设置港湾式停靠站。

1）机非混行的道路，且机动车只有一条车道，非机动车的流量较大［1000 辆/（m·h）］，人行道宽度不小于 7.0m 时。

2）机非混行的道路，高峰期间机动车、非机动车交通饱和度皆大于 0.6，且人行道宽度不小于 7.0m 时，可以设外凸式港湾停靠站（非机动车交通流在驶近公交停靠站时上人行道行驶）。

3）机动车专用道路，外侧流量较大（不小于该车道通行能力的 1/2），且外侧机动车道宽度加人行道宽度不小于 8.25m 时。

4）沿分隔带设置的公交停靠站，最外侧机动车道宽度加分隔带宽度不小于 7.0m 时，应设置成港湾式停靠站。

4. 停保场

常规公共交通车辆保养用地面积指标宜符合规定，见表 7.8。

表 7.8　常规公共交通车辆保养用地面积指标

保养场规模/辆	每辆车的保养用地面积/（m²/辆）		
	单节公共汽车和电车	铰接式公共汽车和电车	出租汽车
50	220	280	44
100	210	270	42
200	200	260	40
300	190	250	38
400	180	230	36

7.5　公交网络换乘

在整个城市区域内，为了吸引乘客并与私人交通竞争，公交系统必须提供覆盖范围广的整合服务。而为了达到不同线路的整合（包括地铁和常规公交网络），必须为不同的线路提供便捷有效的换乘服务。整合公交网络的设计包括线路功能的设计、换乘站的最优布局、时刻表的协调、信息及最重要的因素——联运票价的制定。

乘客在线路或交通方式之间换乘时，会受到一些阻碍，这是因为换乘使出行过程中断，需要乘客进行线路选择并步行到达不同线路搭乘车辆，同时这个过程也增加了出行延误。因此，有人认为应尽量避免换乘。事实上不管怎样，与乘客换乘较少甚至没有，并且拥有许多整合线路的网络相比，换乘较多的网络可以为乘客提供更多的出行路径选择机会。另外，由于各条线路可以根据自身的条件、客流量及需求特征进行最佳的设计，使得换乘越多网络的有效性越好。

因此，通过良好的车站设计、便捷的步行路径、车站设施、协调的时刻表等可使换乘更好并使换乘过程的阻抗最小。换乘带给乘客的不便是较小的，它能由换乘带来的诸多好处所弥补，这些好处包括整个网络中不同运行路径的可用性、一些线路上缩短的发车间隔和更好的服务水平。因此乘客在不同线路间的换乘成为公交出行的重要环节。一些成功的大型公交网络的例子，如慕尼黑、多伦多、华盛顿都清楚地说明了换乘的重要性。

本节列举了不同类型线路的换乘分类及其发车间隔，并对时刻表的多个方面、使换乘时间距离最小的车站布局及影响换乘阻抗的主要因素进行了分析。

7.5.1 换乘的重要性

在任何城市中，公交网络中换乘的数量和质量与公交服务的特性紧密相关。一般情况下，没有换乘的公交服务表征的是通勤交通，特别是只为上下班乘客服务的交通方式。这种例子就好像美国休斯敦、西雅图、华盛顿（Shirley 走廊）等城市利用城市快速路以及高占有率车道（HOV）的快速公共交通服务。这些线路为通往 CBD 地区或工作场所的高峰时期内的出行服务，但不能为多点对多点的出行类型服务，且在非高峰时期通常不运行。

整个公交系统如果要提供全天候、大范围的服务，就需要极大地依赖各线路间和各交通方式间的换乘。这点充分体现在地铁系统（如纽约、巴黎和东京）、公共汽车网络（如堪培拉、渥太华）及联运整合系统（亚特兰大、卡尔加里、汉诺威、圣保罗）中。

不合理的换乘设置容易给乘客的出行带来阻碍，降低潜在乘客使用公交的意愿。这些阻碍有很多表现形式，如终点站的设计不合理，正如一些发展中国家终点站的设计一样，使换乘变得非常令人生厌而且很困难。在英国，由于对多式联运公司放松管制和法律上的限制，使其缺乏协调的时刻表、联合票价和整合信息，从而导致乘客换乘混乱、耗时长、费用高。

近些年来，设施建造有了很大的改进，如设计新型一体化的车站、增加自动扶梯、提供更完善的信息和设置联运票价等，如图 7.18 所示。在北美的一些小型低人口密度的城市和市郊区，如埃德蒙顿、波特兰、萨克拉曼多，通过使用同步换乘系统（TTS），有效地缓解了换乘问题，下面对此进行介绍。

7.5.2 不同发车间隔长度的换乘分类

当两条及以上公交线路在某一点相交或在某点结束时，便存在换乘。这里用一个简单相交的公交线路模型来分析这种现象。每条线路的公交单元以固定的、统一的发车间隔运行。由换乘引起的时间延误取决于相交线路发车间隔的长度和相互关系。

一般情况下，发车间隔可分为短间隔（≤10min）和长间隔（>10min）两种。根据到达、出发线路的发车间隔长短可将不同线路间的换乘分成四类，A 到 D，见表 7.9。这几类有以下特征。

图 7.18 位于热闹行人区的轻轨

表 7.9 短发车间隔和长发车间隔线路的换乘时间

出发线路	到达路线	
	短发车间隔	长发车间隔
短发车间隔	类型 A 换乘时间短，便捷	类型 C 变化大，需要向乘客提供连接线路信息
长发车间隔	类型 B 换乘时间短，便捷	类型 D 发车间隔的关系分为： 1. 发车间隔相等且同步：所有换乘都便捷（TTS） 2. 发车间隔相等但不同步：只有一个方向的换乘便捷 3. 发车间隔不等：不能进行时间的协调，换乘时间长

类型 A、B：分别为短-短发车间隔和长-短发车间隔。从任何一条发车间隔短或长的线路换乘到一条发车间隔较短的线路时，换乘时间较短。没有必要专门对换乘站的时刻表进行协调。

类型 C：短-长发车间隔。该类型与类型 B 相反，它出现在从短间隔的干线换乘到长间隔的接运线路的情况。这种换乘可能影响等待时间，等待时间从较短的时间变化到接近乘客换乘线路的长发车间隔的时间。因此，换乘等待时间的延误是随机的。当所有线路的时刻表都告知给乘客时，每位乘客就可以安排他/她的出行。这样他可选择在最小的延误内赶上与该接运线连接的干线车辆，这样等待时间的不确定性就能被缓解。

类型 D：长-长发车间隔。根据发车间隔的关系，两条长发车间隔的线路间换乘可以分成 3 个子类型。

类型 D1：长-长发车间隔，发车间隔相等且同步，有重叠的车站停站时间。进行换乘的连接线路的公交单元同时到达车站，保持连续间隔（称为脉冲发车间隔）并在站内停留几分钟，以便各公交单元间乘客换乘。这种类型的换乘称作同步换乘系统（TTS），能为各公交单元间的乘客提供简单、便捷的换乘。

类型 D2：长 - 长发车间隔，发车间隔相等，没有重叠的车站停留时间，公交单元按照相同的时间顺序到达不同连接线。这种类型可能使一条线到另一条线能方便换乘，如从 M 线到 N 线，但反向却不能（从 N 线到 M 线）。假设，线路 M 在每小时的 0.7min、27min 和 47min 到站，线路 N 在每小时的 10min、30min、50min 到站，那么从 M 换乘到 N 只需要等待 3min，而从 N 换乘到 M 则需要等待 17min。

类型 D3：长 - 长发车间隔，发车间隔不等，无法进行时间的协调。这种类型换乘时间是随机的，且可能在目的线路上等待一个发车间隔的时间。

表 7.9 简单概述了所有类型和子类型的特点。从表中可知，从任何线路换乘到短间隔的线路都很便捷（类型 A、B）；而换乘到长间隔的线路可能发生的情况有很多种，可能如类型 D1，换乘很便捷，也有可能如类型 D3，换乘不方便。类型 A 或 B 不必对时刻表进行协调，但对于类型 D1 和 D2，时刻表的协调则很重要。

7.5.3　不同线路类型的换乘分类

在发生换乘的线路上，换乘的次数和特征受换乘线路的影响主要有以下两方面。首先，每一条线路到换乘点的关系，可能是终止也可能是贯穿通过。在换乘点终止的线路称为尽头线（t_e），通过换乘点的线路称为通过线（t_t）。其次，是否所有的线路都具有相似的性质（发车频率、能力、交通方式等），或者是否其中有一条具有主导地位，或者是干线具有比其他线路更高的性能，而其他频率、能力等较低的线路则作为具有集/散客流功能的接运线。线路类型相似或不同对乘客换乘的类型有影响（如相似线路间的多对多换乘，或者干线/接运线这样不同线路间的多对一、一对多换乘）。

在不同点相交的市郊线路通常有着相似的性质，而当多条市郊线路汇合到从中心城镇发出的辐射式线路上时，一般将线路设置成干线/接运线。在发车频率、速度、能力、舒适度、可靠性等方面，干线比接运线优越。干线可以选用任意交通方式，但通常为一条轨道线路。

表 7.10 显示了上述分类中的各类型公交线路换乘的定义及特征。通过线与尽头线有三种组合形式，一般形式（N 条路径）如表中给出的案例 1~3，案例 4~6 则为简单实例。

所有的案例都是针对相似线路、干线/接运式线路进行描述的，下面对每种案例进行讨论。

表 7.10　根据线路类型对换乘进行分类

案例编号	线路条数 尽头线	线路条数 通过线	换乘方案	相似线路/路径 图例	相似线路/路径 典型案例	相似线路/路径 说明	干线/联络式线路 图例	干线/联络式线路 典型案例	干线/联络式线路 说明
1	N_e	0	$N_e(N_e-1)$		多条市郊线路的终点站	需要多条线路间的协调，能成功使用 TTS		干线与多条接运线共用一个终点站	接运线之间的换乘需要协调（TTS）
2	0	N_t	$4N_t(N_t-1)$		多条线路的相交点	需要 TTS，但会引起通过线上乘客的延误		有多条接运线相交/终止的干线车站	可能应用 TTS。接运线在干线停靠点周围到达出发

（续）

案例编号	线路条数		换乘方案	相似线路/路径			干线/联络式线路		
	尽头线	通过线		图例	典型案例	说明	图例	典型案例	说明
3	N_e	N_t	$(N_e+2N_t)^2$ $-(N_e+4N_t)$		多条公交线路终止或通过			干线通过，接运线相交或终止的车站	
4	2	0	2		两条市郊线路的终点站			一条接运线和一条干线共用一个终点站	
5	0	2	8		任意两条公交线路的相交点			有接运线相交的干线车站	
6	1	1	4		一条尽头线和另一条通过线的相交点			干线通过，接运线终止	

案例 1 最简单。当有 N_e 条尽头线在换乘站汇合时，换乘方案共有 k 种：

$$k = N_e(N_e-1) \tag{7.13}$$

同步换乘系统（TTS）主要应用于这种类型的车站，并使乘客延误最小，也应用于整合公交网络。这种类型常见于较多公交线路共用一个终点站的情况。这些公交线路可能有相似性质（表 7.10 中 5~7 栏），或是市郊低频率线路在干线终点站终止（8~10 栏）。这种例子存在于如亚特兰大、汉堡、费城地铁的多数线路的终点站。

在后一个案例中，即有接运线的干线，TTS 的应用仍然有利于接运线之间的换乘，但是会导致干线承载客流量不均衡。因为干线的发车间隔短：大部分干线车辆可能无法与接运线的车辆衔接；仅有小部分干线车辆能与刚到站的接运车辆衔接上，由此可以承载由接运线下车的乘客。因此，只有当接运线之间的换乘客流量很大时，才适合使用 TTS；同时还应将接运线分成两至三个独立的，以交错脉冲组合的方式到达，但如果各接运线间的换乘小到可忽略时，TTS 就不适用了，但不同接运线的到达/离开应尽量错开以使干线均匀承载。

案例 4 是案例 1 换乘的最简单的算例，有两条线路共用一个首末站。可能的换乘方案有 2 个：从 A 线换乘到 B 线，从 B 线换乘到 A 线。

案例 2 和案例 5 是有 N_t 条通过线到达换乘站的情况，换乘方案共有 k 种：

$$k = 4N_t(N_t-1) \tag{7.14}$$

利用上式计算出的换乘方案很多。两条交叉线路的可能换乘方案就有 8 种（如案例 5 所示）。由于换乘客流量很大且发车间隔相等，使用 TTS 就很有必要。但这样的换乘车站往往设在线路中间，会增加所有通过该车站乘客的出行延误。为了减少延误、同时避免通过客流流失，应尽量缩短车辆在车站的滞留时间，这一点可以通过编排精确的时刻表、组织可靠的运营以及对一般车站设计较短的换乘距离来实现。这种模式在乘客跨站台换乘的地铁车站中得到实现。

案例 3 是最常见的情况，N_e 条尽头线与 N_t 条通过线在同一个枢纽站汇合。这种情况的可能换乘方案共有 k 种，由式（7.15）得到：

$$k = (N_e + 2N_t)^2 - (N_e + 4N_t) \tag{7.15}$$

当所有的线路都为尽头线或通过线时，案例 3 可分别退化为案例 1 和案例 2。

案例 6 展示了这种类型最简单的情形：1 条尽头线与 1 条通过线间进行换乘。这种情况只有 4 种可能的换乘方案，如果尽头线的车辆能在通过线车辆通过车站前到达或在其之后离开，便能实现最优的换乘协调。除了这种时刻表不会引起任何线路的附加延误以外，上面这种例子类似于 1 条接运线与 1 条干线相交的换乘情况（案例 2 与案例 5，8~10 栏），因为尽头线的终点站的终点时间与通过线的车辆停留时间重叠。

7.6 公交服务设计与评价

7.6.1 公交服务设计

前文对公交服务及其评价准则和指导方针进行了探讨。依据这些标准和准则建立的公交服务需求，并不包含所有必需的服务设计要素。本节将讨论现有的和一些新的公交服务的设计要素。

主要的服务设计要素如下：

- 潜在的市场。
- 网络规模和覆盖率。
- 网络结构。
- 线路协调。
- 线路分类。
- 服务时长。
- 服务频率。
- 调度协调。
- 行车计划。
- 司售人员排班。
- 票价政策。
- 乘客设施和信息系统。
- 数据采集系统。
- 性能指标的度量。
- 服务和评价标准。
- 客流量、成本和收益预测。

1. 服务要素描述

下面对上述各要素进行简要描述。

1）潜在的市场：TranSystems 等（2006）认为若确定每个潜在的市场需要对当地人口统

计特征、出行方式进行分析，以及进行市场调查。通过分析来判断该地区的潜在市场，为公共交通服务决策提供支持，并以此来定位当前和未来的公交市场。市场调查的目的是弄清市场划分，确定公共交通的乘客满意度，目的是扩大服务需求和提高服务质量。

2）网络规模和覆盖率：用来确定不同人口密度居住区之间的公交线路间隔。TranSystems 等（2006）提出了一种覆盖率度量方法，例如，对所有居住人口密度大于 2000 人/km² 的居住区，在一定的步行范围（400m）内提供公交服务。

3）网络结构（依据线路结构）：可以是 4 种常见形式（多方式结构、放射状结构、网格和无缝换乘结构、脉冲式结构）之一或其组合形式。多方式网络可以通过多种公交出行方式的配合来协调长途和短途出行，例如用短途公交出行配合长途列车出行。放射状网络旨在为中心区提供公交服务，例如中心商务区（CBD）。网格结构的优势在于进入公交系统方便，但是需要很多次换乘，因此，这种方式中的换乘是基于时间的并且倾向于多线路车辆进站时间同步。最后一种网络结构是类似脉冲式的，在这个系统中，所有线路首站均始于同一个中心节点，这个节点便是换乘点，这种方式通常适用于小型城市。

4）线路协调（企业内部和企业之间）：公交企业内部开展线路设计之前，需要协调线路之间的交会点，以方便乘客换乘。企业间的协调是通过运营政策和公交营销活动来体现的。

5）线路分类：不同地区有不同的线路类型需求。线路分类设计方案通常包括一种或者以下几种的组合：长途线路、地方线路、快线、支线、区间车线路、通勤线路、圈点线路等。

6）服务时长：提供的服务时间长度，包括每天的服务时段和每星期的服务天数，平日和节假日首末班发车时间要按服务时长的规定执行。

7）服务频率（依据时刻表）：这一要素设定最小发车频率和最大车辆载客量的临界值，以保证不同地区的基本服务水平。对时刻表而言，服务频率设置的是车辆发车间隔类型，例如均匀间隔、整点间隔、均衡载客间隔，包括平日班和周六、周日班。

8）调度协调（企业内部和企业之间）：在公交企业内部制定时刻表之前，应使换乘节点的同步到达率达到最大。调度协调可使不同的企业联合设计时刻表，以使不同的公交方式之间换乘方便，并且等待时间达到最小。

9）行车计划（依据车型和车队规模）：一般而言，行车计划应在车队规模一定的情况下保证服务效率，并且使车辆购置成本达到最小。

10）司售人员排班：从根本上讲，排班的目标是使司乘人员成本支出达到最小，同时从司售人员的角度来编制合理的工作计划。

11）票价政策：为了提高付费的便捷性，促进不同公交出行方式之间的整合，可以实施的票价政策包括免费换乘、票价折扣、缩减不同区域间票价差别和特殊的附加费用。

12）乘客设施和信息系统：为了提高乘客出行的便捷性和改善车辆设施，需要完善乘客出行计划、沿途乘车以及站点等待的相关信息服务，同时提高服务的安全性。

13）数据采集系统：数据采集系统是服务设计中必不可少的一个要素，它是公交运营有效管理的基础。数据的准确性、适用性和适当的规模是数据采集的关键。

14）性能指标的度量：是衡量服务质量的一个量化工具。通过制定相关指标来反映服务的质量，尤其是从乘客的角度来看服务是否适当、便捷、可靠。

15）服务和评价标准：这些标准一方面可保证和改善服务质量，另一方面也给公交企业带来了财政压力，其目的是为了提高公交服务的效率、效益和运力。

16）客流量、成本和收益预测：它是预测乘客需求、服务成本和收益这三个关联因素的工具，其中强调了客流预测的重要性。

2. 服务策略及措施

USTCRPH - 32 报告（TranSystems 等，2006）对公交服务策略进行了很好的总结。下面介绍了新的公交服务设计和服务设计调整的例子，其中括号中是可能的执行方案。

新的服务形式：

- 提高运行速度（发展快车/小区线/轨道交通/快速公交服务）。
- 吸引新的乘客（区间车；电话约车服务）。

区域服务：

- 提高线路覆盖率（扩大服务范围；整合环线和长途综合运输服务）。
- 增加服务时长（夜班车、周末班车、假日班车）。

新的和调整后的定线策略：

- 新的定线策略（联络线、快线、支线、跨区线）。
- 线路调整（线路延伸/缩短/重新布局，快线/小区线/地方线）。
- 协调（公交企业之间和企业内部的换乘中心/节点）。

新的和调整后的行车计划：

- 跨线服务（基于区域的、基于出行的、基于车辆类型的）。
- 提高协调性（公交企业内和企业之间同步换乘）。
- 改变发车频率（增加/减少发车频率、均匀间隔、整点发车间隔）。
- 调整发车时间（在误差范围内调整车次、均衡载客的发车间隔）。
- 修改时间参数（平均出行时间、停站时间、休整时间）。
- 提高可靠性（参见前文所列措施）。

改善设施：

- 增加/改善乘客设施（停车站点、换乘点、换乘中心、停车换乘设施）。
- 增加/改善车辆设备（车辆设备、新车型）。
- 提高安全性（增加/改善车辆和停车站点安全装置，增加安全防范和预警）。
- 增加保障措施（增加/改善车辆和停车站点的安保设施，提高安全和防范意识）。

3. 公交服务模式

（1）需求响应公交

与固定路线公交评价框架一致，需求响应型公交的服务指标也有两类：①可用性；②舒适性和便捷性。

1）可用性。

① 响应时间。响应时间是出行者从预订到获得交通服务的最小时间，或者说是最小的提前预订时间。这个指标最适宜于那些大多数出行都是临时安排的乘客。换言之，若大多数出行都已经固定安排，是预订服务，在预订的时间乘车，并且不需要每次出行都提前预订，这种情况下这一指标的适用性要小一些。然而，这个指标可以用于提供预订服务的情况。对于需求响应型公交服务，可以计算出第一次出行需求得到满足的响应时间。表 7.11 给出了

与每种服务水平相对应的响应时间。

表 7.11　需求响应型公交服务的响应时间服务水平

服务水平	响应时间	备注
1	不超过 30min	非常及时的响应；专门的出租车服务
2	0.5~2h	及时的响应，对公交出行需求快速响应
3	超过 2h 但仍在当天提供服务	需要提前计划预订服务，但仍能在预订当天实现服务
4	提前 24h 预订 提供第 2 天服务	需要提前计划预订
5	提前 48h 预订	需要考虑提前两天预订服务
6	提前 48h 到一周的时间预订	需要提前考虑预订
7	提前一到两周预订	需要提前计划预订，且提前预约的服务可得到保证
8	提前两周以上，或者不能提供服务	需要慎重考虑预订，有时候可能无法提供服务

② 服务跨度。服务跨度是指在某个区域可以提供需求响应型公交服务的时间——每天小时数和每周天数。可以用矩阵形式来表示不同的服务水平等级。

要建立这一矩阵，首先需要确定需求响应型公交服务每周运营多少天。表 7.12 中的行显示了每周运营的天数，列表示的是每天提供服务的小时数。

表 7.12　需求响应型公交服务跨度的服务水平

每天的 小时数	每周的天数						
	6~7	5	3~4	2	1	0.5	<0.5
[16, 24]	等级 1	等级 2	等级 4	等级 5	等级 6	等级 7	等级 8
[12, 16)	等级 2	等级 3	等级 4	等级 5	等级 6	等级 7	等级 8
[9, 12)	等级 3	等级 4	等级 4	等级 6	等级 6	等级 7	等级 8
[4, 9)	等级 5	等级 5	等级 5	等级 6	等级 7	等级 7	等级 8
[0, 4)	等级 6	等级 6	等级 6	等级 7	等级 8	等级 8	等级 8

对于需求响应型公交服务的可用性，有几个和服务时间跨度相关的关键边界值：①周末是否提供服务；②是否在所有的工作日都提供服务；③与每天的服务时段长度有关；④是否至少每周都能够提供服务。

2）舒适性和便捷性。

① 可靠性。需求响应型公交的可靠性对出行者来说是一个非常重要的问题。因为需求响应型公交的本质是根据出行者的个人时间安排提供服务，所以其出行比固定路线服务有更大的可变性。对于固定路线的公交服务而言，乘客很容易就可以利用公布的路线信息，在车辆可能通过该站点的前几分钟走到车站。乘客可以根据时刻表上的时间或者估计差不多的时间在相应的车站上下车。

② 准时性。准时性表明需求响应型公交车辆在预订的时间准时到达的程度。这个指标是按上车的地点计算的，对一些时间敏感的出行（例如就医、就业、上学等）也可以按下车的地点计算。

③ 出行时间。出行时间对于需求响应型公交出行者来说是一个非常重要的指标。一些出行者可能把他们使用需求响应型公交出行的时间和相应的开汽车出行的时间相比较，另一些出行者可能将需求响应型公交出行与固定路线出行服务相比较，还有一些出行者可能会把其出行时间和一些事先设定的时间（如30min）或者是他们认为正常的出行时间相比较，来对需求响应型公交服务进行评价。

（2）快速公交系统

快速公交系统（BRT）作为公共交通中的一种方式，其定义为"一种灵活的、橡胶胎车辆的快速公共交通营运模式。它是由快速公交车站、快速公交车、服务、营运方式、智能公交系统（ITS）等元素集成的系统。快速公交系统具有自己鲜明的特色，可以形成城市独特的形象"。简而言之，快速公交系统就是由人员、服务和各项相关措施集约而成的可以提升公交运营速度、可靠性和改善公交系统状况的一个综合公交运营体系。

BRT作为一种介于轨道交通与常规交通之间的新型运营系统，它利用现代公交技术配合智能交通的运营管理，使传统的公交系统基本达到轨道交通的服务水平，而其投资及运营成本又较轨道交通低而与常规公交接近。

从城市公共交通的角度来讲，BRT最重要的目的是给予乘客优先权，而不是给予车辆优先权，所以BRT重视的是乘客的运送能力。在城市交通运输网络中，通过在主要的客运交通走廊给予公共交通车辆以优先权来达到高水平的乘客运送能力。BRT在"公交优先"策略的指导下，提供高容量、高频率的服务，从而达到接近轨道交通的服务水平。通过提高公交车运营速度，为乘客节省时间，比增加道路容量来满足小汽车增长的要求所需的成本小很多。

快速公交系统（BRT）主要由以下七个部分组成：专用行车道、车站与枢纽、特色车辆、线路、收费系统、智能公交系统、服务。这七个部分组合在一起，形成了完整的方便乘客、提高实效的快速公交系统。

1）专用行车道。BRT系统的车辆一般运行在专用车道或道路上，享有专有路权。

快速公交专用车道设置方式有多种形式，常用的有中央式专用车道、单侧双向专用车道、两侧专用车道、逆向专用车道以及高架路下的公交专用车道等几种形式；此外，还有的城市设置有公交专用道路，仅供公交专用，常见的设置方式有全封闭的高架专用道路、全封闭的专用地道和常规公交专用道路。

2）车站与枢纽。快速公交系统的车站与枢纽设施用于停靠车辆和公交乘客上下车。快速公交系统修建与公交车辆车厢底板等高的候车站台，还可以采用低底盘的公交车辆，以起到乘客快速平稳地水平上下车的作用。快速公交站点一般设有超车道，以保证运行车辆避开到站车辆超车。车站和超车道设置位置可以偏移，从而减少公交道路的宽度。

3）特色车辆。快速公交系统的车辆采用不同于普通公交的新型大容量公交车辆，采用大型铰接车型以提高系统的运输能力及降低平均运营成本，采用对环境影响比较小的清洁公交车辆也成为发展趋势。快速公交车要外观统一、色彩鲜艳，具有吸引力。

4）线路。快速公交系统的线路灵活多样，总体来看，有以下几种形式：一是采用单一线路，与轨道交通类似；二是采用多条组合线路。与轨道交通线路相比，快速公交线路组成的灵活性更高，主要是因为快速公交系统的不同线路可以在主要走廊上互相组合，当然，线路也可在干线的起终点向外灵活延伸。线路结构的选择影响BRT系统的经济性、车辆性能

和发车频率，应该与出行需求及通行能力相匹配。

5）收费系统。收费系统是快速公交系统的重要组成部分。收费系统的设置与其运营管理体制相关，收费方式与轨道交通类似，即在车站或枢纽点上完成收费，从而有利于乘客快速上下车，这样可以提高整个系统的运营效率。收费形式包括使用硬币、磁条、票据和智能卡4种。

6）智能公交系统。智能公交系统技术主要包括乘客信息系统、交叉口公交信号优先、自动定位系统以及停车场收费控制等。

7）服务。与非隔离的公共交通方式相比，BRT系统一般都能提供更加优良的服务，最突出的体现是容量大、速度快，且能提供高频的全天候服务（每天16h以上，非高峰期最多20min的发车频率，而高峰期则最多10min的发车频率）。

（3）智能公交系统

智能公交系统就是在公交网络分配、公交调度等关键基础理论研究的前提下，利用系统工程的理论和方法，将现代通信、信息、电子控制、计算机、网络、GPS、GIS等高新科技集成应用于公共交通系统中，并通过建立智能化调度系统、信息服务系统、电子收费系统等实现公共交通调度、运营、管理的信息化、现代化和智能化，为出行者提供更加安全、舒适、便捷的公共交通服务，从而吸引公众采用公交方式出行，缓解城市交通拥挤，有效解决城市交通问题，创造了更大的社会和经济效益。

自20世纪80年代以来，为了提高公交服务水平，许多国家公共交通部门开始应用先进的信息与通信技术进行公交车辆定位、车辆监控、自动驾驶、计算机辅助调度及提供各种公共交通信息服务，美国的AFTS主要研究基于动态公共交通信息的实时调度理论和实时信息发布理论，以及使用先进的电子、通信技术，提高公交效率和服务水平。

欧洲许多国家城市街道一般都比较狭窄，但是，它们通过实施公交优先政策、设立公交专用道、为公交车提供优先通行信号、布设智能公交监控与调度系统等措施，提高公交车辆运行速度和公交服务质量，以吸引公众乘坐公交车出行，从而有效地缓解了城市交通压力，解决了城市交通问题，并取得了明显的社会经济效益。

与欧美国家相比，我国的公共交通事业还比较落后，但是我国政府积极实施公交优先发展政策，对于先进技术的引入给予大力支持。这些都为智能公交系统在我国的实施提供了有利条件。我国已经在杭州、上海、北京等地安装了电子站牌、车载GPS定位设备，实现了车辆的实时跟踪、定位、公交车与调度室的双向通信，以及电子站牌上实时显示下班车位置信息等功能。

7.6.2 公交服务评价

1. 服务评价指标

城市公共交通服务评价指标通常包括六个方面，即便捷性、安全性、舒适性、可靠性、满意度、节能环保性。

（1）便捷性指标

便捷性指标包括站点覆盖率、网络密度、换乘距离、平均换乘系数、班次时间间隔、平均行程车速、乘客站点平均等待时间、信息化服务水平等，其中站点覆盖率、网络密度、换乘距离、平均换乘系数在前文已详细阐述，此处不再赘述。

1）班次时间间隔。

指标含义：线路周转时间/配车数。

指标说明：在首站连续发出的某线路班次的平均时间间隔，服务间隔一般按照周转时间与配车数确定，并且区分高峰和平峰时段。

单位：min。

2）平均行程车速。

指标含义：所有公共交通车辆每日运行里程之和/车辆总行程时间之和。

指标说明：城市公共交通车辆的平均行程车速是反映城市公共交通运行状况及其便捷性的指标。行程车速是指车辆通过某段道路的长度与通过该条道路所需的总时间之比（包括中间停车时间和延误时间），平均行程车速是所测车辆样本行程速度的算术平均值。

单位：km/h。

3）乘客站点平均等待时间。

指标含义：乘客到达公共交通车站起至上车的平均等待时间。

指标说明：反映乘车便利程度。指定站点的乘客平均等待时间是给定时间段内乘客等待时间的平均值。对一次出行而言，乘客平均等待时间可以估算为

$$乘客平均等待时间 = \frac{行车间隔时间}{2} \times (1 + 每次出行平均换乘次数) \qquad (7.16)$$

单位：min。

4）信息化服务水平。

指标含义：指公共交通运营线路为乘客提供便捷的信息服务水平。

指标说明：公共交通运营线路安装乘客信息系统（公共交通出行服务查询、公共交通车辆位置、时间信息提示系统等，主要安装于公共交通站点）体现了公共交通服务的现代化水平。

（2）安全性指标

1）突发事件应急预案。

指标含义：指是否制订了为应对突发事件的应急保障措施。

指标说明：完善的突发事件应急预案管理可以在发生突发事件后及时响应，有效组织救援，最大限度地保证生命财产安全，是行业安全管理水平的重要标志。

2）安全行驶间隔里程。

指标含义：公共交通车辆年度行驶总里程/当年行车责任事故次数。

指标说明：公共交通车辆安全运行间隔里程是反映城市公共交通系统性能的重要指标，也是行业安全生产管理及提高城市公共交通运输服务水平的重要体现。

单位：万 km/次。

3）行车责任事故率。

指标含义：年度责任事故总数/运营车辆总数。

指标说明：行车责任事故率是反映运营安全水平的重要指标，该指标数值越低，说明车辆的运营安全水平越高。

单位：次/车。

（3）舒适性指标

1）高峰小时平均满载率。

指标含义：在高峰小时内，通过最大客流断面的各车次乘客数之和与车辆的额定载客量之和之比。

指标说明：该指标反映乘车环境的拥挤程度，是衡量公共交通服务舒适性的重要指标。

单位：％。

2）全日线路平均满载率。

指标含义：单位标台车辆单日载客量/单位标台车辆额定载客量×100％。

指标说明：客流的全日线路平均满载率是指某线路全日供应所提供的运能与实际乘客需求量的比例关系。

单位：％。

3）座位容量百分比。

指标含义：单位标台车辆座位数/单位标台车辆额定载客量×100％。

指标说明：该指标是公共交通服务舒适性的重要指标。

单位：％。

4）车厢服务合格率。

指标含义：指被检车辆车厢服务合格车辆数/被检车辆总数×100％。抽查数量不少于30％的线路和20％的运营车。

指标说明：该指标值的大小反映了乘客乘车过程中的舒适程度，是服务水平的重要指标。

单位：％。

（4）可靠性指标（准点率）

指标含义：一定时期内反映运营车辆按规定时间准点到站运行的程度。此指标根据到站情况分为发车正点率、行车准点率和终点站准点率。

指标说明：是反映公共交通服务可靠性的重要指标。

单位：％。

1）发车正点率。指运营车辆在运营线路上整点发车的次数与全部发车次数之比。正点率≥98％为优秀，＜80％为不合格。一般情况下，采用首末站班次准点率和全日准点发车率。

2）行车准点率。指统计期内，运营车辆正点运行次数/全部行车次数之比。乘坐公共交通车辆上班的重要条件是行车准点率。

3）终点站准点率。运营车辆在终点站按计划时刻表准点到达的次数占总行车次数的比例。

（5）满意度指标

1）乘客满意度。

指标含义：对公共交通服务质量满意和比较满意的乘客数/被调查的乘客数×100％。随机调查不少于20％的运营线路，每条线路收回问卷不少于200张。

指标说明：乘客满意度是反映公共交通服务水平的重要指标。该项指标越高，反映公共交通服务越好。

单位：%。

2）乘客投诉办理满意率。

指标含义：年度乘客投诉办理并得到满意答复的件数/乘客年度投诉件数×100%。

指标说明：乘客投诉处理满意率是反映公共交通服务水平的重要指标。该项指标越高，反映公共交通服务越好。

单位：%。

（6）节能环保性指标

1）国Ⅵ以上排放标准车比例。

指标含义：国Ⅵ以上排放标准车辆数/公共交通车辆总数×100%。

指标说明：反映公共交通车辆装备在节能环保方面的水平。

单位：%。

2）清洁能源车辆比例。

指标含义：使用混合动力、纯电动、燃料电池等清洁能源车辆数/公共交通总车辆数×100%。

指标说明：反映公共交通车辆装备在节能环保方面的水平。

单位：%。

3）百千米能源消耗。

指标含义：年度公共交通车辆消耗的能源总量/年度运营总里程。

指标说明：百千米能源消耗是反映公共交通车辆节能环保的重要指标。

单位：L/标台、m^3/标台。

2. 服务评价方法

城市公共交通服务评价方法通常可分为四类：第一类是常规的综合评价方法，有总分评定法、指数综合法、最优距离法和功效系数法等。第二类是以数理为基础的理论和方法，以数学理论和解析方法对评价系统进行严密的定量描述和计算，包括模糊分析法、灰色系统分析法、技术经济分析法、层次分析法等。第三类是以统计为主的理论和方法，通过统计数据，对指标数据进行转化，得出大样本数据下对评价对象的综合认识，包括各种多元统计方法。第四类是重现决策支持的方法，计算机系统仿真技术就是其中的有效方法，如神经网络技术等。

目前，常用的方法有德尔菲法、主成分分析法、模糊综合评判法、层次分析法、聚类分析法和灰色关联度法等。

（1）德尔菲法

德尔菲法即专家咨询法，就是对复杂的决策问题在评价过程中征求和收集有关专家的意见，通过规范化程序，从中提取出最一致的信息，利用专家的知识、经验来对系统进行评价。采用德尔菲法专家成员的人数，一般以20~50人为宜，并且不要求成员面对面接触，仅靠成员的书面反映。德尔菲法是对专家成员的意见进行统计处理、归纳和综合，然后进行多次信息反馈，使成员意见逐步集中，从而做出比较正确的判断。

（2）主成分分析法

主成分分析法是采用降维的方法将多个指标转化为少数几个综合指标的一种统计分析方法。主成分分析也称主分量分析，旨在利用降维的思想，把多指标转化为少数几个综合指

标。在实证问题研究中，为了全面、系统地分析问题，必须考虑众多影响因素。这些涉及的因素一般称为指标，在多元统计分析中也称为变量。因为每个变量都在不同程度上反映了所研究问题的某些信息，并且指标之间彼此有一定的相关性，因而所得的统计数据反映的信息在一定程度上有重叠。在用统计方法研究多变量问题时，变量太多会增加计算量和增加分析问题的复杂性，人们希望在进行定量分析的过程中，涉及的变量较少，得到的信息量较多。主成分分析正是为适应这一要求产生的，是解决这类问题的理想工具。

主成分分析法是一种数学变换方法，它把给定的一组相关变量通过线性变换转成另一组不相关的变量，这些新的变量按照方差依次递减的顺序排列。在数学变换中保持变量的总方差不变，使第一变量具有最大的方差，称为第一主成分，第二变量的方差次大，并且和第一变量不相关，称为第二主成分。以此类推，一个变量就有一个主成分。

（3）模糊综合评判法

模糊综合评判法是应用模糊数学的基本原理来考察无法定量化的评价对象（项目）的一种综合评判方法。该综合评价法根据模糊数学的隶属度理论把定性评价转化为定量评价，即用模糊数学对受到多种因素制约的事物或对象做出一个总体的评价。它具有结果清晰，系统性强的特点，能较好地解决模糊的、难以量化的问题，适合各种非确定性问题的解决。

（4）层次分析法

层次分析法是由美国运筹学家、匹兹堡大学萨提教授在20世纪70年代末提出的，1988年在中国召开了第一届层次分析法国际学术会议。层次分析法具有系统、灵活、简便以及定性与定量分析相结合的特点，特别是能将决策者的经验判断给予量化，在判断目标结构复杂且缺乏必要的数据的情况更适用。近年来，层次分析法在国内外的各行各业中得到广泛的应用，成为使用最多的一种多目标决策分析方法。

利用层次分析法可处理复杂的社会、政治、经济、技术等方面的决策问题。层次分析法的基本过程是把复杂问题分解成各个组成元素，按支配关系将这些元素分组、分层，形成有序的递阶层次结构，在此基础上通过两两比较的方式判断各层次中诸元素的重要性，然后综合这些判断，计算单准则排序和层次总排序，从而确定诸元素在决策中的权重。这一过程是人们决策思维的基本特征，即分解、判断、再综合。在掌握一些简单的数学知识后，决策者可以自己采用层次分析法进行决策，因此，这种方法透明性很高，评价人员与决策者能很好地沟通。

（5）聚类分析法

聚类分析也称群分析、点群分析，是研究分类的一种多元统计方法。从统计学的观点看，聚类分析是通过数据建模简化数据的一种方法。传统的聚类分析法包括系统聚类法、分解法、加入法、动态聚类法、有序样品聚类、有重叠聚类和模糊聚类等。从实际应用的角度看，聚类分析是数据挖掘的主要任务之一。就数据挖掘功能而言，聚类能够作为一个独立的工具获得数据的分布状况，观察每一簇数据的特征，集中对特定的聚簇集合进行分析。聚类分析还可以作为其他数据挖掘任务（如分类、关联规则）的预处理步骤。聚类分析是数据挖掘中一个很活跃的研究领域，研究者提出了许多聚类算法。这些算法分为划分方法、层次方法、基于密度方法、基于网格方法和基于模型方法。

（6）灰色关联度法

灰色关联度法是依据各因素数列曲线形状的接近程度进行发展态势的分析。灰色系统理论提出了对各子系统进行灰色关联度分析的概念，意图透过一定的方法，去寻求系统中各子系统（或因素）之间的数值关系。简言之，灰色关联度分析的意义是指在系统发展过程中，如果两个因素变化的态势是一致的，即同步变化程度较高，则可以认为两者关联度较大，反之，则两者关联度较小。因此，灰色关联度分析对于一个系统的发展变化态势提供了量化的度量，非常适合动态的历程分析。灰色关联度可分为"局部性灰色关联度"与"整体性灰色关联度"两类，主要的差别在于局部性灰色关联度有一参考序列，而整体性灰色关联度是任一序列均可为参考序列。

3. 服务评价实施机制

城市公共交通服务评价的实施是推动城市公共交通服务评价工作、落实城市政府对公共交通服务监管的关键。评价实施机制的好坏直接影响到服务评价的效果和结果。

一般来说，城市公共交通服务评价可分为政府公共交通发展水平评价和公共交通运营服务水平评价，两者的评价实施机制有所不同。

（1）政府公共交通发展水平评价

1）机构设置及职责。成立国家层面或省市层面城市公共交通服务评价领导小组，组织开展对城市公共交通服务水平进行评价，并将考核结果向社会公告。

2）评价流程。城市公共交通发展水平评价由城市政府组织初评，组织力量实施相关数据核对、文档汇总和自评等工作，对初评结果进行总结并报上级政府，由上级政府组织复评，复评结果报国家级评价小组。评价小组通过听取汇报、查阅资料、实地检查、征求群众意见等方法，对各城市的实施情况进行抽查核实。每个阶段都有严格的审查、审核的组织和技术保障。

3）评价考核结果的运用。城市公共交通服务水平评价结果可用于如下方面。

① 了解城市公共交通发展存在的现状和问题。

② 为城市公共交通行业管理机构制定行业标准、规范、法规等提供依据。

③ 为引导城市公共交通科学发展，提高城市公共交通整体形象和吸引力提供依据。

（2）公共交通运营服务水平评价

1）工作机构及职责。公共交通运营服务水平评价可通过建立多渠道服务质量评价反馈和监管来实施，如成立公共交通运营服务水平评价委员会，主要负责服务质量考核结果的审查和认定以及对经营者提出的异议进行裁定。委员会由城市公共交通行业管理机构人员、行业专家、媒体和市民代表等组成。委员会主任由委员选举产生，负责主持考核工作。考核委员会下设考核工作小组，主要负责完成考核资料的收集、资料审查及考核的初评工作。考核工作小组的人员主要由城市公共交通行业管理机构的相关人员组成。委员会的主要职责为起草考核评价流程及操作规范，定期开展质量调查和评价，对公共交通企业提出改进服务建议。

2）评价流程。公共交通运营服务水平评价流程主要经过初评和最终评议两个阶段，初评的主要责任主体是评价工作小组，最终评议的责任主体为评价委员会。由企业、第三方测评机构等报送的评价资料，经考核小组预审后，作为第三方机构出具调研报告的重要数据来源。第三方测评机构的调研报告经审查核实后，由评价工作小组形成初评结果并报送评价委员会，评价委员会对初评结果进行严格审查、认定后，其评价结果由城市公共交通行业管理机构向社会公布，并征询企业意见，若企业有异议提出申诉并经评价委员会认定，则须重新

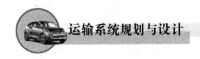

进行评价。

深圳巴士集团运营服务水平评价考核流程如图7.19所示。

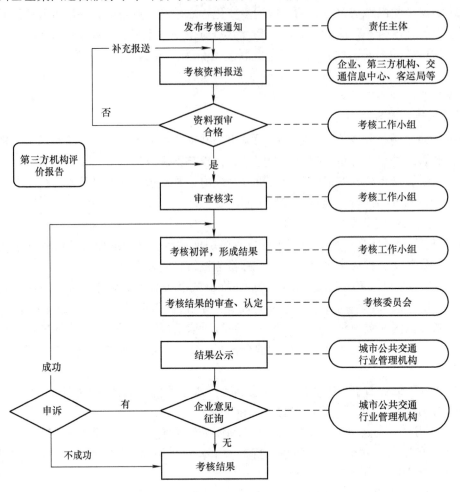

图7.19　深圳巴士集团运营服务水平评价考核流程

3）第三方测评。城市公共交通行业管理机构通过公开招标或竞争性谈判选定社会第三方中介机构，按照公平、公正原则，依据企业服务评价指标对各公共交通企业的服务质量进行定期测评，出具评估报告，并对提供报告的真实性、准确性负责。评价工作小组根据评估报告进行评分。

4）评价结果发布形式。评价委员会确定评价结果后报送城市公共交通行业管理机构，通过网络及相关媒体对评价结果予以公示。如经营者对评价结果有异议，可在规定的时间范围内向城市公共交通行业管理机构申请重新评价，评价委员会决定是否重新进行评价，并向经营者说明理由。

5）评价结果的运用。评价是手段，结果运用是目的。城市公共交通企业服务水平评价结果可运用到经济补贴、激励与约束中，发挥经济杠杆对企业的激励约束作用；可运用到公共交通经营企业的市场准入与退出机制中，也可运用到精神激励中。引导公共交通企业把"公共交通优先、公共交通优秀"同实现公共交通企业经营效益和价值结合起来，要把评价结果作为公共交通经营者评先创优的依据。

思 考 题

1. 简述公交场站的分类及各自的功能。

2. 简述公交枢纽站的布局原则。

3. 城市公共交通系统是由哪些子系统组成的? 它的特点是什么?

4. 假设一个城市公交网络有三条线路, A、B 和 C, 这三条线路在不同的车站两两相交, 如下图所示, 线路 A 有 17 个车站, 线路 B 有 15 个车站, 线路 C 有 11 个车站。计算:

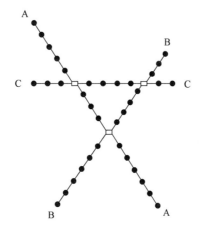

① 终点站、换乘站以及总的车站数量。

② 网络中不同出行对(站站对)总数。

③ 在所有的出行对中, 需要换乘的出行量。

公交网络示意图及其中包含的 4 条线路发车间隔和平均车上行驶时间如下图所示, 假设步行时间和换乘时间为 0。

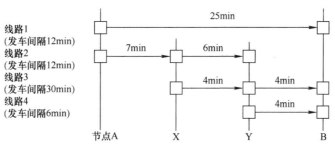

① 请描述从 A 到 B 可能的出行策略, 包括乘客在不同的组合线路中选择的可能性。

② 计算每种策略的期望车上行驶时间。

③ 分析哪个策略的期望车上行驶时间最短。

第 **8**章 Chapter 8
慢行交通系统规划与设计

8.1 慢行交通系统概述

8.1.1 慢行交通

慢行交通系统规划与设计

"慢行交通"是相对于快速和高速交通而言的。目前，学界普遍认为慢行交通这一中文术语最早出现于《上海市城市交通白皮书》（以下简称"白皮书"）。白皮书中指出"发挥慢行交通短距离出行和接驳公交的功能，逐步形成以公共交通为主，个体交通为辅的交通模式"，但并未给出慢行交通这一术语的概念或解释。

对于慢行交通的界定，目前还没有一个特定的标准。一些学者认为"慢行交通也可称为非机动化交通（Non – motorized Transportation，NMT），一般情况下出行速度不大于15km/h，主要包括步行及非机动车交通"；另一些学者对慢行交通的界定是"出行速度不大于20km/h，以步行、自行车、低速助动车出行为主体，适合短距离出行"；还有少部分学者认为常规公交也属于慢行交通范畴。但从白皮书中对慢行交通发展的定位来看，显然是将其重点作为公共交通的接驳方式来发展的，即慢行交通本身不应包含低速运行的地面常规公交方式。

慢行交通贯穿于城市公共空间的每个角落，满足居民出行、购物、休憩等需求。从交通运输系统整体而言，慢行交通的确是与快速交通相对应的。但随着社会经济发展以及交通运输行业变革，以一个确定的运行速度或某几种交通方式来界定慢行交通显然并不恰当。换一个角度理解，则可认为慢行交通是采用城市非机动车道以及人行道运行的交通。从目前我国的实际情况来看，部分城市以步行、自行车（包括常规自行车和电动自行车）出行为主，部分城市还包含摩托车（包括电动轻便摩托车、电动摩托车和常规摩托车）。而对于国内大部分城市而言，无论是现行交通政策，还是未来交通发展规划，都试图引导摩托车以及电动自行车向公共交通转移，政策上也逐渐限制其出行，原因在于此类车辆的车速介于汽车与常规自行车之间，无论使用机动车道还是非机动车道都存在安全隐患。鉴于上述分析，我国现阶段慢行交通系统的发展仍以步行及自行车出行为主。

慢行交通是城市交通系统的重要组成部分，是组团内出行的主要方式，是居民实现日常活动需求的重要方式和城市品位的象征。慢行交通不仅是居民休闲、购物、锻炼的重要方式，也是居民短距离出行的主要方式，是与中、长距离出行以及公共交通接驳的不可或缺的交通方式。以出行产生点、出行吸引点、轨道交通（换乘）站点等为中心的慢行圈的高品质建设是保障慢行交通权利，提高慢行交通品质，引导城市交通出行方式结构合理化的重要环节。

8.1.2 慢行交通系统

慢行交通系统由三要素构成：慢行空间是系统的形态要素；慢行主体是系统的实施者要素；慢行行为是系统的动态要素。

慢行空间包括交通性的慢行空间和非交通性的慢行空间，前者一般是用于行人或自行车通过的设施，包括人行道、人行横道、人行地道、人行天桥、非机动车道等；后者可分为休闲旅游性质的慢行空间（林间步道、山间道、滨水道等）和商业性质的慢行空间（商业步行街等）。

慢行主体是在慢行空间中进行通勤、休闲、购物、锻炼等活动的行为主体。慢行主体可分为：采用慢行作为通勤方式，采用机动化交通及慢行交通组合作为通勤方式；以慢行作为休闲、锻炼、购物等非通勤方式。

慢行行为会随着经济和城市发展而改变，表现出多样化的功能：①交通功能，是短距离出行的主要方式，提供与各种机动化交通方式之间的接驳功能；②活动功能，主要是各类公共活动、人流聚集，如广场；③锻炼与健身功能，如林间步道、山地自行车道、绿地步道；④休闲及观光功能，如风景区、公园、绿地；⑤商业功能，如商业步行街、商业建筑体的联络等；⑥避难功能，灾难发生时的避难场所，常与绿地步道结合。

8.1.3 慢行交通系统的特点

（1）不可替代性

保护慢行、鼓励"慢行＋公交"的出行模式被广泛接受为城市交通可持续发展的重要路径。《北京市"十四五"时期交通发展建设规划》中提出"慢行优先、公交优先、绿色优先"，将"建设步行和自行车友好城市"作为一项重点任务；2021年发布的《上海市慢行交通规划设计导则》中指出慢行交通是践行"公平和谐、以人为本、可持续发展"理念和实现"着力打造最佳人居环境，彰显城市软实力的生活体验"目标的重要举措。无论城市交通发展到哪一种水平、哪一个阶段，慢行交通都在城市交通系统中占据重要环节。城市交通不仅需要大动脉，也需要分散灵活的毛细血管。以步行和自行车方式为主的慢行交通方式在短距离出行以及接驳其他交通方式方面具有不可替代的特点。另外，慢行交通不仅是一种出行方式，也是人们日常生活中不可缺少的一种社会活动，尤其在休闲、购物以及健身方面发挥着重要作用。

（2）节能环保

能源危机和环境污染已成为困扰人类发展的两大社会问题。目前，我国已经成为仅次于美国的全球第二大石油消费国，其中汽车所消耗的燃油占我国石油消耗总量的70%，机动车尾气污染已经成为我国空气污染的重要来源。2022年6月，生态环境部等七部委联合印发了《减污降碳协同增效实施方案》，提出"到2025年，减污降碳协同推进的工作格局基本形成；重点区域、重点领域结构优化调整和绿色低碳发展取得明显成效"等目标，交通运输领域是减污降碳协同增效的重点领域之一。相对于其他交通方式，慢行交通无须燃料消耗，具有绿色环保、低碳节能的特点。慢行交通建设是我国践行绿色交通、实现减污降碳的

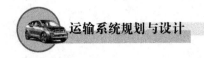

重要途径。

（3）出行距离短

慢行交通方式平均出行速度较低，步行速度通常在 1.42m/s 左右，呈正态分布；常规自行车出行速度一般在 10km/h 左右；电动自行车出行速度在 25km/h 以下。步行和常规自行车以人力作为空间移动的动力，电动自行车以蓄电池提供的电力作为空间转移的动力。因体力消耗或电力储蓄有限、出行速度显著低于机动车，慢行交通出行距离一般以小于 3km 的短距离出行为主。

（4）在交通系统中处于弱势地位

长期以来，城市规划以及交通发展多侧重于机动车交通，尤其是在私人小汽车成为社会大众普遍拥有的交通工具后，自行车在很多城市已经丧失路权。道路未设置非机动车道或非机动车道被占用的情况十分严重，行人过街设施不足问题也由来已久。随意横穿马路现象虽与个人素质、行为习惯等因素相关，但行人过街设施不足也是造成这种现象的主要原因之一。机非混行是我国交通系统中存在的主要问题之一，也是产生交通安全隐患、造成交通事故的重要原因。总体看来，慢行交通系统现状并不理想，慢行交通系统规划工作应得到更充分重视。

8.1.4 慢行交通系统的发展历程和发展现状

国外交通系统规划中并没有慢行交通这一术语，沿用教材中前述的定义，仍从步行和自行车交通来探讨。

1. 国外慢行交通发展历程

（1）步行交通发展历程

在国外城市发展过程中，步行交通经历了一系列的变化和变革。步行交通理念主要经历了"人车分流""步行者优先""人车共存"三个发展阶段。"人车分流"理念是现代城市慢行交通规划的理论基础，对行人交通起到了一定的保障作用。但人车分流"以车优先"的主导思想，没有从根本上保障步行通行权利。"步行者优先"认可和保障步行者权利，体现以人为本的理念，是慢行交通理念发展的根本性转折阶段。"人车共存"理念主张给予机动车、自行车以及步行者平等的交通特权，提倡交通群体之间的平等性。

从步行交通的发展进程可以看出，现代交通理念逐步转向对人的关怀，突出以人为本的交通理念。路权平等和自由是现代城市交通规划中的重要环节，也是现代城市慢行交通系统规划的根本理念。

（2）自行车交通发展历程

从发展历程来看，国外自行车交通发展主要经历了"自行车进化期""自行车依赖期""自行车衰退期"，以及近年来的"后自行车时代"四个阶段。

1）"自行车进化期"是指 19 世纪末之前自行车的发展完善期。这一时期，自行车被不断改良，并在欧美国家普及，成为人们的日常交通工具。

2）"自行车依赖期"是指汽车发展伊始，欧美国家人民出行广泛依赖自行车的时期。这一时期，丹麦和荷兰的自行车交通分担率一度达到 70% 以上。

3）"自行车衰退期"是指汽车广泛普及之后，欧美城市自行车出行出现锐减的时期。第二次世界大战后，欧美国家自行车交通的分担率开始逐渐下降，荷兰海牙的自行车交通从

1955 年的 59.5% 下降到 1970 年的 14.8%。

4）20 世纪 80 年代后，世界范围内低碳经济发展模式需求凸显，自行车等慢速、环保的交通方式又受到广泛重视和关注，"后自行车时代"拉开序幕。

从发展模式来看，现代城市自行车交通主要包括"哥本哈根模式""巴黎模式"和"新加坡模式"。"哥本哈根模式"是将自行车交通作为城市主要交通出行工具，"巴黎模式"是将自行车交通作为服务于短距离出行及与公交接驳的辅助交通工具，"新加坡模式"是将自行车交通作为休闲、健身工具。

2. 国内慢行交通发展历程

我国城市慢行交通经历了传统慢行交通时代、汽车盛行的机动化时代，以及城市现代慢行交通主义重新回归时代。

在传统慢行交通时代，人们出行主要依赖人力或畜力交通工具。自古以来，步行就是我国城市最基本和最重要的交通方式。人是城市空间的主要使用者，街道以人为尺度依据，城市规模保持在步行可承受的范围内。马车交通出行在一定程度上扩展了人们的出行范围、提高了人们的出行效率、减少了人们出行的体力消耗。自行车作为交通工具在中国已经有 100 多年的历史。20 世纪 70~90 年代，我国自行车拥有量爆炸性增长，成为名副其实的"自行车王国"，自行车交通成为人们完成便捷出行的重要交通工具。

20 世纪 80 年代以来，随着社会经济飞速发展，私人汽车迅速普及，我国进入汽车盛行的机动化时代。在"以车为本"的思想指导下，慢行交通没有得到应有的重视，发展相对缓慢。尤其是在城市中心区，有限的道路资源往往优先分配给机动车，慢行交通空间不断受到压缩和侵占，慢行交通出行环境每况愈下。

伴随社会经济的进一步发展，我国私家车数量迅猛增加，由此带来的交通拥堵、环境污染等问题日益凸显；同时，人们对居住环境品质和出行质量的需求也显著提高。根据国外交通系统发展经验，发展慢行交通系统是缓解由机动车增加而导致的交通拥堵和环境污染问题的有效途径，也是提升城市居民生活品质、建设生态宜居城市的客观要求。因此，慢行交通系统又受到越来越广泛关注，我国逐渐进入城市现代慢行交通主义重新回归时代。

3. 慢行交通发展现状

欧美一些发达国家，无论是政策上还是规划实施上，慢行交通在整个交通系统中与其他交通参与者处于同等地位，也有专门的路权和配套的基础设施。在欧洲一些机动车使用频率不高的国家，慢行交通甚至占有主导地位。

从总体来看，我国现阶段慢行交通系统建设范围、规模以及内容还有待进一步完善。尤其是人口密集、流动人口比重较大的城市，慢行交通在交通系统中虽然占有很大的比重，但因机动车保有量持续上升，人行道、非机动车道受到一定程度挤压，采用慢行交通方式出行的群体俨然成了弱势群体，出行权利受到不同程度的忽视。从源头分析，这是由于在城市交通规划设计之初，以及后续的交通控制、交通组织管理过程中，大都以机动车交通为重点，慢行交通的需求没有得到重视，相应的设施远远不能满足慢行交通出行需求。少部分驾驶机动车的出行者却占据着城市大部分道路资源，致使长期机非混合运行，机动车占用非机动车道、路边停车等行为导致与自行车和行人发生碰擦的交通事故明显上升，步行和自行车出行者人身安全受到威胁。

从居民出行行为分析研究中可知，无论哪一种出行，都以慢行交通方式开始、慢行交通

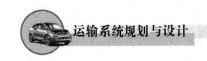

方式结束，即在出行起点和终点必然以步行或自行车出行作为衔接。因此，慢行交通系统规划在任何时期都不应该被忽视。国内慢行交通系统规划得到关注因《上海市城市交通白皮书》而起。目前，已着手开展慢行交通系统建设的主要是经济发展迅速、人口量大的一线城市，如北京、上海、深圳、成都、重庆、海口、杭州等。但这些建设工作也只是一种尝试，可以说是处于起步阶段。建设内容主要是增加自行车道或对原有非机动车道进行硬隔离（隔离带、护栏等），增设行人过街设施，在中央商务区、商业核心区、场馆园林区和休闲旅游区设置相对独立的慢行交通区（如步行街），依托城市客运枢纽、公交枢纽等建立公共自行车换乘租赁网点。当前，随着我国城市转型加快、城市交通系统的不断完善和成熟，慢行交通因其节能环保且不可替代的特点，得到越来越多的重视。

8.2 慢行交通系统规划

慢行交通系统是既相对独立、又融于上层交通体系的特定系统，由基础设施（网络、节点、片区等）、使用者、空间环境等相互联系、相互作用的诸多要素构成。慢行交通系统规划并不只是交通规划层面的工作，它实质上至少涵盖城市规划层面、交通规划层面以及人心理活动与社会活动层面的内容。具体而言，慢行交通系统的构建需要结合城市空间布局、景观呈现、土地利用发展情况，需要考虑公众对舒适、健康、和谐社会活动空间的心理需求，需与其他交通方式协调统一。因此，慢行交通系统规划是一项融合多学科、涉及多领域的复杂工作。

8.2.1 慢行交通系统规划目标

1. 安全性

保障出行者安全是所有交通方式的第一要义。慢行出行者往往在交通体系中处于弱势地位，能否保证出行安全在一定程度上决定着慢行交通方式是否被选择。因此，提升慢行交通系统安全性、保障慢行出行者安全需求是慢行交通系统规划的主要目标。在维护慢行出行安全性的措施中，设置机非隔离设施减少慢行出行者和机动车的交通冲突，是保障慢行交通安全性最基本的措施。另外，安全性需求的满足还与出行环境中的道路环境、交通设施、交通参与者等息息有关。

2. 便捷性

慢行交通在城市交通体系中占据重要环节，在短距离出行以及接驳其他交通方式方面具有不可替代的作用。交通出行的便捷性是影响出行者是否选择慢行交通方式的重要影响因素。慢行出行行为主要涉及行走行为、过街行为、逗留行为以及换乘行为等。慢行道和过街设施的设置要为慢行出行者提供便捷的走行和过街条件，慢行交通与其他交通方式的良好衔接可为慢行出行者提供便捷的换乘条件，非交通性的慢行空间要为慢行出行者提供便捷的逗留条件。

3. 连续性

连续性是指慢行出行者从出发到达目的地之间的出行过程中不容易受其他条件影响而中断。长期以来，由于慢行交通系统整体规划的欠缺和建设的滞后，我国大部分城市存在慢行道路密度低、铺设存在断点、可达性低等问题。这导致慢行出行者无连续道路可行，慢行出行距离变长、出行时间增加，进而出现排斥选择慢行交通出行的现象。因此，连续性是慢行交通系统规划的重要目标。

4. 公平性

无论是使用慢行交通方式的出行者，还是采用机动化交通方式的出行者，都应享有进入城市公共空间并且到达各处的同等机会。在城市交通系统的规划设计阶段、建设施工阶段以及管理运行阶段，都不能忽视慢行交通出行者的出行权利，要注重体现慢行交通出行与其他交通方式出行的公平性。特别是在我国城市交通拥堵、空气污染等问题日益突出，倡导"慢行优先、公交优先、绿色优先"的背景下，作为交通弱势群体的步行者和骑车者应当享有优先的通行权。

8.2.2 慢行交通系统规划原则

1. 以人为本

《北京宣言：中国城市交通发展战略》中指出"中国交通的目的是实现人和物的移动，而不是车辆的移动。应当根据各种交通方式运送人和货的效率来分配道路空间的优先使用权"。"以人为本"的内涵是为公共交通、自行车和行人提供优先路权。"以人为本"的慢行交通系统规划理念主要体现在以下方面：从规划设计角度充分考虑城市慢行交通的系统性，即慢行交通建设的整体性以及连续性。从建设施工角度保证步行交通安全设施的设置；同时考虑慢行交通的舒适性，即让慢行出行者的生理和心理需求都能得到满足。从交通管理角度加强城市慢行交通系统管理，禁止机动车占用慢行空间，尊重慢行者的道路权。

2. 可持续发展

为提升城市居民出行和生活质量，并应对交通带来的资源消耗和环境问题，世界各国纷纷开始审视传统城市交通规划的弊端，探索可持续交通发展路径。对于慢行交通与可持续发展关系的研究，赵建有等提出城市交通可持续发展目标包括社会可持续发展、经济可持续发展以及环境可持续性，并提出自行车在城市交通可持续发展中具有较大优势。根据中国城市规划设计研究院发布的《2022年绿色出行城市工具书》，步行空间多样性能够满足人们复杂的行为需求，并提供互动机会，是城市活力的秘密。慢行生活所带来的交通系统优化，不仅满足了公众多样化的出行需求，也为城市的可持续发展贡献力量。

3. 环境友好

环境友好就是以人与自然和谐相处为目标，以环境承载力为基础，以遵循自然规律为核心，以绿色科技为动力，倡导环境文化和生态文明，实现可持续发展。慢行交通系统的环境友好理念主要体现在两个方面：一方面，与高消耗和高排放的机动化交通相比，步行和自行车出行具有节能和低碳特性，慢行交通系统的运行对于环境影响较小；另一方面，慢行交通系统追求与自然环境相协调，环境友好是慢行交通系统的自然属性。以慢行交通系统重要组成部分绿道为例，绿道一般是林荫小路、供行人和骑单车者（排斥电动车）进入的游憩线路，通常沿河滨、溪谷、山脊、风景带等自然道路和人工廊道建立，其对于自然环境保护、城市绿地空间规划、文化遗产保护等具有重要的积极意义。

4. 服务优先

出行即服务（Mobility as a Service，MaaS）是一种城市交通发展理念，其目标是融合多种出行方式，为出行者提供一体化的服务平台，满足出行者出行需求和出行方式选择需求。MaaS回归了交通出行的本源，即从出发地移动到目的地的一体化交通服务，其重点是交通

方式的整合和支付壁垒的消除。近年来，随着新一代信息技术深度应用，数字技术为改善出行方式、提高出行体验带来了新的机遇。智能技术能够为不同出行人群提供个性化服务，满足当前和未来出行人群的个性需求和偏好。MaaS 是城市交通发展的趋势，城市交通系统规划建设与发展过程中应更加注重对不同方式的整合，对居民出行方式进行合理引导，促进不同交通方式之间的互补与协作，避免因竞争带来的过度开发与重复建设。

5. 存量优化

在城市道路资源空间极度拥挤的背景下，交通系统发展的核心在于有限空间的合理高效利用，而步行、自行车与公共交通，都是空间利用率较高的交通方式，是城市未来交通发展的主要方向。制定慢行交通系统的发展战略，应充分认识到发展慢行交通对城市交通结构调整的作用。慢行交通是居民出行必不可少的一种交通方式，同时它也是所有交通方式的基础。另外，慢行交通在促进身心健康、传承历史文化、缓解交通压力、激发商业活力、保护生态环境等方面的多重价值已然显现。近年来，国际上相继提出步行城市建设构想，许多国际型大都市，如北京、上海、哥本哈根、伦敦、墨尔本、多伦多、京都等，都陆续编制了发展城市慢行交通的专项规划，并开展了一系列建设实践。

8.2.3 慢行交通系统规划理念

1. 用地层面——建设多功能社区

多功能社区集商业、娱乐、餐饮等多种功能，具有以下作用：①源头上减少长距离出行，居民可在社区内部完成大部分的活动需要；②使慢行交通成为社区内的主要出行方式；③社区重获活力，构建和谐社区。

2. 规划层面——引导交通方式结构合理化

在相关专项规划中落实慢行规划的理念，引导以提高人的出行舒适性为目标的慢行系统规划（并非仅是车辆的通行顺畅）。鉴于高品质的慢行系统是公共交通优先发展的基础和保障，在大城市更应关注慢行交通的品质建设，最终实现"慢行交通为辅、公共交通为主"的绿色出行结构。

3. 建设层面——建设和谐慢行圈

慢行圈可分为3类：以出行产生点为核心（居住区），打造和谐慢行街区；以出行吸引点为核心（工作单位、学校、商业区等），打造富有亲和力的慢行空间；以公共交通枢纽站为核心，形成友好的慢行通道。在慢行圈内给予慢行交通充分优先权，引导居民采用慢行及慢行接驳公交的出行方式。

4. 设施层面——融合慢行交通与公共交通

建好慢行与公共交通的换乘设施，诸如行人无障碍设施、自行车停放和租赁设施，甚至在轨道列车内设置自行车车载位，鼓励居民采用"B + R"（Bicycle and Ride）的出行方式。

5. 设计层面——宁静化交通设计

利用设计手段确保机动车在慢行交通活跃的区域降低车速，利用醒目铺装提醒驾驶人将通行优先权给予慢行主体。

6. 运行层面——确保慢行的安全性及舒适性

对慢行主体这类交通弱势群体给予充分的尊重及人文关怀，尤其应关注老年人、儿童及残障人士通行的便捷性，确保慢行主体的通行权和通行空间不受侵犯，保障慢行设施无障碍及通行空间的连续性。

8.2.4 慢行交通系统规划内容

1. 慢行交通通行空间规划

慢行交通通行空间是指为步行和非机动车交通提供服务的空间场所，包括以通勤为主的交通性慢行空间（非机动车道、人行道等）和以休闲为主的交通性慢行空间（滨水道、绿地等）。慢行交通通行空间规划是指根据城市交通系统规划目标，依托城市自然环境、人文环境等，设计与城市定位以及整体发展相适应的慢行空间。在《北京市慢行系统规划（2020年—2035年）》中划分了历史文化慢行街区、商业活力慢行街区、休闲游憩慢行街区、科技科创慢行街区、商务金融慢行街区、慢行友好居住街区、慢行友好枢纽街区七种慢行交通通行空间。

2. 慢行交通网络规划

慢行交通网络由慢行交通各组成体系经过某种方式联系在一起形成"点－线－面－网"相衔接的拓扑关系，同时与居民生活网络、交通网络、用地发展网络、生态绿化网络等共同组成城市整体网络。慢行交通网络主要由步行道和自行车道组成，对于完善城市路网、便捷城市生活、提升居民生活品质、解决城市交通问题等意义显著。当前，我国慢行交通网络大多依附机动车道而建。长远来看，慢行交通网络规划应注重适当脱离机动车道，形成独立循环的慢行网络。

3. 慢行交通节点规划

交通节点是由于城市多样化用地性质、不同功能区划分、各种交通网络设置等而形成的具有交通连接和转换功能的场所。交通节点是不同客流的集散地，包括交通站点、道路交叉口、商业中心、旅游中心等。各种交通节点因其功能性差异而表现出不同的交通特性，例如：轨道和公交站点是日常通勤客流集聚的重要区域，商业和旅游中心是休闲娱乐客流集聚的主要区域。慢行交通方式往往在交通节点衔接功能的发挥中起着重要作用，针对不同交通节点开展步行与自行车交通规划是慢行交通系统规划的重要内容，可称之为慢行交通节点规划。

4. 慢行交通设施规划

慢行交通设施主要是指与行人和自行车交通相关的设施。根据《城市道路工程设计规范（2016年版）》（CJJ 37—2012），行人交通设施主要包括人行道、步行街以及人行横道、人行天桥和人行地道等过街设施，与自行车相关的慢行交通设施主要是指自行车道、自行车过街设施和自行车停车设施。另外，随着近年来共享单车和公共自行车的推广与普及，自行车租赁设施也成为慢行交通设施规划的重要内容。综合考虑行人与自行车流量、流线，城市公交站点布置，以及学校、医院等在城市的分布，确定慢行交通设施的形式与规模，是慢行交通设施规划的主要内容。

8.3 行人交通系统规划与设计

8.3.1 行人交通特性

行人交通特性通常包括行人的速度特性以及行人流量、速度与密度三者之间的关系特性。最初的行人交通特性研究就是针对行人速度进行的，也可以说行人特性的研究工作是以行人速度研究为出发点，在此基础上，才有对三参数关系的研究。而对于行人交通系统规划

工作而言，行人交通特性除了上述两部分内容外，还应包括行人空间需求特性以及行人心理决策特性。

1. 速度特性

国外对于行人速度特性的研究始终采用以观测为主的研究方法，根据实际观测数据得到速度均值或采用回归函数拟合出速度分布曲线。由于实验设备、实验地点、实验条件及环境的限制，不同研究所得到的结果有所不同。国外相关研究中给出的在非拥挤状态下行人平均速度见表 8.1。

表 8.1　非拥挤状态下行人平均速度

资料来源	平均速度/(m/s)	标准差/(m²/s²)	地点	备注
Hankin 和 Wright (1958)	1.60	—	英国	地铁站
Hoel (1968)	1.50	0.20	美国	商业区
Older (1968)	1.30	0.30	英国	商业区
Institute of Transportation Engineers (1969)	1.20	—	美国	交通工程手册
Navin 和 Wheeler (1969)	1.32	—	美国	校园
Henderson (1971)	1.44	0.23	澳大利亚	人行道
Fruin (1971)	1.40	0.15	美国	通勤站点
Sleight (1972)	1.37	—	美国	路上交通
O' Flaherty 和 Parkinson (1972)	1.32	1.00	英国	市中心人行道
Tregenza (1976)	1.31	0.30	英国	路上交通
Roddin (1981)	1.60	—	美国	路上交通
Tanariboon 等 (1986)	1.23	—	新加坡	市区
Pauls (1987)	1.25	—	美国	写字楼
FHWA (1988)	1.20	—	美国	路上交通
Daly 等 (1991)	1.47	—	英国	地铁站
Tanariboon 和 Guyano (1991)	1.22	—	泰国	曼谷市区
Morrall 等 (1991)	1.25	—	斯里兰卡	商业区
	1.40	—	加拿大	商业区
Virkler 和 Elayadath (1994)	1.22	—	美国	校园
Knollacher (1995)	1.45	—	澳大利亚	路上交通
Sarkar 和 Janardhan (1997)	1.46	0.63	印度	主换乘区
CROW (1998)	1.40	—	荷兰	步行设施
Young (1999)	1.38	0.27	美国	机场
平均值	1.34	0.37	—	—

我国行人速度特性的研究在近几年也得到了充分的发展，一些学者在北京、上海等地做了大量实测调研，但研究场景（调研区域、设施类型、行人流通行方向等）仍有一定局限，涵盖范围较小。相关实测数据显示，我国大城市行人的基本数据与国外情况略有差别，但步速和步频分布同为 Gauss 分布，平均步速为 1.24m/s，平均步频为 1.96 步/s。这些实测结果在一定程度上完善了国内行人交通特征的基本数据，为行人交通系统规划提供了有力的

支撑。

2. 行人交通流参数关系

密度、速度、流量是反映交通流特征的 3 个基本参数。1933 年 Greenshields 提出机动车"速度 – 密度"关系的线性模型，而后出现了很多描述 3 参数之间关系的统计模型，行人流三参数关系模型也在此基础上提出。对行人流参数基本关系的研究始于 20 世纪 50 年代后期，主要思路是通过人工观测、摄像记录等手段获取行人流移动特征数据，再利用统计方法建立行人流三参数之间关系模型。在建模过程中，大多数研究首先利用线性或非线性函数拟合速度与密度之间的关系，然后通过基本关系式得到流量与速度、流量与密度之间的关系。也有少数研究使用多项式、BPR（Bureau of Public Road）函数等模型直接拟合流量与速度、流量与密度的关系。综合国外在这方面的研究来看，早期研究是针对商业区、校园、写字楼等人员相对密集的环境进行的，最近几年开始涉及建筑内部，尤其是客运场站内部行人流的研究。国内研究则多是集中在 2000 年以后，主要是针对行人过街设施以及大型活动场馆进行。由于设施、环境等因素影响，不同研究得出的参数关系模型（也称基本图）在细节上有所差异，《美国道路通行能力手册 2000》（*Highway Capacity Manual* 2000，HCM 2000）中也根据格林希尔治模型给出了不同情况下的基本图。相关研究结果如图 8.1 所示。

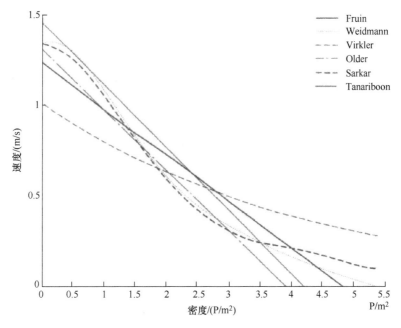

图 8.1　相关文献中的速度 – 密度关系图

3. 行人空间需求特性

在以人群集散功能为主的交通设施中（尤其是行人流量较大的设施），行人往往会更加注重个人空间需求。行人交通设施上的行为主要包括等待（排队等待和非排队等待）和行走这两类，因此将行人空间分为静态需求空间和动态需求空间。行人静态需求空间主要是指行人的身体在静止状态下所占的空间范围，包括行人身体本身所占空间和行人为了避免与其他人或障碍物接触所需要的缓冲空间。行人动态需求空间主要是指行人保持行走状态所需要

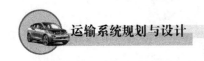

的空间范围，主要包括步幅区域和感应区域两部分，其中步幅区域是指行人在行走时迈步所需的空间，感应区域是指步行者以常速行走时，在自己前面预留的一个可见区域，以保证有足够的反应时间采取避让行为，这个区域通常与行人的反应时间和行走速度有关。

对于需求空间的确定，可以结合行人流参数关系曲线进行分析得到。从行人流参数关系曲线变化趋势可知，最大行人流量对应的占用空间值为行人最小动态空间，行人流量为0时的占用空间值为行人静态最小空间，结果见表8.2。

表8.2　行人最小需求空间　　　　　　　　　　　（单位：m²）

空间	上行楼梯	下行楼梯	水平通道
最小静态空间	0.20	0.24	0.30
最小动态空间	0.41	0.49	0.61

4. 心理决策特性

路径选择所指的路径是广义的，既包含路段也包含节点。通过调查发现，行人的路径选择行为通常以时间最短为决策依据。心理学认为，人的任何行为都是有原因而非偶然发生的，同时，人的行为是依赖环境而存在的。心理学中所称的环境是行为环境，是行人对地理环境和物理环境的认知及加工后得到的一种主观认知上的"环境"。由于不同个体的身心状况、认知特性不同，在多数场合，根据理解方式的不同，"行为环境"是不同的。例如，在同一处行人交通设施、同样的交通流状态下，不同的人对它的估计不同，导致行人的决策结果不同。

行为心理学认为人的意向是行为的内驱力，人的意向包括：①减少紧张状态的意向；②讨人喜欢、希望被人赏识和注意的意向；③求同的意向；④追求优越的意向；⑤追求自然和谐的意向。这五种意向相互联系、互相依存。行人减少紧张状态的意向和求同意向在引导行人行为上起到主要作用。减少紧张状态的意向中的紧张状态是指任何一种不稳定、不安全、对当事人不利的状态。减少紧张状态的意向以生命本能倾向为基础与生俱来，是生命适应的最基本形式。求同意向则是源于与他人保持一致能够获得社会和团体的好感、承认、接纳和支持，它是后天形成的，是生命适应的初级形式。求同意向与心理学中的术语"规范""从众心理"所表达的意思一致。行人以时间最短进行的路径选择决策行为，就可认为是行人为了减少因等候时间过长产生紧张状态而进行的"趋利避害"行为。同时，行人对交通秩序以及其他交通行为规范的遵守，可认为是一种求同行为。求同行为的另一种消极表现则是团体中一定数量的人发生无秩序行为时，其他人也会出于求同意向加入其中，最终导致有秩序行为规范的失效，取而代之的是一种无秩序行为规范。随意横穿马路就是求同行为的典型案例。

8.3.2　行人交通系统规划

行人交通系统规划遵从宏观到微观、自上而下的规划模式。首先，应依据人流集聚程度、地区功能定位、设施分布、交通运输条件、地形、气候等因素确定步行交通分区；其次，根据不同片区的步行功能定位、交通特征、人口密度以及自然环境等因素，提出差异化的步行交通网络；然后，结合道路网布局，确定重要节点；在此基础上，明确需要规划的主要行人交通设施。

1. 步行交通分区

根据《城市步行和自行车交通系统规划标准》（GB/T 51439—2021），慢行交通分区一般划分为Ⅰ类区和Ⅱ类区。其中，Ⅰ类区为交通重点区，应覆盖但不限于步行和自行车活动密集的城市中心区、核心功能区、市民活动聚集区及大型公共设施、轨道车站与交通枢纽周边地区等，交通网络应加密设置，充分保证系统的连续性和易达性；Ⅱ类区为交通一般区，应覆盖交通重点区以外，存在步行和自行车活动的城市区域，交通网络应保障基本密度与连续。不同分区步行交通网络、自行车交通网络的最小密度与最大间距见表8.3。

表 8.3 步行和自行车交通网络密度和间距要求

交通分区	网络密度/(km/km²)		通道间距/m	
	步行交通	自行车交通	步行交通	自行车交通
Ⅰ类区	≥14	≥10	≤150	≤200
Ⅱ类区	≥8	≥8	≤250	

注：工业区和物流园区的步行和自行车交通网络密度与间距根据产业特征确定，可适当放宽，但网络密度均应大于4km/km²。

城市布局中，涉及行人交通系统规划的交通重点区主要是人流密集的区域，这些区域的特点是人流交换量大、活动频繁。

（1）住宅区

城市住宅区通常是居民出行的起点与终点，是居民活动时间较为集中的场所，且活动之间的衔接多以慢行交通方式为主。住宅区的慢行交通设施应能够保障居民与周边生活服务设施或功能区（如公园、便利店、公交站点等）的有效衔接。

（2）商业区

商业区是行人活动较为集中的区域，主要特点是各功能区或设施之间的行人交换量大且频繁，行人交通设施的使用频率较高。一些城市具有地标性意义的商业区，还设有专门的步行街，给行人相对独立的活动空间。

（3）交通枢纽

交通枢纽是客流、货流集散地，人员流动量大，步行交通设施需求较高。同时，交通枢纽地区通常会以枢纽为中心形成商业圈，周边商业设施、生活服务设施较多，需要与相适应的行人交通设施支撑其发展。

（4）学校

对于中小学生而言，出行需求主要是上下学以及就餐；对于大学生而言，出行需求主要是就餐、购物、休闲娱乐等。两者出行时间段都较为集中，且流量大，对学校周边行人过街交通设施需求较高。学校周边的行人交通设施，应能够保障其与附近商业区、公交场站、交通枢纽的有效衔接以及行人安全性。

（5）旅游区

旅游区客流的特征，一是季节波动性，在景区旅游旺季或重要节假日，会出现突发大客流，而旅游淡季客流量又会骤减；二是客流构成复杂性，旅游区客流来自四面八方，存在明显的个体差异。旅游区行人交通设施的需求也十分明显，其主要作用有两个方面，一是作为不同景点之间的衔接设施，二是作为游客休憩的场所，旅游区行人交通设施往往更注重舒适性、安全性。

（6）休闲娱乐型公共区

为便于说明，将城市公园、广场、景观带等供居民日常休闲娱乐的功能区域统称为休闲娱乐型公共区。休闲娱乐型公共区重点服务对象是本地区居民，兼顾外地游客的观光需求，客流活动特征主要是有一定的时间波动，通常清晨和傍晚客流量大，节假日易出现突发大客流，露天活动区域客流受天气因素影响较大，客流年龄结构上通常以中老年和儿童偏多。此类区域的行人交通设施应能够与周边居住区、公交场站、交通枢纽站等有效衔接，便于居民活动往来。

2. 步行交通网络

城市步行交通网络包括城市道路范围内的人行道、步行专用道，居住区、商业区、广场、公园等内部的步行通道、立体连廊及街巷、里弄、胡同、绿道内的步行空间等。根据功能不同，可将步行网络分为通勤生活和休闲文化两种类型，其中，现行慢行规划主要涉及依托城市道路的步行道，是满足市民通勤的步行网络。

依托城市道路的步行道包括人非共板、人非分离、混型道三种。人非共板指人行道与自行车道共用。人非分离一般是将步行道设置于城市道路两侧，隔离形式主要有绿化隔离、栏杆隔离、阻车桩隔离等。混型道路中机动车、自行车、步行混行，一般用于居住区道路或者城市道路等级较低的支路。

步行交通网络的形态类型主要包括社区优先型、设施加密型、均质加密型和直通可穿越型（图8.2）。社区优先型指生活性的支路或街道，通过限制机动车速度和适当的宁静化措施，保证步行路网连续，适用于中小城市单一功能的巨型居住区。设施加密型指在大型商业、枢纽等设施周边加密布置，路网呈簇状，具有大量慢行人流集散功能。均质加密型指在城市中心城中村内部加密布置，路网呈现"超级小街区"形式，路网间距极小。直通可穿越型一般在已建设街区开辟对外开放的直通路径，直接通往公交站台、商业、办公集聚地等。

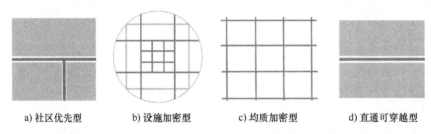

a) 社区优先型   b) 设施加密型   c) 均质加密型   d) 直通可穿越型

图8.2 步行交通网络形态类型

3. 步行交通节点

步行交通节点主要是指城市不同功能区域的衔接点、交通站点、道路交叉口等行人交通流的集散场所，步行交通在此节点处发挥重要的交通连接和转换功能。

城市不同功能区域的衔接点一般是指商业中心、旅游中心、工业园区、物流园区、医院、学校、住宅区等的出入口。在此类节点处，行人的主要需求包括购物、休闲、娱乐、就医、就学等方面。

交通站点主要包括轨道交通站点、公交站、客运站、停车场、自行车租赁点等。在此类站点处，行人通行的主要需求是完成不同交通方式转换。

城市道路以网络形态分布于城市区域，城市道路节点是道路的交叉点或连接点。由于道路功用不同以及地域差异，各道路间的交叉和连接方式各不相同。城市道路节点的形式主要包括信号灯控制平交节点、平面环行节点、立体交叉节点。在此类节点处，主要以行人过街需求为主。

4. 步行交通设施

（1）绿道

绿道是沿河滨、溪谷、山脊线等的自然走廊，或是沿着诸如用作游憩活动的废弃铁路线、沟渠、风景道路等人工走廊所建立的线型开敞空间，包括所有可供行人和骑车者进入的自然景观线路和人工景观线路。它是连接公园、自然保护地、名胜区、历史古迹，及其他连接高密度聚居区的开敞空间纽带。

在交通层面，绿道是指以自然要素为基础，以自然人文景观和休闲设施为串联节点，由慢行系统、服务设施等组成的绿色开敞空间廊道系统。绿道由绿廊、慢行道、驿站和标识系统组成。其中绿廊起到保障绿道基本生态功能、营造良好景观环境的作用；慢行道按照使用方式的不同分为步行道、自行车道和综合慢行道三种类型；驿站是绿道服务设施的主要载体；标识系统一般包括信息、指示、规章、安全警示标识等，具有解说、引导、禁止、警示、科普、宣传教育等功能。

绿道分为区域绿道、市域绿道、郊野绿道、城市绿道和社区绿道。区域绿道是连接不同城市的绿道，市域绿道主要连接城区和附近的县，城市绿道主要连接城市公园、广场、游憩空间和风景名胜，社区绿道主要连接居住区绿地，郊野绿道在城市的郊野区域。

（2）步行街（区）

2014年12月实施的《商店建筑设计规范》（JGJ 48—2014）中提出了商业步行街的国家设计标准与规范，主要包含如下方面：步行商业街内应禁止车辆通行；原有城市道路改为步行商业街时，必须具备邻近道路能负担该区段车流量的条件；改、扩建两边建筑与道路成为步行商业街的红线宽度不宜小于10m，新建步行商业街可按街内有无设施和人行流量确定其宽度；步行商业街长度不宜大于500m，街区内道路应考虑消防车的通行，其道路中心线间的距离不宜大于160m；步行商业街的各个出入口附近应设置停车场地。

（3）人行道

人行道是城市步行通行空间的重要组成部分，其主要沿城市道路布置。在《城市步行和自行车交通系统规划标准》（GB/T 51439—2021）中，依据步行交通特征、周边用地与环境、所在交通分区、城市公共生活品质等因素，将人行道划分为步Ⅰ级和步Ⅱ级。步Ⅰ级人流量大，街道界面友好，是步行网络的主要组成部分，主要分布在城市中心区和功能区，中型及以上公共设施、轨道车站、交通枢纽周边，人员活动聚集区等地区。步Ⅱ级以步行直接通过为主，街道界面活跃度较低，人流量较小，是步Ⅰ级网络的延伸和补充。

《城市步行和自行车交通系统规划标准》（GB/T 51439—2021）中指出步行和自行车通行空间应统筹考虑机非隔离带、非机动车道、行道树设施带、人行道、绿化设施带和建筑退线空间等要素（图8.3），并给出了人行道宽度的确定方法。

人行道宽度（W_p）应按单条行人通行带的整倍数计算，并由式（8.1）和表8.4根据高峰小时设计行人流量和通行能力综合确定。

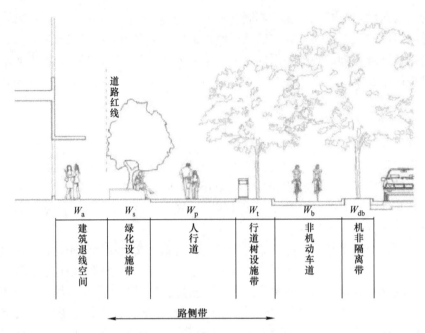

图8.3　步行和自行车通行空间要素构成示意图

$$W_p = [N_w / N_{w1}] W_1 \qquad (8.1)$$

式中，W_p 为人行道宽度（m）；N_w 为人行道高峰小时行人流量（p/h）；N_{w1} 为单条行人通行带的设计通行能力（p/h）；W_1 为单条行人通行带的宽度（m）。

表8.4　单条行人通行带的宽度和设计通行能力

所在地点	宽度/m	设计通行能力/(p/h)
城市道路上	0.75	1800
车站码头、人行天桥和地道处	0.90	1400

人行道的宽度应符合表8.5中的规定。

表8.5　城市人行道的最小宽度

项目		人行道最小宽度/m	
		一般值	最小值
步Ⅰ级		4.0	3.0
步Ⅱ级		3.0	2.0
特殊路段	商场、医院、学校等公共场所集中路段	5.0	4.0
	火车站、码头所在路段	5.0	4.0
	轨道车站出入口、长途汽车站、快速公交车站所在路段	4.0	3.0

注：历史文化街区、风貌协调区等需要保护的特色地区的支路，沿道建筑不允许拆除、道路无法拓宽的，最小宽度可酌情缩减；对行道树池进行平整化处理的，行道树池的1/2有效宽度计入人行道宽度。

（4）过街设施

按照空间形式以及控制方式划分，可以将人行过街设施分为两大类，即平面过街设施和立体过街设施，其组成部分见表8.6。

表8.6　人行过街设施主要类型与形式

类型	形式	基本组成
平面过街	信号控制人行横道	人行横道、行人信号灯、安全设施、无障碍设施
	无信号控制人行横道	人行横道、安全设施、无障碍设施
立体过街	过街天桥	过街天桥、附属设施、无障碍设施
	地下通道	地下通道、附属设施、无障碍设施

1）人行横道。人行横道是通过在车行道上用线条或者其他特定的标线标志，划分行人可以通过步行横穿车道的范围，其实际主要表现形式分为条纹式人行横道和平行式人行横道。条纹式人行横道由白色的平行的条纹实线组成，通常生活中称其为斑马线。通常条纹式人行横道设置在未设人行信号灯的路口、路段或是有信号灯控制的交叉路口；而平行式人行横道由两条平行实线组成，设在设有人行信号灯的路口。条纹式人行横道，行人有一定的先行权，而对于平行式人行横道，行人的通行权完全由信号灯决定。目前大部分城市道路应用的均是条纹式人行横道，平行式人行横道比较少见，已逐渐被条纹式人行横道所取代。

特别地，在道路较宽的路段或交叉口，人行横道中间必须设置安全岛，满足行人二次过街需求，避免行人因绿灯结束时没有走完斑马线而与机动车产生冲突、发生事故。在未设置左转专用相位的信号交叉口，为避免左转机动车与过街行人之间相互干扰，人行横道的位置应设置在左转车辆转弯路径内侧，如图8.4所示。

人行横道的特点是：设置方便、工程造价低、工期短、行人过街的绕

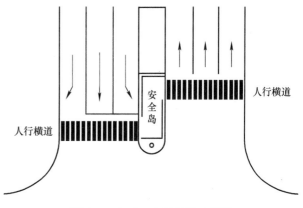

图8.4　交叉口人行横道示意图

行距离短、经济效益高。但后期管理起来难度大，可操作性也很差，人车冲突得不到根本性解决，交通事故隐患大。

2）过街天桥。过街天桥是指横跨在街道上的空中行人过街通道，在车流量较大的城市主干路，为减少对机动车交通流的干扰，往往会设置过街天桥用于行人过街。天桥的样式很多，设计时需因地制宜。最常见的人行过街天桥是跨越街道或公路的，也有跨越铁路、轻轨的。还有一些修建在立体交叉路口，设计上通常是天桥与立交桥的建筑融为一体。过街天桥的两侧设置上下天桥的楼梯或者坡道，现代过街天桥更注重人性化设计，如降低坡道坡度、安装垂直电梯、架设遮阳遮雨顶棚等。

过街天桥的特点是：可以在空间上完全分离行人和机动车，既保障了过街行人的安全，同时也使路面上的机动车畅通无阻。但是过街天桥对城市景观存在一定的影响，且造价略高，一般是永久性或半永久性建筑，其建设与选址需慎重。

3）地下通道。地下通道与过街天桥的作用相同，区别在于地下通道是修建在地下。地下通道的两端通常也设有进出通道的楼梯和坡道。地下通道通常建在汽车站、火车站及交叉路口、风景区和重要道路的进出口等处。

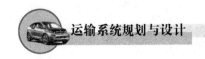

地下通道的特点是：不会占用太多地面空间，不影响城市景观，可以完全分离行人和机动车，但是造价高，建设工期长，维护费用高，一般是永久性建筑。

人行横道、过街天桥和地下通道之间的对比见表 8.7。根据相关调查研究，因结构特点不同，在保障行人安全的前提下，在所有过街设施中，行人更倾向于选择过街天桥，其次是人行横道和地下通道。

表 8.7 人行横道、过街天桥和地下通道之间对比

项目	人行横道	过街天桥	地下通道
造价	投资极少，工期极短	投资相对少，工期相对较短	投资高，工期长
绕行距离	绕行距离短	绕行距离长	绕行距离长
过街连续性	过街不连续	过街连续	过街连续
引导作用	视线可及，引导作用最强	视线可及，引导作用较强	出入口不明显，引导作用相对较差
地域区别	暴露在外，雨雪天气影响较大，可采用的地区范围广	暴露在外，雨雪天气多的地区不适合	不受天气影响，可采用的地区范围广
景观约束	不存在影响	设计不好会影响景观，交叉口处会影响驾驶人视线	在地下，不存在影响景观问题

4）辅助设施。行人过街辅助设施主要有安全岛和隔离设施两类。安全岛主要用于保障行人过街安全性，一般设置在道路很宽、行人过街信号配时较短的路段或交叉口。安全岛的设置可以养成行人二次过街的习惯，在欧洲各国应用广泛，我国一些城市近几年也在推广使用。隔离设施一般安放在人行横道附近，包括护栏、绿化隔离带等。隔离设施可以督促行人规范过街，但它的使用加快了路段上机动车的通行速度，也增大了行人过街的绕行距离。通常隔离设施安置在主干道的中间位置、学校附近、设有过街天桥和地下通道的区域以及右转车流量大且车速快的路段。

《城市步行和自行车交通系统规划标准》（GB/T 51439—2021）中对行人交通信号设置有以下规定：信号控制交叉口宜设置行人专用信号灯；交叉口沿对角线方向设置人行横道时，应设置行人过街专用相位；已施划人行横道的路段，满足一定条件时（例如：学校、幼儿园、养老院周边人行横道，或存在过街安全风险的路段等），应设置人行横道信号灯和相应的机动车信号灯。

5. 微公园

"微公园"俗称口袋公园或袖珍公园，但又有所不同。口袋公园是对较小地块进行绿化种植，再配置座椅等便民服务设施。城市中的各种小型绿地、小公园、街心花园、社区小型运动场所等，都属于身边常见的口袋公园。微公园概念相比口袋公园更加公园化，其修建本着见缝插绿、方便居民的原则，让城市居民能够开门就见绿、推门就入园，为他们休闲小憩提供新的选择。微公园往往散见于城市的各个角落，有的在办公楼旁，有的在交叉路口，有的则在居民小区边。无论对于上班族还是小区住户，微公园都是一个放松身心的好去处。

在中心城区，可灵活利用交叉口转角空间、绿化设施带或建筑退线空间设置微公园。微公园宜结合人的休憩需求和美观效果，采用与人行道、绿化设施带不同的铺装材料，宜结合乔木设置座椅，提供遮阴的休憩空间，应避免设置大片的草地和花坛。设置微公园应满足行人通行、等待、车辆安全视距等要求。

8.4 自行车交通系统规划与设计

8.4.1 自行车交通分类

自行车不仅是一种绿色交通工具,更是一种时尚、健康的生活方式。根据中国自行车产业大会的统计数据,截至 2020 年,我国自行车社会保有量约为 4 亿辆、电动自行车社会保有量近 3 亿辆,自行车出行仍然是我国交通系统中不可忽略的一部分。《深圳市自行车交通发展规划(2021—2035)》中指出"我国各大中心城市在经历自行车交通起步、主导、衰落的发展阶段后,开始重新重视自行车交通发展","欧洲国家正是在经历机动化浪潮后,采取体系化举措,使自行车交通回归城市并得以复兴,为节能减排、缓解交通拥堵、提升市民出行便利等发挥了积极作用"。目前,服务于我国居民不同交通和生活需求的自行车主要分为私人常规自行车、电动自行车和公共自行车。

1. 私人常规自行车

私人常规自行车是指居民个人所有的由人力驱动的自行车。其中,"私人"二字与公共自行车的"公共"二字相对,"常规"二字主要是区别于电动自行车的"电动"二字。前文中已提到,20 世纪 80 年代之后欧美国家的"后自行车时代"以及 20 世纪 70 ~ 90 年代我国被称为"自行车王国",主要是针对私人常规自行车而言。当前,由于我国交通系统的不断完善、智能化水平的不断提高,居民可选的出行方式越来越多样化,私人常规自行车作为通勤、通学、日常代步工具的功能不断被取代,而在休闲、娱乐、健身等方面的功能不断凸显。

2. 电动自行车

我国电动自行车分为电动自行车的初级阶段(1995—1999 年)、初现生产规模化阶段(2000—2004 年)、超速发展阶段(2005 年以后)。目前,在我国中小城市和农村地区,电动自行车已成为重要的交通工具。需要指出的是,随着电池、电机、充电、控制器等技术水平的大幅提高,电动自行车的巡航速度也不断提升。为保护人民群众生命财产安全,2018 年修订实施的《电动自行车安全技术规范》(GB 17761—2018)中对电动自行车进行了严格界定,提出"由电驱动行驶时,最高设计车速不超过 25km/h""整车质量应当小于或等于 55kg"等要求。

3. 公共自行车

公共自行车又称公共自行车租赁系统、单车租赁系统、公共自行车服务系统、公共自行车管理系统、便民自行车系统、共享自行车等。公共自行车系统一般由数据中心、管理信息系统、分区运营中心(发卡、充值、调度、维修等)、站点智能控制器、电子防盗锁、自行车及随车锁具、用户借车卡等基本部分构成。根据需要,还可以配备停车棚、管理间、站点视频监控系统、互动网站等。

公共自行车的概念最早起源于欧洲,目前发展较好的国家有荷兰、法国、英国、美国、澳大利亚、韩国等。北美公共自行车系统应用较为有限,但信息化程度较高。南美公共自行车系统于 2008 年开始发展,目前只有巴西和智利两个国家试行。亚洲的自行车利用率一直很高,公共自行车的发展也十分迅速。

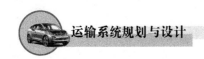

2007年，智能化运营管理的、真正具备一定实用价值的公共自行车系统开始进入中国，先后在北京、杭州、武汉等大城市开展试点，逐步向其他省会城市拓展，部分中小城市进行尝试。

公共自行车环保、便捷，是城市公交系统的补充，其在提高道路资源利用率、缓解道路交通拥堵、解决公交出行"最后一公里"难题等方面具有不可替代的作用。但由于投资额巨大、运营成本高昂、受益人群有限、缺乏统一的国家及行业标准等多方面原因，国内外公共自行车系统的应用及发展均面临巨大挑战。

目前，主流的公共自行车系统可以分为两类。一类是有桩的公共自行车系统，用户需要从站点借还车，典型系统包括杭州公共自行车系统、纽约 Citibike 系统、里昂 Velo'v 系统等；另一类是无桩共享单车系统，在此类系统中，自行车可以用完随放，典型系统包括美团单车、哈啰单车、青桔单车等。虽然无桩共享单车带来了使用上的便利，但是也存在诸多问题：首先，随意停放的自行车带来了高昂的维护成本；其次，共享单车占用道路空间已成城市顽疾；最后，大量报废自行车只能作为城市垃圾，造成资源浪费。相比之下，有桩公共自行车系统，在用户便利性和系统可维护性方面达到了较好的折中效果。

8.4.2　自行车交通特性

1. 自行车交通流特性

自行车交通流特性一般是指其交通流三参数（流量 – 密度 – 速度）及其统计特性和参数关系。目前，自行车交通流三参数关系研究的基本思路仍是借鉴机动车交通流的思想和方法，并结合自行车交通特性对相关模型进行针对性改进。由于自行车交通一般不划分车道，这使得自行车交通的超车、交织并行等交通行为要明显比机动车交通多，所以自行车与机动车在交通流状态上有很大的差别。自行车交通流的微观特性主要有以下几个方面。

（1）摇摆性

由于自行车的车体较小，转向灵活，又不用像机动车一样受固定的车道线的限制，所以其运行过程中经常会偏离原来的运行路线而呈左右摆动的蛇行状态，在超车、避让等情况下，其摆动幅度更大。

（2）群体性

自行车流很少像机动车那样保持队列行驶，其通常是成群前进。自行车骑行群体性形成的原因为：相同目的的出行者喜欢成群结队而行，可以边骑行边聊天；路段信号灯对自行车的聚集作用，使得路段上自行车流比较集中；受自行车骑行者的追逐心理影响，使得自行车容易形成组"团"行驶的状态。

（3）单行性

与群体性相反，有些骑行者排斥陌生人群或跟随他人骑行，喜欢与其他骑行者保持一定距离，往往是冲到前面或滞后一段单行，这种骑行者以女性居多。

（4）遵章性差

自行车骑行者的心理是胜利、抄近路和从众行为，在通过交叉口时易出现闯红灯和争抢行等违章现象。

（5）机动车与自行车的不对等性

自行车的速度和强度与机动车有着明显的区别。在交叉口内部不同方向的机动车流与自行车流相遇时，通常自行车寻找机动车流的可插车间隙通过。

2. 自行车交通出行特性

作为居民出行的主要方式之一，自行车交通有很多显著的出行特征，主要表现在时间、空间、安全等方面。

（1）时间分布特征

自行车在全天24h内的分布比重很不平衡，我们用高峰小时集中系数作为其表征参数。针对14座城市的统计资料表明，自行车的高峰小时系数（一日内客流集中的某一个小时的流量占该处全日客流量的比重）为23.4%，高于公交、步行和全方式平均值（分别为19.94%、16.5%、18.3%），个别城市自行车高峰小时系数高达35.1%。同时，由于自行车行驶速度比机动车小，所以自行车早高峰时间比机动车早高峰时间要早，而晚高峰时间要比机动车晚高峰时间晚。

（2）时耗分布特征

根据南京等7座城市自行车出行时耗实际统计数据分析，尽管城市规模大小不同，其自行车出行时耗在10min以内的均占30%左右，出行时耗在20min以内的均占60%以上，出行时耗在30min以内的平均达80%以上。

（3）空间分布特征

各种交通方式在不同出行距离中具有不同的速度优势。而各交通方式的速度优势是通过出行时耗来体现的。图8.5形象地展现了步行、自行车与公共汽车这三种交通方式出行的优势范围。从图中可以看出，当出行距离在1km以内时，由于自行车交通有车辆的存取时间，所以步行出行时耗较短，在1~4km之间自行车交通的出行时耗最短，占有绝对的优势，4~5km是自行车交通与公共交通竞争较激烈的出行距离，到了5km以后，公交车的优势逐渐显示出来。

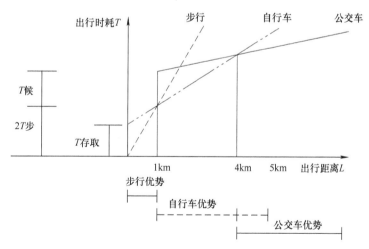

图8.5 步行、自行车与公共汽车的优势出行距离分布

注：T候是指公交车的候车时间；$2T$步是指采用步行和自行车两种交通方式到达目的地的出行时间相等；T存取是指存取自行车的时间。

（4）安全特征

混合交通是产生交通事故的温床。统计数据表明，混合交通环境下发生的交通事故占总

数的55.9%，北京市由于自行车造成的交通事故死亡人数占总数的38.7%，与自行车有关的交通事故占总数的7%。即使是在自行车交通量很少的发达国家，由自行车引发的交通事故也占有一定比例。

8.4.3 自行车交通系统规划

与步行交通系统规划类似，自行车交通系统规划的主要内容包括交通分区、交通网络、交通节点和交通设施规划。

1. 自行车交通分区、交通网络、交通节点规划

自行车交通系统往往与步行交通系统相伴而生，在交通分区、交通网络、交通节点等层面的规划理念与原则基本相同，但因交通属性不同而在具体规划和设计环节有所区别。例如，自行车交通网络密度在相同交通分区中存在差异（表8.3）。

2. 自行车交通设施

（1）绿道

绿道接纳的主要交通方式是步行和人力驱动的自行车，而排斥电动自行车。在8.3.2节中已对绿道进行了详细介绍，在此不再赘述。

（2）自行车道

自行车道一般沿城市道路布置，又称非机动车道。《城市步行和自行车交通系统规划标准》（GB/T 51439—2021）中依据自行车交通特征、所在交通分区、城市道路等级、周边用地与环境等因素，将自行车道划分为自Ⅰ级和自Ⅱ级。自Ⅰ级自行车流量大，贯通性好，是自行车交通的主要通道。自Ⅱ级自行车流量较小，以集散和到发为主。

非机动车道宽度（W_b）应按单条自行车通行带的整数倍计算，并由式（8.2）和表8.8根据高峰小时设计非机动车流量和通行能力综合确定。

$$W_b = \left[N_b / N_{b1} \right] W_2 + 0.25 \times 2 \tag{8.2}$$

式中，W_b为非机动车道宽度（m）；N_b为非机动车道高峰小时标准自行车流量（veh/h）；N_{b1}为单条自行车通行带的设计通行能力（veh/h）；W_2为单条自行车通行带的宽度（m）。

表8.8 单条自行车通行带的宽度和设计通行能力

所在地点	隔离设施	宽度/m	设计通行能力/(veh/h)
城市路段	机非隔离	1.00	1500
	无机非隔离	1.00	1300
城市交叉口	机非隔离	1.00	750
	无机非隔离	1.00	750

非机动车道的宽度应符合表8.9中的规定。

表8.9 城市非机动车道的最小宽度

项目	非机动车道最小宽度/m	
	一般值	最小值
自Ⅰ级	4.5	3.5
自Ⅱ级	3.5	2.5

（续）

项目		非机动车道最小宽度/m	
		一般值	最小值
自行车专用道	双向	4.5	3.5
	单向	3.5	2.5

注：历史文化街区、风貌协调区等需要保护的特色地区的支路，沿道建筑不允许拆除、道路无法拓宽的，最小宽度可酌情缩减。

（3）过街设施

自行车过街设施也同样分为平面过街设施和立体过街设施。平面过街设施主要是指自行车过街车道，一般与人行横道同步设置（图8.6）。根据《城市步行和自行车交通系统规划标准》（GB/T 51439—2021）中的规定，自行车立体过街设施的坡道坡度不应大于1:4。

图8.6　自行车过街车道

（4）停放设施

自行车停放空间应满足各类自行车的停放需求，引导城市自行车的合理停放和有序使用。单个自行车停车尺寸宽度宜为0.6～0.8m，长度为2.0m，空间不足时，应斜向设置停车位或采用立体停车方式。自行车停放设施应靠近目的地设置，并与其他交通方式便捷衔接。自行车停放设施布局应符合：宜结合道路机非隔离带、行道树设施带及绿化设施带布设，禁止占用盲道空间；住宅小区、大型公共建筑、交通枢纽等应按照配建指标配置自行车停车设施；对行人疏散要求较高区域，应在不影响人流集散的前提下设置自行车停车设施；对机动车驾驶人视距要求较高的地点，应施划自行车禁停区域等。行道树设施带上设置自行车停车设施时，不宜同时设置人行护栏。

8.4.4　公共自行车交通系统规划

1. 公共自行车租赁点规划布局方法

（1）公共自行车系统概述

公共自行车系统租赁需求在时间和空间上同样有特定的分布规律，在需求时间分布上，全天内公共自行车借还车量随着出行总量的变化而变化，在居民出行早晚高峰，租赁点自行车借还数量较大，且借车数量与还车数量出现巨大差异，平峰时段则没有明显的借还规律。一周内公共自行车借还车量总体呈现工作日高、非工作日低的特点。全年内公共自行车借还量随着季节气候的变化也呈现一定的变化规律，春秋季借还量最大、夏季略有下降、冬季最少。

在空间分布上，公共自行车系统借还需求主要受租赁点用地性质及其附近交通发生源出行需求的影响。由于租赁点所处区域的用地性质和所覆盖的交通发生源需求量的差异，会出现不同区域的公共自行车借还次数不同，从而导致各个区域自行车借还需求的不均衡分布，特别是高峰小时内的不均衡分布尤为明显。人员活动频繁区域公共自行车借还需求大，如交通枢纽、商业区、旅游景区等，人员活动不频繁区域公共自行车借还需求明显较小。

（2）公共自行车租赁点典型布局模式

1）租赁点布局原则。

① 公共自行车租赁点应与土地利用性质及周围建筑相协调。网点布设必须符合该区域的用地性质，不能影响附近建筑物或周边设施的商业价值和风格，也不要影响其他项目的规划与建设。

② 公共自行车租赁点应与周围交通环境相协调。网点进出自行车容易与机动车交通产生冲突，网点布设时必须做好周边的交通组织，尤其要处理好与自行车路网相衔接的部分。在大型枢纽站，自行车停车场设施必须使自行车流进出符合一定的流动性。

③ 公共自行车租赁点应就近布设，便于停放。考虑到人们步行的心理承受距离，网点应布设在客流集散地出入口100m左右。在多种交通方式存在的大型枢纽，为避免交通混乱，网点距车站出入口的距离应适当增加。

2）租赁点密度。

租赁点合理密度的确定实质是一个综合则优的过程，从不同的角度出发会有不同的结果，最终密度的确定需要将不同的结果综合考虑，并结合实际情况，确定合理的方案。

从用户角度出发，公共自行车租赁点的密度应该高一些，用户到租赁点的步行距离应在合理出行距离范围内，通常认为步行距离在200～500m范围内是比较理想的，如果超过这个距离，用户的公共自行车使用意愿就会明显下降。

从建设角度出发，公共自行车租赁点的建设应与城市现有的空间布局相适应，租赁点布局时，应首先考虑充分利用已有停车网点，其次是交通枢纽等关键租赁点的开发，以及物业公司、商城卖场、旅店宾馆等公共场地的加盟与合作。从这一层面出发，租赁点的密度则由上述客观条件决定。

从经营角度出发，公共自行车租赁点的布局方案应根据投资、回报情况以及客流量大小进行适当调整。

3）租赁点布局模式。

① 公交点。公共自行车租赁点布设于轨道交通车站及主要公交车站附近，重点解决公交车站末端"最后一公里"问题。此类租赁点的布局首先应考虑随轨道交通车站及主要公交车站设置，这样基本能自然形成较合理的网络，但由于很多轨道交通车站及主要公交车站在建设时，并没有预留自行车停车场，实际布设时应合理选择距离，使网点入口与公共交通客流方向保持一致，并做好轨道交通车站及主要公交车站到公共自行车网点的指引。此外，到达轨道交通车站及主要公交车站的客流在方向上总是有主有次，还应根据公共交通客流空间分布规律方向，按照其主要客流走向，在适当的距离和位置设立次级公共自行车租赁点，在初步确定布局方案后，还应在间距大或者网络稀疏处增加网点，使整个网络间距更合理。

② 公建点。商场、超市、医院、银行、企事业单位、市场、文体设施等公共服务设施，人流相对密集，出行需求量大，设置公共自行车租赁点意在解决居民短距离出行问题。此类

租赁点的布设可利用已有的停车场地，但应有合理的流线设计和交通组织方案，避免影响机动车停车场的正常运行。此外，租赁点应结合公共服务设施的出入口布设，最大限度地便于居民出行使用。

③ 居住点。居住区是居民日常出行的起终点，人口密集，日常生活中在居住区周边的短距离出行频率较高。此类租赁点的布设应尽量兼顾居住区内各小区的居民借还自行车的便利性，使得各小区居民到达租赁点的步行距离相近，且在合理范围内，租赁点的交通组织应与道路系统有效结合，避免与机动车交通之间产生干扰。居住点布设旨在解决居住区附近的通勤、通学、生活购物以及休闲娱乐等出行活动。

④ 游憩点。旅游景点、公园等设施是居民休闲游玩的主要场所，对舒适度要求较高，因此类设施场地开阔、空间范围较大，步行体力消耗较大，因此自行车在景区和公园的使用率较高。此类公共自行车租赁点的布设可以方便居民休憩、游玩，租赁点需要结合出入口以及主要景点布设，同时租赁点在设计上应考虑与周边景观、建筑风格上的协调统一，以及与其他服务设施之间的配套。

2. 公共自行车调度方法设计

(1) 公共自行车调度问题概述

1) 公共自行车车辆调配问题产生原因。

① 租赁点布设不合理。在系统建设时，难以准确对公共自行车租赁点的租赁需求进行预测，租赁点布局不能与未来租赁需求相一致，导致不同租赁点的借还需求出现很大差异，租赁点间需要多次进行车辆调配才能满足租赁点的借还需求，大大增加车辆调配的工作量。因此租赁点布设不合理是车辆调配问题的主要原因之一。

② 租赁点借还需求不平衡。租赁点借还需求不平衡客观上是由城市居民出行规律决定的，主观上是由于租赁点规划建设时布局不合理导致。公共自行车系统作为城市公共交通系统的辅助与补充，公交站点及轨道交通站点附近的租赁需求随公交客流变化而变化，早高峰时公交站点附近租赁点还车需求远大于借车需求，晚高峰时借车需求远大于还车需求，借还需求存在很大差距，必须采取调度方法对租赁点进行车辆调配，从而满足租赁点借还车需求。而在平峰时，由于需求者选择公共自行车方式出行具有随机性，因此租赁点借还需求不确定，会出现某些租赁点借还不平衡，需要采取调度方法对租赁点进行车辆调配，从而使各个租赁点公共自行车数量保持平衡。

2) 公共自行车车辆调配形式。

① 自然调配。自然调配是指公共自行车系统自身通过需求者借还保持租赁点公共自行车数量平衡状态。在公共自行车系统实际运行中，平峰时期大部分租赁点能够通过自然调配形式保持自行车数量平衡，而在高峰时期，由于租赁点借还需求随着居民出行的潮汐特性而呈现巨大差异，自然调配不能满足租赁点的借还需求，需要对租赁点进行人工调配。

② 人工调配。人工调配是指公共自行车系统通过人为调配工作保持租赁点自行车数量平衡状态。人工调配主要可以分为计划调配与现场调配两个部分。计划调配包括实时调整调配计划，优化现场调配路径，减少调配车辆行驶距离，缩短调配周期，科学编制调配计划，做好调度车及调度人员的组织工作，根据不同时段租赁点公共自行车需求特征，制定相应的调配计划。现场调配与计划调配是相辅相成的一个整体，现场调配需要以计划调配为依据，计划调配需要现场调配执行，计划调配和现场调配是整个车辆调配的主要内容。

3）公共自行车车辆调配目标。城市公共自行车系统整体供需处于平衡状态，但是由于各个租赁点借还需求存在差异，造成租赁点借还不平衡，公共自行车车辆调配主要解决这种不平衡问题。在不同时段，公共自行车车辆调配的目标不一样，高峰时借还需求强度大，租赁点若无车可借，需求者将选择其他交通方式，导致公共自行车的使用率降低；如无停车桩可还车，需求者将寻找其他租赁点还车，导致公共自行车的使用率降低；若无停车桩可还车，需求者将寻找其他租赁点还车，增加了需求者的出行距离，这与使用公共自行车目的相违背。因此在高峰时，应以需求者借还要求被拒绝率最低为目标进行租赁点公共自行车车辆调配，实现公共自行车系统的效益最大化。平峰时借还需求强度小，但仍然会出现某些租赁点公共自行车数量过多或者过少，导致租赁点没有足够的公共自行车或停车桩应对短时较大的借还车需求。因此，在平峰时以租赁点公共自行车数量均衡为目标，实现公共自行车系统的收益最大化。

（2）调配频率与调配量

1）调配频率。从公共自行车系统方面来讲，调配频率越高，系统服务水平越高，但从运营管理单位来讲，调配频率越高，成本越高，确定调配频率时应综合考虑上述两方面问题。公共自行车调配通常遵循平峰时调配频率低、高峰时调配频率高的原则。对于公共自行车系统规模较小的城市，应该在早晚高峰前 $1 \sim 2h$，根据租赁点借还需求预测量，对租赁点的公共自行车进行调配，以使整个公共自行车系统能基本应对高峰时借还需求。而对于公共自行车系统规模较大的城市，应该在早晚高峰前 $2 \sim 3h$ 对租赁点的公共自行车进行调配，或是在夜间进行调配作业。在高峰时，由于某些租赁点借还量差距大，为了使需求者借还要求被拒绝率最小，应对这些租赁点进行持续循环调配。在平峰时，一般只需要每 $2h$ 对信息管理系统发出预警的租赁点进行调配一次，就能满足租赁点自行车数量平衡的要求。但也应该根据实际情况，合理制定调配频率。此外，每天的公共自行车车辆调配频率还受调配周期长度和调度车数量制约，但在调配周期过长或调度车不足的情况下，需要及时调整调度方案，不能因此而降低调配频率。

2）调配量。租赁点自行车调配量根据调配时段的不同而有所差别。

① 早晚高峰前的预调配阶段调配量。当借车需求量减去还车需求量大于租赁点的停车桩数量时，租赁点需要调入公共自行车；当还车需求量减去借车需求量大于租赁点的停车桩数量时，租赁点需要调出公共自行车。

在优先满足借车需求的原则下，调入自行车时，调配量 d_i 应满足式（8.3）的条件：

$$\begin{cases} 0 < d_i < S_{max}H_i - g_i \\ S_{min}H_i + q_i - r_i - g_i \leq d_i \leq S_{max}H_i + q_i - r_i - g_i \end{cases} \tag{8.3}$$

$$\begin{cases} 0 < d_i < H_i - g_i \\ 0 \leq d_i \leq H_i + q_i - r_i - g_i \end{cases} \tag{8.4}$$

式中，d_i 为租赁点 i 自行车调入量（辆）；H_i 为租赁点 i 停车桩数量（个）；S_i 为租赁点 i 的车桩比，$S_i = \dfrac{G_i}{H_i}$，S_{max} 为车桩比上限，国内城市通常为 0.8，S_{min} 为车桩比下限，国内城市通常为 0.2，具体可根据实际情况调整；G_i 为租赁点 i 规划自行车数量（辆）；q_i 为租赁点 i 借车需求量（辆）；r_i 为租赁点 i 还车需求量（辆）；g_i 为调配前租赁点 i 自行车数量（辆）。

在优先满足借车需求的原则下，调出自行车时，调配量 d_i 应满足式（8.5）和式（8.6）：

$$\begin{cases} d_i < g_i - S_{\min}H_i \\ S_{\min}H_i + q_i - r_i - g_i \leqslant d_i \leqslant S_{\max}H_i + q_i - r_i - g_i \end{cases} \tag{8.5}$$

$$\begin{cases} d_i < g_i \\ q_i - r_i - g_i < d_i \end{cases} \tag{8.6}$$

上述自行车调入调出量是理想状态下的一个区间，具体确定调配量时，首先满足需要调入车辆的租赁点需求，取最小值，然后按照就近原则确定其他租赁点调出量，最终应使租赁点调入调出量与调度中心调出量平衡。

② 早晚高峰期间调配量。在高峰时段前预调配后，虽然在高峰时段内借还总体处于平衡，但是某些租赁点在高峰时期某一时间段内仍然会出现无车可借或无停车桩可还车的情况。因此需要特别针对这些借还需求差别大的租赁点进行反复调配，提高调配频率，以满足其公共自行车借还需求。这种调配通常需要租赁点自行车借还信息实时采集信息系统的支撑，在掌握租赁点历史高峰期借还数据的基础上，结合信息管理系统采集的实时租赁点自行车数量，即可确定调配量和最佳调配时间。

假设调配初始时间为 t_0，调度车到达租赁点 i 的时间为 t_i，租赁点初始自行车数量为 g_{i0}，t_i 时自行车数量为 g_i，租赁点 i 借车速率为 α_i 辆/min，还车速率为 β_i 辆/min。

当 α_i 远大于 β_i 时，租赁点需要调入自行车，调度车到达时间 t_i 和租赁点调配量 d_i 应满足式（8.7）和式（8.8）要求：

$$t_i < t_0 + \frac{g_{i0}}{\alpha_i - \beta_i} \tag{8.7}$$

$$d_i \leqslant S_{\max}H_i - g_i \tag{8.8}$$

当 β_i 远大于 α_i 时，租赁点需要调出自行车，调度车到达时间 t_i 和租赁点调配量 d_i 应满足式（8.9）和式（8.10）要求：

$$t_i < t_0 + \frac{H_i - g_i}{\beta_i - \alpha_i} \tag{8.9}$$

$$d_i \leqslant g_i - S_{\min}H_i \tag{8.10}$$

③ 平峰期间调配量。平峰时租赁点自行车调配主要目标是使各租赁点的车桩比在合理范围内，调配时尽量保证成本最小。

当租赁点 i 车桩比大于 $S_{\max}$ 时，需要调出自行车，调配量 d_i 应满足式（8.11）条件：

$$g_i - S_{\max}H_i \leqslant d_i \leqslant g_i - S_{\min}H_i \tag{8.11}$$

当租赁点 i 车桩比小于 $S_{\min}$ 时，需要调入自行车，调配量 d_i 应满足式（8.12）条件：

$$S_{\min}H_i - g_i \leqslant d_i \leqslant S_{\max}H_i - g_i \tag{8.12}$$

3. 调配路径优化

在确定调配量后，需要确定车辆调配的路径。针对平峰时追求租赁点自行车数量均衡的调配目标，可不考虑时间约束。以调配成本最小为目标，建立不带时间窗的公共自行车车辆调配路径优化模型，针对高峰时追求需求者借还要求被拒绝率最小的调配目标，考虑时间约束，以租赁点满意度最大为目标，建立带时间窗约束的公共自行车车辆调配路径优化模型。

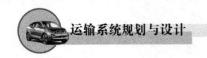

（1）不带时间窗的公共自行车车辆调配路径优化

1）问题描述。假设城市公共自行车系统有一个调度中心，拥有容量为 Q 的调度车 m 辆，负责对 n 个租赁点进行调配工作，租赁点 i 的车辆调配需求为 d_i（$i=1$，2，$\cdots$，n），且 $d_i < Q$。假设调度车均从调度中心出发，并且最终回到调度中心，出发时调度车上公共自行车数量为 0，不考虑时间变化，求平峰时车辆调配最优路径。

2）约束条件。每条调配路径上各个租赁点的自行车需要调配量之和不超过调度车的最大装载自行车数；服务完租赁点 i 后调度车上的自行车数量大于下一个租赁点的需求量；需要调配的公共自行车类型相同，调度车为单一类型车辆；每个租赁点的调配需求必须满足，并且只能由一辆调度车对其进行公共自行车车辆调配。

3）模型建立。租赁点车辆调配模型是全局最优模型，当有多辆调度车参与调配时，计算过程复杂而且可能无解，建模时对模型进行简化，将求解全局最优问题转化为求解局部最优问题，将调配区域划分为 m 个子区域，每个子区域由一辆调度车调配，以调配量及调度车最大装载数为约束条件，建立公共自行车调配路径优化模型，将其转变为带容量约束的货郎担问题。目标函数为

$$\min Z = \sum_{i \in A} \sum_{j \in A} (C_0 + C_t + C_b) I_{ij} x_{ij} + C_v x_v \tag{8.13}$$

约束条件为：

从调度中心出发的调度车回到调度中心：

$$\sum_{i \in A} \sum_{j \in A} x_{ij} - \sum_{i \in A} \sum_{j \in A} x_{ji} = 0 \tag{8.14}$$

调度车只对租赁点服务一次：

$$\sum_{j \in A, j \neq i} x_{ij} = 1 \tag{8.15}$$

调度车不超载，且在服务下一个租赁点时有足够的自行车：

$$0 \leqslant d_j + r_j \leqslant Q \tag{8.16}$$

式中，Z 为车辆调配的费用（元）；A 为租赁点集合；C_0 为调度车每千米损耗费（元）；C_t 为调度车每千米时间费用（元）；C_b 为调度车每千米油耗费用（元）；C_v 为调度车的固定费用（元）；I_{ij} 为租赁点 i 到租赁点 j 之间的距离，两租赁点间不存在直接联系时，I_{ij} 为无穷大，通常 $I_{ij} \neq I_{ji}$；x_{ij} 为调度车辆线路安排，当调度车经由租赁点 i 到租赁点 j 时，$x_{ij}=1$，否则为 0；d_j 为租赁点 j 的调配量（辆）；r_j 为即将对租赁点 j 进行调配的调度车上当前自行车数量（辆）；x_v 为从调度中心出发的调度车数量（辆）。

（2）带时间窗的公共自行车车辆调配路径优化

在高峰期调配过程中，租赁点借还量大，借还速率快，租赁点的自行车数量随时间变化而变化，租赁点在还未被调配之前可能就出现无车可借或者无停车桩可还车的情况，这时需求者借还车要求将会被拒绝，因此高峰期公共自行车车辆调配路径优化模型需要考虑时间的因素。为了使租赁点拒绝需求者借还要求次数最低，给其设定一个调配时间窗，在这个时间窗内租赁点不会出现无车可借或者无停车桩可还车情况，调度车对其进行车辆调配就不会有需求者借还要求被拒绝，因此为了使需求者借还要求的拒绝率最低，就要求调度车尽可能地在租赁点所要求的时间窗内对其进行车辆调配，这个时间窗是租赁点最佳调配时间。但实际车辆调配过程中，租赁点所要求的最佳时间窗可能无法满足，可根据实际情况设置一个用户

满意度较高的次优的时间窗。

带时间窗约束的路径优化问题建模思路及方法与上述不带时间窗的路径优化模型类似，主要的区别在于目标函数及约束条件的表征上，因此不再赘述。

（3）常用优化算法

上述优化模型的求解需要与其相适应的优化算法，目前，常用的优化算法包括蚁群算法、禁忌搜索算法以及遗传算法等。

1）蚁群算法。蚁群算法是一种启发式算法，该方法由意大利学者提出，算法的设计受到了自然界中真实蚁群集体行为的启发，并融入了人工智能。蚁群算法的本质就是启发人工蚂蚁在困难的离散问题优化中通过合作去寻找一个最优解。人工蚁有着双重特性：一方面，它们是真实蚂蚁行为特征的一种抽象，通过对真实蚂蚁行为的观察，将蚁群觅食行为中最关键的部分赋予了人工蚂蚁；另一方面，由于所提出的人工蚁是为了解决一些工程实际中的优化问题，因此为了能使蚁群算法更有效，人工蚁具备了真实蚂蚁所不具备的能力。蚁群算法的特点在于：蚁群算法是一种正反馈机制，通过信息素的不断更新最终收敛于最优路径上，它是一种全局优化的方法，不仅可用于求解单目标优化问题，而且可用于求解多目标优化问题。

2）禁忌搜索算法。禁忌搜索算法是对局部邻域搜索的一种扩展，是一种全局逐步寻优算法，是对人类智力过程的一种模拟。禁忌搜索算法通过引入一个灵活的存储结构和相应的禁忌准则来避免迂回搜索，并通过藐视准则来赦免一些被禁忌的优良状态，进而保证多样化的有效探索以最终实现全局优化。禁忌搜索算法的优势在于其搜索过程中可以接受劣解，具有较强的"爬山"能力，缺陷在于对初始解的依赖性较强，较坏的初始解可能会使搜索很难或不能够达到最优解。

3）遗传算法。遗传算法是基于进化论和遗传学说的一种高效并行、随机全局优化搜索算法。因此其基本思想一是适者生存原理，即每一物种在发展中越来越适应环境。物种每个个体的基本特征由后代所继承，但后代又会产生一些异于父代的新变化，在环境变化时，只有那些适应环境的个体特征方能保留下来。二是基因遗传原理，即遗传以密码方式存在细胞中，并以基因形式包含在染色体内，每个基因有特殊的位置并控制某种特殊性质，所以每个基因产生的个体对环境具有某种适应性，基因突变和基因杂交可产生更适应环境的后代。经过存优去劣的自然淘汰，适应性强的基因结构得以保存下来。遗传算法的特点是：对参数的编码进行操作，而不是参数本身；从许多初始点开始并行操作，可以在一定程度上防止搜索过程收敛于局部最优解；对问题的依赖性较小，搜索效率高。

思 考 题

1. 慢行交通系统的三要素是什么？
2. 从步行交通和自行车交通两个方面简述国外慢行交通发展历程。
3. 慢行交通系统规划的原则有哪些？
4. 简要叙述慢行交通系统规划的主要内容。
5. 分别说明慢行交通Ⅰ类区、Ⅱ类区以及步Ⅰ级、步Ⅱ级人行道的特点。
6. 简要叙述行人过街设施有哪些。
7. 自行车交通流的微观特性主要包括哪些方面？
8. 简要叙述公共自行车租赁点的布局原则。
9. 说明应重点在哪些区域设置公共自行车租赁点。

第 9 章 Chapter 9

静态交通系统规划与设计

9.1 概述

9.1.1 停车问题概述

1. 停车问题的负面影响

静态交通系统规划与设计

近年来，随着我国机动车保有量的迅速增加、国民生活水平的日益提高，城市的停车需求迅猛增加，在我国的许多城市相继出现了严重的停车问题。

停车问题对城市的经济生活产生诸多的负面影响。

（1）降低道路通行能力

路侧停车将会使道路的通行能力降低 10% ~ 20%，在完全城市化的地区，道路的通行能力可能会降低 20% ~ 30%。

（2）诱发交通事故

由于路侧停车影响行人、驾驶人的视线而导致的交通事故约占整个交通事故的 4% 左右。

（3）降低城市的活力

停车设施的完备与否直接关系到相关设施，尤其是商业设施的竞争力。由于停车设施不足导致商业竞争力下降，从而导致传统商业区乃至城市的活力下降、传统文化活力下降的事例为数不少。

（4）破坏景观、环境

不合理或非法的停车现象还会破坏景观、环境，给其他道路使用者带来不便。

要有效地解决城市的停车问题，防止上述问题的蔓延，确保城市的交通秩序，就必须科学地进行停车场以及相关设施的规划建设。

2. 停车问题的实质

在我国城市机动化水平日益提高的情况下，如果不对城市停车问题进行深刻的反思和探索，将会使城市交通问题持续恶化。不仅如此，停车问题也可能成为实施国家汽车产业政策、城市道路交通政策以及其他相关政策的"瓶颈"，尤其在大城市中，停车的重要性更加突出，因此应该充分认识停车问题的实质，探索出合理有效的大城市停车对策体系。目前，我国停车问题可大致归纳为如下几个方面。

（1）停车设施总量配置不足

从停车位供应角度看，大城市的停车设施建设明显滞后于车辆的发展要求，停车设施建设历史"欠账"多，停车位与机动车保有量之比严重失衡，无论白天用车车位还是夜间基本车位，都远远小于停车需求量。停车供给与需求的失衡，是发展中国家特大城市的普遍状况，也是引发停车难的直接原因。目前，大城市中心区大型的商业、行政办公、餐饮娱乐、旅游景点等地区以及部分建成年限较早的居住区是停车难问题最严重的地区。

（2）停车设施利用率低

现有停车泊位缺乏，随意停放现象严重，但是停车设施却存在着利用率低的情况。大城市城区各类停车设施中，单位大院和公建配建的停车设施比例较高，但是公建配建停车设施的泊位使用率却普遍偏低，主要原因在于许多行政事业单位拒绝外来车辆的停放要求，仅仅面向本单位车辆提供服务，导致大量的停车位得不到充分利用。

停车设施使用率低不仅仅表现在行政事业单位，即使是对外开放的公建配建停车场和路外公共停车场，由于停车收费价格存在差异，加上车辆停放方便程度不同，造成在同一个地区，地面停车场利用率远远高于地下停车场利用率，路内停车场利用率远远高于路外停车场利用率的情况，结果导致一方面停车矛盾依然突出，另一方面大量的车位空间得不到合理使用。

许多城市尽管当前停车泊位十分紧张，但许多公共停车场库的使用率却很低，经营状况普遍较差。对上海抽样调查表明，车主和驾驶人大多数其实都愿意将车入库停放，但由于停车库收费相对偏高、不便于就近停放等原因，而选择在路边停车。上海市中心区的人民广场地下车库、静安寺立体停车库在高峰期间的停放率也不超过 20%，造成亏损和经营困难，极大地挫伤了投资建设经营停车场主的积极性。

（3）停车管理有待加强

由于停车泊位供应的缺乏，造成车辆随意停放现象严重。车辆的随意占道停放，已经导致城市正常秩序受到干扰，环境质量遭到损害。由于车辆停放问题长期得不到解决，不仅是主次干道，凡是可利用的城市空间（包括公共绿地、体育活动场所、居民院落等）都成了停车场。大量支路车辆的随意占道停放，已经产生了严重的安全隐患。在居住小区，占据公共空间停车的行为已经造成了"无车人"与"有车人"的利益冲突，涉及社会公正问题和居住环境问题，停车问题演变成难以短期解决的社会问题。

目前上海市路外停车场数量不足，且缺乏指示信息，使用不便。相反，路边停车带的设置多视局部路段的停车需求而定，分布较广，具有车辆取送方便、步行距离短的特点。上海市合法占路停车位与路外公共停车位数量高达 0.8∶1，加之违章占路停车的现象普遍存在，路内、外停车的规模比例严重失调。在许多主要的路段，占路停车形成道路瓶颈，极大地阻碍了道路的交通畅通。

（4）不合理的停车收费制度

我国城市停车设施收费标准普遍偏低，停车场不分地域性质，不论时间段，不顾及城市的经济水平，采用一刀切的收费标准，收费方式单一，收费时间段缺乏弹性，没有体现类型、时段和区域的差别，特别是路边停车收费往往低于路外停车，造成路外停车场闲置，抑制了停车场产业的发展，无法起到对城市交通的调控作用。许多城市的停车场利用率偏低，高峰时段路外停车场的泊位大都空着，资源浪费现象严重。以北京市为例：高峰时段，路外

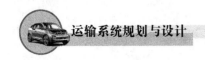

公共停车场的利用率均在50%以上，其中42%的公共停车场利用率达到100%。夜间，16%的路外公共停车场夜间利用率为0，仅有5%的路外公共停车场夜间利用率达到100%，90%的停车场夜间利用率在30%以下。

（5）停车信息化程度不够

我国各大城市对停车信息管理与停车诱导系统的研究与建设仅仅处于起步阶段，因此，现有的停车信息管理与诱导系统在城市范围内缺乏系统的规划和管理，尚未建立起全市统一的停车信息管理与停车诱导系统；同时，现有停车诱导各自独立且覆盖面小，造成现有全市停车信息资源缺乏合理的共享、管理和利用，停车信息内容也简单地局限于车位的使用情况。

（6）停车法制体系不完善，缺乏规划建设监督机制

目前我国缺乏一部专门的国家级综合性停车法，停车管理部门在法律上应有的职责和权力未被有效确认，且执法主体不明确，形成事实上的多头管理，使得停车管理协调性差，管理手段落后，管理效率低下。随着停车产业需求的不断增长，预留的停车用地日益紧张，供需矛盾突出，但是由于缺乏规划建设的监督机制，原本作为停车的用地却被挪作他用，加深了供需矛盾。

9.1.2 停车设施规划概述

1. 停车场的分类

停车场指的是供各类车辆（包括机动车和非机动车）停放的场所。停车场的主要任务是保管停放车辆。除了具有停放车辆的功能外，停车场还表现出以下几方面的基本特征：具备能存放车辆的设备和设施，包括车辆进出口通道、防火、给排水通风和照明等设施；具备管理停放车辆的机构和设施，如管理室、控制室、休息室和监测室等；必须具备安全性，充分考虑了车辆交通流线与行人交通流线的合理设计，避免交通事故的发生；形式多样化，大小规模不一，大的可以超过几千辆，而小的可能仅停放几辆车。

停车是完成交通出行的必要环节，最终目的并不是为了单纯的停车，而是为了完成交通出行，即为了实现人和物的移动。作为实现城市交通出行中停车需要的物质基础——停车场就成为城市交通基础设施的重要组成部分。因而，停车场同样具有城市基础设施的共同特性，即服务的公共性和效益的间接性：前者是指停车场为全社会和全体公众的出行提供服务，后者是指停车场所带来的间接经济效益、社会效益和环境效益远远超过其直接经济效益。和其他城市基础设施一样，停车场也是城市建设的物质载体，是城市维持经济与社会互动的前提条件，是城市存在和经济发展的基础保证，是城市现代化的重要体现。

不同类型的停车场，其服务对象、场地位置、建筑类型和管理方式都不尽相同。只有充分了解各类停车场的使用功能，明确其在城市交通中所发挥的作用，才能够对城市区域的停车场进行科学合理的规划。因此，对停车场进行分类是十分必要的。

（1）按服务对象分类

根据服务对象的不同，可将停车场分为社会停车场、配建停车场和专用停车场三种。

1）社会停车场。也称为公共停车场，是为从事各种活动的出行者提供泊车服务的停车场所，通常设置于城市商业区、城市出入口干道过境车辆停车需求集中的区段以及公共交通

换乘枢纽附近。

2）配建停车场。是指大型公用设施或建筑配套建设的停车场所，主要为与该设施业务活动相关的出行者提供泊车服务。

3）专用停车场。是指专业运输部门或企事业单位所属的停车场所，仅供有关单位内部自有车辆停放。

（2）按场地位置分类

停车场按照其与城市道路系统所处的相对位置，可分为路上停车场、路边停车场和路外停车场。

1）路上停车场。是指在一段城市道路的两侧或一侧，划出若干段带状路面供车辆停泊的场所。路上停车对动态交通的干扰较大，因此必须保留足够的道路宽度供车辆通行。

2）路边停车场。是指在一些城市道路的两边或一边的路缘外侧所布置的带状停车场。路边停车场虽然对道路车辆行驶的干扰较小，但对行人交通的通畅和安全有较大影响。

3）路外停车场。是指位于城市道路系统以外，由专用通道与城市道路系统相联系的各种停车场所，对动态交通影响较小。

（3）按建筑类型分类

根据不同的建筑类型，可将停车场分为地面停车场、地下停车库、地上停车库、多用停车库和机械式停车库五类。

1）地面停车场。即广场式停车场，具有布局灵活、泊车方便、管理简单、成本低廉等特点，是最常见的停车场形式。

2）地下停车库。是指建在地下的具有一层或多层的停车场所。它能缓解城市用地紧张的矛盾，提高土地使用价值，大幅削减成本中的用地费用，但由于需要附加的照明、空调、排水等系统维护费用，成本较高。

3）地上停车库。是指专门用来停车的固定建筑。由于其成本高昂且车位利用率较低，这种单一用途的停车库已越来越多地被多用停车库代替。

4）多用停车库。是指一种具有多种用途的建筑，它除了主要用于停车外，还有相当一部分的建筑面积用于商业、金融、邮电、娱乐及办公等。正是由于其多用性，多用停车库的吸引力大大提高，车位利用率较高。

5）机械式停车库。是指在城市中心地区或不规则用地上，建造半固定的钢结构多层停车库，采用电梯或升降机自动地将需要停泊的车辆做上下或水平运行，从而运送到相应的泊位上。该类停车库节省用地，建筑费用较低，是解决城市中心地区停车问题的有效办法。

（4）按管理方式分类

按照各种管理方式，可将停车场分为免费停车场、限时停车场、限时免费停车场、收费停车场以及指定停车场。

1）免费停车场。多见于平面停车场，如住宅区或商业区的路上或路边停车场，大型公用设施如商场、饭店等的配建停车场。通常免费停车场的停车时间较短，泊位周转率较高。

2）限时停车场。限制车辆的停泊时间，并辅以适当的处罚措施，这种方法能够有效地提高停车场的车位周转率。限时停车场通常设有限时装置，由泊车者自行启用，交通警察或

执勤人员负责来往监视。

3）限时免费停车场。是在限时泊车的基础上辅以收费的管理措施。不超过限定时间的泊车者，享有免费的优惠；超过限定时间者如需继续停车，则将支付一定的停车费用。这种方法不仅能保持停车场较高的利用率，也能保持较高的车位周转率。

4）收费停车场。无论泊车时间长短，均收取停车费用。通常采用两种收费方式，即计时收费和不计时收费。前者每车位的收费标准随泊车时间的长短而变化；后者无泊车时间限制，每车位的收费标准相同。

5）指定停车场。是指通过标志牌或地面标识指明专供某类人员或是某种性质车辆停放的停车场所。这种方式在国外较为常见，一般分为两种：①指明临时性停车，如接送客人的出租车临时停车位，装卸货物停车或是传递邮件的临时停车泊位；②为照顾残疾人、老年人以及医护人员等停车而设置的指定车位。

2. 停车规划的基本内容

（1）停车规划的目标

停车规划的目标可分为近期与远期两个层面，近期层面是有效缓解当前出现的停车问题，适当加大停车供给，提高管理水平。远期层面是实现停车泊位供需平衡，达到"停车有位，停车有序"，从根本上解决供需矛盾。

规划设计目标将涉及资源合理配置与利用，当按远期目标进行规划设计时，在短期内停车指标会过大，特别是建筑物配建停车场，可能引起用地和建设的浪费。当按近期目标规划设计时，停车场缺乏所导致的交通问题随时间推移也将愈加严重，而且建筑物一旦建成，很难再从用地上或建筑规模上增加配建停车设施。因此，停车场规划设计必须综合考虑近远期目标，保持弹性发展。

停车规划目标的实现能够提高人民的生活质量，改善居住环境，实现停车设施、道路设施及其他基础设施的效益最大化。在推进城市停车系统发展过程中，应对出行者加强出行引导，合理选择出行方式，促进停车系统与城市整体之间的协调发展。

（2）停车规划流程

城市停车规划思路可归纳为：

1）对现状停车设施进行调查，收集停车实况及停车者行为决策等信息；分析停车设施特征及停车行为特征。

2）在综合调查与分析的基础上，结合停车发展策略进行停车需求预测。通过总体规划阶段停车需求预测，确定停车的宏观策略和用地平衡中的停车用地规模；通过局部分区规划阶段停车需求预测，确定局部地区的详细停车需求。

3）以需求预测结果为依据，确定满足一定需求比例下研究区域的停车设施布局规划，主要包括公共停车场布局规划及配建停车规划——对公共停车场进行布局规划，确定路外公共停车场及路内公共停车场的选址、规模；对配建停车场进行规划，确定建筑物配建停车指标。

4）在布局规划的基础上，对停车场进行设施设计——确定机动车停放方式和停发方式，设计停车场通道，对停车场内部进行交通组织设计等。

5）制定停车场运营管理策略，确定停车场建设资金筹措方法及运营管理模式。具体的停车规划流程如图9.1所示。

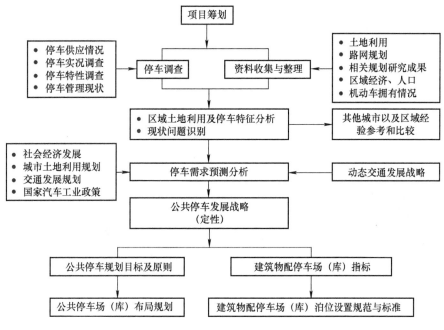

图9.1 停车规划流程

9.1.3 停车场规划与管理概况

1. 日本——以自备车位为核心的停车建设与管理模式

日本早在20世纪50年代汽车拥有量和交通量开始迅速增加时就对城市停车问题予以重视，及时制定了一系列停车法规、政策，并严格实行，成效显著。日本停车管理法规、政策产生的背景及其人口密集、土地紧张的特点，与我国大城市目前情况非常相似，这使得日本的经验对我们有特殊的借鉴意义。

日本停车政策的核心是实行自备车位制度，且全国范围执行统一的政策，导致对停车位的需求很大，民间投资建设停车场的积极性很高。立体机械式停车，由于节约了大量的土地资源，在名古屋、东京等日本大城市中心区和游览区得到很快的发展。东京的土地十分紧缺和昂贵，像百货店、写字楼、饭店以及其他一些休闲娱乐等大型公共设施，一般不设地面停车场，而是将停车场建在地下或者建造成外表像大楼那样的立体停车场。立体停车场占地面积不大，停放的车辆却不少，一些大型立体停车场可以容纳上百辆轿车，如图9.2所示。如果在这些商业或者公共设施内的消费达到一定数额，可以免费停放一定时间，超出部分则需要交费。

对于居住区，在小汽车高保有量条件下，出于对自备车位的巨大需求和用地条件的紧张，往往"见缝插针"建设地面停车位，停车场地比较局促，但停车空间设置在私人住宅用地范围内，不会占用公共道路空间。

日本"购车自备车位"政策的成功，国际上公认有三个原因。

1）法令制度完善，政府集中领导，通过购车自备车位政策对所有车主进行管理。

2）民间力量的参与，大大减少了政府人力、物力、资源的浪费。

3）立法从严，执法彻底。

这一政策使得日本城市路外的停车场随处可见，并培养人们合理的车辆使用习惯，减少并逐步取消路边停车。在很大程度上，这一政策也抑制了汽车的使用，成为使交通结构更加合理的调剂杠杆。

图9.2　立体停车场

2. 新加坡——通过价格手段来实现停车需求的动态平衡

新加坡的小汽车拥有量在100辆/千人左右，接近发展中的亚洲国家和国内沿海城市水平，低于工业化的亚洲国家（马来西亚），总体上小汽车保有量处于极低水平。

新加坡国土资源有限，城市能提供的停车泊位十分有限，为了解决小汽车高速增长带来的问题，不得不将停车场的建设与停车需求管理结合在一起。新加坡停车政策的指导思想是：不将过多的市中心昂贵土地用作机会成本极高的停车场。停车场的供应不是仅满足停车场需求本身，而是作为整体交通管制计划的一项措施。在市中心不建容量过大的停车场，避免导致更多的小汽车进入原本已拥挤的市中心。

新加坡为了缓解市中心地区的交通和停车压力，施行了区域许可证制度。1975年，新加坡政府推出一个限制私人使用汽车的方案，凡在早高峰进入CBD和乘员少的车辆，均要交一定费用。在CBD周围，车辆只能从各个有明显标志的入口进入该地区，而乘员少的私人汽车则需出示特别区域许可证。为得到许可证，车主要交一笔费用（每日2.5美元或每月50美元）。乘坐4人或4人以上的私人汽车、货车或公共汽车可免交这笔费用。这个方案还包括为车辆提供低收费的停车场，目的是让驾车者将车停放在管制区外围，然后乘公共汽车进入市中心。

在管制区内的停车费大幅度提高，旨在进一步控制私人汽车的使用，后来由于汽车所有者不喜欢停车后乘坐公共汽车的出行方式，公共汽车改变了路线，直接将乘客从住宅区送到市中心。区域许可证制度使交通事故减少25%。新加坡的做法为其他一些面临严重交通堵塞的城市提供了一种有价值的模式。

同时，新加坡采用电子停车系统（EPS），停车管理非常科学，都是全自动化停车场，有效缓解了停车位紧张的问题。大多数大厦、所有的购物中心内部都能找到停车场，不仅如此，各街道邻里也大多设有停车场。车主只需要把车辆停在入口处（设有大电梯），走出电梯启动停车程序，然后简单地输入个人密码，这时，系统就会自动寻找合适的停车位。反之，车主要取回车辆，只需要把之前牢记的密码在等候室的触屏上输入，系统自动完成找车、挪车、取车的一系列过程；而且全部是电子缴费，所有的停车场见不到一个收费专员。

3. 欧洲——P+R 的停车模式

欧洲大城市均为用地紧凑型发展模式，在小汽车大量普及之前均已经发展了比较完善的城市轨道网络和公共交通系统，这在一定程度上抑制了私人小汽车的过度使用。

以伦敦为例，伦敦是一个交通系统十分完善的世界大都市，多种方式在这里均得到了充分的发展，使伦敦的交通体系一直保持稳定的态势。

伦敦早期建设的世界最早和规模最大的地铁系统，支持了其强大的中心城区，有效控制了私人小汽车的增长。伦敦充分利用放射状长支线结构的国铁发展市域通勤交通，郊区市域铁路（国铁）全长 788km，与地铁线路共同编织形成一个高密度的轨道交通线网。国铁承担了大量长距离出行，其中近一半的乘客从郊区直达 CBD。

伦敦在发展地铁、轻轨交通及郊区铁路等轨道交通的同时，小汽车交通也得到了充分发展，具有较高的拥有率。尽管伦敦是世界上第一个建设地铁的城市，但是伦敦全市的小汽车拥有量却很高，主要是因为伦敦大都市广阔的郊区为小汽车的增长提供了空间。在伦敦有近 63% 的家庭是拥有小汽车的，其中约 20% 的家庭拥有 2 辆及以上的小汽车。

伦敦小汽车与地铁之间通过停车换乘点实现换乘。伦敦有 69 个地铁车站设有小汽车停车场，可以实现"停车+换乘"（P+R），如图 9.3 所示。同时利用价格杠杆作用，对停车供需进行调节，如周一至周五地铁停车场收费一般较高，周六停车费用明显降低，而周日大部分地铁站停车场可以免费停车，从而吸引游客前往伦敦旅游，再换乘地铁前往各自的目的地。

由于越来越多的居民拥有小汽车，在伦敦停车变得越来越困难了。伦敦已从过去的规定停车配建最低标准，转为规定建筑物配建最高配额标准，以严格限制中心区停车位和区外居住者使用停车位。

图 9.3 停车场与有轨电车终点站无缝衔接

4. 美国 Winchester——从城市交通出发优化停车格局

美国 Winchester 从城市的整体交通分析出发，制定了停车策略。如图 9.4 所示，从地图上看，不同色块代表不同功能的建筑群，不同粗细和颜色的线则代表对不同道路和交通行为的划分，按照服务对象和不同用地性质、区位等，对城市的停车进行划区分类，如超市、商场、学校、医院、政府等，以不同的功能和交通服务量，制定不同交通区域的停车场规划。

由于城市规模偏小，可以从基本的交通行为需求入手，通过研究停车需求，实现停车场的科学布局；同时，通过调控停车空间的供给，反过来影响停车需求的发生量；最后，通过错时的方式，初步对闲置道路资源加以利用，如非高峰时段的小路可以作为临时停车场等。虽然这种策略因技术支撑手段的限制，而在更大规模的城市内可行性不高，但它通过调查现状和划分城市整体停车格局，将不同时间内的某些道路、甚至公共建筑前的广场等开发为临时停车空间，和以临时停车补充城市停车、从扩张停车空间过渡到高效利用现有停车资源、从宏观整体上整合停车资源的差异化布局行动意愿等，值得我们学习。

图 9.4 美国 Winchester 停车地图（见彩插）

9.2 停车需求

停车需求预测是停车场规划的重要内容，是确定停车场发展规模的依据，也是制订停车场设施建设方案及停车管理制度的重要基础。进行停车需求预测要求对停车系统的现状进行全面的分析研究，掌握其发展的内在规律，并运用科学方法正确预测停车需求的发展前景，然后依此对停车场的规划与管理做出详细周密的安排，从而建立功能明确、布局合理、设施完善的现代化停车系统。

9.2.1 停车调查及停车特性

停车调查和停车特性分析是停车场规划与设计的前期准备工作之一，可为停车规划提供翔实、可靠的基础数据。根据不同的规划目的和对象，需要选取适当的调查方法和特性指标来进行分析。

1. 停车特性指标

（1）停车能力 C（停车场容量）

停车能力是指规定的停车区域或停车场停放范围内的最大停车泊位数，通常用车位数量表示。对于路上停车，允许停车路段的停车能力 C 为

$$C = L_p/l \tag{9.1}$$

式中，L_p 为允许停车路段长度；l 为每辆车的停车占地长度。

对于某一地区来说，停车能力 C 为

$$C = \sum_{k=1} C_k \tag{9.2}$$

式中，C_k 为第 k 个停车场的停车容量；k 为该地区停车场的数量。

（2）停车需求量 N（辆）

停车需求量是指给定停车区域内特定时间间隔的停放吸引量，通常用车位数作为度量

指标。

（3）周转率 α（平均周转率、周转次数）

周转率是指停车场的停车周转速度，它是衡量停车场每个车位在调查期间被使用次数的指标，反映了停车设施的利用程度。其计算公式如下：

$$\alpha = S_t / C \tag{9.3}$$

式中，S_t 为调查期间实际停车量；C 为停车场容量。

显然，实际停车数量越多、每辆车停车时间越短，停车场的周转率越大。例如，某停车场有车位 125 个，在观测时间内，共停放车辆 342 辆（次）。因此，观测期间内，该停车场的周转率约为 2.7。

（4）停车场利用率 γ

停车场利用率是指调查期间停车场的使用效率，即停车场被使用的容量占总容量的比例。其计算公式如下：

$$\gamma = \frac{\sum_{i=1}^{s} t_i P_i}{TC} \times 100\% \tag{9.4}$$

式中，t_i 为第 i 辆车停车时间（min）；P_i 为停车时间为 t_i 的停车数量；T 为调查时间长度；C 为停车场的停车能力。

例如，某停车场的停车能力为 5 个车位，在观测期间的 2h 内，有 4 辆车分别停放了 25min、25min、30min 和 40min。停车场利用率为

$$\gamma = \frac{25 \times 2 + 30 + 40}{2 \times 60 \times 5} \times 100\% = 20\%$$

由此可见，停车场利用率和停车时间及周转率有关。尽管停车场的周转率可以较小，但是如果每辆车的停车时间加长，仍旧可以增加利用率。

（5）停车集中指数 λ（停车指数）

停车集中指数是指某一时刻实际停放量与停车设施容量之比，它反映了停车场在某一时刻的拥挤程度，可分为高峰小时停车集中指数和平均停车集中指数两种。高峰小时停车集中指数计算公式如下：

$$\lambda = S_j / C \tag{9.5}$$

式中，S_j 为某时刻（停车高峰小时）的停车数量。

由式（9.5）可以看出，停车集中指数在数值上等于某一时间断面（如停车高峰小时）的停车场周转率。

对于多次的断续调查，平均停车集中指数可用下式计算：

$$\overline{\lambda} = \frac{S_t}{CX} \tag{9.6}$$

式中，X 为观测次数。

2. 停车调查方法

停车实况调查的方法主要有三种。

（1）连续观测法

连续观测法是指调查人员对于停放的车辆从停车开始到停车结束连续观测的方法。其方

法有牌照式和非牌照式两种。牌照式通过记录车辆牌照来区分停车车辆，因此适用于泊位数比较少，但周转率比较高的情况；而非牌照式则是调查时不记录停车车辆的牌照。由于非牌照式无法区分具体车辆的停车时间，因而较少被采用。

采用牌照式车辆连续调查法比较容易统计停车场的平均利用率和平均周转率，还比较容易得出停车的高峰时段和实际停车数，这对分析整个停车场的停车的时间分布特征很有帮助，需要的人力物力较泊位连续式调查方法少。

（2）断续式观测法

该方法是调查人员每隔一定的时间间隔（5min、10min、15mn）记录调查范围内的停车情况。根据调查的目的，可分为车辆牌照式和非车辆牌照式两种。重点在于了解停车场一天停放需求的变化情况。

（3）询问调查法

询问调查法指通过发放问卷、明信片等方式直接对驾驶人进行询问，了解车辆停车目的、停车位置到目的地设施的距离、车辆的 OD、停车时间等信息。该方法适用于停车行为的调查。通过收集停车场使用者对现状停车的意见，了解现有停车场的服务状况，有助于停车场设计的改进，提高停车场的服务水平。

其他还有通过对比两张不同的空中摄影照片来判别停车数量的空中摄影法。

（4）调查方式比较

通常，几乎没有哪一种调查方法可以满足所有的调查目的。可以首先根据不同的调查目的，对需要调查的典型停车场进行分类，结合其停车特性选择合理的调查方法。且调查方法可以进行组合应用，比如在高峰平峰停车需求差异较大的情况下，高峰时段可以采用连续调查法，而平峰时段可采用断续调查法。表 9.1 为路上停车各种调查方法的调查项目以及所需人数的比较。

表 9.1　各种调查方法的调查项目以及所需人数的比较

调查项目	断续调查		连续调查		询问调查		空中摄影
	非牌照法	牌照法	牌照法	牌照、询问法并用	问卷调查	发放问卷邮寄回收	
分时刻停车数	▲	▲	○	○	×	×	▲
最大停车数	▲	▲	○	○	×	×	▲
分车种停车数	▲	▲	○	○	▲	▲	▲
平均停车时间	×	▲	○	○	×	×	▲
平均周转率	×	▲	○	○	×	×	▲
到目的地的距离	×	×	×	○	○	○	×
停车车辆的 OD	×	×	×	○	○	○	×
停车目的	×	×	×	○	○	○	×
停车意识	×	×	×	▲	○	○	×
调查人数	1 人/200m ~ 1km	2 人/200m	2 人/50m	4 人/50m	2 人/50m	2 人/100m	—

注：○表示可以得到满意的精度；▲表示可以得到所需的数据，但精度较低；×表示得不到该数据。

9.2.2 停车需求预测

停车需求预测是城市停车设施系统规划的重要内容，也是制定停车场设施建设方案及停车管理制度的重要基础。停车需求预测为城市停车用地规划提供基础参数，预留的泊位数应与需求分析所得的泊位数一致。在需求供给不平衡的情况下，例如在市中心区或用地严重受限而不能满足需求时，需要通过停车收费等管理策略来调控，而停车需求预测则是这些问题分析论证的先导性问题。

1. 停车需求概述

（1）停车需求定义及分类

停车需求是指各种出行目的的驾驶人在各种停放设施中停放车辆的要求。一般而言，停车需求分为两大类。

1）基本停车需求。这是由车辆保有量引起的停车需求，也即夜间停车需求，主要是指居民或单位车辆夜间停放的要求。这类停车需求可以从各区域车辆注册数估计出来，一般不涉及复杂的技术方法。

2）社会停车需求。这是由社会、经济活动产生的各种出行所形成的静态交通需求，也称为日间交通需求。由于出行活动目的、地点和时间等均不易掌握，这类需求分析就显得十分复杂。

如何在预测以上两类需求的基础上，协调供给泊位数，使得未来的停车泊位既能够充分满足基本停车需求和社会停车需求，又可以使部分泊位兼有为两种需求提供服务的功能，提高停车泊位的利用效率，是停车需求预测也是停车规划研究的主要问题。

停车需求预测可分为宏观停车需求预测和微观停车需求预测。在这两者之间，并没有一个严格的界限，通常微观停车需求是以某一个或几个停车场为对象，讨论其停车需求。与微观停车需求相比，宏观停车需求预测用于预测更广大区域的停车需求。本章着重介绍宏观停车需求的影响因素及预测方法。

宏观停车需求预测的目的主要是为了确定区域未来停车需求的总量，然后以此为基础，结合规划经验和实际需求，确定路内停车场、路外公共停车场和配建停车场的规模。目前，根据国内外的项目规划经验，配建停车场所占有的比例通常为70%～80%，路外公共停车场和路内停车场的比例一般控制在20%～30%。

（2）停车需求特性

从停车供给的角度出发，停车需求具有如下三个特点。

一是不可储存性，该特点表现在低峰时段停车容量过剩，高峰时段停车供给不足；二是不可运输性，具体体现在无法实行空间上的调节，如不能把边缘地区停车场的剩余容量输送到中心区去；三是作为社会资源的有限性，一辆车至少要占用一个停车位，与道路交通相比，停车位的总需求是"刚性"的。由于我国城市土地资源紧张，城市停车场的供应与需求始终存在着矛盾。

从停车需求的角度出发，停车需求与交通需求一样，都是派生性需求，它来源于社会经济活动，伴随着交通出行而产生，人们不是为了停车而停车，是为了进行某些活动所采取的手段。停车需求既存在难以约束的随机性，同时又存在一定程度的可控性。一方面，停车者在使用停车系统的时间、地点和停车设施类型上是随机的，另一方面，停车需求在时间和空

间上表现出某些规律，停车需求的大小与地点、时间、停车费用、停车后的步行距离等因素有关，均有不同程度的可控性。

2. 停车需求影响因素

停车需求是多种因素综合作用的结果，在这诸多影响因素之中，有经济因素（如社会经济发展水平），有交通因素（如交通发生量和吸引量、机动车保有量），还有人的行为因素（如当地居民的出行偏好等）。这些影响因素并非互相独立，而是相互影响的，如社会经济发展水平越高，则经济活动越频繁，从而导致机动车拥有量上升，交通发生与吸引增大。从宏观上讲，这些影响因素大致来自如下几个方面。

（1）土地利用状况及未来发展规划

土地利用的不同，单位土地面积所产生的停车需求也将会不同。此外，相同土地面积的开发强度不同，停车需求也不同，通常开发强度越大，停车需求量越大；相反开发强度越小，停车需求量越小。

土地开发利用是停车需求最敏感的因素，不同类型的用地有不同的停车需求，即使是同一类型的用地由于其开发强度的不同也将会有不同的停车需求，比如说同一块城市用地，将其作为商业用地和居住用地，二者所引起的停车需求明显是不同的，即使是作为居住用地，是作为高级住宅区，还是一般的住宅区所引起的停车需求也是不同的。这种停车需求的不同，不仅仅反映在数量上，也反映在一天的需求分布上，即因土地开发利用的方式和强度不同所带来的停车需求不但有空间分布上的差别，还有时间分布的差别。

（2）机动车保有量及出行水平

城市机动车数量是产生车辆出行和停车需求的必要条件，从静态的角度出发，车辆增长直接导致了停车需求的增长。

机动车的高速增长将对城市交通产生直接影响，它不仅会使交通需求增加，造成城市交通拥堵，还直接造成停车泊位的供应不足，特别是城市中心区的泊位不足，从而带来行车难、停车更难。

（3）人口、就业岗位、机动车拥有水平以及社会经济发展的状况

人口状况是城市规模大小的直接体现，城市总人口的变化意味着消费量的变化和使用交通工具的机会变化，停车需求量也随之改变。此外，一个城市的社会经济发展水平决定了人们对交通工具、设施的需求程度以及交通出行的频繁程度，而这些与停车需求之间有着密切关系。

（4）城市发展战略、交通发展战略、交通规划以及停车管理的水平

这里所指的政策和措施对停车需求的影响不仅仅指交通政策和停放法规，同时也有土地开发计划和城市规划等其他政策，特别是城市交通的发展策略。

（5）其他

例如，地理、气候条件、风俗习惯、文化等，都会对停车需求产生影响。

从某个（或某些）停车场的微观角度来看，停车需求又受到如下几个方面影响因素的制约。

1）停车场的地理位置、收费率、周边道路的交通状况等因素都会影响停车者对停车场的选择，从而影响停车需求。

2）停车者的年龄、职业、收入以及停车目的都会影响停车者对停车场的选择，从而影

响停车需求。

3）停车诱导系统是否完善也会影响停车者对停车场的选择，从而影响停车需求。

从本质上讲，城市社会经济发展，交通 OD 量与国家政策等因素和土地开发活动密切相关，社会经济发展越快，交通 OD 量越大，则土地开发强度就越高，均可通过土地利用得到体现。同样，私家车发展政策和小区 OD 量与机动车拥有量密切相关，这些也可通过机动车拥有量的发展来体现。

9.2.3 停车需求预测模型及优缺点

停车需求预测在世界上许多大城市进行了不少研究，各国的国情不同、城市发展形态不同、经济增长不同，停车需求预测模式也不同，总结起来，常用的停车需求预测模型大致有以下几种。

1. 生成率模型

生成率模型的原理是通过确立不同类型的用地开发规模与停车需求生成率的关系来建立模型，并综合考虑规划年车辆增长趋势、交通出行方式结构变化、出行次数变化等因素。

$$P = \sum P_i = \sum T_i F_i \alpha_i \beta_i \gamma_i^{-1} \tag{9.7}$$

式中，P_i 为第 i 类性质用地的停车需求；T_i 为规划年第 i 类性质用地的建设规模；F_i 为现状第 i 类性质用地的停车需求率；α_i 为规划年第 i 类性质用地的机动车全日出行次数的增长系数；β_i 为规划年第 i 类性质用地的出行目的构成比例的变化系数；γ_i 为规划年第 i 类性质用地的服务能力的变化系数。

该模型的特点是充分考虑用地对停车需求的影响，预测精度高，不但适用于整体停车需求预测，也适用于局部小区的重点吸引点的停车需求预测。其缺点是停车产生率标定过程比较复杂。

2. 相关分析模型

相关分析模型是建立停车需求与城市经济活动及土地使用变量之间的函数关系进行预测，一个典型的多元回归模型是

$$P_i = A_o + A_i X_{1i} + A_2 X_{2i} + A_3 X_{3i} + A_{4i} X_{4i} + A_5 X_{5i} + \cdots \tag{9.8}$$

式中，P_i 为预测年第 i 区的高峰停车需求量（标准泊位）；X_{1i} 为预测年第 i 区的工作岗位数；X_{2i} 为预测年第 i 区的人口数；X_{3i} 为预测年第 i 区的建筑面积；X_{4i} 为预测年第 i 区的零售服务业人数；X_{5i} 为预测年第 i 区的小汽车注册数；A_i（$i = 0, 1, \cdots$）为回归系数。

该模型的特点是能把多种影响因素放到同一模型中进行考虑，但该模型的资料收集量大、处理难，而且对变量与变量之间的相关性考虑不足。

3. 出行吸引量模型

由于停车需求与地区性的土地开发强度有关，而土地开发强度又与该地区车辆出行吸引量成正比。如果能获得该地区的出行吸引量，则只要将其分配成小汽车的吸引比重，再换算为实际到达的车辆数，根据高峰小时系数和车辆停放特征，最后就可以再换算成高峰时间小汽车停车需求数。其关键是要通过调查预测出：①交通方式分配比重；②小汽车的乘载率。美国曾针对数十个大城市的人口规模分别制定不同条件下的停车出行和高峰时间停车场的泊位关系曲线，称之为停车泊位需求因子，以此作为停车需求换算的标准。

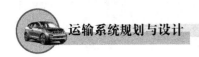

4. 类比分析法

类比分析法是指参照国内外研究理论及成果和同类城市数据，预测分析所在城市或地区的停车泊位需求总量和公共停车泊位总量。该预测分析方法简单，能有效把握城区停车需求总量，准确率较高，但无法反映城区各区域的停车需求状况，需要与其他定量预测方法配合使用。

停车需求预测方法对比见表9.2。

表9.2 停车需求预测方法对比一览表

项目	生成率预测法	相关分析预测法	出行吸引量预测法	类比分析法
前提条件	有详细的现状、规划用地资料	有详细的人口、就业及城市经济活动等规划相关资料	已做城市交通规划研究，并有完整的OD数据	预测地区用地功能较均衡、稳定
所需调查内容及要求	停车特征调查、土地利用性质调查。调查若干个不同用地性质的区段、建筑物或建筑群	停车特征调查。人口、就业、城市经济活动及土地使用等多个指标的现状调查或收集	停车特征调查	机动车总量及分布、地区停车量供需调查
技术方法	根据不同土地利用特性所产生的停车需求量和交通影响函数推算机动车停车需求量	通过建立停车需求与城市经济活动及土地使用变量之量的函数关系来进行预测	根据近远期预测的机动车OD数据，推算机动车停车需求量	根据地区保有交通流量推算机动车停车需求量
优点	此方法预测的高峰停车需求量与用地特性密切相关，在空间分布上可信度较高	此方法考虑的相关因素较多，考虑因素全面	此方法是建立在总体规划确定的用地规划和交通规划提出的城市交通发展战略基础上预测的高峰停车需求量，是宏观控制需求量	同类城市具有高度的相似性，方法简单，思路明确，预测结果可信
缺点	预测年限越长，交通影响函数精度就越差，因此，远期停车需求总规模精度有一定误差	此方法为多元回归模型，需标定多个系数，方法较复杂，调查工作量大	对OD量的依赖性较强，空间分布性较弱	只能做总量预测，无法进行详细分区预测

9.3 停车设施布局规划与设计

9.3.1 路外停车规划

城市路外公共停车场规划设计的关键是确定容量和定点位置。一般影响选择的因素主要有停车发生源的规模及分布、社会经济、交通、土地和环境等几个方面，布局规划时应该采用定性和定量相结合的方法，提高规划的科学性，力求停车场布局符合"就近、分散、方便"原则。

1. 布局原则

路外公共停车设施的规划布点，应该遵循如下原则。

1）停车设施的设置首先应考虑近期的需求大小，还应考虑周围土地利用与道路交通状况，保持区域动静态交通平衡。

2）为了避免造成主干路和交叉口交通组织的混乱，停车场的出入口应尽量设在次干路或支路上，并尽可能地远离交叉路口。容量为50辆以上的停车场，其出入口距主干路交叉口以大于100m为宜，以免车辆进出频繁时，干扰主干路和交叉口的正常交通，同时也可避免交叉口为红灯时排队车辆阻塞停车场的出入口；当容量少于50辆时，与交叉口的距离可小于该值。

3）停车场的服务半径不宜超过300m（250～300m），即平均步行时间3～5min，最大不超过7min，相应的步行距离为300m，最大不超过500m。

4）中心城区停车场布局点散、量少，单个停车场一般不超过300个泊位。

5）停车场征用土地范围一般包括停车楼占地面积、后退道路红线、绿化用地、代征城市道路用地等几部分，其中后退道路红线距离和绿化率按城市规划实施细则的相关规定执行。

6）停车设施应因地制宜、减少拆迁。在用地紧缺的地区应以立体停车形式为主；另外，地下车库因具有节约城市用地、利于景观和环保、利于组成城市立体交通体系（如与地铁相结合）等优点，也是主要停车形式之一；大力推广高科技产品在停车设施中的应用。

7）为了减少车辆噪声、废气对周边环境的影响，停车场的出入口及停车坪距某些建筑物应留有一定距离，不同性质建筑与停车场间隔距离见表9.3，达不到建议值时，应设置隔音设施。

表9.3　各类建筑不同规模停车场防噪距离　　　　　　　　（单位：m）

建筑性质	停车场规模/个泊位			
	>100	50～100	25～50	<25
医院、疗养院	250	100	50	25
幼儿园、托儿所	100	50	50	25
学校、图书馆、住宅	50	25	25	15

2. 规划布局方法

在城市中心区，用地紧张，地价较高，如何合理确定公共停车场的规模和位置，最大限度提高停车场的利用效率，显得非常重要。应根据城市实际情况，在停车需求预测结果的基础上，建立多目标停车场区位优化模型，在求解上利用多目标决策的对比系数法，通过多方案综合比较，对备择方案进行优选排序，选出最优方案，所选点位通过规划主管部门用地审查。

（1）优化选址的目标

停车场优化选址的目标是使停车场的社会效益最高。城市停车场的社会效益主要体现在使用者与经营者两个方面。使用者利益表现在步行距离短，停车方便，收费低廉；经营者利益表现在建设费用低、营运成本小、停车场吸引能力强、利用率高等。从这两方面的利益出发，建立公共停车场优化选址的目标函数。

$$minZ = N_i f(d_i, t_i, c_i) \tag{9.9}$$

式中，N_i 为区域内停车需求量，由停车需求预测得到，作为限制条件；$f(d_i,t_i,c_i)$ 为优化选址的阻抗函数；d_i 为泊车者平均步行距离（m）；t_i 为停车场总成本，主要为征地费、建设费、营运成本、维修成本等；c_i 为其他影响因素，如现有停车设施、停车场收费等。

（2）利用对比系数法进行多目标优选

1）基本思路。设多目标问题有几个目标（影响停车场选址的因素）a_1，a_2，a_3，…，a_n；记 $N = (1，2，…，n)$；拟定 m 个决策方案（备择方案）X_1，X_2，…，X_m；记 $M = (1，2，…，m)$；方案 x_i 对于目标的取值记为 $a_j(x_i)$，称为目标函数。目标函数 $a_j(x_i)$ 越大，说明方案 x_i 在目标 a_j 下越优。目标函数对于某一指定目标具有可比性，即对于任意 K，$S \in M$，在 $j \in N$，使得 $a_j(x_k)$ 与 $a_j(x_s)$ 可比。

优选准则 I：在指定目标 a_j 下，若 $a_j(x_k) > a_j(x_s)$，则方案 x_k 优于 x_s。

为了能够在多目标共同制约下，进行多方案综合比较，定义一个综合对比系数 f_i：

$$f_i = \sum \frac{a_j(x_i) - \min[a_j(x_i)]}{a_j(x_k) - a_j(x_s)}, i \in M; j \in N; K,S \in N \qquad (9.10)$$

以上定义的对比系数 f_i 综合反映了 X_i 在多目标的优劣性，通过比较 f_i 的大小，可以得到多个方案的优选序列，从而确定最佳方案。

在城市停车场实际规划中，每一个因素对选址的影响程度不同，可通过确定各目标的权重考虑，此时综合对比系数 f_i 的定义式可改为

$$f_i = \sum w_j \frac{a_j(x_i) - \min[a_j(x_i)]}{a_j(x_k) - a_j(x_s)}, i \in M \qquad (9.11)$$

w_j 为目标 a_j 的权重，且满足归一化。即满足以下条件：

$$\sum w_j = 1 \quad 0 \leq w_j \leq 1 \qquad (9.12)$$

优选准则 II：对于任意 K，$S \in M$，若 $f_k > f_s$，记为：$f_k = \max\{f_i | i \in M\}$，则 x_k 为在多目标下的最优方案。

2）计算步骤。

① 根据规划区域的大小和位置，确定备择方案的个数和位置。

② 选择影响因素，确定多目标函数值 $a_j(x_i)$。

③ 根据现状调查和有关规划资料，确定各目标的权重 w_j。

④ 对任意目标 $a_j(i \in M)$，计算 E_j。

⑤ 对任意目标 $a_j(i \in M)$，任意 x_i $(i \in M)$，求 f_{ij}。

⑥ 对任意 $x_i(i \in M)$，求综合对比系数 f_i。

⑦ 依据优选准则 II，对多方案进行优选排序，或从多方案中选定一个满意的方案。

3）备择方案的确定。在进行多因素综合对比分析之前，从以下几个方面选定备择方案，作为优选的对象。

① 广泛征求意见，包括规划、公安、交通部门、经营者和泊车者等方面。

② 城市规划和城市交通规划确定的公共停车场。

③ 现有停车场服务范围外的区域尽量布置点位。

④ 用地紧张地区考虑机械式停车场。

⑤ 避免选用地上、地下管线复杂的点位。

4）影响因素的定量分析。影响公共停车场选址的因素很多，主要有停车后步行距离，

停车场土地开发费，汽车的可达性，周围道路的交通状况，停车发生源的规模、性质及分布，现有停车设施的影响，停车场的收费等因素。

① 停车后步行时间 a_1。泊车后的步行距离反映了停车者对停车设施到其目的地便捷程度的要求，路外停车场应尽可能地建在停车发生源集中并可望使停车者下车的步行距离最短的地方。为了能够与整个集合比较，a_1 用备择方案与停车需求发生源平均距离 d 的倒数表示：

$$a_1 = \frac{1}{d}, d = \frac{\sum_{k=1}^{n} d_k}{n} \tag{9.13}$$

式中，d 为备择方案与停车需求发生源平均距离；d_k 为备择方案与停车需求发生源 k 的距离；n 为停车需求发生源的个数。

泊车者一般只能接受一定比度内步行距离，步行距离过大将明显影响停车设施的利用率。美国百万以上人口大城市中心区停车步行距离平均为 219m，日本平均则为 167m。武汉市江汉商业区停车调查表明，80% 左右的泊车者能够接受的步行距离为 100m 以内，湖南郴州市问卷调查表明，有 70% 左右的被询问者能接受的步行极限距离为 100m。

上述公式仅仅表达了停车发生源的分布，但是停车发生源的规模、性质不同，对停车吸引的能力也不同，相应其可接受的步行距离也是不同的。为此需对 a_1 进行修正：

$$a_1 = \frac{1}{d}\beta \tag{9.14}$$

式中，β 为停车吸引发生源强度修正系数。

② 停车场的土地开发费 a_2。停车场的土地开发费包括征购土地费、拆迁费、建造费等，它是公共停车场选址的重要因素之一，特别是对于用地紧张、建设费较高的中心地区尤其重要。一般可直接采用折算的建设费作为比较指标，但考虑到不同的备择方案之间建设费用往往相差悬殊，从而导致在综合分析中比其他因素具有更高的灵敏度，可取建设费用的负幂函数作为代用指标。

$$a_2 = F^{-r} \tag{9.15}$$

式中，F 为直接建设费；r 为适当的缓和指数，$0 < r \leqslant 1$。

考虑到规划的停车设施目前难以确定详细的建设费用，用其相对造价的比值作为代用指标。

③ 汽车的可达性 a_3。停车设施只有具有较高的汽车可达性，才可能获得较高的利用率和较显著的社会经济效益。不同等级道路的汽车可达性有较大差异，可根据道路的等级定性确定比较指标，停车场开口不可直接设在主干路或平交口上。汽车可达性的建议值见表9.4。

表9.4 汽车可达性的建议值

道路等级	位置	
	平交口（附近）	路段
主干路	4	3
次干路	3	2
支路	2	1

④ 周围道路的交通状况 a_4。停车设施布局和规模与相连道路的交通状况密切相关。连通停车场的出入口道路，应能负担起因增设停车场后附加吸引的交通量。本指标用道路通行能力与道路交通量之比来表示。

$$a_4 = \frac{c}{v} \tag{9.16}$$

式中，c 为道路通行能力；v 为道路实际交通量。

⑤ 现有停车设施的影响 a_5。为了提高停车设施的利用率，最大满足停车需求，应尽量均匀布置停车场，使规划的停车场在已有停车场的服务半径之外。同时备择方案周围的现有停车场负荷度越高，说明对新停车场的需求越大，反之，负荷度越低，需求则越小。可用下式表示：

$$a_5 = d_i c_i \tag{9.17}$$

式中，d_i 为备择方案与已有停车设施的距离；c_i 为现有停车场的负荷度。

⑥ 停车场的收费 a_6 停车场的管理制度和收费不同，也会对停车吸引和停车场的选址有影响，可用实际收费额的倒数表示。

$$a_6 = \frac{1}{F} \tag{9.18}$$

式中，F 为实际收费数。

为保证综合分析中指标趋向的一致性，上述六项因素的标定均经过适当的数学处理。各项指标取值越大越显优越。另外所定的备择方案中的某一项因素相同或接近时，这一项因素可不参与比较，以减少计算工作量。

5）规划方案的确定。经过上述过程选择出的公共停车场点位，其土地的有效性和可用性如何，需要通过规划主管部门审核，以保证规划方案的可实施性。

9.3.2 路内公共停车场布局规划

1. 路内公共停车场功能定位

路内停车场具体是指在道路红线宽度范围内划定的供车辆停放的场地，包括城市道路行车带以外加宽部分、较宽的绿带内、人行道外的绿地等。它在整个城市停车系统中的功能定位为"路外停车的补充和配合"，主要解决短时停车需求，提供短时停车服务以弥补路外停车供应的不足。

路内停车场是占用城市道路空间资源来作为停车载体的，主要设置在支路、交通负荷度较小的次干路上以及有隔离带的非机动车道上。一方面，它具有设置灵活简单、占空间少、停车方便、距停车目的地较近等优点；另一方面，路内停车也有非常明显的副作用，如干扰动态交通、引起交通阻塞、降低道路通行能力、增加行程延误、诱发交通事故等，不合理的路内停车将会形成交通的瓶颈、事故的多发点和交通的拥堵源。科学规划和设置路内停车场，包括确定路内停车合理的规模、停车的路段位置和时间、不同的停车泊位布置方式等。应对路内停车严格控制，采取分区域差别化对策治理、整顿、规范路内停车行为，使城市交通实现动静态平衡。

2. 路内停车场的规划原则

1）路内停车规划必须符合城市交通发展战略、城市交通规划及停车管理政策的要求，路内停车规划应与城市风貌、历史、文化传统、环保要求相适应。

2）路内停车规划应根据城市路网状况、交通状况、路外停车规划及路外停车设施建设状况，确定设置路内停车规划泊位的控制总量。

3）路内停车规划应考虑公交车走廊与自行车走廊的布局，尽量避免路内停车规划路段与其相冲突。

4）路内停车泊位设置应满足交通管理要求，并保证车流和人流的安全与畅通，对动态交通的影响应控制在容许范围之内。

5）路内停车应与路外停车相协调，随着路外停车设施的建设与完善，路内停车应做相应的调整。

3. 路内停车场设置准则

1）城市主、次干道及交通量较大的支路，不宜设置路内停车泊位。

2）路内停车泊位设置率见表9.5。

表9.5　路内停车泊位设置率

类型	小城市	中等城市	大城市	特大城市
比例（%）	≤15	≤12	≤10	≤8

3）对居民生活影响较大的道路上不宜设置路内停车泊位。对社会开放的大型路外停车场服务半径范围内，设置的路内停车泊位必须与路外停车管理相协调，采取相应的路内停车管理措施。

4）纵坡超过4%的道路禁止布置路内停车。

5）路内停车泊位主要设置在支路、交通负荷度较小的次干道以及有隔离带的非机动车道上。

6）路内停车对道路交通的影响，即 V/C 值应控制在容许范围之内，次干道 V/C≤0.85，支路 V/C≤0.90。当 V/C 值超过上述规定时，如仍要设置路内停车场，则应对其影响做进一步的分析后再确定是否设置。

7）当道路宽度低于最小宽度时，不得在路内设置停车泊位，见表9.6。

表9.6　设置路内停车泊位的道路宽度关系表

通行条件		道路面实际宽度	泊位设置
街道	双向通行道路	≥12m	允许双侧设置
		8～12m	允许单侧设置
		<8m	禁止设置
	单行通行道路	≥9m	允许双侧设置
		6～9m	允许单侧设置
		<6m	禁止设置
	背街小巷	≥9m	允许双侧设置
		6～9m	允许单侧设置
		<6m	禁止设置

8）路内停车泊位与交叉口的距离以不妨碍行车视距为设置原则，建议与相交的城市

主、次干道缘石延长线的距离不小于20m，与相交的支路缘石延长线的距离不小于10m；单向交通出口方向，可根据具体情况适当缩短与交叉口的距离。

9）路内停车泊位与有行车需求的巷弄出口之间，应留有不小于2m的安全距离。路内停车泊位的设置应给重要建筑物、停车库等的出入口留出足够的空间；人行横道、停车标志、让路标志、公交车站、信号灯等前后一定距离内不应设置路内停车泊位，具体可参照交通部的道路交通管理条例的有关规定。

10）依据上述原则确定路内停车泊位设置范围；路内停车泊位设计与施划时应根据实际情况确定停车泊位的大小和数量，且必须控制在停车泊位设置范围之内。

11）在一些符合条件的路段，可以根据道路的交通特征，以及当地的停车管理政策设置全天或分时段允许停放车辆的路内停车泊位。

12）根据停车管理的需要，路内停车场的设置应保证一定的规模，具体规模应结合道路的实际情况而定，并满足上述停车泊位设置准则的要求。

4. 路内停车场布置方式

（1）机动车道上

一般是道路上机动车交通量不饱和，或错开机动车交通高峰期设置，如图9.5a所示。

（2）非机动车道上

非机动车道较宽，非机动车交通量不饱和，或错开自行车交通高峰期设置，如图9.5b所示。

（3）步行道上

步行道上有设置停车场的空间，且人行量不大，如图9.5c所示。

a) 机动车道路内停车　　　b) 非机动车道路内停车　　　c) 步行道内停车

图9.5　路内停车场布置方式

9.3.3　配建停车规划

建筑物配建停车场是指为满足主体建筑的停车需求而建设的车辆停放场所，它的服务对象既包括该建筑的所属车辆，又包括该建筑吸引的外来车辆，因此它兼有满足出行终端停车（即基本停车需求）和出行过程停车（即社会停车需求）的双重功能。国内外城市发展经验表明，配建停车场承担城市停车总需求的80%~85%，是城市停车设施的主要组成部分。

目前，作为城市停车设施供应的主体，配建停车场容量不足的现状引发了车辆乱停乱放、占用居住区绿地及公共空间等各种问题。此外，由于城市规划和公安交警等相关职能部门执行配建标准的滞后和相互之间的不一致，不仅给城市开发造成了阻碍，也给城市管理带来了新的矛盾。因此，对配建停车场进行系统规划具有重要意义。

1. 不同建筑物停车需求特征

制定建筑物配建停车标准的前提是建筑物类型的划分，因为类型划分的好坏直接影响标准实际的实施效果。目前，国内外城市中分类较好的标准都体现了全面、细致的特点，这也是标准制定过程中建筑物分类的趋势。国内有许多专家学者结合土地利用国情对建筑物分类提出了许多改进建议。这些建议在不改变大体分类的前提下都进行了不同程度的细化。

（1）住宅类建筑物

住宅类建筑物配建停车位主要服务于居住在该建筑物的私人车辆停放的需求和探亲访友车辆的停放需求，停车位数量的配建指标受居住质量的影响较大。现代城市对住宅建设的划分形式多样，其中与配建停车位数量关系较为密切的主要有以下三类。

1）按照建筑面积划分：单个户型的建筑面积越大，通常表明居住者对个人空间的要求越高，家庭收入也越高，拥有私人小汽车的比例也越高。

2）按建设类型划分：别墅区，每个居住单元通常需要一个以上的停车位，普通公寓房对私人车辆的需求相对较低；部分商住楼兼居住和商业服务功能，停车需求也和普通公寓有所差异。

3）按住宅区建设面积划分：一般而言，位于中心城区的居住单元交通出行较为便利，对私人车辆的需求和使用率相对较小，而且规划过多的停车位不利于城市整体交通，车位的配建标准往往低于城市郊区的居住区。

（2）商业类建筑物

商业类建筑物配建泊位主要为在建筑内工作的人员及外来从事商业活动的人员提供车辆停放场所。该类用地出行活动频繁，对配建停车位的需求也较高。随着商业活动的分工和商品的多元化销售，商业活动对停车需求也呈现出差异化趋势。

1）按照商业经营种类划分：商业类建筑主要可以分为综合商业大楼、仓储式购物中心、批发交易市场和独立农贸市场四类。其中，批发交易市场除基本停车需求外，还需考虑装卸货物停车位需求。

2）商业设施按照所处位置划分：商业类建筑物可以分为中心城区和城市郊区两类。其中，中心城区商业设施需要采取设置建设泊位上限和下限相结合的方式降低城区动态交通压力。

3）作为为城市居民提供主要商品购买活动的场所，商业设施的建设呈现与其他性质的建筑混合经营的特点。这些建筑的停车配建指标应根据多种性质用地的实际情况加以设置。

（3）教育设施用地

国家标准中对教育设施用地的停车配建标准没有进行专门的分类，然而不容忽略的是近年来影响城市交通畅通的瓶颈问题之一就是上学、放学时段内学校周边所产生的交通拥堵。如果不重视解决该类设施车辆的停放，所产生的矛盾将进一步激化。

教育类设施用地的停车需求主要有两方面：一是服务于该类用地的人员所产生的固定停车需求，这部分需求主要取决于服务人员数量和该类用地进行日常活动的频繁程度；二是教育类用地吸引的就学人员产生的临时停车需求，该类需求主要集中在上学和放学时段内，对道路交通的影响相对偏大。

（4）旅游场所

旅游场所配套设施的好坏很大程度上影响一个城市的人文景观和对其他城市的吸引力。

国家标准对游览场所停车配建指标按照古典园林、风景名胜和一般性城市公园、旅游点所处市区和郊区的不同加以划分。

（5）交通枢纽

该类用地主要包括公路、铁路、主要码头和城区主要客运枢纽，它们的停车配建指标量通常以高峰时段旅客数量和货运量综合加以衡量。同时，目前在我国许多特大城市中，大型公共交通换乘枢纽都配备停车设施，在城市交通中的作用日益明显。

（6）医院设施

医院设施用地对停车需求的差异主要体现在医院等级和其服务对象的不同。一般而言，等级越高的医院对城市居民就医的吸引力也越大，停车位配建标准也越高。

（7）工业用地

厂房用地、仓库用地和服务办公用地是产生停车需求差异较大的三个主要形式。厂房用地的车辆停放主要用于原材料、半成品及成品的运输服务，仓库用地必须留有足够的货运车辆装卸空间，而服务办公用地在进行配建车辆停放标准时一般参考行政办公用地的单位面积指标。

2. 需求率预测

（1）建筑物停车生成量

建筑物的停车生成与动态交通需求一样，也是土地开发利用的结果，因此在进行停车生成率分析时应选择能较好反映土地利用性质情况的自变量进行回归计算。根据《城市用地分类与建设用地标准》规范的规定，我国城市用地可划分为 10 个大类，46 个中类，73 个小类。

在确定了建筑物用地类型后，可以根据表 9.7 选择不同用地指标作为自变量分别进行一元或多元回归分析，找出与停车需求量相关性最好的参数。

表 9.7 停车需求相关指标对应表

典型用地类型	停车需求用地指标
居住用地	建筑面积
医疗卫生用地	员工数量、床位数、日就诊人数
工业、仓储用地	员工数量、建筑面积
影院、展馆等娱乐用地	座位数量、建筑面积
交通枢纽用地	高峰小时、平均客流量
道路广场用地	建筑面积
市政、办公用地	员工数量、办公面积
教育文化用地	教职工人数、学生人数
商业用地	建筑面积

（2）建筑物停车泊位数计算

建筑物停车泊位需求的计算不同于对路段交通量的计算分析，1h 内路段交通量等于各时段内交通量之和，而对于停车量，由于同一辆车可以连续停放多个小时，所以不能简单相加，需要引用延停车时 $D(t)$ 的概念来进行分析，其计算公式如下：

$$D(t) = \sum_{i=1}^{n} t_i \qquad (9.19)$$

式中，t_i 为第 i 辆车停放的时间；n 为累积停放车辆数。

延停车时能够更为确切地反映泊位的实际使用情况，同时与交通量一样，1h 内的总延停车时等于其中各个时段的延停车时之和。

在计算建筑物停车泊位数时，可大致确定各建筑物实际泊位需求量的上、下限范围：泊位需求的上限可以采用建筑物全天高峰小时的最大停放量；泊位供应的下限为每个泊位在 1h 内所能提供的最大延停车时为 60min，因此如果把延停车时的高峰小时作为设计时间的话，可以取高峰小时的延停车时除以 60 作为停车需求的下限，此时延停车时的占用率为 100%。

3. 停车配建指标体系

（1）国家指标体系

1988 年，公安部、原建设部共同颁布了《停车场建设和管理暂行规定》，并一直沿用至今，成为国内诸多城市进行微观停车场规划设计时所参考的标准。由于该规定制定得较早，因此出现了诸多与现实不相符的问题，归纳为以下几个方面。

1）指标分类较为笼统。由于不同规模、类型等的建筑物对车辆停放的吸引强度存在差异，这些现实都要求规定中建筑物的分类适当细化。

2）指标选用与现实要求不适应。由于规定制定的时间较早，当时我国机动车整体发展水平还较低，配建标准整体水平也相应较低，造成停车供需矛盾问题突显。

3）指标的服务对象过于单一。规定中的配建指标主要针对机动车，对于自行车等非机动车停车泊位数没有做相应的规定。

（2）地方指标体系

建筑物配建停车指标应该随着城市规模的不同而有所区别，同一城市中不同区位的建筑物也应配有不同的停车位。停车规划时需要结合城市停车需求特点，通过调查或和相似城市进行类比，最终得出城市的配建指标体系。目前，国内各个城市结合自身地方特点制定了停车配建指标（地方行业标准），例如广州、青岛、常熟等地。

（3）国外配建停车指标体系

国外城市的停车研究开展较早，资料收集比较完备，同时积累了很多优秀的理念和经验。

1）美国。随着城市的发展，美国体系中建筑物分类在不断更新，在体现建筑物特点的基础上也在进一步细化。从美国的停车发展历程来看，近年来其停车场规划的目标有所改变，从过去"提供充足和免费的路外停车设施"转变为"采用满足实际停车需求的停车指标"，并且开始重视停车需求管理对人们出行方式的影响。与之对应，在停车配建指标方面有如下特点。

① 配建指标的基数单位多样化。*Parking Generation*（第 3 版）在确定不同用地类型建筑物停车生成率时建议选取的基数单位种类非常广泛，这些单位主要是在综合考虑建筑物的使用特性、变量的独立性和数据的可得性等基础上确定的。

② 各城市依据实际情况不断修正其停车配建指标。近 10 年来，美国城市配建指标的变化趋势是：一部分城市降低了最小停车泊位指标，一部分城市对于中心区建筑不设最小停车泊位指标要求，转而设置停车场供应的平均值和上限。如芝加哥市中心区 110 层的西尔斯大厦只建有 150 个泊位。预计随着停车收费政策的实施，其标准值可能进一步下调。这为大都

市中心区大型建筑物的配建指标研究提供了有益的启发和借鉴。

2）欧洲。欧洲城市的配建标准位于美国和亚洲城市之间，一般高于亚洲城市，接近美国。在具体制定指标时，有一些值得借鉴的思路：在英国，配建指标按居住者（resident/employee）和来访者（visitor）分开考虑。另外，伦敦已从过去的规定停车配建最低标准转为规定建筑物配建最高限额标准，以严格限制中心区停车泊位增长和区外居住者使用停车泊位。

9.4 停车场设计

9.4.1 停车场设计步骤及技术条件

1. 停车场设计原则

（1）符合城市规划与交通管理的要求

停车场的设置应符合城市规划与道路交通管理部门的要求，便于交通组织和各种不同性质车辆的使用。

（2）出入口应避开城市主要干道及其交叉口

停车场的出入口宜分开设置，并应面向次要干道，应尽量远离交叉口，避免造成交叉口处交通组织的混乱和影响干道上的交通。

（3）针对停车场的性质、特点和车种，选用不同的设计指标

由于车辆种类、型号繁多，停车场（库）的设计参数应以高峰停车时间所占比重最大的车型为主。对于难以确定停车对象的公共停车场（库），其设计应以当量小汽车为依据；对于停车对象明确的专业停车场（库）或有特殊车辆时，应以实际车型参数作为设计依据。

（4）分区明确、交通流线顺畅，并满足其自身的技术要求

停车场（库）内不同性质及种类的车辆宜分别设置停车区域；其通道一般采用单向行驶路线，避免相互交叉，并与出入口的行驶方向一致，使进出场车辆尽量减少对干道上交通的影响。

停车场地的坡度，应保证车辆在车场内不发生滑溜并满足场地的排水要求，一般在3‰~5‰之间。

（5）必须综合考虑场地内的各种工程及附属设施

停车场（库）的设计必须综合考虑场（库）内的路面结构、绿化、照明、排水，根据停车场的不同性质设置附属设施。

（6）因地制宜、留有余地

2. 设计步骤及技术条件

（1）停车场设计步骤

在停车场规划的基础上，就可以根据规划方案，进行具体的停车场设计。停车场设计的主要步骤如图9.6所示。

（2）停车场设计的相关技术条件

除了前文提到的停车场规划设计法律法规以外，停车场设计还涉及如下规范。

①《机动车运行安全技术条件》（GB 7258—2017）。

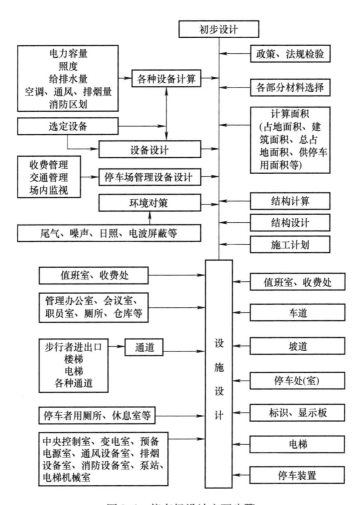

图 9.6　停车场设计主要步骤

②《车库建筑设计规范》（JGJ 100—2015）。

③《汽车、挂车及汽车列车外廓尺寸、轴荷及质量限值》（GB 1589—2016）。

④《汽车库、修车库、停车场设计防火规范》（GB 50067—2014）。

⑤《汽车和挂车的术语及其定义　车辆尺寸》（GB/T 3730.3—1992）。

9.4.2　机动车停车场设计

1. 基本参数

不同的车型，其尺寸大小不同，对停车的技术要求也不同，从而决定了停车带尺寸和通道宽度的差异。我国一般将众多的车型归并为五种，即微型汽车（包括三轮摩托车）、小型汽车、中型汽车、大型汽车、铰接车，这五种车型的外廓尺寸和车型之间的换算关系见表9.8。

设计停车场时，选哪种车型为设计车型应通过调查分析确定，城市（特别是大中城市）中的停车场，一般选用小型汽车作为设计车型，对于为公路服务的停车场，因路上主要是中型客车和货车，故可选用中型汽车为设计车型。

表9.8　机动车停车场设计车型外廓尺寸和车型之间的换算关系

车辆类型	各类车辆外廓尺寸/m			换算关系
	总长	总宽	总高	小汽车
微型汽车、三轮摩托车	3.2	1.6	1.8	0.7
小型汽车	5.0	2.0	2.2	1.0
中型汽车	8.7	2.5	4.0	2.0
大型汽车	12.0	2.5	4.0	2.5
铰接车	18.0	2.5	4.0	3.5
二轮摩托车	1.9	0.7	1.1	0.1

注：1. 换算系数按各种车型的停车车位面积确定。

　　2. 外廓尺寸可区别车型，以选择换算系数。

资料来源：公安部、原建设部《停车场规划设计规范》（试行），1988。

2. 停放方式

机动车的停车方式主要有平行式、垂直式、斜列式三种。

（1）平行式停放方式

平行式停放是指车辆停放时车身方向与通道平行，是路内停车带或狭长场地停放车辆的常用形式，如图9.7a所示。平行停车方式的停车带和通道均较窄，车辆进出方便、迅速，但单位车辆停车面积较大。在停车种类很多、未以标准车位设计或沿周边布置停车位时，可采用这种方式。

（2）垂直式停放方式

如图9.7b所示，垂直停放是指车辆停放时车身方向与通道垂直，是最常用的一种停车方式。垂直停车方式单位长度停放车辆数最多，但通道所需宽度最大，驶入驶出车位一般需倒车一次，尚属便利，用地比较紧凑。布置时可以两边停车，合用中间一条通道，这种方式在用地整齐规则的情况下采用。

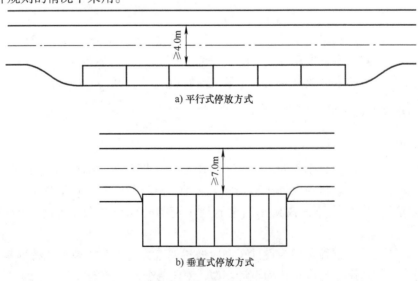

a) 平行式停放方式

b) 垂直式停放方式

图9.7　停放方式

（3）斜列式停放方式

斜列式停放是指车辆停放时车身方向与通道呈 θ 角，一般为 30°、45°、60° 三种，也是常用的一种停车方式，如图 9.8 所示。斜向停车方式的停车带宽度随停放角度 θ 的不同而有所不同，车辆停放比较灵活，对其他车辆影响小，驶入驶出车位均较方便，但单位停车面积比垂直停车方式大，可在停车场地的用地宽度和地形条件受限制时使用。

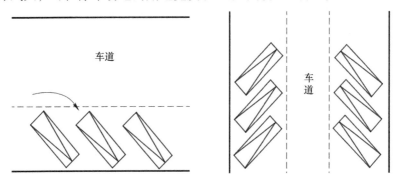

图 9.8　斜列式停放

在上述停车方式中，垂直停车具有方便使用和停车空间利用率高的特点。《停车场规划设计规范》规定各种停车方式所对应的设计参数见表 9.9。

表 9.9　机动车停车场设计参数

停车方式		垂直通道方向的停车带宽/m					平行通道方向的停车带长/m					通道宽/m					单位停车面积/m²				
		I	II	III	IV	V	I	II	III	IV	V	I	II	III	IV	V	I	II	III	IV	V
平行式	前进停车	2.6	2.8	3.5	3.5	3.5	5.2	7.0	12.7	16.0	22.0	3.0	4.0	4.5	4.5	5.0	21.3	33.6	73.0	92.0	132.0
斜列式	30° 前进停车	3.2	4.2	6.4	8.0	11.0	5.2	5.6	7.0	7.0	7.0	3.0	4.0	5.0	5.8	6.0	24.4	34.7	62.3	76.1	78.0
	45° 前进停车	3.9	5.2	8.1	10.4	14.7	3.7	4.0	4.9	4.9	4.9	3.0	4.0	6.0	6.8	7.0	20.0	28.8	54.4	67.5	89.2
	60° 前进停车	4.3	5.9	9.3	12.1	17.3	3.2	4.0	4.0	4.0	4.0	4.0	5.0	8.0	9.5	10.0	18.9	26.9	53.2	67.4	89.2
	60° 后退停车	4.3	5.9	9.3	12.1	17.3	3.0	3.2	4.0	4.0	4.0	3.5	4.6	6.5	8.0	8.0	18.2	26.1	50.2	62.9	85.2
垂直式	前进停车	4.2	6.0	9.7	13.0	19.0	2.6	2.8	3.5	3.5	3.5	6.0	10.0	13.0	19.0		18.2	30.1	51.5	68.3	99.8
	后退停车	4.2	6.0	9.7	13.0	19.0	2.6	2.8	3.5	3.5	3.5	4.2	6.0	9.7	13.0	19.0	16.4	25.2	50.8	68.3	99.8

注：表中 I 类指微型汽车，II 类指小型汽车，III 类指中型汽车，IV 类指大型汽车，V 类指铰接车。

3. 通道（包括出入口）设计

对于停车场出入口位置、宽度、坡度、转弯半径、净空等相关重要技术要求，可参考《停车场规划设计规范》《车库建筑设计规范》等技术标准。

（1）停车场出入口的位置和数量

1）出入口的数量。一般而言，机动车停车场的出入口不宜少于两个，且出口、入口宜分开设置。条件困难或停车位指标少于 50 辆的机动车停车场，可设置一个出入口；50～300 个停车位的停车场，应设两个出入口；大于 300 个停车位的停车场，出口和入口应分开；大于 500 个停车位的停车场，出入口不得少于 3 个。

2）出入口的位置。为避免干扰城市主干道上的交通并保证交通安全、通畅，机动车停车

场的出入口不宜设在主干道上，可设在次干道和支路上并远离交叉口（距城市道路交叉口 50m 以远，距大中城市主干道交叉口道路红线交点的距离不应小于 70m），应右转出入车道。

出入口应距离桥梁、隧道的坡道起止线 50m 以远，距地铁出入口、过街天桥和地道出口的距离须大于 50m。出入口的缘石转弯曲线切点距铁路平交叉道口的最外侧钢轨外缘应大于或等于 30m。

作为车流量较多的基地，机动车停车场的出入口还应距非道路交叉口的过街人行道最边缘线不应小于 5m，距公共交通停靠站站台边缘不应小于 10m，距公园、学校、儿童及残疾人等建筑的出入口不应小于 20m，有其他特殊情况时，应按当地规划主管部门的规定执行。

当机动车停车场设置两个以上出入口时，其出入口之间的净距须大于 10m，对于大于 300 个停车位的停车场，分开设置的出、入口之间的距离应大于 20m。

机动车停车场出入口的宽度一般不小于车行道的宽度，即 ≥7m；条件困难时，单向行驶的出入口宽度不得小于 5m。如出口和入口不得已合用时，其进出通道应为双车道，宜采用 9~10m 的宽度。

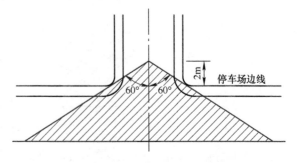

图 9.9　停车场出入口的视距

机动车停车场（库）的出入口还应符合行车视距的要求，具有良好的通视条件，其通视距离一般不小于 50m 并设置交通标志，如图 9.9 所示。

（2）坡道设置

停车场内的坡道可采用直线型、曲线型。可采用单车道或双车道，其最小净宽应符合表 9.10 的规定。

表 9.10　坡道最小宽度

坡道形式	计算宽度/m	最小宽度/m	
		微型、小型车	中型、大型、铰接车
直线单行	单车宽 + 0.8	3.0	3.5
直线双行	双车宽 + 2.0	5.5	7.0
曲线单行	单车宽 + 1.0	3.8	5.0
曲线双行	双车宽 + 2.2	7.0	10.0

停车场出入口和通道的最小平曲线半径及最大纵坡度、最大坡度比见表 9.11。

当停车场内坡道纵向坡度大于 10% 时，坡道上下端均应设置缓坡道，其直线缓坡段的水平长度不应小于 3.6m，缓坡坡度应为坡道坡度的 1/2。曲线缓坡段的水平长度不应小于 2.4m，曲线的半径不应小于 20m，缓坡段的中心为坡道的原起点或止点。

表 9.11　停车场出入口和通道的最小平曲线半径及最大纵坡度、最大坡度比

车型	最小平曲线半径/m	最大纵坡度（%）		最大坡度比（高:长）	
		直线坡道	曲线坡道	直线坡道	曲线坡道
微型汽车	7.0	15	12	1:6.67	1:8.3
小型汽车	7.0	15	12	1:6.67	1:8.3

（续）

车型	最小平曲线半径/m	最大纵坡度（%）		最大坡度比（高∶长）	
		直线坡道	曲线坡道	直线坡道	曲线坡道
中型汽车	10.5	12	10	1∶8.3	1∶10
大型汽车	13.0	10	8	1∶10	1∶12.5
铰接车	13.0	8	6	1∶12.5	1∶16.7

4. 停车场内交通组织

停车场内的汽车具有"入口—车道—停车车位—车道—出口"等一系列行驶轨迹。其中，入口和出口是内部交通和外部交通的结合点，对于调节停车场内的交通流具有阀门的作用。停车场的车道的功能是将入库的汽车顺畅、有效地引导到停车位。在停车场内，除了出入口或坡道部分的车道以外，其他车道还具有进出停车位、供管理者和步行者使用等多种功能。而且，该空间是否得到有效利用，关系到停车场内交通是否顺畅，停车场内空间是否得到有效利用等问题。如果车道使用得当，汽车进出方便，在停车场内行走顺畅，安全也会得到保障。反之，不仅车辆进出困难、影响后续车辆的进出，也容易发生安全事故和其他管理上的问题。另外，使用效率降低还会导致停车空间增加，最终导致建设成本上升。

常见的停车场内的交通流组织形式如下：

（1）港湾式停车场

港湾式停车场的交通流组织形式如图9.10所示。

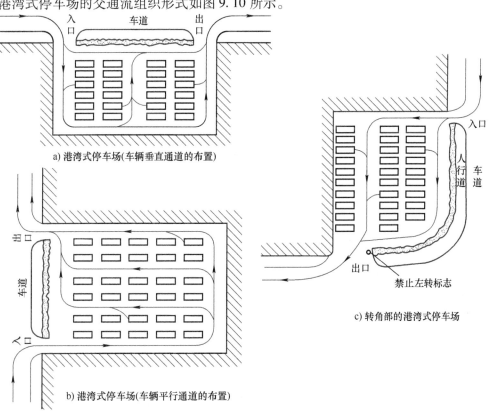

a) 港湾式停车场(车辆垂直通道的布置)

b) 港湾式停车场(车辆平行通道的布置)

c) 转角部的港湾式停车场

图9.10　港湾式停车场的交通流组织形式

（2）坡道多层式停车库

坡道多层式停车库内的交通流组织如图 9.11 所示。

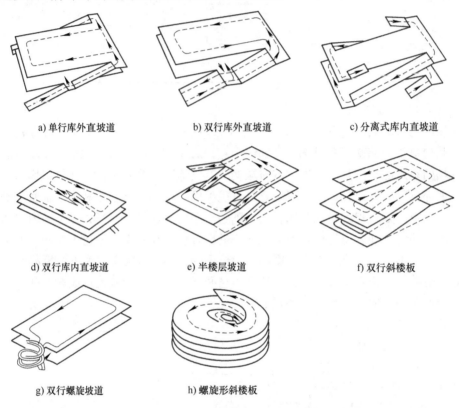

a) 单行库外直坡道　　　　　　b) 双行库外直坡道　　　　　　c) 分离式库内直坡道

d) 双行库内直坡道　　　　　　e) 半楼层坡道　　　　　　f) 双行斜楼板

g) 双行螺旋坡道　　　　　　h) 螺旋形斜楼板

图 9.11　坡道多层式停车库（楼）交通流组织

9.5　停车设施的智能化与共享化

9.5.1　停车诱导信息系统

1. 停车诱导信息系统的概念

停车诱导信息系统（Parking Guidance and Information System，PGIS）是提高城市停车管理水平，缓解城市停车难问题的主要途径之一。PGIS 是智能交通系统（Intelligent Transportation System，ITS）的重要子系统之一，它以信息为基础，以诱导和预测为关键基础理论，利用系统工程的理论和方法，将现代通信、电子、控制、计算机、网络、全球定位系统（Global Positioning System，GPS）和地理信息系统（Geographic Information System，GIS）等高科技综合应用于城市停车的管理，通过多种方式向驾车者提供停车场的位置、使用状况、诱导路线和相关道路交通状况等信息，诱导驾车者最有效地找到停车场。

作为 ITS 的重要组成部分，PGIS 将参与整个城市的交通管理，可以对管理区域的停车场状况和剩余泊位情况进行整体协调，制定不同的停车诱导策略来对不同区域的停车需求进行间接控制和平衡。它还可以利用 ITS 的各种技术和手段，实现停车场的现代化管理，动态地为出行者提供指定区域附近的停车场泊位、类型和停车费用等信息，为驾车者选择合适的停车场提供决策依据。由此可见，PGIS 已经成为现代城市交通管理中不可或缺的关键内容之一。

选择纳入 PGIS 的对象停车场需要考虑多方面的因素，如供需关系、规模、性质、分布和经营的连续性等。其中，首要考虑的是停车场的性质和规模。PGIS 对象停车场必须是公共停车设施，即为社会车辆提供服务，服务对象不固定的停车设施，主要包括路内社会公共停车设施、路外社会公共停车设施和对社会车辆开放的公建配建停车设施。诱导范围内对象停车场的数目和每个对象停车场的泊位总数都应当具有一定的规模。国外实践表明，PGIS 针对的对象停车场数量为 10 个，每个对象停车场的泊位总数应在 20 个以上。

2. 停车诱导信息系统分类

按照诱导对象划分，停车诱导信息系统可分为群体诱导信息系统和单体诱导信息系统。群体诱导信息系统通过可变信息板或交通广播，向所有驾驶人发布实时动态停车信息，发布的信息内容包括停车场的名称、停车场的位置、停车场空余泊位状况和道路交通条件等。单体诱导信息系统主要通过车载导航设备，依据道路和停车场的实际情况和各个驾驶人的具体要求，向单个驾驶人提供道路状况、车辆位置和交通网络图等信息，为驾驶人提供最优的停车场和最佳的路径。

按照诱导空间划分，PGIS 可分为停车场外部诱导信息系统和停车场内部诱导信息系统。其中，停车场外部诱导系统又可按照驾驶人信息获取的时间划分为出行前停车诱导信息系统和出行中停车诱导信息系统。

（1）出行前停车诱导信息系统

出行前停车诱导信息系统可使驾驶人在出行前通过互联网、公共信息亭、电视或移动电话等多种媒体访问出行前停车信息发布子系统，获得有关目的地附近的停车设施位置、费用、泊位情况和开放时间等信息，为规划最佳出行提供辅助决策信息服务或根据驾驶人的个人偏好、实时停车信息和道路交通状况，为驾驶人预选停车设施和相应的出行路径，做好充分的出行准备，有效消除驾驶人出行以后搜寻停车场的顾虑。

（2）出行中停车诱导信息系统

出行中停车诱导信息系统通过可变信息标志或交通广播等方式向出行途中的驾驶人提供目的地附近的停车状况和道路交通状况信息，或通过车载诱导设备直接向驾驶人提供路径向导的功能，引导驾驶人尽快找到停车泊位，从而减少因寻找停车泊位造成的无效低速行驶，缓解驾驶人因寻找停车泊位而可能产生的焦虑情绪。

（3）停车场内部诱导信息系统

停车场内部诱导信息系统（或称为车位引导系统）是指大型停车场内部的停车入位诱导，主要适用于政府办公楼、高级宾馆、高级写字楼、火车站、机场和购物中心等大型停车场。该系统的主要作用是将已经进入停车场的车辆有序、快速地引导到空余的有效泊位，减少停车者搜寻泊位的时间和由此产生的烦躁情绪，并能提高泊位利用率，加快停车场吸收停车车流的速度。

3. 停车诱导信息系统架构

智能停车诱导系统由停车场数据采集系统、数据判断处理系统、数据传输系统和停车场数据综合发布系统（分为一级、二级、三级诱导数据）四部分组成，其中一级诱导显示屏

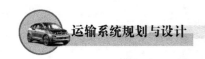

（大屏）主要设置在市区主要交通干线上，发布多个停车场（库）的名称、位置、实际车位状态信息，二级诱导显示屏（中屏）则设置在停车场（库）周边区域的街道两旁，发布停车场（库）的名称、行驶路线、实际车位状态信息，三级诱导显示屏则设置在停车场（库）入口附近，发布单个停车场（库）的名称等信息。

数据采集系统在每个停车场（库）设有数据采集端，随时感应汽车驶进、离开停车场状况，停车场空车位监测系统的数据来自设立于停车场出入口的车辆检测器。停车场数据采集设备实现对空车位信息的采集，定时向停车信息中心发送，以达到车位状况监视和停车诱导的目的。

数据判断处理系统将采集到的停车场使用状况以及周边道路信息加工处理成向驾驶人提供的适当形式的信息。另外，数据判断处理系统还担负着存储停车场信息、加工处理停车场使用情况的变化模式等任务。

数据传输系统的基本任务是保证从数据采集系统到数据判断处理系统，再到数据综合发布系统的畅通。其常用的形式包括有线网络、GPRS、WiFi、光纤等。各停车场的数据通过停车场数据采集设备采集并发布到公共信息联网平台，控制中心则从该联网平台获取其控制停车场的停车信息数据。

停车场数据综合发布系统包括可变信息显示屏、交通广播电台、互联网、车载终端、手机等移动终端，发布信息的内容有停车场位置、车位数、车位使用情况、区域停车资源、备选停车场、收费情况、道路交通状况、交通管制措施、停车场周边服务设施分布情况、行车路线、预约服务信息等。它的任务是将数据判断处理系统处理过的信息以适当的方式向外界分若干个层次发布出来。通常是由控制中心随时将各个停车场的使用状况在可变信息显示板上以视觉的方式或通过广播以听觉的方式向驾驶人提供，也可以作为ITS的一部分，利用互联网、移动电话以及车载导航装置等方式发布。目前最为基础、最为常用的发布形式为设置于路侧的诱导显示屏。

4. 停车诱导信息系统发展现状

近几年，随着计算机及通信技术的迅猛发展，国内的车位检测、通信、交通标志等技术已经比较成熟，停车诱导系统在技术上实现的困难也逐渐消除，停车诱导信息系统的实际应用研究正在蓬勃展开。

城市停车诱导系统作为ITS重要组成部分，在美、德、英等欧美数十个城市已投入使用且效果显著，大大缓解了城市交通拥堵状况，减少了道路占用，降低了车辆尾气排放和噪声，还显著提高了原有停车设施的利用率，取得了良好的社会效益和经济效益。

国内如北京、上海、广州、杭州、南京等重点城市也有所应用，北京和上海的系统规模较大，杭州、青岛的规模比较小，但同样取得明显的应用效果。据统计，截至2013年，国内已有17个省、4个直辖市安装了停车诱导系统。其中江苏省安装停车诱导系统的城市最多，有6个，其次是浙江省，有4个。上海、北京、苏州、重庆的停车诱导系统覆盖面最广，上海已有10个区域安装了停车诱导系统，北京则有7个。目前，停车诱导系统项目的投资主体基本是政府部门，如交警、市政、交通委、商圈管委会等。

9.5.2 停车泊位共享

停车泊位共享是指利用两种或两种以上用地类型的建筑物（如商场、办公楼等）在停车泊位需求空间和时间上的差异性，通过对停车泊位资源优化整合，将一处停车场服务于相邻地点的两个或多个用地，使各类建筑物配建停车泊位满足不同的停车需求。共享停车泊位的主要特点是在不改变片区停车泊位供应总量以及保障各建筑物基本停车需求的同时，兼顾其他停车需求的动态互补特性。

近年来，共享停车泊位的研究和应用不断得到关注，具体包括：

1）基于"互联网＋"的"共享停车"手机 App（应用程序）得到不断开发与应用。例如，拥有私人停车泊位的车主可以在自家停车泊位闲置的时间段将停车泊位出租信息发布给其他有停车需求的人，期望通过这样的方式使得闲置的停车泊位得到更有效的利用。

然而，由于目前所实现的共享停车泊位大部分是停车泊位拥有者从个人角度考虑而实现的共享，这种情况下，共享停车泊位只是局限于个人停车泊位的共享，而非从整个停车场甚至区域停车的角度考虑而实现的共享。一方面，对于外来的需要使用共享停车泊位者而言，如果没有安装相关的 App，则他们并不能准确地了解到停车泊位共享信息，即使安装了如果不及时刷新，也未必能在自己需要的时候找到一个合适的共享停车泊位，导致共享效率极低。另一方面，由停车泊位业主发起的共享，会对停车场的管理带来困难，很多居住小区采取封闭式管理，对外来用户的接纳度相对较低，而且管理者并不能知晓哪些业主的停车泊位在何时可以开放共享，这为共享的实施带来诸多不便。

2）不少城市从政府层面也开展了一定的共享停车实践，如溧阳市开放了十多个政府办公用地，包括教育局、卫生局、规划局等，错峰或全天候开放给附近的居住、商业等其他用地类型的使用者共享停车泊位。上海市于 2017 年将"错时共享停车"列入政府实事工程项目，建立 50 个示范点，包括商业性停车场和企事业单位、学校、医院等场所的停车场。

然而，现行的共享停车泊位策略大多停留在"是否共享"层面，对于各种类型停车设施如何开放、何时开放仍缺乏具体的措施引导，且对于共享策略的评价也相对缺乏。

思 考 题

1. 停车问题给城市的经济生活带来了哪些负面影响？
2. 停车场可以大致分为哪些类型？
3. 简述停车调查的形式和方法。
4. 停车需求的特点及影响因素有哪些？
5. 路内、路外停车场的规划应遵循什么原则？
6. 配建停车场规划应考虑哪些影响因素？
7. 停车场设计的原则有哪些？
8. 机动车的停放方式有哪些？

第10章 Chapter 10

轨道交通系统规划与设计

城市轨道交通是一种大运量、快速、准时、舒适的客运交通系统，能有效缓解大城市人口密度大、交通流量大、拥堵严重等诸多问题。本章主要从总体角度介绍城市轨道交通的定义、作用、分类、规划原则、发展概况，随后从工程实践角度出发针对客流预测、线网规划方法、线网规划方案设计与评价进行阐述，重点介绍城市轨道交通分类、客流预测内容与程序、线网规划基本方法、线网规划方案评价指标体系。

轨道交通系统规划与设计

10.1 城市轨道交通系统概述

10.1.1 城市轨道交通的定义与作用

城市轨道交通是指城市中使用车辆在固定导轨上运行，以轨道运输方式为主要技术特征，主要为城市内（有别于城际铁路，但可涵盖郊区及城市圈范围）公共客运服务的一种在城市公共客运交通中起骨干作用的现代化立体交通系统。

城市轨道交通作用体现在如下4个方面。

1）可作为城市公共交通的主干线，建成运营后，将直接影响城市居民的出行、工作、购物和生活。

2）低能耗、少污染，对于实现城市的可持续发展具有重要意义。

3）可以带动城市沿轨道交通廊道的发展，促进城市繁荣，形成郊区卫星城和多个副中心，从而缓解城市中心人口密集、住房紧张等城市通病。

4）有利于提高城市居民出行的效率，节省时间，改善生活质量。

10.1.2 城市轨道交通系统的分类

根据《城市公共交通分类标准》（CJJ/T 114—2007），把城市轨道交通分成7类：市域快速轨道、有轨电车、地铁、轻轨、单轨、磁悬浮和自动导向轨道。

1. 市域快速轨道

市域快速轨道是指把城市市区与郊区，尤其是远郊区、卫星城镇连接起来的城市轨道交通系统。市郊铁路的运行速度远大于其他交通方式，一般可达到100km/h，主要为通勤者提供运输服务，有时也称为通勤铁路或地区铁路。市郊铁路分为两种类型：一种是市中心区连接城市边缘和距离在 20km 左右的居民区；另一种是连接市中心与卫星城市，距离可达 40km 以上。市郊铁路线路长，站间距大，运营速度高，运营效率、能源消耗、投资费用以及土地利用等指标明显优于其他交通形式，编组灵活。

2. 有轨电车

有轨电车是一种由电力牵引、轮轨导向、单车或两辆铰接运行在城市路面线路上的低运量城市轨道交通系统。有轨电车与地铁、轻轨的区别比较大，其最主要的区别是不享有独立的路权，钢轨面与地面持平，与地面其他车辆共同使用同样的道路，与横向道路也是平面交叉（非高低相错），较为类似于一般的公共交通车辆。与其他轨道交通相比，有轨电车建造成本低，建设难度低，安全系数高，环保系数高，可以和汽车共用一条马路，但行驶速度较慢，载客能力较小，架设电缆占道，噪声大。

3. 地铁

地铁泛指高峰每小时单向运输能力在 3 万～8 万人次，地下、高架、地面线路三者结合的大容量快速轨道交通。通常在市中心为地下隧道线，市区以外为高架或地面线，采用全封闭线路，享有独立路权。地铁在世界范围内得到广泛的发展，其运量大、速度快，可靠性强，安全性高，污染少，噪声小，舒适性强，占地面积少，上下车方便，但建设成本高，建设周期长，乘客疏散比较困难，容易造成人员伤亡和财产损失。

4. 轻轨

轻轨是指高峰时单向客运量每小时在 1 万～3 万人次的中等运量轨道交通系统，包括准地铁（运量略小于地铁）和现代有轨电车，而且轻轨的走行形式既可以是钢轮钢轨也可以是胶轮单轨。轻轨除了具有轨道交通的共同特点外，其造价低，建设周期短，适应性强，车辆较新颖，一般车站设施比较简单，是一种填补地铁和公共汽车空白的交通工具，适用于人口较密集的新城区、交通集散地、商业中心和区域中心的交通运输，尤其适用于城市边远地区、居民密集区等。

5. 单轨

单轨交通是指车辆在一根轨道上运行的一种城市轨道交通系统。按车辆跨坐于其上或悬挂于其下行驶，分为跨座式单轨和悬挂式单轨两种类型。与普通轨道交通相比，单轨交通特别适合于地形复杂、高低起伏较大、对防振降噪要求较高的场合。单轨占用土地少，行驶速度快，运量较大，转弯半径小，爬坡能力强，能适应复杂地形要求，且建设工期短，造价低，维修保养容易，运营管理费用低，能确保运输安全，乘坐舒适，对日照及城市景观影响小，对居民正常生活干扰小。

6. 磁悬浮

磁悬浮列车是利用电磁铁产生的电磁力浮起列车以及推动列车前进的现代交通工具，可以克服传统轮轨结构的摩擦，运行时悬浮于轨道之上，因而轮轨之间没有摩擦，可以突破轮轨黏着极限速度的限制。磁悬浮列车主要由悬浮系统、推进系统和导向系统三大部分组成。磁悬浮交通的主要特点包括速度快、占地少、使用电能、对环境友好、对轨道冲击小、振动小、噪声低、列车爬坡能力强、安全性好。

7. 自动导向轨道

自动导向轨道是指利用导轨导向、完全自动控制，沿着具有专用权的固定轨道载运人员

运行的新型轨道交通，一般指小范围、小区域、沿一定轨迹、单一方向的运输。固定轨道可采用地下或高架方式，也可以敷设于地面，但必须与街道中的车辆及行人完全隔离。自动化导向交通系统由计算机进行控制，一般情况下不需要驾驶人员介入，车辆可以实现无人驾驶和较小的运行间隔，可以准确地按运行指令运作，反应快速，准确度很高，行车安排和调度具有很强的科学性和灵活性，能够恰当、经济地满足运营需求。

上述几种城市轨道交通的特点及适用性归纳见表 10.1。

表 10.1　几种城市轨道交通的特点及适用性

分类名称及代码			主要指标及特征		
大类	中类	小类	车辆和线路条件	客运能力/N 平均运行速度 v	备注
城市轨道交通	地铁系统	A 型车辆	车长：22.0m 车宽：3.0m 定员：310 人 线路半径：≥300m 线路坡度：≤35‰	N：4.5 万～7.0 万人次/h v：≥35km/h	高运量，适用于地下、地面或高架
		B 型车辆	车长：19m 车宽：2.8m 定员：230～245 人 线路半径：≥250m 线路坡度：≤35‰	N：2.5 万～5.0 万人次/h v：≥35km/h	大运量，适用于地下、地面或高架
		L_B 型车辆	车长：16.8m 车宽：2.8m 定员：215～240 人 线路半径：≥100m 线路坡度：≤60‰	N：2.5 万～4.0 万人次/h v：≥35km/h	大运量，适用于地下、地面或高架
	轻轨系统	C 型车辆	车长：18.9～30.4m 车宽：2.6m 定员：200～315 人 线路半径：≥50m 线路坡度：≤60‰	N：1.0 万～3.0 万人次/h v：25～35km/h	中运量，适用于高架、地面或地下
		L_C 型车辆	车长：16.5m 车宽：2.5～2.6m 定员：150 人 线路半径：≥60m 线路坡度：≤60‰	N：1.0 万～3.0 万人次/h v：25～35km/h	中运量，适用于高架、地面或地下
	单轨系统	跨座式单轨车辆	车长：15m 车宽：3.0m 定员：150～170 人 线路半径：≥50m 线路坡度：≤60‰	N：1.0 万～3.0 万人次/h v：30～35km/h	中运量，适用于高架

（续）

分类名称及代码			主要指标及特征		
大类	中类	小类	车辆和线路条件	客运能力/N 平均运行速度v	备注
城市轨道交通	单轨系统	悬挂式单轨车辆	车长：15m 车宽：2.6m 定员：80～100人 线路半径：≥50m 线路坡度：≤60‰	N：0.8万～1.25万人次/h v：≥20km/h	中运量，适用于高架
	有轨电车	单厢或铰接式有轨电车	车长：12.5～28m 车宽：≤2.6m 定员：110～260人 线路半径：≥30m 线路坡度：≤60‰	N：0.6万～1.0万人次/h v：15～25km/h	低运量，适用于地面（独立路权）、街面混行或高架
		导轨式胶轮电车	—	—	—
	磁悬浮系统	中低速磁悬浮车辆	车长：12～15m 车宽：2.6～3.0m 定员：80～120人 线路半径：≥50m 线路坡度：≤70‰	N：1.5万～3.0万人次/h v：≤100km/h	中运量，主要适用于高架
		高速磁悬浮车辆	车长：端车27m；中车24.8m 车宽：3.7m 定员：端车120人；中车144人 线路半径：≥350m 线路坡度：≤100‰	N：1.0万～2.5万人次/h v：≤500km/h	中运量，主要适用于郊区高架
	自动导向轨道系统	胶轮特制车辆	车长：7.6～8.6m 车宽：≤3m 定员：70～90人 线路半径：≥30m 线路坡度：≤60‰	N：1.0万～3.0万人次/h v：≥25km/h	中运量，主要适用于高架或地下
	市域快速轨道系统	地铁车辆或专用车辆	线路半径：≥500m 线路坡度：≤30‰	v：≤120～160km/h	适用于市域内中、长距离客运交通

10.1.3 城市轨道交通规划设计原则

城市轨道交通要最大限度地满足居民的出行需求，改善城市交通拥堵的现状，提高轨道交通的分担率。因此，城市轨道交通规划设计要遵循一定的原则。

1. 布局要与城市主客流方向一致

城市轨道交通首先要满足的是居民现在和未来的交通需求，解决城市交通拥堵、居民乘

车难和出行时间长等问题。因此，线网规划应研究城市现状和未来土地发展方向、城市结构形态、人口分布特点、就业岗位分布特征、道路交通情况等，目的是了解和预测城市现状和未来居民出行的主客流方向，使轨道交通能最大限度地承担交通需求大通道上的客流，真正实现轨道交通的骨干作用，提高轨道交通的经济效益和社会效益。

2. 规划线路要尽量经过或靠近大型客流集散点

大型客流集散点主要有对外交通枢纽点（如火车站、飞机场、码头和长途汽车站等）、文化娱乐中心（如足球场、大剧院等）、商业中心、大型生活居住小区、大学城和大型生产厂区等，轨道交通线路要尽量经过或靠近这些客流集散点，这样可以增加城市轨道交通客流，同时方便居民直达目的地，减少换乘，提高可达性。

3. 路网布设均匀，线路密度适量，乘客换乘方便

基于工程实施角度，近期建设项目与远期建设项目有换乘关系的，要基本稳定，以便使先期建设的线路为后期建设项目预留好条件，如果这种相互关系处理不好，要么造成近期投资浪费，要么造成远期实施困难，或花费昂贵费用加固既有线，致使工程投资增加。

4. 线网规划要合理确定建设标准和形式

不同的城市轨道系统的建设投资、适应的服务水平、运行指标各不相同，因此，城市轨道交通线网规划应结合城市特点，充分考虑城市轨道交通多元化的趋势，合理确定城市轨道交通网络中各线路的建设标准和形式。

5. 线网规划要考虑资源共享

一个城市规划的轨道交通线路往往长达数百千米，规划的轨道交通线路有十几条，考虑到城市用地的局限性，往往会将城市轨道交通各种资源进行共享，即两条或多条线路合用同一资源，如车辆段和主变电站等。

10.1.4 我国城市轨道交通发展概况

截至 2021 年底，全国共有 67 个城市的轨道交通线网规划获批（含地方政府批复的 23 个城市），其中，城市轨道交通线网建设规划在实施的城市有共计 56 个，在实施的建设规划线路总长为 6988.3km，2021 年当年，共有 3 个城市新一轮城市轨道交通建设规划获国家发改委批复并公布，获批项目中涉及新增线路长度为 314.6km，新增计划投资 2233.54 亿元。

截至 2021 年底，我国已开通运营轨道交通的城市有 50 个，运营线路 283 条，运营里程约 9206.8km。2021 年我国城市轨道交通在建项目总里程约 6096.4km，完成投资约 5859.8 亿元。2021 年城市轨道交通客运量占公共交通客运总量的分担比率为 43.4%，比上年提升 4.7%，其中上海、广州、深圳、成都、南京、北京、杭州、南宁 8 个城市轨道交通客运量占公共交通的分担比率均超过 50%。

10.2 城市轨道交通客流预测

10.2.1 城市轨道交通客流分类

客流主要取决于城市土地利用空间布局和交通组织，在供应满足的条件下，在城市的土

地利用布局规划确定后，城市客流的产生和分布就客观存在。城市轨道交通客流一般包括以下三部分内容。

1. 趋势客流量

随着社会化程度和居民生活水平的提高，人们的社会活动也逐步增加。趋势客流量就是指随着社会的发展，轨道交通车站及沿线正常增长的客流量。

2. 转移客流量

转移客流量是指由于城市轨道交通所具有的快速、准时、安全和方便等优点，而从其他交通方式转移过来的客流量。转移客流量最大的可能来源于部分本来选择常规公交以及自行车出行的出行者。而且，相对于小汽车出行，轨道交通的出行成本较低，因此，还有部分客流量是从小汽车出行方式（主要以出租车为主）转移过来的。

3. 诱增客流量

诱增客流量是指由于轨道交通线路的建设促进了沿线土地的开发、人口的集聚，使区域之间可达性提高、服务水平提高，居民出行强度增加而诱增的客流量。最直接的体现是居民可能会选择"住在郊区、工作娱乐在市中心"的生活方式。

10.2.2 客流预测的目的与意义

通过数学手段预测得到的未来设计年度的客流量，称为预测客流量，它具有阶段性、近似性和增长性等特点。城市轨道交通预测客流量是城市轨道交通投资决策的基础，决定一个城市是否有必要建设轨道交通及其建设规模和建设时期等问题的前提是客流需求的发展趋势，只有具备足够大的客流需求量，建设轨道交通才是合理的。城市轨道交通客流需求预测结果将为以下几个方面的决策提供重要依据。

1）轨道交通建设的必要性和迫切性。
2）轨道交通制式和车辆选型。
3）轨道交通系统设计能力、列车编组、行车密度的确定。
4）车站基本规模、站台长度和宽度、车站楼梯和出入口宽度的确定。
5）机电设备系统的选定及其容量和用电负荷的确定。
6）售检票系统制式和规模的选定，拟定票价政策。
7）运营成本核算和经济效益评价。

轨道交通客流预测的目标是系统建成通车后可能吸引的客流规模和时空分布，具体指标包括轨道交通客运总量、客运周转量、各站上下车人数、各线路之间换乘人数、区间上下行客流量和高峰小时运量等。这些指标是轨道交通设备配备和车站设计的基本依据，也是评价轨道交通线网规划优劣的重要依据。

10.2.3 客流预测的内容与程序

城市轨道交通客流预测是指以城市经济社会、人口、土地使用以及交通发展的现状和规划基础资料为依据，利用交通需求预测模型，预测各目标年城市轨道交通网络、线路或车站相关客流指标的过程。客流预测是城市轨道交通建设的一个十分重要的环节，是各项规划、设计和运营工作的基础，预测结果的可靠与否直接关系到城市轨道交通的建设投资、运营效率和经济效益。

1. 客流预测的内容

城市轨道交通客流预测的内容主要包括不同年限运输需求总量、流量及流向、时空分布特征的预测及结果敏感性分析。城市轨道交通运输需求总量指标主要包括客流量、客流强度、平均运距、平均乘距、客运周转量和换乘系数等。

（1）客流量

客流量主要分线路和线网两个层面。线路客流量是指单位时间内线路运送乘客的总次数，包括本线刷卡进入的进线客流和其他线路换乘过来的客流，单位为"人次"。线网客流量是指单位时间内城市轨道交通线网中各线路的客流量之和，单位为"人次"。

（2）客流强度

客流强度又称"负荷强度"，分为线路客流强度和线网客流强度，分别指线路或线网的日客流量与其运营长度的比值，常用单位为"万人次/（km·d）"。其中，线路运营长度是指按始发站中心至终点站中心、沿正线线中心测得的长度。一般来说，市区线的客流强度高于郊区线。

（3）平均运距

平均运距是指统计期内，某一线路上乘客一次乘车的平均距离，单位为"km"。

（4）平均乘距

平均乘距是指城市轨道交通线网内平均每位乘客乘行的距离，单位为"km"。

（5）客运周转量

客运周转量是指统计期内，运营线路（线网）乘客乘坐距离的总和，单位为"人次·km"。客运周转量等于客流量乘以平均运（乘）距。

（6）换乘系数

换乘系数是刻画城市轨道交通线网设计便捷性的一个重要指标，是指单位时间内城市轨道交通线网客流量与刷卡进站客流量之比。换乘系数反映了统计期内乘客在路网内完成一次出行需乘坐的平均线路条数。一般线网规模越大，换乘系数越高。

2. 客流预测的程序

城市轨道交通客流预测基本程序如下：

（1）确定由项目决定的预测区域范围、相关网络环境及项目建设方案

界定本次规划（项目）研究的区域范围，确定多方式交通网络边界；分析建立不同时期城市轨道交通建设项目覆盖的直接与间接范围，提出项目建设基本方案与备选方案。

（2）收集并分析客流预测工作所需要的基础数据

根据预测区域范围，收集客流预测工作所需的基础数据，一般包括城市国民经济和社会发展规划、城市总体规划及控制性详细规划、城市综合交通体系规划及轨道交通线网规划、包含居民出行调查的城市交通综合调查和相关专项规划等。通过对上述基础数据进行系统分析，剔除冗余、矛盾数据，建立具有良好一致性的基础数据库。

（3）确定需求预测的方法，建立需求预测模型

根据可用基础数据类型、网络特点和项目要求，选择适当的需求预测方法，建立相关的量化预测模型，形成满足项目需要的预测模型体系。

（4）标定需求预测模型涉及的相关参数

利用具有良好一致性的基础数据库，对所建立的需求预测模型体系中的各类模型进行参数标定，采用有效方法检验并确定可用于不同预测年度需求量的各种参数值。一般来说，标定后的模型在基础年运算结果与实际公共交通客运量、道路核查线流量的误差应在15%以内；模型在预测年的运算结果应分析判断相对基础年结果变化趋势的合理性。

（5）计算不同年限预测结果

利用建立的模型与标定的参数，计算不同预测年限下的需求总量、流量流向、时空分布特征等指标，并给出相关预测的统计结果。

（6）对需求预测结果进行敏感性分析，分析客流风险

分析不同预测参数和预测条件变化对预测结果产生的影响，对不同规划及建设方案下的预测结果进行分析，并评估预测风险，为综合评价提供依据。

（7）对初步预测结果进行特征分析，评价方案的可信度

针对交通模型预测的初步结果，根据既有的城市轨道交通客流特征规律或辅以其他模型，对初步结果进行分析，评价方案的可信度。特征分析作为对基本模型预测结果的补充和检验，在应用中应注意其方法的适用范围。

（8）确定客流预测推荐结果，整理数据并撰写需求预测技术报告

在综合分析并评价客流预测结果的基础上，确定推荐结果方案；整理所有相关数据、文件，建立方案详细文档，提出需求预测的技术报告，作为可行性研究的依据。

10.3 城市轨道交通线网规划方法

10.3.1 线网规划主要内容

1. 线网规划意义

城市轨道交通规划是根据城市社会与经济发展情况，对城市轨道交通设施未来一段时间的发展做出安排，其具体内容包括线网规模与结构布局、场站空间位置与占地、设施能力规模及建设序列的确定。

城市轨道交通系统是庞大而复杂的系统工程，其规划方案直接影响城市交通结构系统的合理性、工程项目的经济效益及社会效益，也直接关联到城市规划导向与用地控制。城市轨道交通线路一经建成难以更改，具有不可逆性，因而线网规划具有十分重大而深远的意义。

城市轨道交通线网规划是前期工作的基础，对投资规模和运营成本控制至关重要。经验表明，前期规划阶段实际上决定了项目全寿命周期费用的80%。城市轨道交通的发展必须要进行线网规划的理由包括：

1）线网规划是确保城市综合交通供给协调发展的必要手段。

2）线网规划是城市轨道交通发展背景下必要性论证程序的组成部分。

3）线网规划是城市规划的内容，是城市用地控制的重要依据。

4）线网规划是城市轨道交通系统发展科学化、规范化的组成内容。

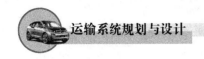

2. 线网规划任务

城市轨道交通线网规划应基本做到"三个稳定、两个落实、一个明确"。"三个稳定"即线路起终点（走向）稳定、线网换乘节点稳定、交通枢纽衔接点稳定；"两个落实"即车辆基地和联络线的位置及其规划用地落实；"一个明确"即各条线路的建设顺序和分期建设规划明确。城市轨道交通线网规划任务在于优化区域轨道交通衔接，带动区域协调发展，提升城市地位；完善轨道交通线网层次体系，合理确定线网发展规模，支撑城市发展；优化轨道交通网络布局，引导城市空间结构调整，协调城市用地开发；改善城市交通方式结构，明确轨道交通枢纽布局规划，构筑一体化的交通体系。

3. 线网规划原则

城市轨道交通线网规划应以城市综合交通规划等上位规划为基础，结合城市空间结构优化、用地功能布局调整，以及外部发展环境的变化，对轨道交通线网进行优化和完善，主要规划原则如下：

（1）以既有线网规划为基础，确保既有线网布局总体稳定

轨道交通线网规划应在既有线网规划研究的基础上，结合最新城市发展规划战略目标、用地结构等来规划调整城市轨道交通线网，其中线路在城市规划管理中已进行了严格的用地控制，原则上不对其进行重大调整。

（2）满足城市主干客流的交通需求，尽量方便乘客换乘

轨道交通建设的根本目的是满足城市发展现状和未来交通需求，优化城市空间结构和交通结构，应以交通需求分析为基础，通过交通分析模型测试优化调整轨道交通线网，使轨道交通能够最大程度地承担客流走廊的交通需求，尽量减少乘客的换乘次数。

（3）与城市总体规划修编互动，适应城市空间布局

轨道线网规划与城市总体规划同步修编，规划线网要与城市主要发展轴相适应，强调其对城市布局调整和土地开发的引导作用，特别是围绕城市各级中心体系的构建形成多线换乘枢纽，提高人口与就业岗位密集地区的轨道交通线网密度，通过轨道交通串联城市各大客流集散点，促进城市整体运行效率的提升。

（4）与区域铁路、轨道网络相衔接，构建一体化轨道交通线网

应强化轨道交通与区域综合客运枢纽的衔接，通过构建一体化的交通体系，扩大区域辐射范围，提升城市地位。

4. 线网规划范围及年限

规划范围一般与城市总体规划范围相一致。在规划范围内，还应进一步明确重点研究范围，即轨道交通线路最为集中、规划难点也最为集中的区域。重点研究范围应根据具体城市的特点确定，但一般选择为城市中心区。

规划年限分为近期和远景。近期规划主要研究线网重点部分的修建顺序以及对城市发展的影响，因此年限应与城市总体规划年限一致。远景规划是研究城市理想发展状态下轨道交通系统合理的规划。一般可以按城市总体远景发展规划和城区用地控制范围及其推算的人口规模和就业分布为基础，作为线网远景规模的控制条件。

5. 线网规划技术内容

（1）城市背景研究

城市背景研究主要是对城市的人文背景和自然背景进行研究，从中总结指导轨道交通线网规划的技术政策和规划原则。主要研究依据是城市总体规划和综合交通规划等。具体的研

究内容包括城市现状与发展规划、城市交通现状和规划、城市工程地质分析、既有铁路利用分析和建设必要性论证等。

城市现状与发展规划包括城市性质、城市地理环境、地形地质概况、城市区域与人口、城市布局、国民经济和社会发展规划。

城市交通现状与规划包括城市道路交通现状分析、道路网结构和布局、城市客运交通的发展和现状、城市交通发展总体战略、城市轨道交通现状。

（2）线网构架研究

线网构架研究是线网规划的核心，通过多规模控制—方案构思—评价—优化的研究过程，规划较优的方案。这部分研究的内容主要包括合理规模研究、线网方案的构思、线网方案客流测试、线网方案的综合评价。

（3）实施规划研究

实施规划是轨道交通规划可操作性的关键，集中体现了轨道交通的专业性，主要研究内容是工程条件、建设顺序、附属设施规划。具体内容包括车辆段及其他基地的选址与规模研究、线路敷设方式及主要换乘节点方案研究、修建顺序规划研究、轨道交通线网的运营规划、联络线分布研究、轨道交通线网与城市的协调发展及环境要求、轨道交通和地面交通的衔接等。

10.3.2 线网布局基本类型

1. 线网基本形态

城市轨道交通线路受城市空间形态、用地布局、建设条件等因素影响，线路间相互组合形成了特定的线网形态结构。基本的线网结构形态可归结为下面5种各具不同运输特性的类型，如图 10.1 所示。

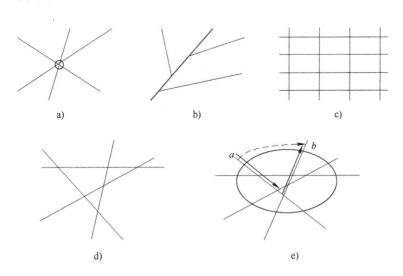

图 10.1　轨道交通线网结构形态的 5 种基本类型

（1）星形结构

星形结构是指路网中所有线路只有一个交点（换乘站）的结构，如图 10.1a 所示。其

唯一的换乘站一般都位于市中心的客流集散中心。这种结构中所有线路间都可以实现直接换乘，但换乘站的客流大，换乘客流间相互干扰也大，除容易引起混乱与拥挤外，换乘站的设计与施工难度也较大，一般多采用分层换乘。这也使得车站的埋深加大，车站建设费用增加，乘客换乘时间延长，车站通风、排水及运送旅客的运营费用也会有所增加。这种结构由于所有线路都通达市中心，使得市郊与市中心间联系便利，市中心可达性极好；但市郊之间联系不便，必须经过市中心的换乘站。

（2）树状结构

树状结构是指 n 条线路只有 $n-1$ 个交叉点（换乘站）且在网络中没有网格的结构，形同树枝状，如图 10.1b 所示。这种结构连通性差，线路间换乘不便，两条树枝线间至少要换乘 2 次才能实现互通；此外，线路上客流分布不均，同一线路上两个换乘站之间的路段因为担负着大量的换乘客流，客流量较换乘站外侧路段显著提高，给线路的行车组织带来困难。

（3）栅格网状结构

栅格网状结构是指线路（至少 4 条）大多呈平行四边形交叉，所构成的网格多为四边形的路网结构，形同棋盘，如图 10.1c 所示。这种结构的线路在内城区分布比较均匀，但线路深入市郊的不多；由于存在回路，这种结构连通性好，乘客换乘的选择较多；但由于没有通达市中心的径向斜线，市郊到市中心的出行不便。

（4）放射网状结构

放射网状结构是指线路（至少 3 条）多为径向线且线路交叉所成的网格多为三角形的路网结构，如图 10.1d 所示。从目前已经采用这种结构且发展比较成熟的几个系统的情况来看，多数线路都在市中心区发生三角形交叉，市中心区线路和换乘密集而均匀，网络连通性好，乘客换乘方便；在规模不大的情况下，任意两条线路间都可以实现直接换乘，路网中交织成网的部分影响区范围较小，但伸入市郊的放射线很长。这种结构由于各个方向都有线路通达市中心区，市郊到市中心的出行方便，市中心区对市郊的经济辐射距离较远。其缺点是市郊间发生联系时必须到市中心区的换乘站换乘，导致乘客走弯路。

（5）放射－环形网状结构

放射－环形网状结构是在放射网状结构的基础上增加环形线而成的路网结构，常见于一些规模很大的系统，如莫斯科、巴黎、东京等。其环线一般与所有径向线交叉，如图 10.1e 所示。这种结构具有放射网状结构的全部优点，同时由于环线与所有径向线都能直接换乘，整个网络的连通性更好，线路间换乘更方便，而且能有效地缩短市郊间乘客利用轨道交通出行的里程和时间。

2. 线网形态选择

网格状、放射状通常是各大城市线网的基本元素，环状线的设置则要因地制宜。国际大都市轨道环线运营的经验表明，环线能够提高网络换乘选择的灵活性，引导城市向多中心发展，但环状网络适用于城市空间较大，且具有强大市中心的大都市地区；另外，环状线路的设置要充分考虑城市用地布局，合理选择环线的位置和规模。

（1）环线功能定位

轨道交通环线在提高放射状线路之间换乘方便性的同时，需要串联大型客流集散点，以确保本线客流效益。城市轨道环状线设置，从功能上可分为两类（表 10.2）：一是交通枢纽联络型，通过轨道环线串联多个对外交通枢纽，支撑城市内外综合交通体系；二是城市重点地区联络型，轨道环线串联城市重要中心，诱导城市结构从一极集中向多中心发展。

表 10.2 环线功能分类

分类	交通枢纽联络型	城市重点地区联络型
环线模式图	交通枢纽 交通枢纽 交通枢纽 交通枢纽	城市重点地区 市中心 外围开发地区 城市重点地区
典型城市	东京山手环线、伦敦地铁中央环线、莫斯科地铁 5 号线、马德里地铁 6 号线	东京都营大江户线、首尔地铁 2 号线、名古屋市营名城线

（2）环线位置及规模

城市轨道环线的设置，通常有以下两种类型。

① 位于城市中心区范围的环线。环线规模在 25km 左右，如伦敦（中央环线，22.5km，如图 10.2 所示）、莫斯科（5 号线，19.4km）、马德里（6 号线，23km）、北京（2 号线，28km），主要起到分流中心客流功能。

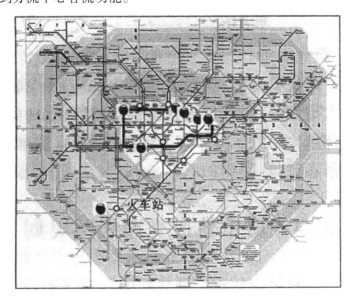

图 10.2 伦敦轨道交通环状线设置

② 位于中心区外围、城区边缘的环线。环线规模在 35km 左右，如东京（山手环线，

34.5km，如图 10.3 所示）、上海（4 号线，33.8km）、柏林（S - Bahn 环线，35km），主要起到引导城市片区中心的形成与发展作用。

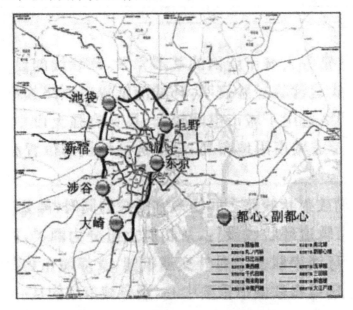

图 10.3　东京轨道交通环状线设置

3. 环线构建模式

轨道交通环线的构建通常有两种模式：一是在重点地区之间用一条轨道交通线路连接，形成真正意义上的环线；二是格子状、L 形线路组合形成环状线。

按照具体运营模式，环状线又可分为四种：独立环、共享环、勺形环和组合环，见表 10.3。

表 10.3　环状线运营组织模式

组织模式	图示	典型城市
独立环		北京、莫斯科、东京、首尔、马德里、名古屋
共享环		上海、伦敦、柏林、大阪
勺形环		东京、芝加哥
组合环		巴黎、汉堡

完整环线（含独立环和共享环）运营需要有足够的客流相支撑，通常都串联了众多的大型客流集散点，包括综合交通枢纽、城市重点发展地区等，如伦敦中央环线、莫斯科 5 号环线均串联了 6 个以上的铁路车站，东京山手环线沿线形成了中心城区一个都心、五个副都心。

10.3.3 线网规划基本方法

轨道交通线网规划有两种主要方法：一种是以定性分析为主、定量分析为辅的线网规划方法；一种是以定量分析为主、定性分析为辅的线网规划方法。

1. 点线面要素层次分析法

点线面要素层次分析法以城市结构形态和客流需求的特征为基本，对基本的客流集散点、主要的客流分布、重要的对外辐射的方向及线网结构形态进行分层研究，充分注意定性分析和定量分析相结合、快速轨道工程学与交通测试相结合、静态与动态相结合、近期与远景相结合，经多方案比较而成。

城市轨道交通线网规划是一个庞大而复杂的工程，因此线网构架研究必须分类、分层进行。"点""线""面"既是三个不同的类别，又是三个不同层次的研究要素。"点"代表局部、个体性的问题，即客流集散点、换乘节点和起终点的分布；"线"代表方向性问题，即轨道交通走廊的布局；"面"代表整体性、全局性的问题，即线网的结构和对外出口的分布形态。

1）"点"的分析。客流集散点，即客流发生、吸引点和客流换乘点，是轨道交通设站服务、吸引客流的发生点。

2）"线"的分析。研究道路交通网络，即城市客流流经的路线，尤其是主要交通走廊，是分析和选择线路走向的基本因素。

3）"面"的分析。在进行线网构架方案研究时，"面"上的因素是控制构架模型和形态的决定性因素，这些因素包括城市地位、规模、形态、对外衔接及线网作用和地位、交通需求、线网规模等特征。

2. 功能层次分析法

功能层次分析法根据城市结构层次和组团的划分，将整个城市的轨道交通网按功能分作三个层次，即骨干层、扩展层、充实层。其中骨干层与城市基本结构形态吻合，是基本线网骨架；扩展层在骨干层基础上向外围扩展，充实层是为了增加线网密度，提高服务水平。

3. 逐线规划扩充法

逐线规划扩充法是以原有的快速轨道交通路网为基础，进行线网规模扩充，以适应城市发展。为此，必须在已建线路的基础上，调整规划已有的其他未建线路，来扩充新的线路，并将每条线路依次纳入线网后，形成最终的线网规划方案。

这种方法的优点是投资效益高，便于迅速缓解城市交通最严重的拥挤路段。缺点是不易从总体上把握线网构架，不易起到引导城市发展、形成合理城市结构的目的。

4. 主客流方向线网规划法

主客流方向线网规划法的要点是根据城市居民的交通需求特点，确定近期最大限度满足干线交通需求，远期引导合理城市结构和交通结构形成的功能特点，进行初期、近期和远期的交通需求空间分布特点的量化分析，并结合定性分析与经验，提出若干轨道交通线网规划方案。具体做法是，首先在现状与未来道路网上进行交通分配，按照确定的原则绘制流量图，根据流量图确定主客流的方向；然后沿主客流方向布线提出若干线网规划方案。

网络分析的结果，既反映了大的客流集散点和客流集中的线路，也反映了现在与将来的

土地利用状况，以及对整个城市的全面分析与能动引导。

不同发展阶段的城市对网络分析结果的利用思路不同。对城市结构稳定、城市土地利用基本定型的城市，主要依据现状交通分布特性规划轨道网；对城市结构不稳定，正处于土地利用调整期的城市，主要依据未来交通分布特性规划轨道交通线网。

10.4　城市轨道交通线网规划方案设计

10.4.1　线网规模影响因素

1. 线网合理规模的含义和指标

在进行城市轨道交通线网规划时，如何根据城市的现状及其发展规划、城市的交通需求和城市经济的发展水平等，从宏观上合理地确定城市轨道交通线网的规模是一个重要问题。所谓合理规模，实际上就是城市轨道交通方式合理的供给水平。由于交通需求和交通供给是动态的平衡过程，因此合理规模也是相对的。

线网规模是对轨道交通线路的宏观控制量，目的是寻求合理规模，防止盲目性，同时使方案在比较时具有同等量级的可比性，线网合理规模分析是一个重要的质量控制点。线网规模是从轨道交通系统供给的角度，从一个侧面体现系统所能提供的服务水平。它主要以线网密度和系统能力输出来反映，其中系统能力输出又与系统运营管理密切相关，从系统能力和线网密度来看有四种性质的规模度量，如图 10.4 所示。

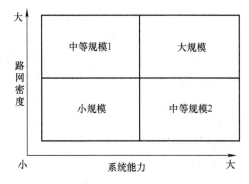

图 10.4　轨道交通线网规模构成

城市轨道交通线网规模对线网建设的效益及城市交通状况的改善有着极大影响。网络规模过小，远期城市交通需求得不到满足；网络规模过大，不仅增加初期投资，而且会增加建成后的运营负担。城市轨道交通线网规模的合理确定，是城市规划部门、政府部门及轨道交通运营公司共同关心的问题。它为后续确定线路布局、网络结构及优化，以及估算总投资量、总输送能力、总经营成本和总体效益等工作的开展奠定基础。因此，合理的轨道交通规模不仅是线网规划的宏观控制量，而且是一项至关重要的投资依据，为决策者提供决策的辅助依据。

规模的合理性关系到建设投资、客流强度，也关系到理想的服务水平的设定、建设用地的长远控制。轨道交通线网规模指标主要有以下三种。

1）城市轨道交通线网总长度 L。其计算式为

$$L = \sum_{i-1}^{n} l_i \tag{10.1}$$

式中，l_i 为城市轨道交通网第 i 条线路的长度（km）；L 为线网的规模，由此可以估算总投资量、总输送能力、总设备需求量、总经营成本、总体效益等，并可据此决定相应的管理体制与运作机制。

2）城市轨道交通线网密度 σ。其计算式为

$$\sigma = \frac{L}{S} \text{ 或 } \sigma = \frac{L}{Q} \tag{10.2}$$

式中，S 为城市轨道交通线网规划区面积（km²）；Q 为城市轨道交通线网规划区的总人口（万人）；σ 为城市总体轨道交通网密度（km/km²或 km/万人）。

城市轨道交通线网密度是指单位人口拥有的线路规模或单位面积上分布的线路规模，它是衡量城市快速轨道交通服务水平的一个主要因素，同时对形成轨道交通车站合理交通区的接运交通组织有影响。实际中由于城市区域开发强度的不同，对交通的需求也不是相对均等的，往往是由市中心区向外围区呈现需求强度逐步递减，因此线网密度也应相应递减。评价城市轨道交通网的合理程度需按不同区域（城市中心区、城市边缘区、城市郊区）分别求取密度。

3）城市轨道交通线网日客运周转量（人·km/日）。其计算式为

$$p = \sum_{i=1}^{n} p_i l_i \tag{10.3}$$

式中，p_i 为第 i 条轨道交通线路的日客运量（人/日）；l_i 为城市轨道交通网第 i 条线路的长度（km）。

城市轨道交通线网日客运周转量是评估城市轨道交通系统能力输出的指标，表达了轨道交通在城市客运交通中的地位与作用、占有的份额与满足程度。它涉及轨道交通企业的经营管理，是轨道线路长度、电力能源消耗、人力、轨道和车站设备维修及投资等生产投入因子的函数。所以，在一定程度上，城市轨道交通网的规模还可用能源总消耗量、产业总需求量、人力总需求量等反映生产投入规模的指标来表示，可根据需要选择使用。

城市轨道交通网的规模在规划实施期内，往往要根据城市发展的需求进行适当调整。相对而言，总长度的调整幅度不应很大。因此，城市轨道交通网的总长度是一个必须确定也是可以确定的基础数据。

2. 线网规模的影响因素

影响轨道交通线网规模的因素很多，不同的城市有自己特定的城市发展格局、土地利用形态、人口规模、经济发展状况和城市建设背景等，这些因素都会对轨道交通的建设带来影响。综合起来，对城市快速轨道建设规模有影响的因素有城市规模形态和土地使用布局、城市交通需求、城市社会经济发展水平、国家政策。

（1）城市规模形态和土地使用布局

城市规模中最重要的影响因素为人口规模和用地规模。人口规模决定了城市交通出行的总量，用地规模影响居民出行的时间和距离，即城市规模决定了城市的交通需求特性，也就影响了城市快速轨道交通的总体规模。城市形态和用地布局也是影响快速轨道交通规模的因素。城市的形态有多种形式，可分为中心组团式、带状、分散组团式等。不同的城市形态和用地布局决定了居民出行的空间分布，也就决定了轨道交通的空间几何形态以及轨道线网规模。例如中心组团式城市的轨道交通多为放射状，莫斯科就是典型的中心组团式城市，它的轨道交通就是环形加放射状的线网结构。

（2）城市交通需求

城市交通需求是居民对交通基础设施的需要程度，其大小和分布特性是决定城市轨道线

网规模最直接和最具决定意义的因素。表征城市交通需求的指标有城市居民的出行强度、时空分布特性、城市公共交通总出行量等。

（3）城市社会经济发展水平

社会经济发展水平制约着轨道交通线网规模的大小，同时还影响着城市居民的出行行为与出行习惯。

（4）国家政策

国家政策导向对轨道交通线网规模有着重要影响。当前我国的交通政策是大力发展城市公共交通，尤其是轨道交通，而且近期国家政策是加大基础设施建设的投资，无论从近期还是从远期国家政策来看，对发展城市轨道交通都是很有利的。

线网规模的影响因素众多，但每个因素对其的影响作用却不同。有资料表明，城市交通需求和城市基础设施投资比例是城市轨道交通线网规模最直接的影响因素，城市形态及布局、城市人口、城市面积通过城市交通需求对线网规模产生间接的控制作用，城市国民生产总值和城市交通发展战略及政策则决定了城市基础设施投资比例，体现了城市经济实力对线网规模的影响。各个因素对其的影响作用如图 10.5 所示。

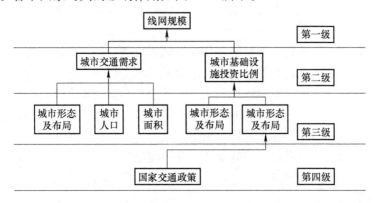

图 10.5　线网规模影响因素的层次结构模型

10.4.2　线网规模计算方法

由于交通需求和交通供给是动态的平衡过程，因此合理规模也是相对的。城市轨道交通线网合理规模的计算要采取定量计算和定性分析相结合的方法。

1. 按交通需求推算线网规模

轨道交通线网规模可以从出行总量与轨道交通线路负荷强度之间的关系推导而来，具体公式如下：

$$L = \frac{Q\alpha\beta}{\gamma} \tag{10.4}$$

式中，L 为线网长度（km）；Q 为城市出行总量（万人次）；α 为公交出行比例；β 为轨道交通出行占公交出行的比例；γ 为轨道交通线路负荷强度（万人次/km·日）。

以下着重说明各指标参数的标定方法。

（1）未来居民出行总量分析

由于轨道线网规划的远景年限往往超越城市综合交通规划远景年限，因此线网规划往往

无法得到所需远景年限的出行总量，但却能从远景人口和出行强度的关系去推算，即

$$Q = m\tau \tag{10.5}$$

式中，m 为城市远景人口规模，含常住人口和流动人口；τ 为人口出行强度（次/人·日）。

（2）城市人口规模

根据我国的人口政策和人口发展现状，城市人口规模是政策控制影响下的规模，各城市往往都有城市远景人口的控制目标。如果缺乏这一数据，也可由当地权威部门根据城市特点和人口发展规律进行统计及预测。

（3）出行强度的分析预测

居民出行强度的影响因素主要有城市的结构、经济发展水平、交通设施的完善程度等方面。

（4）公交方式出行量占全方式出行量的比例

从国外的情况看，在世界各大城市客运交通中，因为公共交通客运效率比私人交通高得多，致使公共交通在城市综合交通运输中占有明显的优势。如纽约公共交通年客运量占城市总客运量的86.0%，东京公共交通年客运量占城市总客运量的70.6%，莫斯科公共交通年客运量占城市总客运量的91.6%。

城市远景公交方式出行比例应根据城市未来出行的需求与供给平衡关系，通过适合城市特点的数学模型进行预测得来。但合理规模研究的目的是大致推算轨道的规模，因此无法事先给出一个公交的供给能力，科学预测就失去了基础。所以比较可行的办法是从分析城市居民出行特征入手，结合类比其他城市的情况，根据城市未来交通发展政策，以定性分析的手段进行估计。

（5）轨道交通方式出行量占城市公交方式出行量的比例

轨道交通客运量占城市公交客运量的比重，与城市道路网状况、常规公交网密度、常规公交服务水平、轨道交通线网密度、运送速度及车站分布有关。

（6）线网负荷强度

线网负荷强度是指快速轨道线每日每千米平均承担的客运量，它是反映快速轨道线网运营效率和经济效益的一个重要指标。线网负载强度的影响因素有社会的经济发展水平、城市结构和线路布局等。

有资料表明，国外轨道交通建设有两种模式：一种是采用高运量、低密度的线网，负荷强度高；另一种是采用低运量、高密度的线网，负荷强度低。像巴黎和伦敦这样的发达城市着重于提高轨道交通的舒适和方便程度，以吸引私人交通，减少私人交通工具泛滥带来的城市交通阻塞，所以采用的是低运量、高密度的线网，轨道交通的服务水平很高，效率相对较低；而莫斯科、墨西哥城采用的是高运量、低密度的线网，它注重的是提高轨道交通的运输能力和运输效率，以缓解客运需求与公共交通运力严重不足的矛盾。

经验表明，只有建设高运量、低密度的线网，提高负荷强度，轨道交通才能取得较好的经济效益。

2. 以人口总数推算线网规模

城市的人口总数反映了城市的人口规模，以人口总数为基础的人口线网密度指标实质上反映了人口规模对轨道线网规模的影响程度，其公式为

$$L = M\delta_1 \tag{10.6}$$

式中，L 为线网长度（km）；M 为城市市区总人口数（百万人）；δ_1 为人口线网密度指标（km/百万人）。

3. 按线网服务覆盖面推算线网规模

线网规模分析中估计的成分很多，因此从多方面、多角度进行估算是很有必要的。这里再介绍一种按线网服务覆盖面计算线网规模的方法。

轨道交通线网作为一种公交网络应该具备一定的线网密度，对于呈片状集中发展的城市，人口就业密度比较平均，这时候就要求城市建成区都应处于轨道交通的吸引范围之内。根据这一特点，可以利用城市建成区面积和线网密度的关系推导线网规模，即

$$L = S\delta_2 \tag{10.7}$$

式中，L 为线网长度（km）；S 为城市建成区面积（km^2）；δ_2 为线网密度（km/km^2）。

4. 以面积线网密度推算线网规模

快速轨道的面积线网密度实质上表示了轨道线网的覆盖面。市中心区和市边缘区的线网密度有所不同，轨道网密度由市中心向外应逐渐降低。居民利用快速轨道交通的出行时间由三部分构成，即起点到车站的时间、乘坐轨道交通的时间和由车站到目的地的时间。

在市中心，乘客到车站的距离一般在 15min 以内，一般在车站停留时间为 $3\sim5$min。若步行速度为 4km/h，因此可以得出轨道车站的吸引范围为 $650\sim800$m。在城市外围区，步行去车站的距离为 $800\sim1000$m，加上考虑利用自行车、公交换乘等，外围地区车站的吸引范围能达到 2km。

在城市中心区，客流的需求是多方向的；而在边缘区，利用轨道网的客流主要考虑向心方向。在市中心，考虑到能覆盖并能满足各方向的客流需求，可以把轨道网简化成一个棋盘形格局，线网间距为 1.5km；在外围区，可以把轨道网简化成相距 4km 的平行线，如图 10.6 所示。从简图可以看出，市中心区的轨道面积线网密度为 $(2\times1.5)/(1.5\times1.5) = 1.33km/km^2$；外围区的轨道面积线网密度为 $(1\times4)/(4\times4) = 0.25km/km^2$。这些指标是根据我国城市居民的出行特点总结得出的，可在进行我国城市的轨道交通线网规划时使用。

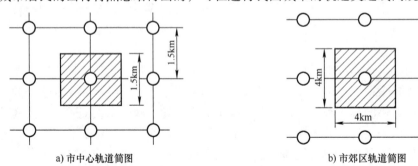

a) 市中心轨道简图　　　　　　　　　　b) 市郊区轨道简图

图 10.6　城市轨道交通线网简图

各城市可根据其规划的城市中心区用地面积和城市外围区用地面积，利用以上分析出的指标推算由轨道线网面积密度确定的轨道线网规模，这也反映出城市用地规模对轨道线网规模的影响作用。具体计算公式为

$$L_{总} = \delta_{中} A_{中} + \delta_{外} A_{外} \tag{10.8}$$

式中，$L_{总}$ 为路网中规划线路总长度（km）；$\delta_{中}$ 为城市中心区面积线网密度指标（km/km^2），

通常取 1.33km/km²；$A_{中}$ 为城市中心区用地面积（km²）；$\delta_{外}$ 为城市外围区面积线网密度指标（km/km²），通常取 0.25km/km²；$A_{外}$ 为城市外围区用地面积（km²）。

5. 以城市面积及估算轨道年客运量推算线网规模

城市面积界定了区域内交通的分布范围，即轨道交通覆盖范围的上限。设城市形状、城市人口密度及其分布情况、人口结构、社会经济发展水平均保持不变，则城市面积的增加显而易见将引起轨道交通覆盖范围的增加，从而使轨道规划线网规模扩大。而考虑极端情况：若城市面积小于一定限值，处于居民步行可达范围之内，则无论城市人口密度及其分布等其他因素如何改变，设置轨道线网都将是不必要的。城市的人口总数反映了城市的人口规模，但若由这一指标来确定线网规模显然是存在缺陷的，因为最终决定轨道规模的应该是城市规划年度的轨道客运量，它不仅与城市人口总数有关，还取决于整个社会经济发展水平、居民出行习惯以及轨道线网方案等因素。出于上述考虑，采用如下计算公式：

$$L = \lambda S \alpha P \tau \tag{10.9}$$

式中，L 为轨道线网长度（km）；S 为城市面积（km²）；P 为城市规划年度轨道年客运量估算值（百万人次）；λ、α 和 τ 为无量纲参数。

由于轨道客运量在很大程度上依赖于轨道线网方案，而轨道规模又是确定轨道线网方案的先决因素。因此，式（10.9）不但可采用规划年度轨道客运量的估算值以确定线网规模，还可以在整个方案计算完成后采用客流预测得到的轨道客运量验证所选线网规模的正确性。

根据世界上地铁发展较为完善的几座城市的有关数据，λ、α 和 τ 的一般取值分别为 2.401、0.298、0.322。

以上方法分别体现了城市交通需求、城市人口规模和城市用地规模等主要因素对轨道线网规模的影响作用，应用时可用以上各式分别计算出应有的线网总长度，然后取其平均值或最大值作为控制路网规划线路总长度的参考值。定量分析的计算结果只能反映出问题的局部，应用时也不可忽略一些不能量化的因素，如城市的组团结构、城市的经济条件等对轨道线网规模的影响作用，应力求做到全面分析，综合考虑。

10.4.3 线网架构方案形成

1. 线网架构的基本要素

（1）主要交通走廊

主要交通走廊反映城市的主客流方向，对其识别有以下方法。

1）经验判断法。根据城市人口与岗位分布情况，设定影响范围，通过对线网覆盖率的判断来确定线路的走向。此法较为简单，只需将人口与岗位分摊到交通小区中并打印出相应的人口与岗位分布图，在此图上根据经验判断画出线路走向。这种方法目前使用较多，但仅考虑了人口密度的分布情况，忽视了人员出行行为的不同。因此在线网布设时可能与实际客流方向不完全吻合。

2）出行期望经路图法。规划年出行预测得到远期全人口、全方式 OD 矩阵。将远期 OD 矩阵按距离最短路径分配到远期线网上得到出行期望经路图。按出行期望经路图上的交通流量选线，产生初始线网。

3）两步聚类识别法。先通过动态聚类，将所有的交通流量对分类成 20～30 个聚类中心，而后通过模糊聚类法，以不同的截阵选择合适的分类，并进行聚类计算，最后可获得交

通的主流向及流量并结合走廊布局原则及方法确定主要交通走廊。

4）期望线网法。这是由法国 SYSTRA 公司与上海规划设计院合作进行上海轨道交通规划时采纳的方法。此法借助于上海交通所开发的交通预测模型，也可称为蜘蛛网分配技术。这里的期望线有别于城市交通规划中通常使用的期望线，更多地考虑了小区之间的路径选择，期望线网可以清晰地表达交通分区较细情况下理想的交通分布状况。它是连接各交通小区的虚拟空间网络，在该网络上才采用全有全无分配法将公交 OD 矩阵进行分配，从而识别客流主流向确定交通走廊。

（2）主要客流集散点

主要客流集散点是在确定轨道交通线路骨架以后确定轨道交通线路具体走向的主要依据。客流集散点按照性质分为交通枢纽、商业服务行政中心、文教设施、体育设施、旅游景点和中小型工业区等。

（3）线网功能等级

不同运量等级的客运走廊需要确定中运量或是大运量的轨道交通系统，而且轨道交通在城市不同地区对城市发展与支持社会经济活动中发挥的功能也不同，轨道网络功能层次划分正是根据这一特点确定轨道线路的服务水平与等级。轨道线路功能层次可划分为市域快线、市区干线和市区辅助线。

1）市域快线：在市区与卫星城镇之间，为长距离出行提供快速的交通联系。

2）市区干线：在市区内部为中距离出行提供快速便捷的交通联系。

3）市区辅助线：作为市区干线的补充线，以保证整个轨道交通网络系统整体功能发挥。

2. 线网架构的基本思路

线网架构的基本思路是：初始方案集生成—客流测试—方案评价—推荐线网方案的形成，主要分为以下几个阶段。

（1）方案构思

根据线网规划范围与要求，分析城市结构形态与客流特征，进行"面""点""线"层次分析，通过现场勘探，广泛搜集资料，从宏观入手对线网方案进行初始研究，构思线网方案。这些方案除有各自的特点外，还有许多共性，成为线网构架方案研究的重要基础。

（2）归纳提炼

对初始构思方案进行分类归纳后，又经内部筛选提炼，推出其中的部分方案，向各有关单位征求意见，并要求提出补充方案。经过"筛选—方案补充—再筛选"的提炼过程，形成基础方案。这次筛选中保留各种有较强个性的方案，合并共性方案，尽量全面听取各种思路和观点，形成代表不同政策倾向、不同线网构架特征和规模的方案。

（3）方案预选

以基础方案为基础，以线网规划的技术政策和规划原则为指导，根据合理规模和基本构思要求，又进一步选择出几个典型的、不同线路走向和不同构架类型的方案，成为初步预选方案。

（4）预选方案分析与交通测试

前几阶段的方案深化主要以定性分析为主，从这一阶段开始，需要通过定量分析对方案进行进一步的论证，用交通模型进行测试，进入定性与定量分析相结合的系统分析阶段。

（5）调整补充预选方案，并选出候选方案

通过分析和测试，预选方案均各自存在优点和不足之处，需要对其进行优化完善。在此基础上可以对方案进行补充。由于补充方案只是通过定性分析进行优化，其线网整体性能是否真正得到优化还是未知的。因此接下来对补充方案进行同等条件下的交通测试，进一步以定量分析论证，确认补充方案是优化方案，并推荐为候选方案。

（6）推荐最终方案

在以上定性与定量分析基础上，采用线网方案评价系统，对预选方案进行分组评价、排序，推选出优化方案。

10.5 城市轨道交通线网方案综合评价

对规划获得的轨道交通路网规划方案集，决策者必须从中选择最优方案，做出决策。任何规划的决策最终都归结为方案评价，评价是对路网规划过程和结果的鉴定，评价的好坏直接影响着决策的正确性。

城市轨道交通规划决策的基本要素在于构建一个合理的准则体系，有足够可靠的信息（数据），选择适用的决策方法，并具有简洁明了的特征。城市轨道交通规划方案评价是多属性评价过程，在实践过程中，多利用广泛使用的层次分析（The Analytic Hierarchy Process，AHP）法构建评价问题的递阶层次结构，通过专家咨询打分的方法确定权重，最后计算广义效用函数进行综合评判。

10.5.1 线网方案评价任务与原则

1. 线网方案评价任务

在线网方案架构研究中，线网评价需确定每一个备选方案价值并进行优劣排序。在最终的评优决策中，评价则对备选方案进行全面而系统的定性定量分析，以确定轨道网络在规划布局上与城市布局、城市发展的适应情况及在等级、容量上与交通量的适应情况，从而选择出技术先进、经济合理、实施可行的最优或满意的方案。就线网方案评价本身而言，其主要任务包括以下几个方面。

1）明确评价对象。

2）确定评价目的及准则。

3）建立评价指标或指标体系。

4）各评价指标的分析与计算。

5）选择合适的评价方法，综合各评价指标的分析及计算结果，对备选方案进行比选。

6）最终确定最优或满意方案。

2. 线网方案评价原则

轨道交通网络方案评价应保障线网在功能上满足需要，在技术上切实可行，在经济上投入合理，应遵从如下基本原则。

1）服从完善城市交通系统结构。

2）考虑轨道网本身建设和运营的特性。

3）对城市土地利用的影响。

4）将可实施性计入在内。

5）体现必要性论证的功能。

6）注意后期的运营和建设。

7）做发展的适应性分析。

10.5.2 线网方案评价指标体系

1. 准则层的确立

建立适宜的准则层有助于指标层指标的明确分类，一般分为以下四个要素。

1）与城市发展的协调性（B_1）：从宏观层次上考察不同方案与城市发展战略规划、城市总体规划之间的吻合程度。

2）对居民出行条件的改善作用（B_2）：体现不同方案对居民出行条件的改善程度。

3）运营效果（B_3）：体现线网运营特征。

4）建设实施性（B_4）：从工程施工、投资角度考察规划方案实施的难易程度，并对方案分期建设的合理性进行考察。

该准则层从规划者、出行者、运营者、工程实施者四方利益出发，体现线网方案决策是权衡多方利益进行价值判断的分析过程。

2. 指标体系的建立

在确定了准则层后，从实用性、非重叠性、可比性三原则选择确定具体指标。

1）实用性：指标选取应具有实际含义，且可测算。

2）非重叠性：指标之间应相互独立，避免重复评估。

3）可比性：指标的确定要体现不同方案间的可比性。

针对上述四个要素（$B_1 \sim B_4$）提出了11项具体指标（$C_1 \sim C_{11}$），综合评价指标体系如图10.7所示。

指标（$C_1 \sim C_{11}$）含义及说明如下：

（1）与城市布局结构的协调（C_1）

考察城市轨道交通线网与城镇体系发展的配合、串联城市中心组团与各功能组团的个数、线网形态与城市规模形态的吻合，以及线网是否对远景规划发展的各种可能性具有适应性和灵活性等。

（2）与对外交通设施的协调（C_2）

城市轨道交通线网应尽量衔接对外交通设施（火车站、机场、长途汽车客运站、港口码头等）。考察城市轨道交通线网与对外交通方式换乘节点布局的合理程度（城市轨道交通站点与对外交通设施相互衔接的距离、衔接效率，是否形成一体化的综合换乘枢纽等），是否考虑对接驳用地予以控制等因素。

（3）与城市自然景观风貌的协调（C_3）

分析线网布设是否与城市景观协调，分析是否对历史文物古迹有影响，对不同性质的城市应有所区别，对不同制式的系统应分别考虑。

（4）线网覆盖率（C_4）

线网覆盖率有线网人口覆盖率、线网就业覆盖率、线网面积覆盖率、线网客流覆盖率，本书推荐使用线网客流覆盖率。线网客流覆盖率是指线路的直接吸引面积内的出行量与规划

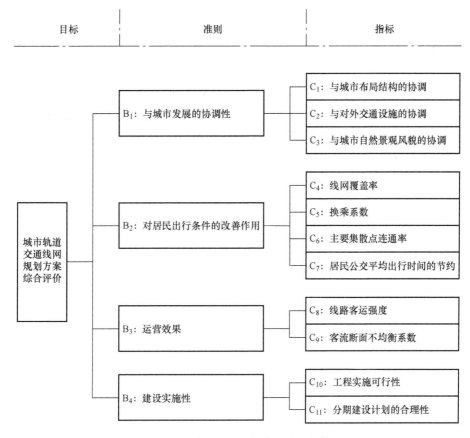

图 10.7 轨道线网规划综合评价指标体系

区内总出行量之比。它反映了线网承担规划区内总出行量的比例，从整体上表征线网的结构性能。其计算公式为

$$D = \frac{\sum_{i=1}^{n} S_i T_i}{Q_{总}}$$ (10.10)

式中，D 为线网客流覆盖率；S_i 为 i 小区的直接吸引面积，其宽度为线路两侧各 700m；T_i 为 i 小区的出行发生密度（万人次/km²），等于小区出行量与小区面积之比；$Q_{总}$ 为规划年该市的总出行量；n 为线路行经的交通小区数。

（5）换乘系数（C_5）

换乘系数是衡量乘客直达程度及线网布线、布站合理性的指标，其值为城市轨道交通线网出行人次与换乘人次之和除以城市轨道交通线网出行人次。该指标是成本型指标，换乘系数越小，表明直达程度越好。

（6）主要集散点连通率（C_6）

主要集散点连通率是对比各规划方案的一个重要指标。主要集散点指城市公交枢纽、市级的行政中心、大型商业中心、大型文体中心、大型娱乐中心、大型会展中心六大类。城市轨道交通线路应尽可能覆盖城市中的主要客流集散点（为避免与指标"与对外交通设施的协调"重叠，本指标内涵已不考虑对外交通客流集散点）。在实际应用时，可对主要集散点

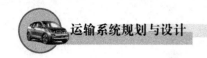

按重要程度分类，计算主要集散点个数及总数时通过加权折算为当量值。

主要集散点连通率是指各方案中线网覆盖主要集散点的当量个数与主要集散点当量总数的比值。这里的"覆盖"定义为城市轨道交通车站与主要集散点相距300m范围之内。

（7）居民公交平均出行时间的节约（C_7）

居民公交平均出行时间的节约是指城市居民以公交方式（含常规公交与城市轨道交通）出行的平均消耗时间的减少。其评价城市轨道交通线网的修建对居民公交出行时间的改善程度，同时也反映了整个城市综合交通网的效率。

（8）线路客运强度（C_8）

线路客运强度是指城市轨道交通日客运周转量与线网总长之比，反映城市轨道交通线网单位线路长度承担的客运周转量，以评价线网的运营效率和经济性。

（9）客流断面不均衡系数（C_9）

客流断面不均衡系数是指城市轨道交通线网各线全日客流断面最大值与平均值之比，反映城市轨道交通线网承担客流的均衡程度，以评价线网的客运效率。

在客流预测结果的基础上，利用下式计算：

$$P = \frac{\dfrac{Q_1}{K_1} + \dfrac{Q_2}{K_2} + \cdots \dfrac{Q_n}{K_n}}{n} \tag{10.11}$$

式中，P 为线网客流断面不均衡系数；Q_1，…，Q_n 为各线全日双向最大断面流量之和；K_1，…，K_n 为各线流量平均值，为各全日断面流量之和除以断面数量；n 为线路条数。

（10）工程实施可行性（C_{10}）

工程实施可行性从工程实施角度考察各方案近、远期方案具体施工条件的难易程度（如是否跨越各类工程难点）、现有设施（既有铁路）利用的可能性、动迁居民及单位数量等。它在一定程度上也涵盖了投资总额的估计值。

（11）分期建设计划的合理性（C_{11}）

分期建设计划的合理性用于考察各方案分期建设的线路、线网与城市分期发展重点、目标的吻合性及参考分期能达到的城市轨道交通客运量和城市轨道交通客运周转量来评判连续建设的合理性。

10.5.3 线网方案评价方法

利用层次分析法可处理复杂的社会、政治、经济、技术等方面的决策问题，分析各个组成因素在所研究问题中所占的权重。其基本过程是：把复杂问题分解成各个组成元素，按支配关系将这些元素分组、分层，形成有序的递阶层次结构，在此基础上通过两两比较方式判断各层次中诸元素的重要性，然后综合这些判断计算单准则排序和层次总排序，从而确定诸元素在决策中的权重。这一过程体现了人们决策思维的基本特征，即分解、判断、再综合。

1. 层次分析法的原理

层次分析法是美国著名运筹学家 T. L. Satty 于20世纪70年代初提出的，后来 Weber 等提出利用 AHP 算法进行供应商评估和选择。

AHP 算法是一种定性与定量相结合的决策分析方法。它是一种将决策者对复杂系统的决策思维过程模型化、数量化的过程。应用这种方法，决策者通过将复杂问题分解为若干层次和若干因素（图10.8），在各因素之间进行简单的比较和计算，就可以得出不同方案的权重，为最佳方案的选择提供依据。

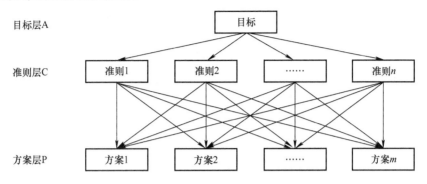

图 10.8　层次分析法的结构

层次分析法的基本原理是依据具有递阶结构的目标、子目标（准则）、约束条件、部门等来评价方案，采用两两比较的方法确定判断矩阵，然后把判断矩阵的最大特征值相对应的特征向量分量作为相应的系数，最后综合给出各方案的权重（优先程度）。

2. 算法的步骤

AHP 算法的基本过程，大体可以分为图10.9所示的六个基本步骤。

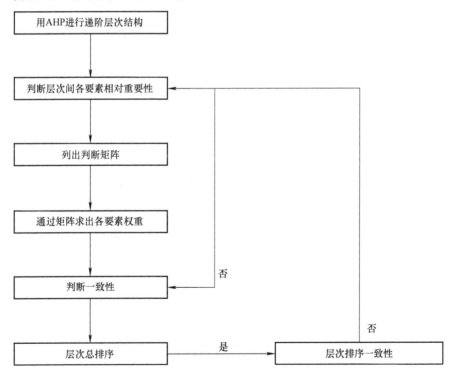

图 10.9　AHP 算法基本步骤

（1）明确问题

明确问题的范围、所包含的因素、各因素间的关系等，尽量掌握充分的信息。

（2）建立层次结构

在这一步骤中，要求将问题所含的因素进行分组，把每一组作为一个层次，按照最高层（目标层）、若干中间层（准则层）以及最低层（方案层）的形式排列起来。如果某一个元素与下一层的所有元素均有联系，则称这个元素与下一层次存在完全层次关系；如果某一个元素只与下一层的部分元素有联系，则称这个元素与下一层次存在不完全层次关系。层次之间可以建立子层次，子层次从属于主层次中的某一个元素，它的元素与下一层的元素有联系，但不形成独立层。

（3）构造判断矩阵

这一步骤是层次分析法的一个关键步骤。判断矩阵表示针对上一层次中的某元素而言，评定该层次中各有关元素相对重要性的状况。设有 n 个指标，$\{A_1, \cdots, A_n\}$。a_{ij} 表示 A_i 相对于 A_j 的重要程度判断值。a_{ij} 一般取 1、3、5、7、9 5 个等级标度，其意义为：1 表示 A_i 与 A_j 同等重要；3 表示 A_i 较 A_j 重要一点；5 表示 A_i 较 A_j 重要得多；7 表示 A_i 较 A_j 更重要；9 表示 A_i 较 A_j 极端重要。而 2、4、6、8 表示相邻判断的中值，当 5 个等级不够用时，可以使用这几个数值。

以矩阵形式表示为判断矩阵：

$$A = \begin{pmatrix} \frac{w_1}{w_1} & \cdots & \frac{w_1}{w_n} \\ \vdots & \ddots & \vdots \\ \frac{w_n}{w_1} & \cdots & \frac{w_n}{w_n} \end{pmatrix}$$

对于任何判断矩阵都满足：

$$a_{ij} = \begin{cases} 1 & i=j \\ \frac{1}{a_{ij}} & i \neq j \end{cases} (i,j=1,2,\cdots,n)$$

因此，在构造判断矩阵时，只需要写出上三角（或下三角）部分即可。

（4）层次单排序

层次单排序的目的是对于上层次中的某元素而言，确定本层次与之有联系的元素重要性的次序。它是本层次所有元素对上一层次而言的重要性排序的基础。

若取权重向量 $W = [w_1, w_2, \cdots, w_n]^T$，则有 $AW = \lambda W$，λ 是 A 的最大正特征值，那么 W 是 A 的对应于 λ 的特征向量，从而将层次单排序转化为求解判断矩阵的最大特征值 λ_{max} 和它所对应的特征向量，就可以得出这一组指标的相对权重。

为了检验判断矩阵的一致性，需要计算它的一致性指标，即

$$CI = \frac{\lambda_{max} - n}{n-1} \tag{10.12}$$

当 CI = 0 时，判断矩阵具有完全一致性；反之，CI 越大，则判断矩阵的一致性就越差。

为了检验判断矩阵是否具有令人满意的一致性，则需要将 CI 与平均随机一致性指标 RI 进行比较。一般而言，1 阶或 2 阶判断矩阵总是具有完全一致性。对于 2 阶以上的判断矩阵，其一致性指标 CI 与同阶的平均随机一致性指标 RI 之比，称为判断矩阵的随机一致性比例，记为 CR。

$$CR = \frac{CI}{RI} < 0.1 \qquad (10.13)$$

如 CR 满足式 (10.13) 时，我们就认为判断矩阵具有令人满意的一致性；否则，当 CR≥0.1 时，就需要调整判断矩阵，直到满意为止。平均随机一致性指标 RI 见表 10.4。

表 10.4　平均随机一致性指标 RI

阶数	1	2	3	4	5	6	7	8
RI	0	0	0.58	0.90	1.12	1.24	1.32	1.41
阶数	9	10	11	12	13	14	15	—
RI	1.45	1.49	1.52	1.54	1.56	1.58	1.59	—

（5）层次总排序

利用同一层次中所有层次单排序的结果，就可以计算针对上一层次而言的本层次所有元素的重要性权重值，这称为层次总排序。层次总排序需要从上到下逐层顺序进行。对于最高层，其层次单排序就是其总排序。

若上一层次所有元素 $A_1, A_2, \cdots, A_m$ 的层次总排序已经完成，得到的权重值分别为 a_1, a_2, $\cdots$, a_m，与 a_j 对应的本层次元素 B_1, B_2, $\cdots$, B_n 的层次单排序结构为 $[b_1^j, b_2^j, \cdots, b_n^j]^T$，这里，当 B_i 与 A_i 无联系时，$b_i^j = 0$。那么，得到的层次总排序见表 10.5。

表 10.5　层次总排序表

层次 B	层次 A		B 层次的总排序
	$A_1, A_2, \cdots, A_m$		
	$a_1, a_2, \cdots, a_m$		
B_1	$b_1^1, b_1^2, \cdots, b_1^m$		$\sum_{j=1}^{m} a_j b_1^j$
B_2	$b_2^1, b_2^2, \cdots, b_2^m$		$\sum_{j=1}^{m} a_j b_2^j$
…	…		…
B_n	$b_n^1, b_n^2, \cdots, b_n^m$		$\sum_{j=1}^{m} a_j b_n^j$

（6）一致性检验

为了评价层次总排序的计算结果的一致性，类似于层次单排序，也需要进行一致性检验。计算公式如下：

$$CI = \sum_{j=1}^{m} a_i CI \qquad (10.14)$$

$$RI = \sum_{j=1}^{m} a_i RI \qquad (10.15)$$

$$CR = \frac{CI}{RI} \qquad (10.16)$$

式中，CI 为层次总排序的一致性指标，CI_j 为与 a_j 对应的 B 层次中判断矩阵的一致性指标；RI 为层次总排序的随机一致性指标，RI_j 为与 a_j 对应的 B 层次中判断矩阵的随机一致性指

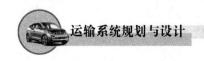

标；CR 为层次总排序的随机一致性比例。

同样，当 CR < 0.1 时，则认为层次总排序的计算结果具有令人满意的一致性；否则，就需要对本层次的各判断矩阵进行调整，从而使层次总排序具有令人满意的一致性。

思 考 题

1. 简述城市轨道交通系统的分类及其主要特点。
2. 城市轨道交通系统在规划与设计阶段需要遵循哪些原则？
3. 城市轨道交通客流预测有何重要意义？简述客流预测的主要流程。
4. 简述城市轨道交通发展必须要进行线网规划的理由。
5. 城市轨道交通线网规划具有哪些基本方法？
6. 简述城市轨道交通线网架构的基本思路。
7. 简述城市轨道交通线网方案评价的基本原则。

参 考 文 献

[1] 住房城乡建设部. 城市综合交通体系规划交通调查导则 [Z]. 2014.

[2] 住房和城乡建设部. 城市综合交通调查技术标准：GB/T 51334—2018 [S]. 北京：中国建筑工业出版社，2019.

[3] 孔令斌，戴彦欣，陈小鸿，等. 城市综合交通体系规划标准（GB/T 51328—2018）实施指南 [M]. 北京：中国建筑工业出版社，2020.

[4] 王建军，马超群. 交通调查与分析 [M]. 3 版. 北京：人民交通出版社，2019.

[5] 住房和城乡建设部. 城市用地分类与规划建设用地标准：GB 50137—2011 [S]. 北京：中国计划出版社，2011.

[6] 住房和城乡建设部. 城市道路工程设计规范：CJJ 37—2012 [S]. 北京：中国建筑工业出版社，2012.

[7] 住房和城乡建设部. 城市道路交叉口规划规范：GB 50647—2011 [S]. 北京：中国计划出版社，2011.

[8] 王炜，程学武. 交通规划 [M]. 2 版. 北京：人民交通出版社，2017.

[9] 李朝阳. 城市交通与道路规划 [M]. 2 版. 武汉：华中科技大学出版社，2020.

[10] 徐循初. 城市道路与交通规划 [M]. 北京：中国建筑工业出版社，2007.

[11] 文国玮. 城市交通与道路系统规划 [M]. 北京：清华大学出版社，2007.

[12] 胡永举，黄芳. 交通港站与枢纽设计 [M]. 北京：人民交通出版社，2012.

[13] 过秀成. 城市客运枢纽规划与设计 [M]. 北京：人民交通出版社，2018.

[14] 齐岩，战国会，柳丽娜. 综合客运枢纽功能空间组合设计——理论与实践 [M]. 北京：中国科学技术出版社，2014.

[15] 何世伟. 综合交通枢纽规划——理论与方法 [M]. 北京：人民交通出版社，2012.

[16] 贾洪飞. 综合交通客运枢纽仿真建模关键理论与方法 [M]. 北京：科学出版社，2011.

[17] 叶冬青，国内外城市综合交通枢纽案例研究 [C]//转型与重构—2011 中国城市规划年会. 南京：[出版者不详]，2011.

[18] 邱丽丽，顾保南. 国外典型综合交通枢纽布局设计实例剖析 [J]. 城市轨道交通研究，2006，3：55 – 59.

[19] 朝荣和. 德国柏林中央车站的建设理念与启示 [J]. 综合运输，2007，3：205 – 216.

[20] 程先东，刘智丽，陈涛，等. 铁路大型客运站地区城市交通衔接组织研究 [J]. 物流技术，2010，8：20 – 23.

[21] 张开琳. 巴黎拉德芳斯 Sub – CBD 建设及其经验借鉴 [J]. 城市开发，2004，12：60 – 62.

[22] 王睦，吴晨，王莉. 城市巨构·铁路枢纽——新建北京南站的设计与创作 [J]. 世界建筑，2008，8：39 – 49.

[23] 郑健. 我国铁路客站规划与建设 [J]. 铁道经济研究，2007，4：20 – 30.

[24] 倪明. 国内外综合交通枢纽规划设计的启示 [J]. 交通科技，2010，1：94 – 97.

[25] 黄志刚. 深圳福田综合换乘枢纽规划设计的特点与启示 [J]. 交通运输工程与信息学报，2009，7（4）：45 – 51.

[26] 刘梦涵，汪忠，高建华. 国内外综合客运枢纽规划设计经验与启示 [J]. 交通界，2010，8：56 – 61.

[27] 李朝阳，张临辉. 香港国际机场交通设计简析及启示 [J]. 城市发展研究，2010，17（8）：110 – 115.

[28] 郭建祥，郭炜. 交通枢纽之城市综合体—上海虹桥综合交通枢纽规划理念 [J]. 时代建筑，2009，5：44 – 49.

[29] 曹嘉明，郭建祥，郭炜，等. 上海虹桥综合交通枢纽规划与设计 [J]. 建筑学报，2010，5：20-27.

[30] 陈大伟. 大城市对外客运枢纽规划与设计理论研究 [D]. 南京：东南大学，2006.

[31] 占义芳. 基于集合覆盖模型的物流企业选址问题研究 [J]. 中国市场，2015 (24)：61-62.

[32] 苏慧敏，葛炬. 基于集合覆盖模型的物流配送中心选址问题研究——以新疆昌吉市社区菜市场物流配送中心选址分析为例 [J]. 物流科技，2017，40 (2)：24-28.

[33] 宋正娜，颜庭干，刘婷，等. 新重力P中值模型及其在城市综合医院区位决策中的实证检验——以无锡市为例 [J]. 地理科学进展，2016，35 (4)：420-430.

[34] 王世伟. 最坏失效状况下的P中值选址问题研究 [D]. 武汉：华中科技大学，2008.

[35] 宋广飞. GIS在购物中心选址中的应用研究 [D]. 大连：大连理工大学，2008.

[36] 郝合瑞. 道路客运站场布局规划理论与方法研究 [D]. 北京：北京交通大学，2010.

[37] 安伟刚. 多目标优化方法研究及其工程应用 [D]. 西安：西北工业大学，2005.

[38] VUCHIC V R. 城市公共交通运营、规划与经济 运营部分：上册 [M]. 宋瑞，何世伟，译. 北京：中国铁道出版社，2012.

[39] VUCHIC V R. 城市公共交通运营、规划与经济 运营部分：下册 [M]. 宋瑞，何世伟，译. 北京：中国铁道出版社，2012.

[40] 交通运输部道路运输司. 城市公共交通管理概论 [M]. 北京：人民交通出版社，2011.

[41] 李岩，王永岗. 交通工程学 [M]. 北京：人民交通出版社，2019.

[42] 王建军，严宝杰. 交通调查与分析 [M]. 北京：人民交通出版社，2004.

[43] AVISHAICEDER. 公共交通规划与运营——理论、建模与应用 [M]. 关伟，等译. 北京：清华大学出版社，2010.

[44] 中华人民共和国住房和城乡建设部. 城市道路公共交通站、场、厂工程设计规范 CJJ/T 15—2011 [S]. 北京：中国建筑工业出版社，2011.

[45] 全国图形符号标准化技术委员会. 公共信息导向系统要素的设计原则与要求：GB/T 20501—2013 [S]. 北京：中国标准出版社，2013.

[46] 中华人民共和国建筑部. 城市公共交通分类标准：CJJ/T 144—2007 [S]. 北京：中国建筑工业出版社，2007.

[47] VUCHIC V R, et al. Transit Operating Manual [M]. 2nd ed. Harrisburg：Pennsylvania DOT，1978.

[48] VUCHIC V R. Urban Public Transportation Systems and Technology [M]. Englewood Cliffs：Prentice-Hall，1981.

[49] ROBERTSON D. Manual of Transportation Engineering Studies [M]. Washington DC：ITE，1994.

[50] HULBERT S. Human factors in transportation. In Transportation and Traffic Engineering Handbook [M]. 2nd ed. Englewood Cliffs：ITE/Prentice Hall，1982.

[51] KITTELSON, ASSOCIATES. Transit Capacity and Quality of Service Manual [M]. Washington DC：Transportation Research Board，2003.

[52] FURTH P G. Setting Frequencies on Bus Routes. Research Report CTS-RAMP-80-2 [M]. Cambridge：Massachusetts Institute of Technology Press，1980.

[53] BOWMAN L A, TURNQUIST A M. Service frequency, schedule reliability and passenger wait times at transit stops [J]. Transportation Research，1981，15A (6)：465-471.

[54] ORTUZAR J D, WILLUMSEN L G. Modeling Transport [M]. New York：John Wiley & Sons，2001.

[55] JOLLIFFE J K, HUTCHINSON T P. A behavioural explanation of the association between bus and passenger arrival at a bus stop [J]. Transportation Science，1975，9：248-282.

[56] MARGUIER P H, CEDER A. Passenger waiting strategies for overlapping bus routes [J]. Transportation Science，1984，18 (3)：207-230.

［57］JOLLIFFE J K, HUTCHINSON T P. A behavioural explanation of the association between bus and passenger arrivals at a bus stop ［J］. Transportation Science, 1975, 9 (3): 248－282.

［58］GUAN J F, YANG H, WIRASINGHE S C. Simultaneous optimization of transit modes ［J］. Transportation Science, 2006, 11: 166－179.

［59］SPIESS H, FLORIAN M. Optimal strategies: A new assignment model for transit networks ［J］. Transportation Research, 1989, 23B: 83－102.

［60］MEYER M D. Transportation planning handbook ［M］. NewYork: John Wiley & Sons, 2016.

［61］DIAL R B. Transit pathfinder algorithm ［Z］. 1967.

［62］ROCKWELL E. Notes on the Principles of Urban Railway Planning Internal Reports ［Z］. 1959.

［63］RYUS P, ANSMAN J, TEAF D, et al. Development of Florida's transit level－of－service indicator ［J］. Transportation Research Record, 2000, 1731: 123－129.

［64］Bureau of Transport Economics (BTE). Urban Transport Models: A Review ［R］. Canberra: BTE, 1998.

［65］CREIGHTON R L. Urban transportation planning ［M］. Urbana: University of Illinois Press, 1970.

［66］MURUGESAN R, RAMA MOORTHY N A. Level of public transport service evaluation: A fuzzy set approach ［J］. Journal of Advanced Transportation, 1998, 32 (2): 216－240.

［67］ISRAELI Y, CEDER A. Public transportation assignment with passenger strategies for overlapping route choice ［M］. Amsterdam: Elsevier Ltd, 1996.

［68］上海市人民政府. 上海市城市交通白皮书 ［M］. 上海: 上海人民出版社, 2002.

［69］GUITINK P, HOLSTE S, LEBO J. Non－motorized transport: confronting poverty through affordable mobility ［Z］. 1994.

［70］甘霖. 从伯克利到戴维斯: 通过慢行交通促进生态城市的发展 ［J］. 国际城市规划, 2012, 27 (5): 90－95.

［71］中华人民共和国工业和信息化部. 电动自行车安全技术规范: GB 17761—2018 ［S］. 北京: 中国标准出版社, 2018.

［72］中华人民共和国工业和信息化部. 电动摩托车和电动轻便摩托车通用技术条件: GB/T 24158—2018 ［S］. 北京: 中国标准出版社, 2018.

［73］云美萍, 杨晓光, 李盛. 慢行交通系统规划简述 ［J］. 城市交通, 2009, 7 (2): 57－59.

［74］付玉婷. 全国首个氢能大规模推广应用示范项目落户山东 ［N］. 大众日报, 2021－04－19 (1).

［75］陶焕杰. 汽车尾气黑烟特征提取方法研究 ［D］. 南京: 东南大学, 2020.

［76］李聪颖. 城市慢行交通规划方法研究 ［D］. 西安: 长安大学, 2011.

［77］孙靓. 城市空间步行化研究初探 ［J］. 华中科技大学学报 (城市科学版), 2005, 22 (3): 76－79.

［78］彭锐. 基于协同进化论的自行车与城市形态研究——以昆明中心区为例 ［D］. 昆明: 昆明理工大学, 2008.

［79］吴洪洋, 杜光远, 尹志芳. 城市慢行交通系统 ［M］. 北京: 人民交通出版社, 2016.

［80］聂月明. 考虑慢行交通连通性改善的慢行出行行为分析 ［D］. 北京: 北京交通大学, 2020.

［81］赵建有, 高谋荣. 中国自行车交通与城市可持续发展 ［J］. 长安大学学报 (自然科学版), 2007, 27 (7): 70－74.

［82］林宏晓. 城市更新背景下街区慢行交通环境改善问题研究 ［D］. 大连: 大连理工大学, 2021.

［83］HENSHER D. Future bus transport contracts under a mobility as a service (MaaS) regime in the digital age: Are they likely to change? ［J］. Transportation Research Part A: Policy and Practice, 2017, 98: 86－96.

［84］邹妙婷. 城市交通节点空间设计 ［D］. 武汉: 湖北工业大学, 2013.

［85］陈涛, 冯晓静. 城市慢行交通系统规划 ［J］. 中国科技信息, 2020 (1): 107－108.

［86］叶建红, 陈小鸿. 行人交通流三参数基本关系式适用性研究 ［J］. 西南交通大学学报, 2016, 51

（1）：138 – 144.

［87］阎伟标. 基于人本空间分析的中小城市慢行交通规划及评价研究［D］. 北京：北京工业大学，2019.

［88］桂贤武. 城市道路节点的类别与特性的探究［J］. 科技资讯，2008（12）：46.

［89］利特尔. 美国绿道［M］. 余青，莫雯静，陈海沐，译. 北京：中国建筑工业出版社，2013.

［90］周杨，张冰琦，李强. 公共自行车系统的研究进展与展望［J］. 城市发展研究，2014，21（9）：118 – 123.

［91］SHAHEEN S，GUZMAN S，ZHANG H. Bikesharing in Europe，the Americas and Asia［J］. Transportation Research Record：Journal of the Transportation Research Board，2010，2143（1）：159 – 167.

［92］JENSEN P，ROUQUIER J，OVTRACHT N，et al. Characterizing the speed and paths of shared bicycles in Lyon［J］. Transportation Research Part D：Transport and Environment，2010，15（8）：522 – 524.

［93］PUCHER J，BUEHLER R. Integrating bicycling and public transport in North America［J］. Journal of Public Transportation，2009，12（3）：79 – 104.

［94］黄开顺. 共享单车发展现状，问题及对策研究［J］. 中国商论，2017（22）：137 – 138.

［95］梁春岩. 自行车交通流特性及其应用研究［D］. 长春：吉林大学，2007.

［96］田盟蒙. 大城市自行车交通特性分析及发展策略研究［D］. 北京：北京交通大学，2011.

［97］张亚平. 道路通行能力理论［M］. 哈尔滨：哈尔滨工业大学出版社，2007：144 – 146.

［98］王炜. 城市交通规划理论及应用［M］. 南京：东南大学出版社，1998.

［99］徐吉谦，张迎东，梅冰. 自行车交通出行特征和合理的适用范围探讨［J］. 现代城市研究，1994（6）：5.

［100］许传忠. 我国大城市居民出行交通结构研究［D］. 上海：同济大学，2003.

［101］TIRARI G，MOHAN D，FAZIO J. Conflict analysis for prediction of fatal crash locations in mixed traffic streams［J］. Accident Analysis & Prevention，1998，30（2）：207 – 215.

［102］刘志强，蔡策，童小田. 我国道路交通安全现状分析［J］. 公路交通科技，2001（2）：70 – 73.

［103］WANG Y，NIHAN N L. Estimating the risk of collisions between bicycles and motor vehicles at signalized intersections［J］. Accident Analysis & Prevention，2004，36（3）：313 – 321.

［104］过秀成. 城市停车场规划与设计［M］. 北京：中国铁道出版社，2008.

［105］陈峻. 城市典型用地配建停车设施需求特性及共享优化方法［M］. 北京：人民交通出版社，2018.

［106］季彦婕，邓卫. 停车诱导信息系统规划理论与协同诱导策略设计［M］. 北京：科学出版社，2014.

［107］关宏志，刘小明. 停车场规划设计与管理［M］. 北京：人民交通出版社，2003.

［108］中华人民共和国住房和城乡建设部. 城市公共交通分类标准：CJJ/T 114—2007［S］. 北京：中国建筑工业出版社，2007.

［109］中国城市轨道交通协会. 2021年中国内地城轨交通线路概况［EB/OL］.（2021 – 12 – 31）［2023 – 04 – 13］. https://www. camet. org. cn/xxfb/9283.

［110］过秀成，朱震军. 交通运输工程导论［M］. 南京：东南大学出版社，2022.

［111］罗钦，陈菁菁. 城市轨道交通概论［M］. 成都：西南交通大学出版社，2021.

［112］吴艳群. 城市轨道交通规划与管理［M］. 成都：西南交通大学出版社，2018.

［113］王先进，贾文峥. 中国城市轨道交通运营发展报告（2020—2021）［M］. 北京：社会科学文献出版社，2021.

［114］毛保华. 城市轨道交通规划与设计［M］. 北京：人民交通出版社股份有限公司，2020.

［115］过秀成. 城市交通规划［M］. 南京：东南大学出版社，2017.

［116］姚林泉. 城市轨道交通概论［M］. 北京：清华大学出版社，2019.

［117］马超群，王玉萍. 城市轨道交通规划与设计［M］. 北京：人民交通出版社股份有限公司，2021.

［118］袁江. 城市轨道交通线网规划与设计［M］. 北京：北京理工大学出版社，2019.

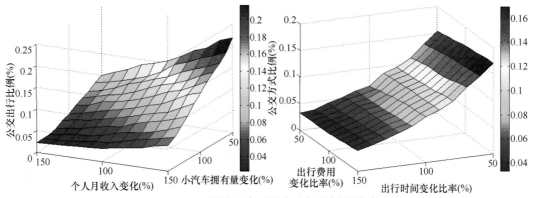

图 3.28　影响因素对公交出行比例的影响

图 3.32　绍兴越城区交通网络

图 3.35　流量分配主题图

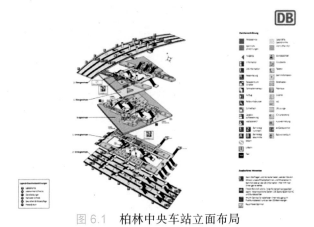

图 6.1　柏林中央车站立面布局

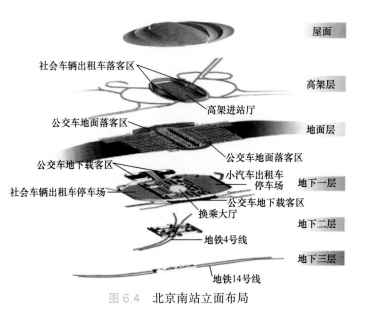

图 6.4　北京南站立面布局

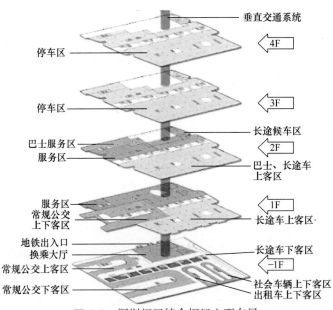

图 6.5　深圳福田综合枢纽立面布局

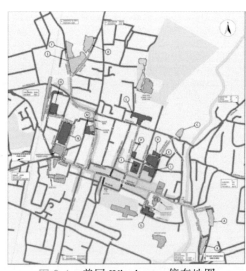

图 9.4　美国 Winchester 停车地图